Nuestro hombre en México

Winston Scott y la historia oculta de la CIA

Jefferson Morley

Nuestro hombre en México

Winston Scott y la historia oculta de la CIA

Prefacio de Michael Scott

Traducción de David Francisco Toscana Videgaray

taurus

memorias y biografías

Título original: *Our Man in Mexico: Winston Scott and the Hidden History of the CIA*

D.R. © 2008 por University Press of Kansas

D.R. © De la traducción: David Francisco Toscana Videgaray

D.R. © De esta edición:

Santillana Ediciones Generales S.A. de C.V., 2011
Av. Universidad 767, Col. del Valle,
México, D.F., 03100
Teléfono: 5420 7530
www.editorialtaurus.com.mx

Nuestro hombre en México: Winston Scott y la historia oculta de la CIA ha sido traducido al español en acuerdo con University Press of Kansas.

Una versión del capítulo 21 se publicó originalmente en la edición del primero de octubre de 2006 en el semanario *Proceso*.

Se publicaron fragmentos del libro en diferentes formas en *Washington Post*, *Salon, Washington Monthly* y *Miami New Times*.

Todas las fotografías pertenecen al archivo de Michael Scott, excepto donde se diga lo contrario.

Primera edición en México: diciembre de 2010

ISBN: 978-607-11-0888-3

D.R. © Cubierta: Karl Janssen
Composición tipográfica: Carolina González Trejo

Impreso en México

Las operaciones encubiertas son manipulaciones importantes e ilegales de la sociedad realizadas en secreto.

JOHN WHITTEN, FUNCIONARIO DE LA CIA

Ahora estaba sentado en medio de todo, en el mejor lugar para oler las brisas de la política oficinesca y bien ubicado para descubrir las personalidades detrás de los rostros con que me topaba en los corredores.

KIM PHILBY, FUNCIONARIO DE INTELIGENCIA BRITÁNICO Y ESPÍA SOVIÉTICO

Si los Estados Unidos han de sobrevivir, deben reconsiderarse los antiguos valores del "juego limpio". Debemos desarrollar servicios efectivos de espionaje y contraespionaje, y aprender a subvertir, sabotear y destruir a nuestros enemigos con métodos más astutos, más sofisticados y más efectivos que aquellos que se usan contra nosotros.

GENERAL JIMMY DOOLITTLE, FUERZA AÉREA DE LOS ESTADOS UNIDOS

Habéis buscado mucho, y ya lo ven, resultó muy poca cosa.

LIBRO DE HAGEO 1:9

ÍNDICE

PREFACIO

Para quienes conocen la historia del espionaje estadounidense, Winston Scott fue una figura legendaria, uno de nuestros mejores guerreros de la inteligencia durante la larga Guerra Fría con la Unión Soviética. Quienes trabajaron con él sabrán que fue un colega esforzado, talentoso y afable; alguien que había trepado la escalera del éxito a fuerza de su propio sudor y astucia para convertirse en jefe de estación en uno de los destinos más importantes de la CIA: la Ciudad de México. Para mí, sin embargo, él fue simplemente mi padre, mi papá.

Dada la naturaleza de su trabajo y las largas temporadas que pasaba fuera de nuestra vida hogareña, hizo falta mucho tiempo para que ambos nos entendiéramos. Sin embargo, eventualmente llegué a conocer a mi padre en mis primeros años de adolescencia, y recuerdo esa época con mucho cariño por sus decididos esfuerzos para hacerse cargo de mí y desarrollar una verdadera relación padre-hijo. Todo eso comenzó en 1968, cuando yo tenía unos trece años. Lo recuerdo supervisar mi primera lección de manejo e invitándome con frecuencia a que lo acompañara a la oficina cuando trabajaba los fines de semana, aunque nunca me quedó muy claro qué clase de trabajo realizaba. Parecía ser muy importante, o por lo menos eso suponía yo dadas las personas importantes que conocía y con las que trataba, incluyendo al presidente mexicano y a otros dignatarios del gobierno.

Durante aquel periodo, los últimos años de su vida, pasamos la mayor y mejor parte de nuestro tiempo en el campo de golf. Al principio yo sólo conducía el carrito, si bien más tarde me

11

gradué para ser su pareja en un dos contra dos. Gradualmente, nuestra relación fue profundizándose, especialmente en el verano de 1970, cuando trabajé con él como asistente en su oficina. Ese otoño salí de casa para ingresar a un internado, donde sufrí de mucha nostalgia por la relación cercana que tenía con él. Ahí recibía sus cartas cada semana sin excepción. Luego, la primavera siguiente, murió.

Pese a mi mejor esfuerzo por ser estoico ante su muerte, me resultó un golpe muy duro. La repentina ausencia en mi vida de esa figura tan imponente y alentadora, justo cuando habíamos comenzado a acercarnos, fue hasta cierto punto devastadora, aunque no lo haya mostrado en ese momento. Pero con el paso de los años, y a medida que descubría más de mi propia vida y un poco de la suya, la tristeza que sentí fue reemplazada por un sólido deseo de entender mejor quién había sido mi padre, así como el sentido de su vida y de su trabajo. Su presencia en mi vida seguía siendo intensa, pero la naturaleza esencial de esa presencia parecía estar envuelta en misterio; mi intriga se acentuó cuando descubrí que papá había escrito unas memorias que la CIA se rehusó a compartir con la familia, ya ni se diga con el público en general. Esta revelación me atrajo de nuevo a mi padre y me catapultó hacia una búsqueda muy personal que lleva ya más de tres décadas, me condujo a colaborar con Jefferson Morley, y produjo el libro que están a punto de leer.

Con frecuencia, impulsada por la urgencia de documentar recuerdos de sus amigos y colegas antes de que murieran, mi búsqueda tomó vida propia. Estuvo también infundida de mucha ansiedad sobre lo que probablemente hallaría al escarbar tan profundamente en el pasado. Yo conocía suficiente sobre el lado oscuro de la CIA como para preocuparme de que mi exploración desenterrara algunos aspectos poco convenientes de la vida de mi padre. Así, me inquietaba que dichos descubrimientos pudieran minar mi opinión idealista sobre él. También me preguntaba si yo tenía el derecho de revelar secretos que él pretendió llevarse a la tumba. Pero mi deseo de entenderlo y conocerlo mejor era tan grande que nunca consideré terminar mi búsqueda prematuramente.

Como hijo, aún no estoy seguro de haber hecho lo correcto. Sólo el tiempo y la reacción de otros lo dirán. Mi propio padre estaría poco entusiasmado con este libro, dado que hurga en sus asuntos personales y pone al descubierto operaciones de la agencia que él probablemente hubiese elegido mantener en secreto. Pero es el producto de mi esfuerzo sincero para reconectarme con él, solidificar y extender la relación cercana que forjamos justo antes de su muerte, aunque ya no esté con nosotros. Fue algo que tenía que hacer, y con esto, he obtenido algo de la esperada y necesaria resignación. Por eso me siento agradecido.

Michael Scott
Octubre de 2007

ABRIL 28, 1971

El día después de enterrar a su marido en la Ciudad de México, Janet Scott abrió la puerta principal de su casa para encontrarse ante el rostro de un hombre que detestaba. James Jesus Angleton se quitó el sombrero de fieltro y entró. Llevaba traje negro y una camisa blanca. Otro hombre con traje lo seguía.

Janet Scott conocía a Jim Angleton desde hacía muchos años, y raras veces le resultó agradable. Había sido un viejo amigo de Scottie, como ella llamaba a su difunto esposo. Al igual que Scottie, Angleton era muy importante en la CIA, el jefe del Grupo de Contraespionaje. Janet sabía por qué había venido Angleton. Algo quería. Scottie había trabajado por trece años como jefe de la estación de la CIA en la Ciudad de México, la mayor oficina de operaciones de inteligencia de los Estados Unidos en el hemisferio occidental y un puesto de avanzada en la Guerra Fría contra la Unión Soviética. Quería los secretos de Win. Los admiradores de Angleton lo consideraban brillante. Otros compartían el agudo desagrado de Janet. La asistente de Win, Anne Goodpasture, quien había trabajado del lado de Angleton durante varios años, decía que Angleton era "extraño, mal hecho", y no sólo hablaba de su complexión desgarbada. La opinión de Janet Scott era más severa. Le dijo a uno de sus hijos que Angleton era un "borracho idiota". Ella lo subestimaba.

"¿Por qué tardaron tanto en venir?", preguntó sarcásticamente.

Angleton murmuró algunas palabras de lamento que Janet no creyó. Dijo que el mismo director, Richard Helms, enviaba sus condolencias, su pésame… que todos los amigos de Win…

el servicio a su patria… ya sabe cuán tristes… las prestaciones que a usted le corresponden… Las manos de Angleton eran expresivas. Su rostro aguileño, cetrino por los años, mostraba unos ojos castaños que resplandecían por un martini matutino y muchos más.

Janet Scott era una mujer guapa de cuarenta años, con piel aceitunada, cabello oscuro y un aire de perpleja impaciencia. Deseaba estar a solas con el dolor de la repentina muerte de su marido, y ahora tenía que tratar con este hombre.

"Claro que nuestra información actual es tentativa", Angleton tosió. Hablaba de las prestaciones. Angleton era un maestro de temas arcanos, incluyendo los reglamentos de la CIA. Quería mandarla con personal competente de la oficina legal: "Así podrá asegurarse cada ventaja para ti y para tus hijos".

Janet había estado cerca de la CIA el tiempo suficiente —más de veinte años— como para reconocer la espada desenvainada de una amenaza cortés: haz lo que ordenamos o retiraremos la pensión de Win. Tenemos nuestras maneras de conseguir las cosas.

"¿Tenía Win un testamento?", preguntó Angleton.

"No lo sé", dijo ella. "Ni siquiera sé quién es el abogado o albacea de Scottie."

"¿Podrías averiguarlo —señaló al hombre detrás de él— e informarle a John?"

Dios, cómo lo odiaba. Scottie hubiese muerto sólo de ver a Jim Angleton en su casa, en su sala, dando sus condolencias.

"Tengo una tarea desagradable", Angleton continuó. "Había algunos papeles."

Janet no respondió.

"¿Sabías que Win iría a Washington para hablar con el director sobre su libro?", preguntó Angleton.

"Supe que escribió algo", respondió Janet. Le sorprendió que Angleton supiese sobre el libro. "No lo he visto", dijo ella.

"¿No lo leíste?"

"Me pidió que lo mecanografiara", Janet resopló. "Le dije que contratara a una chica."

"Janet, tú no quieres leer lo que Win escribió", dijo Angleton, como si le estuviera haciendo un favor.

"¿Por qué no?"

"Habla, de manera muy abierta, sobre asuntos íntimos de su primer matrimonio."

Desde el principio, Janet había considerado que el libro era una mala idea, pero Win se consideraba un escritor, así es que…

"De hacerse pública, la información ahí escrita violaría dos acuerdos de confidencialidad que él firmó. Maldita sea, Janet, esto es importante. Le haría un enorme daño, un grave daño, a nuestras relaciones con otros gobiernos, con algunos de nuestros aliados más cercanos. Win no querría eso. Incomodaría a sus amigos."

Este esperpento burocrático atemorizaba a Janet. Parecía un hombre al que se le hubiera agotado el ectoplasma.

"Dañaría su reputación y su memoria."

"Sabía que algo andaba mal cuando me dijo que iría a ver a Helms", dijo ella. "¿Por qué crees que lo escribió?"

"Queremos el manuscrito", dijo Angleton. "Todas las copias con papel carbón y otros papeles que pudo traer a casa. ¿Dónde está su oficina?"

Debió hablar con Anne Goodpasture, pensó Janet. Seguro ella les dijo sobre las cosas que Win había acumulado.

"Por aquí."

Janet señaló la puerta que conducía a un jardín lateral, detrás del cual se hallaba la cochera modificada que servía como el estudio privado de Win.

"Está cerrado. Nadie entra ahí, ni siquiera para limpiar."

"¿Tienes la llave?"

"Está en algún sitio", dijo ella. "Puedes quedarte con todo."

Ella no quería problemas. Tenía cosas más apremiantes en qué pensar. Angleton no forzó su ventaja.

"Tal vez cuando John vuelva mañana, tú podrías…"

Angleton señaló a su camarada, John Horton, el jefe de la estación de la Ciudad de México. Janet lo conocía y lo consideraba un hombre agradable.

"Queremos el manuscrito y cualquier material clasificado que él tuviera."

Janet ya estaba harta. Podían llevarse sus malditos papeles. Angleton pronunció algunas condolencias más. Ella lo condujo a la puerta. El hombre terrible se había marchado; lástima que no lo hizo antes.

Treinta y cinco años después, Michael Scott, el hijo de Win Scott, tenía recuerdos borrosos del día en que murió su padre.

"Creo que fue un lunes por la tarde."

Fue, en efecto, un lunes. El 26 de abril de 1971. Michael tenía quince años. Era lo que llamaban un "mid", es decir que cursaba el décimo año en la Taft School, una institución cómodamente blanca, anglosajona, protestante, de ladrillo rojo y hiedra en la majestuosa campiña de Connecticut occidental. Su padre Win, apócope de Winston, estaba de vuelta en la Ciudad de México. Tras trabajar ahí durante trece años como primer secretario en la embajada de los Estados Unidos, Win se había retirado para administrar un negocio de consultoría, donde Michael trabajó durante el verano.

"En Taft, todos debíamos tener una actividad extracurricular, así que trabajé en la Jigger Shop, una especie de cafetería manejada por estudiantes, al otro lado del campus", Michael continuó. "Yo hacía hamburguesas y malteadas. Entre las tres y las seis de la tarde, si no hacías deporte, ibas a este lugar. O ibas después de los deportes para ver a los amigos. Alguien entró y dijo que me solicitaban en la oficina del decano de estudiantes."

Michael inició la larga caminata para atravesar el campus. Cuando llegó a la oficina del decano, ahí estaba George Leddy, su hermanastro de cabello largo, también de quince años y un "mid".

Cuando llegase a la mediana edad, George Leddy tendría una distinta serie de recuerdos de aquel día para todos miserable. Michael, un cineasta, recordaba eventos e imágenes. George, un activista político, recordaba sentimientos y situaciones. Se habían inscrito en Taft el semestre anterior. Para ambos, el exclusivo internado marcó un enorme cambio con respecto a la Greengates School, la poco pretenciosa escuela diurna británica a la que asistían en la Ciudad de México.

"No fue sino hasta que llegué a Connecticut que supe que la gente rica vivía en casas de madera", George bromeó.

De cabello oscuro, observador y de sangre ligera, Michael no tuvo problema para hacer amigos. Se unió al equipo de hockey. George se rompió el tobillo y se convirtió en el operador del proyector de la sociedad fílmica del campus.

Michael no pudo recordar qué fue lo que dijo exactamente el decano, pero fue algo como: "Recibimos una llamada de México y tenemos malas noticias. Su padre murió."

Michael recuerda un momento de negación.

"Recuerdo haber pensado que no lo escuché de ese modo. No escuché que había muerto. Pensé que tal vez estaba en el hospital o algo así. Y supongo que me lo aclararon. Estaba muerto. No recuerdo haber hecho preguntas. Creo que George y yo simplemente escuchamos."

Michael era el único hijo de un hombre amoroso. Su madre había muerto cuando él tenía siete años. Su padre volvió a casarse y, durante ese tiempo, fue un padre atento. Win le había dado su primer caballo, su primera cámara. Le enseñó a jugar golf. Le dio su primer empleo como mensajero en Diversified Corporate Services, la empresa de consultoría que Win había montado tras su retiro. Ahora que Michael estaba en la escuela, Win le escribía sin excepción cada pocos días, cartas llenas de noticias familiares, consejos y motivación. Si Michael no se mostró desconsolado con la noticia de la muerte de su padre, fue porque no podía imaginar la vida sin él.

Los sentimientos de George hacia su difunto padrastro eran más complejos. Su madre, Janet Graham Leddy Scott, se había divorciado de su padre cuando él tenía seis años. Casi nunca veía a su verdadero padre. Durante mucho tiempo sintió que Win era el padrastro ideal, voluntarioso pero cariñoso y sensible. Él y su madre ocasionalmente tenían ruidosos pleitos acentuados con portazos, pero eso era todo. Win lo educó pacientemente en matemáticas y le enseñó a Suzanne, su hermana, a montar a caballo. Aún así, George extrañaba a su padre, quien vivía en los Estados Unidos, en Carlisle, Pensilvania.

"Tenía conflictos emocionales por no conocer a mi padre", dijo George Leddy. "Recuerdo que pensaba: '¿Cómo sería si viviese con mi padre?'. Mi madre no hablaba de él como si fuese una persona interesante o agradable. Si se enojaba conmigo, le gustaba decir: 'Te voy a mandar a vivir con tu padre'. En ese entonces mi padre trabajaba para las Naciones Unidas y la Escuela de Guerra del Ejército Estadounidense en Carlisle, Pensilvania. Ella pintaba Carlisle, donde él vivía, como un lugar sofocante, y tal vez tenía razón. Criticaba la vida norteamericana de clase media. Quería que tuviésemos una educación más cosmopolita, internacional."

En la oficina del decano, la muerte de Win no tuvo mucho sentido.

"Nos sentamos ahí, abrumados", dijo George. "Yo tenía mucha ansiedad. Recuerdo que pensé: 'Se supone que esto no debería de pasar'".

Michael sólo recuerda que el decano dijo:

"De acuerdo, pueden retirarse."

John, el hermano de George que asistía a la Universidad de Fairfield en Connecticut, debía recogerlos y llevarlos al aeropuerto. "Por extraño que parezca, no llegamos a tiempo", dijo George. Michael pensaba que tomaron una vuelta equivocada en la carretera a Nueva York. George pensaba que nunca dejaron Connecticut. La cosa es que perdieron el vuelo a la Ciudad de México. Llegaron a casa pocas horas después de que Jim Angleton se había marchado.

Gregory Leddy, el hermano mayor de Michael y George, fue el primero en enterarse. Tenía veintidós años, acababa de salir de la Universidad y enseñaba inglés en la Ciudad de México. Recibió una llamada de su tía en el trabajo.

"Es sobre Scottie", dijo ella.

"¿Está muerto?", preguntó Gregory, conociendo ya la respuesta.

Gregory fue directo a la casa de dos pisos estilo americano en Río Escondido 16, una glorieta enrejada en Lomas de Chapultepec, al poniente de la Ciudad de México. Su madre estaba pasmada. El cuerpo de su padrastro yacía tras las puertas cerradas de su habitación. Gregory escuchó a Bink Goodrich, un amigo de la familia y abogado de Win, decirle a todo el mundo que Scottie estaba muerto. Goodrich estaba al teléfono con un periodista, diciendo:

"Winston Scott murió de un infarto generalizado."

Gregory ya sabía que Win no era el primer jefe político en la embajada, como él a veces decía. Sabía que su padrastro trabajaba para la CIA, que en realidad era "jefe de estación", una persona muy importante en el estado mexicano de las cosas.

"Pensé, '¿infarto generalizado?'. ¿De dónde sacó que era generalizado?", Gregory recordó años después. "No tenía modo de saberlo. De hecho, ¿de dónde sacó que había sido un infarto?"

Janet, la madre de Gregory, no dijo mucho, sólo que Scottie había colapsado cuando hablaban en la mesa del desayunador. Ella había ido a la cocina para revisar los huevos cuando su madre, la abuelita, sentada a la mesa con Win, de pronto gritó. Janet regresó para encontrar la cabeza de Win tumbada hacia adelante.

"Supe que había muerto", fue todo lo que pudo decir. "Tan pronto lo vi, lo supe."

Michael, George y John llegaron de Connecticut al día siguiente. Se habían perdido el funeral de Win. La ley mexicana exigía el entierro antes de veinticuatro horas del fallecimiento. Win fue puesto a descansar esa mañana entre los setos del angosto corredor central del Panteón Americano. Michael apenas se acordaba de haber ido al cementerio esa tarde. George lo recordaba bien. Ver la tumba no fue ningún consuelo.

"Recuerdo que el cementerio estaba muy concurrido, lo hacinadas que estaban las lápidas", dijo. La lápida de Win no estaba completa. A George no le gustó la escena. El humeante aparato de acero de una refinería de Pemex se alzaba por el muro norte del cementerio, distrayéndolo de sus oraciones. A George le preocupaba Michael. ¿Se quedaría con la familia ahora que su padre estaba muerto? ¿Se quedarían en Taft? Quería hablar con su madre, pero Janet Scott tenía otras cosas en mente. Se preguntaba qué habría en el estudio de Win que la CIA deseaba con tantas ansias.

Años después, John Horton llegaría a jurar que todo fue idea de Janet Scott. En abril de 1971, Horton era relativamente un recién llegado al puesto de jefe de estación. Dijo que la viuda de Win Scott había dado voluntariamente a la agencia todo lo que poseía su esposo en cuanto a documentos de la agencia, que Jim Angleton no tuvo que sacarle nada por la fuerza. En el relato de Horton, libremente compartido con sus colegas en los años posteriores, fue la mujer de Win quien lo llamó. Le dijo que Win había muerto. Él llegó inmediatamente para expresar sus condolencias y ayudarle en todo lo posible.

"Janet me pidió algo urgente", escribió Horton en un telegrama al cuartel general, "que recogiera los documentos en el estudio de Win."

Admitió que algunos podrían pensar que la agencia no había jugado limpio al llevarse los documentos personales de Win. Temía que la gente concluyera que Angleton trataba de esconder "un vil conocimiento de la agencia", tal vez, "evidencia condenatoria" sobre el asesinato del presidente John F. Kennedy ocurrido ocho años antes.

No fue así, insistió Horton.

Tras la partida de Angleton, Horton volvió al día siguiente a casa de Scott en Río Escondido y pasó varias horas a puerta cerrada en el estudio de Win. Janet ahuyentó a varias personas que llegaron de visita. Sus hijos entraron y salieron sin la menor idea de que había un visitante en el estudio, mucho menos uno de la CIA. Horton quedó "sorprendido" de lo que encontró, aunque nunca especificó por qué. El botín contenía una plétora de archivos secretos, incluyendo cintas y fotografías del acusado asesino presidencial Lee Harvey Oswald visitando embajadas comunistas. Ahí estaban también las memorias inéditas de un hombre de la CIA cuya carrera se extendió desde el bombardeo nazi a Londres hasta la ofensiva del Tet. Cuando nadie miraba, Horton acarreó tres enormes cajas y cuatro maletas hacia una camioneta sin identificación estacionada frente a la casa. El contenido de la oficina casera de Win fue enviado por avión al cuartel general de la CIA en Langley, Virginia.

La agencia había tomado posesión de la correspondencia personal de Win Scott, incluyendo las cartas sobre la educación de sus hijos, itinerarios de viaje, registros financieros, y las agendas de los años 1967, 1968 y 1969; también se llevó páginas seleccionadas de sus agendas de los años 1957, 1961 y 1963, y al menos un cuento titulado *Tiempo para matar*. Había grabaciones en cinta extraordinariamente significativas. De la caja fuerte de Win, Horton obtuvo una pila de cajas de ocho pulgadas cuadradas con cintas magnetofónicas de bobina abierta. Una cinta tenía como título *Panteras Negras*; otra, la etiqueta *Lesbianas*. El lote mayor, una pila de cintas de tres o cuatro pulgadas de ancho, tenía la etiqueta *Oswald*.

El tesoro en el cofre era un manuscrito de 221 páginas titulado *Resultó muy poca cosa*. La historia que Win Scott contaba en esas páginas desagradaba y molestaba a sus viejos amigos en el cuartel general de la CIA, incluyendo a Angleton y al propio director de Inteligencia Central, Richard Helms. Helms y Angleton eran los dos hombres más poderosos en el servicio clandestino de inteligencia de los Estados Unidos. Ambos tenían más de veinticinco años de conocer a Win. Al hacerse de las únicas dos copias del manuscrito, Horton pensó que la agencia había esquivado una bala proverbial. "Creo que lo peor se evitó gracias a la persuasión de Angleton y el buen ánimo de la señora Scott", telegrafió ese día a Washington.

Cuando Michael y George y los otros hijos volvieron de la calle, Janet no les mencionó nada sobre la visita del hombre de la CIA. No necesitaban saberlo. Una semana más tarde, Janet le dijo a la familia y los amigos que había encontrado una nota manuscrita de Win para Helms en la improbable ubicación del cajón de calcetines de su difunto marido. La nota decía: "Querido Dick, cumpliré por completo tus deseos sobre la publicación". Janet se sintió aliviada y dio la nota a John Horton para mostrar que Win no pretendía hacer nada a espaldas de la agencia.

George estaba preocupado por Michael, y no se le ocurría cómo hablar con su madre. Estaba preocupado de que su hermanastro quedara a la deriva. Janet estaba devastada y no tenía energía para hablar con su hijo.

"Ella no estaba tan disponible ni accesible como esperaba", recuerda George. "Yo tenía mis necesidades emocionales, mucha confusión, mucha culpa."

Janet estaba enfocada en Michael. El fin de semana tras la muerte de su padre, llamó a su hijastro de dieciséis años a su recámara. Ahí estaba Alec Graham, el hermano de ella que vivía en la Ciudad de México. Él era ahora el tutor legal de Michael. Janet tuvo que dar a Michael algunas noticias difíciles que Win siempre había evitado.

"Tienes que saber algo", dijo Janet. "Tu padre nunca te lo dijo, pero debes saber que fuiste adoptado."

El tío Alec continuó con la historia.

"Tu padre tuvo otro hijo de un matrimonio anterior y estamos preocupados de que él quiera reclamar parte de las propiedades, y si lo hace, queremos que sepas que él está por ahí", dijo.

Michael fue estoico. Había visto una fotografía de un niño en un estante de la oficina de Win. Una vez escuchó algo sobre alguien llamado Beau. No se sorprendió. La adopción parecía ser un asunto más importante para su madrastra y tío. Ellos parecían preocupados porque a Michael le afectara enterarse de que era adoptado. A Michael no le desconcertó.

"Tomé una actitud de 'Bueno... ¿y?'."

Michael se rio de su bravuconería adolescente, pero era verdad. Después de todo, era hijo de un agente de inteligencia.

Había descubierto el secreto de su adopción años antes de que Janet se lo revelara.

"Ya había tenido corazonadas de ser adoptado", dijo. "Los chicos Leddy siempre decían que sabían algo sobre mí que yo desconocía. No me importaba. Creo que los demás lo convirtieron en un asunto más importante que yo. Ya estaba en un internado, ya había emprendido mi camino."

Posteriormente, Michael asistió al Occidental College en Los Ángeles, donde se especializó en cine y cursó estudios latinoamericanos. Comprendió que "la organización" para la que había trabajado su padre era la CIA. Investigó cómo la agencia había derrocado el gobierno de Jacobo Árbenz en Guatemala en 1954. Escuchó a su madrastra relatar la historia de la extraña visita de Jim Angleton y la desaparición de la biografía inédita de Win.

Michael después caería en la cuenta de que lo que él ignoraba sobre su padre era suficiente como para llenar un libro. No sabía que su padre había estado presente en la creación de la CIA, había trabajado como primer jefe de estación en Londres y se había convertido en uno de los principales funcionarios a nivel mundial; que había sido amigo de Kim Philby, el genial diplomático británico y comunista de clóset que se hallaba entre los espías más audaces y efectivos en los anales del espionaje; que su padre había supervisado la vigilancia del presunto asesino presidencial Lee Harvey Oswald apenas semanas antes del asesinato del presidente Kennedy; que había reclutado una generación de políticos mexicanos, incluyendo a tres presidentes, como sus agentes pagados; y que había recibido uno de los más altos honores de la agencia cuando se retiró. Michael acabó por entender que su padre personificaba mejor que nadie el ascenso de la Agencia Central de Inteligencia de los Estados Unidos como una fuerza mundial.

Michael no sabía buena parte de esto porque Jim Angleton había escamoteado las únicas copias de la biografía de su padre como el propio Win quería presentarla. A medida que la búsqueda de Michael por recuperar la historia de su padre iba profundizándose y extendiéndose, comenzó a escribir el libro que su padre nunca publicó. Michael estaba fascinado por la historia de su padre, aunque sabía que no conocía ni la mitad de ella.

PRIMER ACTO

LONDRES

Escape de Escatawpa

Se dice que la Agencia Central de Inteligencia fue construida por dos tipos de estadounidenses: los hombres de la Liga de la Hiedra y los descendientes del arado. Allen Dulles y Win Scott personificaban el epigrama. Se conocieron en Londres pocas semanas después del final de la guerra contra el fascismo europeo en mayo de 1945. Simpatizaron mutuamente con sus estilos y fueron buenos amigos durante los siguientes veinticinco años, mientras la CIA se convertía en un emporio mundial de violencia, propaganda, influencia y poder.

Dulles era el epítome del espía norteamericano fumador de pipa. Venía de la élite educada, que no era lo mismo que la adinerada aristocracia estadounidense. Hijo de un ministro presbiteriano muy clasemediero, había crecido en Watertown, Nueva York, en una familia impregnada de los ideales del servicio público. Su abuelo había sido el ministro de Asuntos Exteriores del presidente Grover Cleveland. Su tío tuvo el mismo puesto con el presidente Woodrow Wilson.

Win Scott era la encantadora personificación del provinciano esforzado. Creció en una casa hecha con vagones de ferrocarril desechados cerca de la frontera entre Alabama y Mississippi. Su abuelo conocía el arado de algodón del mismo modo que el abuelo de Allen Dulles conocía una valija diplomática. Win no era uno de los "mejores hombres", esos funcionarios de la CIA de la Costa Este que vivían en los lujosos barrios del Washington metropolitano y, ya veteranos, daban entrevistas a selectos periodistas e historiadores sobre los días de gloria de la inteligencia norteamericana. No era un hijo del privilegio, ni aterrizó al final en uno de los sectores más elegantes de Washington. Carecía de la educación humanista superior y de las sutiles ventajas sociales que llevaron a Dulles y otros amigos de buena crianza a los puestos de poder inalcanzables para hombres de circunstancias más humildes. Pero Win Scott demostró que había otra ruta hacia el poder.

Michael Scott comenzó a entender toda la dimensión de la historia de su padre quince años después de su muerte. Para entonces Michael filmaba documentales en Los Ángeles, donde tenía proyectos continuos con *Misterios sin resolver* y otros populares programas de televisión. Pero al escarbar en historias ajenas, comenzó a tener la sensación de que estaba evadiendo resolver sus propios misterios. Ahora padre de familia, sintió más intensamente la pérdida de su propio padre. Casi no recordaba a Paula, su madre, y había mucho que desconocía de su familia. ¿Quién era su madre? ¿Qué hacía en realidad su padre con "la organización"? ¿Cómo fue que sus padres lo adoptaron? ¿Por qué incautó la agencia el manuscrito de Win? ¿Qué decía que fuera tan secreto? ¿Y qué decía el manuscrito sobre el mismo Win? Barbara, la mujer de Michael, proveniente de una amorosa familia del Medio Oeste, lo impulsó.

"Tienes derecho a saber de dónde vienes", le dijo.

Michael decidió que intentaría recuperar las memorias inéditas de su padre. Su madrastra, Janet Scott, detestaba la idea e intentó disuadirlo, pero Barbara lo apoyó. Escribió una carta a la CIA, detallando lo que sabía de la carrera de su padre y expresando su interés por obtener una copia del manuscrito. Se le recompensó con una invitación para visitar el cuartel general de la CIA en Langley, Virginia. En un viaje de trabajo a Washington, Michael se dio tiempo para ir al enorme edificio de mármol oculto tras los árboles. Pasó frente al apotegma "La verdad os hará libres" en el vestíbulo y lo escoltaron a un piso superior. En una sala de juntas tuvo una amable charla con dos hombres: un portavoz de la agencia llamado Lee Strickland y un agente "de alto rango" que no mencionó su apellido. Hablaron maravillas de Win, de su gran reputación y sus muchas contribuciones a la agencia. Dijeron que estaban contentos de compartir con Michael lo que pudieran de la historia de su padre. Deslizaron un sobre gordo por la mesa. Por supuesto, dijo uno de los agentes, debemos retener algunos fragmentos por cuestiones de seguridad nacional.

"¿Como qué?", preguntó Michael.

"Bueno, está el asunto de Lee Harvey Oswald", dijo uno de ellos. "Oswald visitó la Ciudad de México pocas semanas antes de que mataran al presidente Kennedy. Es algo delicado. Hay fuentes y métodos que deben protegerse. Es el reglamento."

¿Oswald? La imaginación de Michael se avivó. Les agradeció profusamente. Estaba ansioso por leer la historia, y no le importó que algunos secretos quedasen fuera. El agente veterano dijo que lo escoltaría a su auto. En el estacionamiento, el hombre tomó un tono confidencial. Michael había estado esperando un guiño para que se uniera a la agencia. El hombre dijo que pronto se jubilaría y tenía una historia que contar, quería saber si Michael tenía contactos en Hollywood que pudieran interesarse en su guión.

Michael condujo su automóvil riéndose. La curiosidad lo sobrepasó de inmediato, estacionó el auto al lado de la carretera y abrió el sobre. Hojeó los papeles. Muchos tenían párrafos enteros tachados. Algunas páginas estaban casi totalmente en blanco, con apenas una línea sin censurar. En medio había hojas blancas para distintos capítulos que decían "Borrado en su totalidad". De las 220 páginas que su padre había escrito, la CIA le había dado apenas noventa. Éstas contaban la historia de los primeros 35 años de vida de Win, desde su nacimiento hasta el día en que se puso en riesgo por su país. El resto se había borrado. Comprendió entonces que la búsqueda por la verdadera historia de su padre no sería fácil.

Winston MacKinley Scott nació el 30 de marzo de 1909 en Jemison, Alabama, un pequeño pueblo en los bosques de pino al noroeste de Mobile. Su padre, Morgan Scott, era un bautista abstemio, a veces alegre, aficionado a tocar la guitarra y proclive a contar una y otra vez sus chistes favoritos. Su madre Betty Scott, hija de un predicador, era una férrea partidaria de la disciplina. Morgan había comenzado como agricultor arrendatario con unas hectáreas en las tierras bajas a lo largo del río Escatawpa y sus afluentes. En 1915 consiguió un empleo en la empresa ferroviaria de Louisville y Nashville, donde trabajó como peón en una cuadrilla que daba mantenimiento a las vías. Con el tiempo se convirtió en capataz de la cuadrilla, la cual incluía trabajadores blancos y negros. Los Scott vivían justo junto a las vías donde trabajaba Morgan. Los trenes de pasajeros pasaban una docena de veces al día. Ocasionalmente, Win y sus hermanos veían trenes de excursiones especiales con gente bien vestida dirigiéndose rumbo a los juegos de futbol americano de la Universidad de Alabama. Durante la semana caminaban cinco kilómetros a la escuela en el pueblo cercano de Brookwood. Los domingos era obligatorio asistir a la iglesia local.

Más tarde, Win escribiría unas memorias ficticias en primera persona que describían una infancia distinta y más romántica, en la que el narrador crece en la Alabama rural, criado por un padre soltero que lo deja al cuidado de una nana afroamericana llamada Amy. Este chico de Alabama crece con MacGee y MacGill, los hijos gemelos de su nana, quienes son sus mejores amigos. En el feliz relato de Win, eran un despreocupado trío de traviesos y astutos aventureros que armaban sus correrías entre las casas, iglesias y el cercano pantano de Escatawpa. Robaban sandías, torturaban gatos callejeros y maestros de escuela, acosaban a los borrachos, urdían planes para ganar dinero, sufrían incontables tundas, se colaban en las reuniones de evangelización de la iglesia, ponderaban la diferencia entre chicos y chicas, y generalmente se la pasaban bien. En cada oportunidad, el alter ego ficticio de Win escapaba del tedio de la escuela y la iglesia para buscar los placeres y posibilidades del mundo menos disciplinado de los negros. La única pista en la historia de Win que indica que pudo estar destinado para una vida de intrigas internacionales llegó a la edad de trece años. En un ataque de aburrimiento, los tres chicos deciden fugarse de casa y unirse a la Legión Extranjera Francesa para lanzarse a luchar contra piratas y cosas por el estilo. El trío pide un aventón a Nueva Orleans, donde planeaban abordar un barco que fuese a Francia. No llegan muy lejos antes de ser detenidos por un amable policía. Hay una llamada telefónica, y los envían a casa. Pocos meses después, los chicos cumplen catorce años. Se aplica la férrea tradición de Jim Crow. Los blancos y negros no podían andar juntos cuando se acercaban a la madurez. Ya no podían ser amigos.

Janet Scott consideraba exageradas e ilusorias las historias de infancia de su marido, decía que mostraban una vida de camaradería despreocupada y sin racismo que él hubiese deseado tener, no la estricta y convencional infancia que tuvo en realidad.

"Creo que las cosas fueron mucho más duras en su infancia de lo que relata", le dijo una vez a Michael.

En la historia ficticia de Win, su abuela, horrorizada por su amistad con los negros, insiste en que lo envíen a Virginia a la escuela preparatoria. En realidad, aunque la familia de Win tenía aspiraciones educativas, no poseía los medios para acceder a una escuela preparatoria. El liceo local en Brookwood no estaba acreditado, así es que en su primer año Win tuvo que vivir con unos tíos en Bessemer, el sucio pueblo siderúrgico al sureste de Brimingham. Ahí demostró excelencia en matemáticas y deportes, y obtuvo una beca para asistir al Livingston Teacher's College en Birmingham. Se dedicó al álgebra en el salón de clases y ocupó su tiempo libre con los deportes. Se hizo novio de una compañera, Besse Tate, que estudiaba educación. Un Día de Acción de Gracias tomaron el tren a casa, y Win le dijo a su padre que consiguiera al juez de paz. Querían casarse. Su padre dijo que le parecía una gran idea, y que comenzaría a planear la ceremonia. No, dijo Win: ahora.

"Winston insistió a mi padre para que fuese a Brookwood por el juez de paz", recordó décadas después Ruth, la hermana menor de Win. Entonces una niña pequeña, Ruth atestiguó con asombro el drama familiar.

Mi madre se reía sobre el asunto. Quería que esperaran hasta la mañana siguiente. Les dijo: 'Tenemos suficiente espacio para que se queden'. Pero ellos insistieron. Así que mi padre fue a casa del juez Murray y lo trajo para que los casara. Mamá nos despertó a los niños para que los viéramos casarse a las cuatro de la madrugada. Yo amaba a Win. Era su pequeña y él era mi hermano gigante que podía hacer cualquier cosa, ir a cualquier sitio. Yo pensaba de él que podía pintar la luna.

Win halló una feliz rutina de deportes y números. Él y Besse impartirían clases durante el invierno y volverían a casa en el verano. Él tomó más clases de matemáticas en la Universidad de Alabama en Tuscaloosa y jugó softbol semiprofesional en su tiempo libre. Con dos ingresos vivieron confortablemente durante la difícil época de la Gran Depresión. En sus años posteriores, Win daba a entender que era un excelente beisbolista, lo cual era creíble dados sus atributos físicos. Sin embargo, rara vez dejó saber que su deporte era el softbol. Prefería dar la impresión de practicar cosas más rudas.

Win tenía habilidad para los números. Obtuvo la maestría en matemáticas con una tesis sobre las ruletas y se convirtió en instructor de matemáticas en la Universidad de Alabama. Jugó más softbol y resolvió más ecuaciones. A partir de 1938, viajó al norte cada verano para estudiar su doctorado en álgebra en la Universidad de Michigan. Su impaciente padre lo consideraba cada vez más un "señorito" que evitaba conseguir un empleo de verdad. Conforme se acercaba a los treinta años, Win no podía evitar preguntarse a qué iba a dedicar su vida adulta.

La fortuna y el FBI lo encontraron. Uno de sus artículos matemáticos, que se ocupaba del uso de matrices en la comunicación codificada, se publicó en *Annals of Mathematics*. Win argumentaba que un mensaje codificado podía basarse en dos matrices diferentes, y que ello frustraría los esfuerzos de cualquier decodificador potencial. La publicación llamó la atención de J. Edgar Hoover, el director del Buró Federal de Investigación en Washington. Hoover sabía que los enemigos de los

Estados Unidos podían estar traficando con comunicaciones codificadas. Aunque su entendimiento de la capacidad algebraica de Win era muy vago, los asistentes de Hoover esparcieron el rumor. Un agente del FBI contactó a Win y le preguntó si estaría interesado en solicitar un empleo.

¿Qué si lo estaba? Win consideraba a Hoover el más grandioso de los norteamericanos con vida. Dejó su equipo de beisbol y se preparó para la mudanza. Pero el FBI nunca volvió a llamarle. No había empleo. Win se sobrepuso a su decepción aceptando una beca para estudiar teoría de matrices en Escocia. Cruzó el Atlántico y rápidamente se enamoró de los encantos del viejo Edimburgo y de una de sus compañeras estudiantes, una pequeña, bien moldeada y hermosa matemática judía de Alemania llamada Anita. Ella lo cautivó de tal modo que decidió dejar a su mujer.

"Tenía los ojos más radiantes, eran muy negros y casi siempre muy brillantes", recordaba Win en las porciones sin censurar de sus memorias inéditas.

La mayor parte del tiempo, sus ojos lucían como si acabaran de ser lavados con algo que les daba un fulgor especial... Cualquiera que mirara sus ojos con atención sabría de inmediato que era brillante, vivaz y profunda... A veces, veía temor, sentía que ella aún estaba embrujada por un sentimiento arraigado de que no todo estaba bien. Tal vez temía que apareciese un nazi, se la llevara, la torturara y la tratara como estaban tratando a mucha de su gente.

Win comenzó con una racha amorosa que jamás perdería, un impulso a amar a pesar de las convenciones sociales y los votos maritales.

"Tal vez era el temor profundamente enraizado que creía haber visto en sus ojos lo que me hizo amarla tanto", escribió, "y tal vez era ese mismo temor lo que le hizo posible hacer el amor conmigo. Pues ella dijo varias veces que la vida era muy breve y los placeres muy poco frecuentes y fugaces como para que ella se preocupara sobre si era correcto que hiciéramos el amor."

Win quería divorciarse de Besse y casarse con Anita; pero los padres de Anita, aunque le tenían cariño, no podían aceptar un matrimonio con un gentil. La generalización de la guerra en Europa impuso restricciones de viaje a los estadounidenses y Win tuvo que regresar a su país. De vuelta en Alabama, estuvo deprimido un par de meses. Su matrimonio ya no funcionaba y su carrera de softbol estaba acabada. Sus perspectivas profesionales se limitaban a dar clases de matemáticas, lo cual no tenía deseos de hacer. Se sentía un "fracaso sobreeducado" que había decepcionado a su padre.

"Pensé que tal vez debería quedarme en casa, sentirme satisfecho con ser un agricultor y olvidar todos esos años, años desperdiciados en duro e incesante estudio", escribiría más tarde.

Sabía que tendría que matar muchas cosas dentro de mí, destruir recuerdos, olvidar cosas aprendidas y rehacerme internamente para ser capaz de convertirme en un agricultor apenas en apariencia. Sabía que nunca sería feliz, pero sin duda no estaba contento con mi estado confuso y a la deriva. Así es que decidí, tras pensarlo un poco más… decirle a mi padre que había perdido cualquier esperanza de enseñar y renunciado a cualquier estudio adicional para convertirme en agricultor. Pensé decirle que quería ayudarle a hacer algunas mejoras, algunas que le había escuchado decir que soñaba para su granja, supuse que él estaría feliz con esa decisión.

Win practicaba el compungido discurso cuando llegó un telegrama del cuartel general del FBI en Washington. Lo habían aceptado a última hora como agente especial. Se le solicitaba reportarse con el Departamento de Justicia el 17 de marzo de 1941. Salió de inmediato de Alabama. Al llegar a la capital, Win y sus veinticinco colegas en entrenamiento tuvieron el privilegio de ver a J. Edgar Hoover en persona. Décadas más tarde, Win aún recordaría los detalles de la pasión de Hoover por el orden y la jerarquía.

"Nos pidieron alinear las sillas con cuidado, sentarnos como en posición de firmes, mirar hacia adelante y esperar en silencio", dijo. "Entretanto, todas las persianas se ajustaron a la misma altura y unos tres jóvenes examinaron las líneas de las sillas, hicieron correcciones en las alineaciones y se aseguraron de que todo estuviese limpio y ordenado.

"El señor Hoover apareció y nos incorporamos como un solo hombre, aplaudimos con fuerza hasta que llegó al atril y nos silenció con una seña. Luego nos dio la bienvenida a la mejor organización del mundo, nos dijo que llegaría a conocer a todos y cada uno de nosotros y expresó su profundo agradecimiento por nuestro aplauso espontáneo."

Hoover le dijo a sus nuevos empleados que estarían en servicio veinticuatro horas al día, todos los días del año. El trabajo sería arduo y difícil. Para Win fue un momento de formación.

"Era tan obvio que el propio señor Hoover estaba dispuesto a trabajar tan duramente como cualquiera de nosotros, que estaba tan orgulloso del Buró y de sus logros, que estaba dedicando su vida entera a este trabajo esencial para nuestro país, que cada hombre en el grupo estaba emocionado, profundamente conmovido."

Tras su curso de entrenamiento, Win pidió no ser asignado a la sección de criptografía. Quería ser un agente especial, dijo, no "pasar mi tiempo tratando de descifrar anagramas en las cajas de cereal", lo cual, según él, era el nivel más sofisticado de la criptografía del FBI en ese momento. Le dijeron que Hoover había "aceptado con gusto" su descarada solicitud. Enviaron a Win a Pittsburgh, donde vigiló a la población alemana local en busca de simpatizantes nazis.

Tras el ataque japonés a Pearl Harbor en diciembre de 1941, los Estados Unidos entraron en guerra. El FBI, con su red de oficinas en el Caribe y Sudamérica, se encargó también de vigilar a los alemanes en América Latina. En febrero de 1943 Win fue en calidad de préstamo a la embajada de los Estados Unidos en Cuba para una "misión confidencial especial", un ascenso inusualmente rápido. Al principio, Win se enamoró de La Habana en tiempos de guerra. Fue asistente del agregado legal de la embajada, un hombre del FBI llamado Raymond Leddy, quien le agradó de inmediato. Leddy era elegante y correcto, originario de la ciudad de Nueva York, producto de las mejores escuelas jesuitas: Xavier High School, Holy Cross College y Fordham Law School. Astuto con respecto a la política burocrática del FBI, Leddy hablaba buen español y se manejaba con facilidad tanto en el mundo de la embajada como entre los cubanos. Llevó a Win al campo de jai alai y le presentó al famoso escritor Ernest Hemingway, cuyas inclinaciones políticas de izquierda provocaban desconfianza en Leddy. Los informes encendidos con alcohol del barbado novelista sobre submarinos alemanes en La Habana se habían convertido en el hazmerreír de la embajada. Win rentó una habitación en la elegante casa junto al mar de Leddy en la sección de Miramar de La Habana, y su amistad creció.

"Era bien educado, hablaba buen español, si acaso con acento, y tenía un auto. Ha probado ser uno de mis mejores amigos, y hemos mantenido el contacto hasta hoy", escribió Win. Pero la historia era mucho más complicada que eso.

Con los estadounidenses peleando en Europa, Win comenzó a preocuparse.

"Sentí que no estaba haciendo todo lo que podía", recordó. "Yo era joven, fuerte y saludable, y sentía que los estadounidenses en Cuba me miraban, preguntándose por qué se me permitía caminar por La Habana en traje de civil cuando ni siquiera estaba en la embajada."

Un día, mientras jugaba beisbol con algunos empleados de la embajada, escuchó a los espectadores decir que debía tratarse de un evasor del servicio militar. Contra el consejo de Leddy, escribió a Hoover para solicitar licencia del FBI y enlistarse con los marines. En noviembre de 1943 llegó la respuesta con buenas y malas noticias. Sí, podía tomarse la licencia, pero primero lo transferirían a Cleveland.

Win viajó a la invernal Cleveland y dijo a sus supervisores que iría a la guerra. Se detuvo en Alabama para tener una última reunión apasionada con Besse, y luego tomó un tren a Washington para enlistarse. Lo rechazaron por una lesión de sus días en el diamante de softbol. Entonces se enlistó en la naval, y fue inmediatamente asignado a un trabajo de escritorio en un laboratorio de investigación de radares. En su primer día de trabajo, el supervisor le dijo que permanecería ahí por el resto de la guerra. Win había abandonado el FBI para terminar más lejos que nunca del frente de guerra.

Se retiró al bar del hotel Wardman Park en la avenida Connecticut. Pidió un trago, y quién habría de aparecer sino un amigo de la escuela de entrenamiento del FBI que ya estaba en la naval. Win se quejó de su asignación. Su amigo dijo que recién lo habían asignado a Inglaterra, gracias a un hombre llamado Jimmy Murphy en algo llamado la Oficina de Servicios Estratégicos (OSS). Le recomendó que hablara con ellos. A Win le pareció una buena idea. El amigo telefoneó a Murphy, que aún trabajaba en su escritorio a las nueve de la noche. Murphy, un irlandés sabio y sencillo de la ciudad de Nueva York, se detuvo en el bar camino a casa.

¿Un hombre atlético ex agente del FBI que sabía algo sobre criptografía? A Murphy le gustó la catadura de Win. Le pidió que hiciera una solicitud a la OSS y pagó otra ronda. Al día siguiente, Win fue al Mall de Cleveland y llenó la solicitud. No tuvo duda de que podría encargarse de responsabilidades de alto nivel.

"Mi entrenamiento científico y educación universitaria me dan la posibilidad de mezclarme con líderes universitarios que, en América Latina y los países europeos, juegan importantes papeles en los asuntos políticos", escribió.

Si J. Edgar Hoover había rescatado a Win de una vida campesina, la meritocracia de los tiempos de guerra en Washington lo llevó a la OSS, el embrión de lo que se convertiría en la Agencia Central de Inteligencia. En ese momento, la OSS era un pequeño clan con reputación de ser una empresa dominada por liberales de la Liga de la Hiedra (algunos bromeaban diciendo que oss eran las siglas de "oh, son suavecitos", otros decían que querían decir "oh, son socialistas") La oss se había formado apenas dos años antes. Fue hija intelectual de William Donovan, un héroe de la Primera Guerra Mundial que fue a trabajar en el Departamento de Justicia y luego estableció un lucrativo despacho legal en Wall Street. Obstinado y políticamente ambicioso, Donovan se convenció en los años treinta de que la llegada al poder de los nazis forzaría tarde o temprano a los Estados Unidos a ir a la guerra en Europa. Donovan tenía un aliado en el presidente Franklin Roosevelt.

Roosevelt pensaba lo mismo, pero no se atrevía a decirlo públicamente. La gran mayoría de los estadounidenses no quería tomar parte en otra guerra europea. Incluso cuando Hitler anexó Checoslovaquia y atacó Polonia, el Congreso y la mayoría de los estadounidenses se mantuvieron distantes de los problemas de Europa. Roosevelt hizo cuanto pudo para ayudar el esfuerzo bélico británico. Impulsado por Donovan, comenzó a crear un servicio de inteligencia extranjera.

Roosevelt otorgó fondos a Donovan para que abriera una oficina llamada Coordinación de Inteligencia. Para 1940, los nazis habían entrado en Francia sin oposición del valor marcial francés. Los británicos habían perdido de pronto sus redes de inteligencia en la capital central de Europa y pronto se enfrentaron a un diario aluvión de los cohetes v-1 de Hitler. Roosevelt vio las buenas razones de la ambición de Donovan para crear un servicio de inteligencia que sirviese de ojos y oídos a las fuerzas militares necesarias para hacer retroceder las ambiciones de Hitler por dominar Europa. Donovan, a su vez, visitó las mejores universidades, comenzando con Yale, reclutando profesores que sabían cómo reunir y organizar información. Luego arregló que esos académicos aprendieran de los británicos, quienes tenían siglos de practicar el juego de la inteligencia.

La conexión británica fue clave para la formación del organismo de Donovan. El Servicio Secreto de Inteligencia de Londres, conocido como SIS, se había fundado en 1909, pero la tradición del reino en cuanto a organizaciones secretas que reunían información y actuaban de manera clandestina para apoyar fines políticos se remontaba por lo menos a las intrigas de la corte del rey Enrique VIII. A través de los siglos, las fuerzas policiacas británicas en el extenso Imperio británico construyeron su propia tradición de recopilación de inteligencia. En India, el Caribe y el Lejano Oriente, los funcionarios británicos practicaban las artes negras de la política clandestina, necesarias para anticiparse a la insurrección política y mantener su dominio sobre poblaciones nativas mucho más numerosas. En su momento, los británicos aceptaban el imperialismo como un atributo nacional y un derecho. En el siglo XX, desarrollaron el SIS y las fuerzas policiacas locales como instituciones e instrumentos de poder.

Los norteamericanos, por supuesto, no eran unos novatos en la proyección del poder. La joven república, encabezada por un impetuoso y joven general llamado Winfield Scott, había anexado la mitad de México en 1846. Cincuenta años después, los Estados Unidos echaron a España de Cuba y las Filipinas, y acabaron por subordinar las repúblicas centroamericanas desde la lejanía a lo largo de la primera mitad del siglo XX. Pero las fuerzas militares, políticas y comerciales que impulsaron estas aventuras desdeñaban el colonialismo y evitaban las tareas de administrar lo que los estadounidenses llamaban su "traspatio". Los Estados Unidos no buscaban gobernar directamente como un imperio tradicional. En cambio, Washington cedía el control local a caciques brutales con su propio pueblo, pero obedientes con Washington.

El Congreso le dio a Donovan diez millones de dólares en fondos de "emergencia" en 1941, y después 35 millones en 1942. Pese a las objeciones de J. Edgar Hoover y el Departamento de Guerra, Donovan obtuvo el derecho de reclutar sin restricciones hombres y mujeres de otros servicios armados, tomando eventualmente a 13,000 personas que fueron asignadas a todas partes del mundo. La Oficina de Servicios Estratégicos, como

Donovan bautizó su organización, inició actividades en Londres, donde una serie de oficinas recolectaba y analizaba información, organizaba operaciones contra los alemanes y contrarrestaba sus esfuerzos de espionaje. De los británicos, Donovan aprendió lo suficiente para saber que esta última función —el contraespionaje o la contrainteligencia— era esencial. Eligió a Jimmy Murphy, un abogado elegante y discreto que había trabajado con él en el Departamento de Justicia, como su jefe de contraespionaje.

Desde que se conocieron en el bar del hotel Wardman Park, Jimmy Murphy pensó que la educación matemática de Win podía contribuir con los esfuerzos para descifrar códigos en Inglaterra. Envió a Win para que se entrenara tres meses en los bosques de Virginia. Mientras estaba ahí, Besse, su mujer, le escribió para decirle que estaba embarazada. En junio de 1944, Win fue a la guerra. Cuando las fuerzas aliadas llegaban a Normandía para recuperar Europa, él arribó a Londres para unirse a las crecientes operaciones de la oss. Lo asignaron para que trabajara en Bletchley Park, una horrible mansión en una propiedad al norte de Londres que el servicio secreto Británico se había apropiado pocos años antes.

En cabañas temporales montadas en los terrenos aledaños, Win escuchaba conferencias británicas y norteamericanas sobre la naturaleza del espionaje. El espionaje tenía como propósito perjudicar la seguridad de las comunicaciones del enemigo. El contraespionaje se enfocaba en penetrar el servicio de inteligencia del enemigo. Aprendió que su Servicio Secreto de Inteligencia, conocido como sis o mi6, tenía una contraparte nacional, el Servicio de Seguridad, o mi5, equivalente al fbi. El primero recolectaba inteligencia en países que no pertenecían al Imperio británico y conducían el contraespionaje para evitar que otras potencias conocieran sus operaciones secretas. El segundo conducía las operaciones de contraespionaje, contrasabotaje y contrainsurrección dentro del imperio.

Tras horas de adoctrinamiento, Win se trincaba unas cervezas tibias con los británicos. Le maravillaba su buen humor, cortesía y generosidad natural en medio de condiciones de aguda escasez y no pocos momentos de franco miedo. Como escribiría años más tarde, los británicos "llevaban a los neófitos estadounidenses… a sus oficinas y compartían casi todo lo que tenían en cuanto a inteligencia y contraespionaje".

A Win le entusiasmó pasar unas semanas en otra improvisada oficina de inteligencia en Blenheim Palace, la ancestral casa de los duques de Marlborough y la familia del primer ministro Winston Churchill. Aunque el décimo duque de Marlborough permanecía en la residencia, el resto de la propiedad estaba tomada por el MI5. Ahí enviaron a Win para que los mejores hombres de Su Majestad le enseñaran el arte del honorable engaño. En una ocasión, sus mentores británicos diseñaron lo que consideraron un brillante proyecto y recibieron permiso de presentarlo al propio Churchill. Dejaron que Win fuera con ellos.

Win y su colega británico, Tommy Robertson, tomaron el tren a Londres y un taxi a la residencia del primer ministro. Robertson se vistió con su elegante uniforme de coronel del Regimiento Real Escocés, con todo y los *troos* de las Tierras Altas, como le llamaban a aquellos pantalones. Él "estaba muy nervioso", recordaba Win, "y yo temblaba mientras caminábamos por los pasillos y pasábamos frente a los guardias en el 10 de la calle Downing. Finalmente nos admitieron en la oficina privada del gran hombre, quien nos recibió con una bienvenida gruñona".

Churchill fue un trabajador prodigioso en tiempos de guerra, leía cientos de páginas de material al día y después iba a casa a beber y escribir sus propios libros. No toleraba con buena cara, bajo ninguna circunstancia, a los idiotas. El colega de Win dio un breve discurso y le entregó un resumen de una página de la operación propuesta.

"El señor Churchill la leyó lentamente y con lo que parecía ser un gran interés", recuerda Win. "Luego, sin una palabra, tomó su pluma, y yo pensé que estaba listo para firmar sin un solo reparo… El señor Churchill trazó entonces una línea diagonal que atravesaba toda la hoja de papel, y escribió la palabra

'Bolas'." Churchill entregó el papel de vuelta a los intrusos y volvió a los asuntos más importantes que tenía sobre el escritorio. Win y Robertson se retiraron a toda prisa a un pub local para beber algo y tomar la decisión de no contárselo a nadie.

Pocas semanas después terminó el entrenamiento de Win. Lo enviaron a Londres para trabajar en la oficina de contraespionaje de la OSS, conocida como X-2, una sagaz referencia a su agenda secreta de traicionar (en inglés *double-cross*) al enemigo. El X-2 se ubicaba en un inclemente bloque de oficinas en St. James Square en el centro de Londres. Los cohetes de Hitler habían hecho trizas montones de edificios en las inmediaciones. El palacio de Buckingham, la sede londinense del rey de Inglaterra que permanecía en pie pese al bombardeo nazi, se hallaba a diez minutos de caminata hacia el oeste. El número 10 de la calle Downing también estaba a tiro de piedra hacia el este. El cuartel general del MI5 estaba cruzando la calle St. James. Finalmente, Win había llegado a donde quería estar: en el núcleo del esfuerzo bélico. Había recorrido una larga distancia desde la casa hecha de vagones de ferrocarril y el estanque de Escatawpa.

LOS APRENDICES DE TITIRITEROS

El funcionario estadounidense y la modelo irlandesa que caminaban por Park Lane en el anochecer del 4 de septiembre de 1944 formaban una pareja atractiva. A sus 34 años, Winston Scott, un teniente de primer nivel de la naval, medía 1.83, pesaba 84 kilos y tenía ojos azules, cabello castaño y una complexión corpulenta. A su lado iba Paula Maeve Murray, una ex estrella del atletismo de veinticuatro años y cabello oscuro de Irlanda del Norte. Se habían conocido en el departamento de Berkeley Square que Win compartía con John Hadley, un sociable californiano que trabajaba como su asistente en la Oficina de Servicios Estratégicos. Hadley presentó a Win con Paula. Para él, al menos, fue un caso proverbial de amor a primera vista.

"Nunca me recuperaré, créeme", él le dijo un año después, "y estoy seguro de que ya no me será posible ser el mismo."

Era un momento propicio para los romances anglo-estadounidenses. El regreso de los ejércitos aliados a la Europa continental en el Día D había resultado un gran éxito. A medida que el general Dwight D. Eisenhower conducía sus legiones hacia el este a través de Francia, en Westminster, el primer ministro Churchill tenía cada vez más confianza de que los insolentes nazis estaban perdidos. La invasión había desplazado las plataformas de lanzamiento alemanas en Bélgica, dando por terminado el asedio de los mortales misiles v-1 sobre la capital británica. Muchos se atrevieron a suponer que la guerra terminaría pronto, en cuestión de semanas. En el cielo nocturno sobre Hyde Park, Win y Paula vieron una estrella fugaz. Pese al hecho de que tenía una esposa y un hijo en su país, Win tomó la estela de luz celestial como un portento del verdadero amor. Paula no.

Win se enamoró ese día, y se hizo espía al siguiente. El 5 de septiembre de 1944 se convirtió en jefe de la sección alemana, la más grande de la oficina del x-2 en la calle Ryder. Compartía oficina con colegas británicos de la Sección V del MI5, la oficina británica de inteligencia a cargo de frustrar a los espías alemanes. Como nivel de entrada en la profesión de inteligencia, el nuevo puesto de Win era difícil de superar. En sus colegas británicos halló los mentores de inteligencia más capaces del mundo. Su astucia era asombrosa. Habían hallado el modo de interceptar las comunicaciones de los ejércitos alemán y japonés. Win comenzó a conocer el programa ultrasecreto ULTRA, que monitoreaba y descifraba las comunicaciones de los distintos servicios militares de inteligencia alemanes. Mediante las intercepciones de ULTRA, los británicos capturaron literalmente a cada agente alemán en el Reino Unido. En vez de apresarlos, los "dobletearon": los forzaron a enviar una serie de informes creíbles pero falsos a Berlín. Por ejemplo, los agentes controlados por los británicos le dijeron al Abwehr, la inteligencia militar alemana, que sus misiles constantemente pasaban sobre sus objetivos en Londres. Los alemanes naturalmente programaron sus cohetes para que cayeran un poco antes, y así aterrizaron antes de llegar a la ciudad, haciendo menos daño. De ésta e incontables otras maneras los británicos utilizaron ULTRA para controlar a escondidas la percepción que los alemanes tenían de la realidad de los campos de batalla. ULTRA fue una de las operaciones más relevantes de toda la guerra, y a Win se le permitió participar casi desde el principio. "Fue entrenado por el MI-5 y trabajó con [Kim] Philby en sus inicios. Estoy seguro de que tenía acceso a todo ULTRA", dijo Cleveland Cram, un colega de Win.

Win captó de inmediato la diferencia entre los estilos norteamericano y británico. De vuelta en Washington, los tradicionales ejército y naval de los Estados Unidos se habían rehusado a dar a la OSS un rol para hacerse de las señales enemigas o para analizarlas. El Estado Mayor Conjunto decretó que la Oficina de Inteligencia Naval y la Sección de Inteligencia Militar se encargarían de la recolección de inteligencia. Gracias a Bill Donovan, la OSS se hizo de un papel aparentemente menor en el esfuerzo bélico. Los británicos compartirían "contraespionaje" —lo que sabían sobre los servicios de inteligencia enemigos— con unos pocos estadounidenses en la oficina del X-2 de la OSS. En este breve margen de territorio burocrático, la OSS echó raíces. Tal como lo expresó un historiador de la CIA: "Aquí hubo un campo en el que la OSS hubiese sido incapaz de participar por sí sola de manera efectiva. Los británicos proporcionaron archivos, fuentes de información, técnicas de operación, entrenamiento e instalaciones, los cuales resultaron indispensables. Le hubiese tomado a la OSS tal vez décadas obtener por sí misma la experiencia que alcanzó en apenas dos años de tutelaje británico, no digamos recolectar los numerosos documentos que pudo copiar de las fuentes británicas. El X-2 se volvió pronto una élite dentro de una élite".

Win prosperó con esta selecta compañía. La primera tarea que aterrizó en su escritorio vino del propio Bill Donovan. El jefe de la OSS quería saber más sobre el Hombre Lobo, una fuerza militar clandestina de los alemanes que se pensaba constituía el núcleo de un movimiento de resistencia que los nazis montarían para acosar a las fuerzas aliadas en su avance. Win organizó y distribuyó material recopilado a partir de distintas fuentes de los campos de batalla. Tituló su memorando "Perspectivas presentes y futuras de los movimientos clandestinos de resistencia en Alemania" y minimizó los temores aliados. Basándose en veinticinco casos de penetración que las unidades de contraespionaje en los campos de batalla habían reportado durante el verano de 1944, Win dijo que el Hombre Lobo no era un plan de resistencia de posguerra, sino meramente una fuerza irregular que sólo esporádicamente se había involucrado en actos de sabotaje, terrorismo y acoso. El Hombre Lobo no muerde, escribió Win, calificándolo como "un fracaso".

Pocos días después, un nuevo tipo de misil alemán, llamado el v-2, cayó sobre un concurrido mercado de Londres, matando a muchas personas. La guerra, por desgracia, no terminaría pronto. Win y la pandilla de la calle Ryder estuvieron al pie del cañón. Junto a John Hadley, Win tenía dos secretarias que le ayudaban. Eran Bette Balliet y Barbara Freeman, conocidas como las *Gemelas Polvo de Oro* por sus melenas rubias y su armónico gusto para vestirse. Las condiciones de trabajo eran terribles. "Debido a enfermedades y dolores de garganta provocados por el hacinamiento, constantemente tenemos mucho personal con incapacidad y personas que evitan el trabajo por ligeras gripes por temor a contagiar la enfermedad a toda la oficina", escribió a Washington Jimmy Murphy, jefe y amigo de Win. Los jefes trabajaban en cuartos con seis u ocho mecanógrafas u oficinistas que golpeteaban las máquinas de escribir y organizaban los documentos. "Debemos conducir nuestros cursos de adoctrinamiento y para pulir idiomas en cuartos construidos para servir de bodegas que ni siquiera tienen ventanas", se quejaba. *Gemelas Polvo de Oro* por sus melenas rubias y su armónico gusto para vestirse. Las condiciones de trabajo eran terribles. "Debido a enfermedades y dolores de garganta provocados por el hacinamiento, constantemente tenemos mucho personal con incapacidad y personas que evitan el trabajo por ligeras gripes por temor a contagiar la enfermedad a toda la oficina", escribió a Washington Jimmy Murphy, jefe y amigo de Win. Los jefes trabajaban en cuartos con seis u ocho mecanógrafas u oficinistas que golpeteaban las máquinas de escribir y organizaban los documentos. "Debemos conducir nuestros cursos de adoctrinamiento y para pulir idiomas en cuartos construidos para servir de bodegas que ni siquiera tienen ventanas", se quejaba.

Win y su equipo trabajaban en una enorme sala con una chimenea. A medida que se acercaba el invierno, se les asignó exactamente una cubeta de carbón por día para calentar su espacio de trabajo. Se vestían con calzones largos y abrigos, usaban guantes y aún así temblaban de frío durante la jornada de trabajo, excepto cuando Hadley —"un milagroso carroñero", según Win— podía afanarse con algo para quemar. Un día Hadley apareció con diez asientos de madera para escusado. Arriesgándose a que lo censuraran por rapiña, los acarreó a la oficina de la calle Ryder, donde los quemó en la chimenea. "Nos calentamos las manos y disfrutamos de una taza de té mientras los simpáticos asientos se quemaban con flamas verdes, rojas y amarillas", dijo Win.

El trabajo de Win era esencial para la retaguardia del avance de los aliados hacia Berlín. Él revisaba los acontecimientos en Alemania, Austria, Suiza, Checoslovaquia, Polonia y Escandinavia. Absorbía y procesaba información de todos estos países, así como de las "fuentes especiales", es decir, de las ultrasecretas intercepciones británicas de las comunicaciones alemanas. Él y su equipo preparaban listas de operativos de inteligencia alemanes, con todo y breves biografías y direcciones para cada territorio en el que entraban los aliados. A medida que las fuerzas aliadas tomaban territorios alemanes, también capturaban a espías alemanes. Enviaban documentos e informes de interrogatorios a la calle Ryder para que se tradujeran, sintetizaran y analizan rápidamente. Entonces Win redespachaba la información a las unidades pertinentes en los campos de batalla, y todo el proceso se repetía. Desde el principio, los jefes de Win reconocieron cuán eficientemente manejaba todo.

Sin embargo, Win no era el estadounidense más reconocido en el x-2 de Londres. Esa distinción recaía en el jefe del área italiana, James Jesus Angleton, que trabajaba en el despacho 23-b de la oficina de la calle Ryder. Era un hombre de Yale, un poco extraño pero indudablemente brillante. Era más joven que Win, tenía apenas veintiséis años, pero su astucia rebasaba su edad. Su abuelo había fundado la National Cash Register Company, cuyas máquinas registradoras hacían sonar los excedentes del sueño norteamericano. Su padre, Hugh Angleton, convirtió la NCR en una corporación multinacional. Jim había crecido en Italia, posteriormente asistió a un internado en Inglaterra y se matriculó en Yale, donde estudió indiferentemente y concentró su energía en la creación de una revista poética de clase mundial. Tras graduarse, pasó un año en la Facultad de Leyes de Harvard, pero renunció. Con la ayuda de uno de sus profesores de Yale, ingresó a la oss y muy pronto descubrió que las peculiares exigencias se acomodaban a su voraz curiosidad y su personalidad intelectual. Su sección era más pequeña que la de Win. Sólo tenía una secretaria, una joven llamada Perdita Doolittle. La oficina, siempre nublada por el sempiterno cigarro de Angleton, consistía en dos escritorios, dos sillas y dos archiveros verdes. El trabajo de Jim era casi el mismo que el de Win. Identificaba y señalaba informantes fascistas y revisaba los reportes de los interrogatorios. Era más intelectual que Win. Tenía, en palabras del historiador de la CIA Burton Hersh, "la suspicacia de un esteta consciente de que todo lo que encontrara podía interpretarse de múltiples formas, pocas de ellas inocentes". Sus superiores apreciaban su "meticulosidad apasionada, el instinto de masticar algo dos veces y probarlo tres".

Al toparse en los pasillos de las oficinas de la calle Ryder, Win y Jim pronto se hicieron amigos. Tenían mucho en común. Ambos tenían mujeres en casa que, dicha sea la verdad, no siempre extrañaban. Cicely Angleton, una vivaz graduada de Vassar, estaba en Arizona cuidando a su hijo, James Jr., preguntándose si su matrimonio sobreviviría al desinterés episódico de Jim. Besse Scott, la maestra de escuela, estaba de vuelta en Alabama con su hijo recién nacido, Winston Jr. Como Angleton, Win no conocía a su hijo. Ambos hombres tenían mentes inquietas, bien entrenadas y codiciosas, que se aferraban al reto del trabajo de inteligencia; sentían su poder e importancia, y reconocían su propia atracción hacia él. Pero el lazo más importante era su improbable mentor, un bajo y algo jorobado profesor de Yale llamado Norman Holmes Pearson.

Pearson era el segundo de Jimmy Murphy, otro de la Liga de la Hiedra, reclutado para aprender y enseñar las artes de la inteligencia. Provenía de un acomodado clan de Massachusetts que apreciaba el aprendizaje mediante los libros. Como estudiante había obtenido honores en Yale, recibió un par de títulos de posgrado en la Universidad de Oxford, en Inglaterra, en los años treinta, y luego volvió a Yale para obtener su doctorado con una tesis sobre los cuadernos italianos de Nathaniel Hawthorne, el novelista y cuentista estadounidense. Norm, como le llamaban sus amigos, acababa de tomar un puesto como catedrático en Yale cuando llegó la guerra. Un colega invitó a Pearson a sumarse a la oss. Lo asignaron a la recién formada oficina del x-2 en 1943, bajo el justificado supuesto de que su erudición libresca lo volvería agradable para los a veces pretenciosos británicos. Pearson se volvió el enlace de Murphy con las agencias de inteligencia británicas. Mientras Pearson absorbía el modo británico de organizar las operaciones de inteligencia, aplicó las capacidades analíticas previamente dedicadas a la narrativa norteamericana a los no menos profundos matices del espionaje. Destiló lo que había aprendido en una serie de concisas conferencias sobre la profesión de inteligencia, las cuales dictó a sucesivas generaciones de reclutas de la oss. Puesto que Win y Jim escucharon estas conferencias durante sus días de entrenamiento, los preceptos de Pearson se convirtieron en parte de su ADN profesional e influirían sus acciones durante décadas.

El profesor Pearson pensaba que se subestimaba el potencial del contraespionaje. "En mi opinión, es desafortunado que el contraespionaje haya sido visto, en lo que respecta a su objetivo, como una empresa de carácter negativo o pasivo, y que como resultado las actividades en este campo tiendan a tener un propósito más defensivo que ofensivo", declaraba, Las palabras estaban subrayadas en las notas de sus conferencias. Para Pearson eso era un error. Como táctica, el contraespionaje no era más inherentemente defensivo que, digamos, el contraataque en la acción militar. Podía tener un carácter ofensivo si se le asignaba ese objetivo. La clave era el agente doble.

"El uso del agente doble es lo que da a la actividad del contraespionaje su carácter netamente ofensivo", dijo. El trabajo no era tanto de engaño como de percepción. "Corromper a un agente empleado por otro gobierno, por ejemplo, requiere imaginación, un profundo conocimiento de la psicología racial e individual de esa persona, y la capacidad para planear una batalla estratégica de personalidades individuales", decía Pearson.

Se debe explotar la fragilidad humana, decía. "El agente de contraespionaje debe hallar el 'punto de control de la vulnerabilidad' de su contacto potencial. Este talón de Aquiles de un contacto potencial debe ser necesariamente psicológico y, por lo tanto, la búsqueda para revelarlo y entenderlo debe proceder de bases psicológicas." Pearson admitía que la tarea no era fácil. "La motivación predominante se vuelve más compleja y abstracta conforme se envejece. Sin duda la motivación predominante puede cambiar periódicamente durante la vida adulta, pero en cualquier momento dado siempre existe el incentivo más poderoso, más importante, el controlador, cuya satisfacción da como resultado una conducta particular."

La explotación de la motivación ambigua del agente doble fue la clave del éxito de la "mano oculta" que manipularía de manera invisible los eventos en el imperio de influencia anglonorteamericano. Una vez que el agente de contraespionaje manipulara adecuadamente el "punto de control de vulnerabilidad", insistía Parson, podría controlar las acciones futuras de un individuo "tan efectivamente como un titiritero controla sus marionetas". Norm Pearson sabía manejar los hilos. Era el profesor sesudo que actuaba como maestro titiritero del espionaje. Win Scott y Jim Angleton probarían ser sus aprendices más capaces.

Las vidas de Win y Jim fuera de la oficina eran mínimas. Angleton tenía un sombrío departamento en Paddington Station, pero con frecuencia dormía en un catre del ejército en la oficina cuando no viajaba a las oficinas del x-2 en París y Roma. Win no era tan resuelto. En sus horas libres continuó cortejando a Paula Murray con resultados mixtos. Paula venía de una familia exitosa. Su padre tenía un negocio próspero y trabajaba como juez cerca de Belfast. Procuró la mejor educación posible para sus siete hijos. Envió a Paula al Convento de Loreto en County Bray en una época en que era poco usual que una mujer fuera a un internado. De ahí, ella pasó a la Universidad Queens, en Belfast, donde sus hermanos estudiaban leyes. Además de una estudiante distinguida, fue excelente deportista. Sus colegas la apodaban *Piernas* por sus veloces y bien torneadas extremidades. Los problemas de salud la obligaron a abandonar su búsqueda de un título en ciencias sociales: una operación cuando tenía unos dieciocho años a causa de la tuberculosis la había debilitado. Cuando se recuperó, fue a Londres y se inscribió como estudiante en una conocida escuela de modas, la agencia de modelaje Lucy Clayton. Vivía con su hermana Deirdre en la calle Hill, cerca de Park Lane.

Win comenzó a visitar el departamento con frecuencia, y ella a veces se irritaba ante sus atenciones. En noviembre de 1944, Paula lo rechazó por lo que Win describió como "uno de nuestros pequeños malentendidos". Tal vez inspirado por la inclinación poética de sus nuevos amigos Pearson y Angleton, se puso a escribir versos sobre su pasión no correspondida.

> Camino solo. Lento. Sin prisa.
> Nadie me espera.
> Mi amor, que me amó (dijo ella),
> se marchó.
> Mi amor se marchó.

A Jim Angleton no lo detuvo el amor. En noviembre de 1944 lo enviaron a Italia. Como el más joven de la oss encargado de una estación, se mostró apto para poner en acción las enseñanzas de Pearson sobre el contraespionaje ofensivo. El concepto vino de nuevo de los británicos: un pequeño equipo de agentes de contraespionaje tomarían información altamente secreta en el campo de batalla y actuarían en consecuencia. Pero un estudio de la OSS sobre el tema señalaba que los británicos tenían un manejo conservador de lo que llamaban las Unidades Especiales de Contraespionaje (SCI). Creían que "estas unidades debían tomar un papel limitado y especializado, ocupándose meramente de interpretar el material 'más secreto' para entregarlo a los militares". Los soldados británicos serían quienes harían los arrestos e interrogatorios.

"Las unidades SCI de los estadounidenses, por el contrario, tenían que demostrar su utilidad y en el proceso se les pedía con frecuencia que hiciesen el trabajo de seguridad general", mencionaba el memorando. En Roma, Angleton pronto se hizo cargo de agentes dobles y supervisó los interrogatorios de agentes de inteligencia alemanes capturados. El intelectualismo de Angleton perfeccionó un estilo operacional práctico. Organizó un equipo para montar una campaña de panfletos que tenía como objetivo disuadir a los italianos de cooperar con la inteligencia alemana. "Estos panfletos incluían fotografías de agentes ejecutados con la descripción de su tratamiento y se distribuían con efectos muy notorios", dijo un colega admirador. La unidad de Angleton, conocida como SCI/Z, lanzó una serie de ataques y capturó a los dieciséis informantes que se sabía trabajaban en Florencia.

Si Jim era excelente en el campo, Win lo era en la oficina. Se llevaba mejor con los oficiales británicos del MI5 y MI6, incluso mejor que Pearson. Aunque respetado por sus contrapartes británicas, Pearson era un académico de corazón. Nada le gustaba más que hablar de poesía mientras bebía té con Hilda Doolittle, la madre de la secretaria de Angleton y una muy respetada poetisa conocida por sus iniciales, H. D. Afectado por males crónicos de espalda, difícilmente podía montar una bicicleta. Para los rudos ex policías coloniales que ocupaban los puestos superiores del SIS, Win resultaba un tipo más agradable.

De día, era un cortés caballero con apenas un dejo del distinguido sur de Estados Unidos. Por las noches gravitaba hacia los pubs, adoraba sus cervezas ligeras y amargas y, tal como se revela en algunas páginas embarazosas de sus memorias, se permitía su dosis de embriaguez y prostitutas y pleitos en las oscuras calles de Londres de tiempos de guerra. La combinación hizo que sus colegas británicos le tomaran cariño, sobre todo Tommy Robertson, el enorme funcionario del MI5 de extracción escocesa. Muy pronto, Pearson le cedió más responsabilidades a Win.

El invierno de 1945 resultó nevoso y helado. La leche embotellada se congelaba en los frontispicios de Londres. Los V-2 continuaron arrasando con gente y propiedades. La tarea en puerta para el X-2 era enorme: fusionar las operaciones de la OSS y el MI5 en el Cuartel General Supremo de las Fuerzas Estadounidenses y Europeas en París. La idea era incorporar la recolección y el análisis de los servicios de inteligencia alemanes directamente en la estructura de comando en el campo de batalla de Eisenhower, esto con el fin de optimizar la ejecución y captura de agentes del Abwehr a medida que las fuerzas aliadas avanzaban hacia Berlín. En enero de 1945, Eisenhower pidió a los jefes de la OSS, el MI5 y el MI6 que establecieran un Buró de Contraespionaje conjunto para facilitar información y asesoría a los equipos de contraespionaje en el frente de guerra. El director reportaría al asistente del jefe del equipo de Eisenhower, quien encabezaba la sección de inteligencia G-2. La operación, llamada la Habitación Bélica, se encomendó a Tommy Robertson, quien eligió a Win como su segundo de a bordo.

La colaboración de los servicios de contraespionaje británicos y estadounidenses se volvía cada vez más estrecha. La misión, tal como Win la delineó en un memorando, era "proveer un almacén, registro y punto de coordinación para la información enviada por los equipos de contraespionaje y las 'Agencias Especiales'", es decir, la OSS, el MI5 y el MI6. Se trataba de producir "tarjetas de personalidad", que eran fichas de colores con nombres, direcciones y biografías de los agentes de inteligencia alemanes, las cuales podían utilizarse para crear informes de personalidad. La Habitación Bélica podía proveer a las unidades de contraespionaje en el campo de batalla con "toda la información que pudiese serles útil para hallar y arrestar a individuos buscados", así como "comentarios y consejos sobre informes de interrogatorios".

Los jefes de Win alabaron su "habilidosas negociaciones personales con los más altos funcionarios de la inteligencia estadounidense y británica". Mostraba "una inusual combinación de inteligencia, imaginación y tacto", al tiempo que "mantenía las relaciones más cordiales con la Sección Alemana y la Sección de Agentes Dobles del Contraespionaje Británico", asegurando así "un flujo constante de información benéfico para los ejércitos norteamericanos". En una carta de recomendación, sus superiores dijeron: "Es posible que este alto nivel de cooperación entre los servicios de contraespionaje estadounidenses y británicos jamás haya sido igualado en la historia de la colaboración entre los servicios aliados". Sin embargo, en términos de su carrera, Win permaneció medio paso detrás de Angleton. Jim era jefe del x-2 para toda Italia. Win era el número dos en Londres/x-2, la mayor de las oficinas de la oss.

La cuestión que Win había tratado en su reporte del Hombre Lobo volvió a presentarse: ¿Cómo responderían los alemanes a la derrota? ¿Tendrían que pelear los aliados una guerra de guerrillas? ¿O se rendirían los alemanes? Con las fuerzas británicas y estadounidenses marchando hacia el Rin y el Ejército Rojo avanzando desde el este, el mundo estaba por averiguarlo. Desde Suiza, Allen Dulles, el jefe avuncular de la oficina de la oss en Berna, insistía en la posibilidad de un retiro nazi hacia el montañoso sur de Alemania. Ahí, aseguró, los partisanos recalcitrantes del nacional socialismo lucharían una guerra de resistencia desde una fortaleza alpina, que invariablemente describía con la palabra suiza *réduit*. Dadas sus excelentes fuentes en las altas esferas de la sociedad y gobierno alemanes, el escenario del *réduit* gozaba de mucha credibilidad. También reflejaba las propias predilecciones políticas de Dulles. Como abogado corporativo en Wall Street, Dulles había representado a muchos clientes importantes del mundo empresarial alemán, a quienes conocía como hombres decentes en desacuerdo con el extremo antisemitismo de los nazis. En la acogedora oficina de la OSS en Berna había conocido a otros alemanes ordinarios que arriesgaron sus vidas para ayudar a los aliados a derrotar a los nazis. Siempre pensó que la exigencia del presidente Roosevelt de que los alemanes se rindieran incondicionalmente era una equivocación. A lo largo de la guerra, Dulles tenía la esperanza de establecer una "paz separada" con los "buenos alemanes" que detestaban a Hitler.

Cuando los emisarios de los más altos comandantes alemanes en el escenario italiano se acercaron a Dulles en febrero de 1945 con la oferta de una rendición separada, él aprovechó la oportunidad. Teniendo cuidado de no actuar contra alguna política estadounidense, hizo su mejor esfuerzo para enterar al alto comando militar en Washington que consideraba la oferta genuina y valiosa. Bautizó a las negociaciones secretas para hacer efectiva la rendición con el nombre de Operación Amanecer. Le dijo a todos quienes quisieran escuchar que esto ayudaría a darle a la guerra un pronto final. De otro modo, los alemanes pelearían hasta el amargo final, causando una guerra de guerrillas que prometía ser tan sangrienta como absurda.

El asunto aterrizó en el escritorio de Win en forma de un reporte tentativo de la sección de análisis de investigación, con el inevitable título de "El *réduit* alpino". Win lo hizo circular a todos los escritorios de su sección para que lo comentaran. Por una parte, el reporte estaba lleno de detalles convincentes, como los lugares en los que se replegarían los nazis. La mayor parte de los informes coincidían "en el área general del *réduit* central en el sur de Alemania y Austria. Con Berchtesgaden como el cuartel general, el *réduit* se extendería [al noreste] hacia las montañas del Salzkammergut, al sur hasta paso de Brenner, al oeste hasta Voralberg". Sin embargo, el área de investigación no halló evidencia de que las palabras de los nazis sobre el *réduit* estuviesen acompañadas de preparativos concretos. "El esfuerzo nazi por crear una guerra popular no ha tenido éxito", concluía el reporte. Los informes de Win sobre el Hombre Lobo en septiembre anterior no habían sido contradichos de manera significativa. Pero gracias a la persuasividad de Dulles, el *réduit* se había arraigado en la imaginación burocrática.

El informe concluía que "el concepto de guerra hasta el final y el área elegida para lucharla, están completamente en línea con la actitud de los líderes del partido nazi... La combinación de la capacidad de defensa militar, el amor a la patria y el escenario melodramático presente en la lucha desde un *réduit* en los Alpes bávaros y austriacos se conjuga a la perfección con el sentido wagneriano de Hitler y sus consejeros más cercanos".

Pero el hecho era que lo que se podría conjugar con los alemanes era muy distinto a lo que en realidad estaban haciendo ante la inminente derrota. Resultó que no había organización en el sur de Alemania que poseyera armas, comunicaciones ni personal para repeler el ataque aliado, sólo unos cuantos oficiales desesperados que hablaban de esas cosas. Algunos dicen que el despliegue de las tropas aliadas hacia el sur desalentó dicha coalición. Con la ventaja de la retrospección, "el *réduit* alpino" parece menos una realidad que una instancia de lo que los sociólogos llamarían más tarde "pensamiento de grupo". No sería la última vez que los agentes de inteligencia de los Estados Unidos se convencieran a sí mismos de que lo que pensaban que *debía* de ser cierto acerca de sus enemigos *tenía* que ser cierto.

El colapso de la resistencia alemana pronto volvió irrelevante la Operación Amanecer. El final de la guerra llegó vertiginosamente a Londres en abril de 1945. Los cohetes v-2 finalmente cesaron y el clima se volvió cálido. El whisky era más abundante. La victoria estaba a la vista, y los norteamericanos en Londres sentían que su sueño de volver a casa pronto se cumpliría. Entonces vino la repentina muerte del presidente Roosevelt. Dos semanas después, Hitler se suicidó.

Win estaba personal y profesionalmente feliz. El 13 de abril, escribió una nota sobre el hijo que no conocía en su calendario de bolsillo: "¡Winston 9 meses de edad!". El 7 de mayo, promovieron formalmente a Win como asistente del jefe de la oficina Londres/x-2. La gran noticia del día estaba en el titular del *Times* de Londres: "Cercano el Fin de la Guerra en Europa". Las

calles en torno al cuartel general de la calle Ryder estaban ates-
tadas. A pocas cuadras, Piccadilly estaba engalanada con listones
rojos y blancos y azules. Al día siguiente, Win asistió responsa-
blemente a dos sesiones de interrogatorio. Pero para la media
tarde, las campanas de la iglesia tañían y los hombres del x-2 se
dirigieron a la plaza de Trafalgar.

El héroe de Win, Winston Churchill, apareció en un balcón
distante. "Dios los bendiga a todos", gritó el primer ministro.
"¡Ésta es su victoria! La victoria de la causa de la libertad en todo
territorio. En toda nuestra larga historia nunca hemos visto un día
más grandioso que éste. Todos, hombres y mujeres, han dado su
mejor esfuerzo. Todos lo intentaron. Ni los largos años ni los peligros ni los fieros ataques del enemigo han debilitado en modo
alguno la resolución independiente de la nación británica."

La multitud rugió en aprobación. El rengo Norman Holmes
Pearson se trepó a un león de piedra para tener mejor vista.

"Me alegra que todos nos podamos tomar la noche libre hoy
y otro día mañana", continuó Churchill. "Mañana nuestros grandes aliados rusos también estarán celebrando la victoria, y después
debemos comenzar la tarea de reconstruir nuestra salud y nuestros hogares, esforzándonos para hacer de este país una tierra en
la que todos tengan oportunidades, en la que todos tengan un
deber, y hemos de dedicarnos a cumplir con nuestro deber para
con nuestros propios compatriotas, y para con nuestros aguerri-
dos aliados de los Estados Unidos que fueron tan vil y traicione-
ramente atacados por Japón. Iremos de la mano con ellos. Aunque
la lucha sea difícil, nosotros no seremos quienes fallen".

Win Scott aplaudió. A la mañana siguiente, estaba de vuelta
en su escritorio.

Su amigo Philby

En su mediana edad, la búsqueda de Michael Scott por su padre
dejó de ser un pasatiempo para convertirse en una especie de
terapia, aunque menos cara. La satisfacción y las revelaciones

provenían de la acumulación de detalles, de encontrar la materia tangible de los lazos familiares y de descubrirse a sí mismo en la vida de su padre. Era casi como si él fuera un espía rastreando pistas escurridizas y conectando puntos de datos aparentemente sin relación. Le tomó muchos años, pero a finales de los noventa finalmente dio seguimiento a algo que una vez le había mencionado su madre: que Win había confiado a su hermana un baúl lleno de sus viejos uniformes de la naval. En 1997, Michael preguntó a su tía si podía ir a echar un vistazo al baúl. Ella dijo que con todo gusto. Sólo tenía que ir y sacarlo de un almacén en Pasadena, Maryland. Michael recogió el baúl una bella tarde de verano y decidió abrirlo ahí mismo. Forzó la cerradura con un desarmador, y levantó la tapa esperando ver un enmohecido traje de marinero.

Lo que encontró fueron papeles, muchos papeles. Había cartas, calendarios, libretas, carpetas. Sacó un sobre gordo y miró dentro. Estaba lleno de cartas cuidadosamente atadas. Sacó una. "Querida Puggy", comenzaba. Era una carta de amor de su padre a su madre, Paula. Su primera madre. La primera madre que conoció. Comenzó a leer y se sintió transportado más de medio siglo atrás al bombardeado Londres de la posguerra. En la letra manuscrita de su padre y su madre venía la historia de un espía enamorado.

Era agosto de 1945, y Win se sentía muy mal. Una madrugada se sentó en su departamento de Berkeley Square a redactar una carta en la máquina de escribir mientras escuchaba su disco favorito en el fonógrafo. Era un nostálgico éxito popular titulado *Ojalá supiera*.

Ojalá supiera que alguien como tú podría amarme
Ojalá supiera que no piensas en nadie más que en mí
¿Es que confundí esto con un verdadero romance?
Ojalá lo supiera, pero sólo tú puedes responder.
Si no te importo, ¿por qué me dejas soñar y rezar?
No me des alas, si soy un tonto dímelo ya,

> ¿Deben vivir mis esperanzas, o me olvido de ti?
> ¿Qué debo hacer? Ojalá lo supiera.

El verano de 1945, que había comenzado lleno de pacíficas promesas, terminó en desolación. El problema no era el trabajo. La posición de Win en la oficina nunca había sido mejor. Había obtenido una estrella de bronce por su trabajo en la Habitación Bélica. Sus superiores describieron la estación de Londres como "el equivalente profesional de su contraparte británica" con "la organización y el personal entrenado para continuar de manera independiente cuando la asociación con los británicos se dé por terminada". Cuando el general Donovan llegó de Washington, él y Win cenaron en Claridge's, uno de los más selectos restaurantes de Londres.

No, el problema de Win —o mejor dicho su crisis personal— era la hermosa y elusiva chica irlandesa que lo mismo aceptaba que rechazaba sus afectos. A principios de julio, Paula Murray le dijo que iría a visitar a su familia en Ballynahinch, un pueblo cerca de Belfast. En el taxi rumbo a la estación de trenes, Win le confesó su amor. Ella se sintió dividida, deseaba "ponderar" las cosas. Él la dejó partir, lleno de una dolorosa pasión. "Sabes, tienes el mal hábito de lucir más bella cuando eres menos accesible, y en la estación te veías justo como era de esperarse", escribió él pocos días después.

Enviaba cartas a Ballynahinch casi diario, dándole el nombre cariñoso de "Puggy", pues en inglés *pug* significa nariz respingona. Él se entusiasmaba cuando ella llamaba, y se deprimía cuando no. Le dijo que debía volver al continente para trabajar, y le informó sobre lo que estaría pensando cuando lo hiciera: "Constantemente me preguntaré cuál es tu decisión: si volverás a Londres y bajo qué condiciones". La realidad era que él insistía en que ella fuese su novia cuando él seguía casado. Como católica practicante, ella se resistía. Los esfuerzos de Win para ser comprensivo sólo subrayaban el conflicto de ella: "Aprecio por completo la necesidad de que tengas tu batalla contigo misma y decidas qué lado es el victorioso", escribió él.

Cuando ella dejó de escribir y llamar, la vida se volvió más solitaria. John Hadley había regresado a los Estados Unidos, lo mismo que las *Gemelas Polvo de Oro* y la mayoría de los otros norteamericanos. Norm Pearson se quedó; invitaba a Win a su casa para cenar, pero al espía enamorado no le duró mucho el consuelo. El profesor, con su entusiasmo por la política oficinesca y por jugar con el significado de los textos, adoraba especular sobre la historia de posguerra que habría de surgir: ¿Qué le ocurriría a la OSS ahora que la guerra había terminado? ¿Qué le pasaría a su red de oficinas? ¿Era la Unión Soviética un valioso aliado o una amenaza en ciernes? La mente matemática de Win, entrenada para la precisión, no para la conversación, se sentía poco atraída por esas especulaciones.

Además, Pearson podía permitirse el lujo de hablar. Podía contar con la posibilidad de volver a Yale. Dulles tenía un puesto de salario elevado esperándolo en el distinguido bufete legal de Sullivan Cromwell en Wall Street. La opción de Win era Alabama, donde encontraría a una esposa que no amaba y tendría que elegir entre la muerte espiritual en la granja de su padre, de la que había escapado cuatro años antes, o el nada fascinante futuro de enseñar la ecuación cuadrática a un grupo de adolescentes. En el estado mental de Win, Paula Murray no sólo era atractiva, vivaz, popular y desafiante: personificaba las posibilidades ofrecidas por la vida. Entonces Paula escribió para decir que no regresaría a Londres. Había decidido tomar un empleo en el Cuartel Supremo de las Fuerzas Estadounidenses y Europeas, el puesto de comando del general Eisenhower en París. Win se sintió traicionado.

"Querida Puggy, recuerda las muchas promesas que nos hemos hecho y lo mucho que confío y creo en ti. ¿Cómo pudiste tomar una decisión tan importante sin que la discutiéramos?… Por supuesto, ahora creo que debe haber otro hombre."

Ella dijo que escribiría. No lo hizo. Dijo que llamaría. No lo hizo. Win miró un teléfono silente hasta que se quedó dormido. "Nunca me he sentido tan abatido, golpeado e impotente," le escribió al día siguiente. "Finalmente empiezo a comprender lo mucho que me he estado engañando todos estos meses." Y aún así buscó conquistarla, prometiendo que enviaría su ración semanal de cigarrillos.

Sin el cariño de Paula, Londres tenía poco encanto. Él le dijo que había decidido entregar su solicitud para regresar de inmediato a los Estados Unidos. Era patético, y él lo sabía. "Tengo la sensación de que he escrito demasiado con demasiada frecuencia, y sé que las cartas no sirven", escribió. Aún así, no pudo contenerse. "¿Me consideras un 'lloricón'?", preguntó redundantemente pocos días después. "Estoy seguro de que nunca te diste cuenta de mi gran falta de independencia." Anexó otro poema.

Una luna pequeña y delgada rasga los cielos
Luego me duermo… abrazo el vacío de ti junto a mí.

El 4 de septiembre, el primer aniversario de su encuentro, Win regresó a Park Lane y deambuló en busca del punto en el que habían visto la estrella fugaz. Podemos llamarle portento celestial o entendimiento hormonal, pero en cuestión de diez días, Win y Paula estaban juntos. Él se metió a la fuerza en un vuelo militar de fin de semana a París, y ella aceptó verlo. Tomó un tren a Versalles, donde ella estaba alojada con un montón de chicas poco amistosas. Una mañana, Paula no fue a trabajar, se quedó en casa y se le abalanzó. Cuando regresó a Londres, Win aún estaba en éxtasis por lo que había sucedido.

"El tiempo que pasé contigo fue maravilloso, querida", escribió tan pronto llegó. "Eres por mucho la persona más maravillosa y dulce que he conocido." En la oficina, su escritorio tenía trabajo apilado y tres cartas de ella. Eran, dijo él, "cartas maravillosas, cartas hermosas ahora que te he visto, he hablado contigo ¡y me he convencido de que me amas!… Que me hayas dicho que me amas con todo tu corazón es la lectura más emocionante que pude hacer."

El volátil amor de Win y Paula había echado raíces.

Al mismo tiempo, Win comenzaba a caer bajo el hechizo personal y profesional de su colega británico Kim Philby, quien ha sido descrito, sin exageración, como "el más sobresaliente espía en la historia del espionaje".

La historia comenzó, como muchas otras, en la bandeja de entrada de Win. Entre los papeles apilados en el escritorio de Win a su llegada de París se hallaban las inquietantes noticias de que la OSS pronto sería disuelta. De vuelta en Washington, la Casa Blanca había hecho planes para liquidar la OSS y otras agencias bélicas durante el verano. A finales de agosto, el presidente Truman rechazó los cabildeos del incansable Bill Donovan y de pronto ordenó que se cerrara la OSS tan pronto como fuese posible. Win se dirigió al cuartel general del MI5 en la calle St. James para asistir a una concurrida reunión en la que se disolvió formalmente la Habitación Bélica. Los británicos discutieron sobre la devolución de sus valiosos archivos ahora en posesión de la OSS, así como sobre sus propios esfuerzos de reorganización. El Comité de Reorganización del MI6 estaba encabezado por un veterano del servicio público que Win conoció casualmente a través de Norm Pearson: Harold Adrian Philby, conocido por todos como Kim.

Philby trabajaba como jefe de lo que se conocía como la Sección V, la oficina dentro del SIS encargada de la recolección de información de contraespionaje en países extranjeros. Win y Kim se habían conocido cuando Philby dio un curso a Win y a otros novatos de la OSS en el verano de 1944. Philby no tuvo una buena impresión. Los estadounidenses "eran un grupo evidentemente desconcertado", escribiría después, "no perdían oportunidad para decirnos que habían venido a aprender".

Lo que no sabían los estadounidenses era que Philby trabajaba como agente del servicio de inteligencia soviético. Algunos de los colegas de Philby en el SIS sabían que se había reunido con los comunistas del campus durante su época en Cambridge a principios de los años treinta, pero esa indiscreción de juventud se había olvidado mucho tiempo atrás. En 1945, Philby parecía personificar al gris y competente servidor público. Se vestía con perennes pantalones de pana y un viejo saco de tweed. A veces llevaba una chaqueta de aviador, excéntrica para los estándares británicos. Escribía incisivos memorandos, era duro con sus subordinados y los defendía con lealtad. Fumaba una gastada pipa Dunhill y bebía martinis en cantidades industriales sin efectos visibles. Mantenía una vida familiar presentable, con una prole de cuatro hijos. Su conversación, chispeante y dotada de una perspicacia aguda pero genial, se suavizaba con la humanidad de un tartamudeo ocasional. Los norteamericanos se sentían especialmente atraídos por su estilo poco llamativo, y él hacía poco por ahuyentarlos. Philby pensaba que Norm Pearson era "graciosísimo" cuando hablaba de las debilidades de la chapucera oss, cuyas iniciales, se mofaba, significaban "oh, son sexys". Philby ocasionalmente deambulaba por la oficina de la oss en la calle Ryder para bromear con Pearson o conversar con Jim Angleton, quien le agradaba mucho.

Esta astutamente construida imagen de un hombre convencional en ascenso ocultaba las verdaderas convicciones políticas de Philby. Nunca había abandonado su creencia universitaria de que la democracia burguesa no era sino una fachada para que los ricos gobernaran. Vio en la Unión Soviética un mejor modelo para la humanidad que el Reino Unido o los Estados Unidos, y sabía que infiltrarse en el sis podía servir a la causa del socialismo. Se reunía en secreto con funcionarios de inteligencia rusos asignados como diplomáticos en la embajada soviética en Londres y les informaba de prácticamente todo lo que sabía. Sus tratantes soviéticos se referían a él en sus comunicaciones con el cuartel general de inteligencia soviética, Central Moscú, con los nombres clave de Sonchen, primero, y Stanley, después. Al terminar la guerra, Philby concentró su atención en el servicio de inteligencia estadounidense. Su primer paso fue cultivar la amistad de Win.

Win esperaba seguir adelante. Con la disolución de la oss, el menguado personal de la oficina Londres x-2 abandonó el edificio de la calle Ryder y se mudó a unas instalaciones cerca de los llamados Edificios Broadway, donde estaba acuartelado el servicio secreto británico. Los remanentes de la OSS recibieron un nuevo nombre: Unidad de Servicios Estratégicos (SSU). Cuando Norm Pearson anunció su intención de regresar a Yale en la primavera de 1946, Win era el siguiente en fila para sucederlo como jefe de inteligencia estadounidense en Londres. Vislumbró una vida alrededor del mundo. Le dijo a Paula que quería llevarla a la soleada Latinoamérica. "No nos quedaremos aquí para siempre, justo ahora estoy viendo la posibilidad de que vayamos a un sitio como La Habana o Buenos Aires por un año o dos; luego tal vez podamos ir a los Estados Unidos y permanecer ahí para siempre, excepto por esos pocos días, en años salteados, que te daré en Irlanda", escribió. Esta fantasía era presuntuosa y Paula no la dignificó con una respuesta. Aún así, ella era la razón por la que él se quedó. "Estaba tan encaprichado con Paula que no podía marcharse", dijo Cleveland Cram, un asistente.

Jim Angleton, ahora jefe de estación de la OSS en Italia, tenía peores problemas de pareja. Convocado a Washington para una consulta de dos semanas, hizo una escala de dos días en Nueva York en un intento por reunirse con Cicely, su mujer. Fue un desastre. "Ya no nos conocíamos", Cicely recordaría después. "Jim, aunque era demasiado bueno como para decirlo, deseaba que ya no estuviésemos casados. Él pensaba que la situación no tenía remedio, estaba por completo dedicado a su trabajo y ambos habíamos cambiado. Era un típico caso de matrimonio de la guerra." Cicely no se sintió triste al verlo regresar a Europa.

Una buena noticia para Win fue que Kim Philby había obtenido un alto puesto tras la reorganización de posguerra de la inteligencia británica. Las dependencias encargadas del contraespionaje y la Unión Soviética se combinarían en una nueva sección a cargo de Philby. Norm Pearson reportó de buen grado a Washington que la oficina de Philby "tendría un papel más importante que antes". Fue así como el gobierno de los Estados Unidos se enteró de uno de los golpes más sorprendentes en la historia del espionaje, sin entender que lo que pensó que era un acontecimiento grato era en realidad una traición inaudita. Pasarían más de cuatro años antes de que Win y Jim comenzaran a asimilar las verdaderas implicaciones del ascenso de Philby. Philby, un agente secreto del servicio de inteligencia soviético, estaba ahora a cargo de las operaciones británicas en contra de su patrón. Y su mejor amigo estadounidense era Win Scott.

Win y Kim pasaron los siguientes meses preparando sus nuevas responsabilidades: Win sería jefe de la estación de Londres; Kim sería uno de los más importantes jefes de sección en la organización de espionaje británico. El día de año nuevo de 1946, Kim recibió la Orden del Imperio británico, apenas un rango abajo del título de caballero. Luego hizo una gira por las estaciones del MI6 en Francia, Alemania, Suecia, Italia y Grecia para dar instrucciones a sus nuevos subordinados. Win trabajaba con un programa más holgado en espera de que Washington definiera sus prioridades de inteligencia. Portaba ya los aires de un hombre en ascenso. Tom Polgar, quien tendría una larga carrera en la agencia, era entonces un joven oficial que en esos días pasaba por Londres, y Win volaba alto. Tal como lo recordaría durante una entrevista: "Win Scott era, cuando lo conocí, ¿cómo decirlo?, un semidiós, un capitán de barco, un hombre del FBI con un doctorado en matemáticas, uno de los pilares del esfuerzo original en inteligencia de comunicaciones, muy atractivo, muy mujeriego. Pensábamos que era un verdadero héroe. Yo tenía veintitrés o veinticuatro años. No conocía a nadie más importante".

Win organizó la estación al estilo británico. Tenía cerca de una docena de empleados trabajando en una oficina en la calle Grosvenor 71. Una tienda de colchones ocupaba el primer piso y disimulaba la entrada y salida de gente. El piso superior era el "servicio de vigilancia" del MI5, que monitoreaba las comunicaciones de radio. La estación de Win incluía una oficina que revisaba los antecedentes de personas que buscaban ingresar a los Estados Unidos. "Muchos eran refugiados de Europa Oriental", recordaba Cleveland Cram. "La oficina fue el conducto o canal mediante el que revisábamos con el MI5 asuntos de seguridad y con Scotland Yard asuntos criminales. Mucha gente fue rechazada." Había una sección de Inteligencia Extranjera de cuatro personas que procesaba la inteligencia cruda que llegaba a la oficina y la enviaba de vuelta a Washington donde se escribían los reportes, que una vez terminados se enviaban de vuelta por cable y se entregaban a los servicios secretos británicos. Finalmente, había una sección de contraespionaje conocida como x-2, la cual buscaba evitar la penetración de actividades de inteligencia de los Estados Unidos.

Cuando Philby volvió de su gira en la primavera de 1946, hizo su avance con Win. Tenía órdenes estrictas de no comunicarse con oficinas de inteligencia estadounidenses, así que tuvo que comunicar sus preferencias en privado. Mientras comían, le preguntó a Win si podía aclararle los planes del gobierno estadounidense. Había escuchado a los norteamericanos decir que la ssu, el nuevo nombre para la oss, pronto pasaría a la historia, y que su papel lo tomaría la Oficina de Inteligencia Naval (oni) o una agencia judicial como el fbi. Kim dijo que quería trabajar con la red de la oss en todo asunto de contraespionaje de interés común. Philby prefería a los hombres cosmopolitas de la oss/ssu por sobre los uniformados oficiales militares de la oni o, Dios no lo quiera, los acartonados y conservadores hombres G del fbi de Hoover.

Philby tenía sus propias razones privadas para preferir desarrollar una relación con Win. De seguir la ruta trazada por la oss, la ssu se dedicaría a la inteligencia secreta y las operaciones encubiertas. Sin duda tendría más secretos interesantes para la Unión Soviética que una organización de "barcos y marineros" como la oni o una agencia policial como el fbi. A sabiendas de que la mejor manera de obtener información es ofreciéndola, Kim le dijo a Win que si Washington establecía permanentemente a la ssu como la principal agencia de inteligencia de los Estados Unidos en Londres, él se aseguraría de que "ciertos materiales" negados a la ssu bajo la actual dispensa burocrática se hicieran disponibles.

Win pensó que la solicitud era razonable y escribió a Washington. En un largo memorando titulado "Estatus de la Estación de Londres", enfatizó que su amigo Philby deseaba "una aclaración inmediata de nuestro estatus; delimitación de nuestra jurisdicción… En todas las conversaciones con personal de la inteligencia británica han hecho repetido hincapié para que haya mayor coordinación entre nuestros servicios de inteligencia".

Con tanta cortesía como le fue posible, Win dijo que las vacilaciones de Washington con respecto a la organización de los esfuerzos de inteligencia debían terminar, de no ser así, él perdería el acceso a Philby. "Para bien del gobierno estadounidense, la cuestión del estatus de nuestra organización debe arreglarse pronto de uno u otro modo; hay relaciones de extrema importancia para la inteligencia de nuestro país que no podrán mantenerse a menos que tengamos pronto un estatus definitivo."

La cuestión se arregló en un año. La ssu recibió un nuevo nombre, la Agencia Central de Inteligencia, y encabezó las relaciones con el servicio secreto británico. La relación de Win con Philby allanó el camino.

Luego de terminar su memorando a Washington, Win intentó llamar a Paula sin éxito. Llegó la madrugada y no hubo respuesta. Le escribió una nota sin saludo ni apelativos cariñosos, sólo una súplica herida: "¿Cómo puedes ser tan cruel? ¿Por qué no me dices ni una palabra?".

Para la primavera de 1946, tanto las agonías románticas de Win como su amistad con Philby eran cada vez más profundas. Es probable que estos eventos no hayan sido una mera coincidencia. Win necesitaba un amigo. Su veloz avance en el mundo insular de la inteligencia norteamericana no era producto de magníficos contactos y crianza política, como el de Allen Dulles, ni de una penetrante inteligencia e intrincadas intrigas, como el de Jim Angleton. Win sobresalía en la más benigna de las artes del espionaje, el arte de hacer amistad con personas de distintas lealtades. Su especialidad eran las relaciones. Congeniaba con los británicos y sabía cómo obtener su cooperación y sus secretos, pese al hecho de que eran egoístas y a veces pretenciosos. Se abstenía de la política mientras allanaba los inevitables conflictos y apaciguaba los insufribles egos asociados con hacerse cargo de actividades secretas e ilegales a nombre de dos estados

soberanos muy distintos. Al mismo tiempo, sus amigos estadounidenses iban desvaneciéndose. Jimmy Murphy, el hombre que
lo contrató a primera vista dos años antes, había sido despedido
a raíz de las pugnas internas en Washington. Norm Pearson, el
exaltado intelectual, había vuelto a la Facultad de Letras Ingle-
sas en Yale. Su sabio consejo sobre políticas burocráticas ahora
sólo estaba disponible mediante la ocasional carta llena de chismes. Ray Leddy había vuelto a los Estados Unidos para iniciar
su propio negocio, la North American Transatlantic Corpora-
tion, que buscaba capitalizar la reanudación del comercio internacional. Por el lado británico, Tommy Robertson, el amigo de
Win, había renunciado al MI5 para aceptar el puesto de jefe de
seguridad con los criptoanalistas en el Cuartel General de Comunicaciones Generales (GCHQ). Philby se convirtió automáticamente en uno de los rostros más familiares para Win en el
momento en que su vida más se complicaba.

Si su novia era elusiva, su esposa no lo era. Ahora que Win
había aceptado el empleo como jefe de la inteligencia estadounidense en Londres, Besse Tate Scott decidió que se le uniría.
El 10 de julio de 1946, ella y Winston Jr. llegaron en un vuelo
de los Estados Unidos. Win estaba feliz de ver a su hijo, ahora de
dos años. Lo que probablemente no lo hizo tan feliz fue saber
que Besse lo llamaba Beau, y no Winston Jr., como él deseaba.
Win se las arregló para mostrarle al niño películas del Pato Donald y el Ratón Miguelito, las cuales lo hicieron reír con placer.
Tal como mostraba su correspondencia, no había día en que
Win no añorara a Paula, pero ella le dijo, en términos nada in-
ciertos, que ya no quería que le llamara. Ella partió de nuevo
para visitar a su familia en Irlanda, y él le escribió una carta de
cualquier modo.

"Mi querida Pug", comenzaba, "este enorme, desolado, horrible lugar parece habitable cuando estás en él, cerca y 'alcan-
zable', y tan estéril, vacío y solitario cuando no me es posible
ponerme en contacto contigo." Cuando ella regresó a Londres,
comenzaron a verse de nuevo.

En la oficina, las comidas y reuniones entre Win y Philby se volvieron más frecuentes y amistosas. Hablaban de cómo los servicios de inteligencia norteamericanos y británicos podían fomentar la rebelión dentro de la Unión Soviética. Se pensaba que Ucrania, donde los invasores nazis habían hallado muchos colaboradores voluntarios, estaba especialmente lista para una intervención. Hablaron sobre el mejor modo de apoyar a los grupos nacionalistas que operaban ahí. Por las noches, él y Besse tomaban ocasionalmente cocteles en la casa de Philby en el número 18 de Carlyle Square, en Chelsea. Una tarde, llevó a Beau a casa de Philby para que jugara con los hijos de Kim, que tenían la misma edad.

Tanto Win como Kim vivían la danza privada de una doble vida. Cada uno entendía que el otro le servía para el útil propósito de mantener su propia arquitectura de disimulo. Kim sabía que la camaradería de Win ratificaba su título como el oficial de inteligencia británico más agradable para los norteamericanos. Win sabía que la hospitalidad de Kim mantenía la llamada relación especial entre Inglaterra y los Estados Unidos, por no mencionar su imagen como esposo y padre devoto. No obstante, para ambos, era la realidad de sus vidas secretas —Kim como espía soviético y Win como amante ocasional de Paula— lo que regía cada uno de sus pasos.

Philby entendía que su puesto como jefe de sección del sis no podía ser eterno, particularmente si quería ser ascendido. Sabía que su historial requería otros logros. "Dado que todo mi trabajo con el sis había sido de contraespionaje en el cuartel general, resultaba obvio que pronto requeriría un cambio de escenario", escribiría más tarde. Su tiempo con Win había sido bien invertido, pues a su parecer eran los estadounidenses, y no los británicos, quienes se alzaban como el único rival serio para la Unión Soviética. Pero si quería llegar a Washington tendría que aceptar la desviación de una asignación extranjera. En una reunión matutina en diciembre de 1946, Kim le dijo a Win que pronto partiría para hacerse cargo de la estación del sis en Estambul, Turquía.

Win también tenía un objetivo secreto. Vivía con Besse, su esposa, pero constantemente veía a Paula con el objetivo de hacerla su nueva esposa. Pocas semanas después visitó el departamento de Paula con el propósito de pedirle que se casaran. Win quería sorprenderla, pero fue él quien terminó sorprendido. Había un hombre en su recámara. Win enfureció, y Paula se puso histérica. Ella insistió en que el hombre era sólo "un admirador distante" que irrumpió en su habitación sin ser invitado. Win se arrepentiría después de no haber golpeado a aquel hombre. Se disculpó, sintiéndose derrotado. Al día siguiente, Navidad, escribió otra carta a Paula aceptando su estupidez. "Ahora que me pongo a pensar, hay muchas cosas sin explicación que ahora parecen un poco más claras. Por ejemplo, las veces cuando, en dos distintos sábados, llegaste tarde y no pudiste comer nada. Yo, estúpidamente, no comprendí que ya habías comido."

Las nubes mentales se disipaban, y a Win no le gustó lo que veía.

"También la vez que me dijiste que no me importaba si tenías abrigos y otra ropa, e incluso insinuaste que había otros a quienes sí les importaba; yo tontamente no entendí el significado del comentario, y no tenía idea de que había otros que ya te habían demostrado lo mucho que les importaba."

Era casi doloroso para Michael leer sobre la credulidad de su padre. Se puede ver con qué facilidad lo embaucó Philby. Si Win no podía captar las pistas más obvias lanzadas por una novia desencantada, por supuesto no tendría capacidad para adivinar, mucho menos para descubrir, los engaños habituales de un hombre que arriesgaba ser enviado a la horca cada vez que se presentaba a trabajar. Philby era una criatura de astucia sobrenatural, mientras que la brillante personalidad de Win exhibía una cantidad nada pequeña de ingenuidad.

No obstante, Win estaba alerta con respecto a Philby. Una vez asistió a una fiesta en su casa y acabó escuchando a una pelirroja que libremente expresaba ideas políticas anti-norteamericanas y prosoviéticas. Le sorprendió saber que era Helena Philby, la hermana de Kim, quien también era una funcionaria del SIS. Win quedó pasmado. Más tarde le mencionó el incidente, verbalmente y por escrito, a Cleveland Cram. "Es posible que este encuentro haya sido el punto tras el cual, en el círculo secreto estadounidense, comenzaran a surgir dudas sobre las ideas políticas de Philby", escribió uno de los biógrafos de Philby. Cram siempre dijo que Win aseguraba que sus dudas sobre Philby databan de cuando conoció a su hermana en 1946. Pero cualesquiera que fuesen los reparos de Win sobre Kim, no evitaron que lo viera con frecuencia antes de su partida. Un día comieron en el American Club. El fin de semana fueron a ver un juego de futbol estilo estadounidense. Se dijeron adiós en una fiesta de despedida repleta de martinis, y Kim se fue a Turquía.

Win se deprimió de nuevo. El clima era terrible, Besse bebía mucho y lo avergonzaba en eventos sociales. Paula se había ido a Nueva York a trabajar como modelo y no respondía a sus cartas. La única buena noticia fue una carta de Ray Leddy, un golpe amistoso en el brazo por parte de su viejo amigo de los días en La Habana, quien le enviaba felicitaciones por su reciente ascenso.

"Querido Scotty", escribió Ray. "Primero déjame saludarte tres veces, aspirar aire con un ligero silbido japonés y exclamar '¡Mi comandante!'. Me complace que te hayan dado lo que mereces, Scotty, y me gustaría ver lo bien que luce ese medio galón en el duro brazo del ex bateador del Torbellino de Tuscaloosa."

Segundo acto

Washington

Espías en ascenso

La amistad que surgió entre Win Scott y Jim Angleton se evoca en una fotografía sin fecha, maltratada, en blanco y negro que Michael halló entre los efectos personales de su padre. Muestra a dos hombres en un jardín en Roma, tal vez tomada en 1946 o 1947. Angleton era el jefe de la estación de Roma de la recién creada CIA. Win era el jefe de la estación de Londres. En la fotografía, Angleton, desgarbado y de hombros anchos, está sentado con piernas cruzadas, brazos caídos sobre sus largas piernas mientras recarga un codo confidencial en la silla de su amigo. Es penetrante, profesoral, enroscado, distante y ligeramente torcido. Win luce más erguido, abierto e ingenuo. Su cara redonda, cachetes regordetes, cabello rubio y orejas pequeñas sugieren que proviene de una familia próspera. Un pañuelo que se asoma por el bolsillo habla de la atención a los detalles y las apariencias. Está sentado, un poco encorvado, rodillas separadas, manos abiertas, una sonrisa dibujándose en sus labios como si acabase de dar al fotógrafo una orden para que lo capturara en su mejor momento.

Se reunieron en Washington a finales de 1949. Angleton volvió de Italia para tomar el puesto de jefe de la Plantilla A, la Sección de Inteligencia Extranjera de la Oficina de Coordinación Política (OPC) de la CIA. La OPC se encargaba de las "operaciones especiales", el eufemismo de la época para sabotaje, insurrección, guerra psicológica y todo tipo de trucos sucios. Win trabajaba en la Oficina de Operaciones Especiales (OSO), cuya responsabilidad era recolectar secretamente información, es decir, el espionaje. Algunos de los egresados de la Liga de la

Hiedra en la oso, viviendo en un mundo de cables, expedientes y fichas, resintieron el ascenso de los empleados de capa y espada en la opc, que se deleitaban en el mundo de armas, identificaciones falsas y dinero sin marcar. Win no. Él había ayudado a Allen Dulles, ahora un abogado corporativo, pero aún con intenciones de volver al servicio público, a escribir dos influyentes informes sobre cómo debería operar la cia. Dulles, al igual que Win, sentía que era necesario que la nueva agencia no sólo recolectara información vía espionaje, sino que también montara operaciones secretas contra las fuerzas comunistas en todo el mundo. Win tenía buenos amigos en ambos bandos de la rivalidad opc-oso. Ray Leddy, por ejemplo, había vuelto al trabajo de inteligencia, abandonando su incipiente negocio de importación y exportación para participar en la lucha contra el comunismo en las crecientes operaciones de la opc en Venezuela. "Era muy afable, refinado y un buen jefe", recordó un subordinado. En poco tiempo, Leddy se convirtió en el jefe de operaciones de la opc para todo el hemisferio.

Win era un espía en ascenso, pero su vida era un desastre repleto de conflictos. Las cosas no habían funcionado con Besse, sobre todo porque él nunca perdió su pasión por Paula. Besse lo había dejado en la primavera de 1948 y volvió a Alabama con su hijo, Beau, ahora de cuatro años. Win quería casarse con Paula y aceptar un trabajo en Washington, pero ella quería vivir en Nueva York, donde podía trabajar como modelo. En Alabama, su padre estaba muriendo de diabetes. Cuando Win llegó a Washington en diciembre de 1949, se sentía atemorizado y solo. "Por favor, dime que aún me amas", le suplicó a Paula en una carta. En otra, le preguntó: "¿No te has sentido 'independiente' y 'libre' desde que te dejé, verdad?"

Tal vez estaba meramente atemorizado por el mundo en que vivía. Había ido a la guerra contra los alemanes cinco años antes y se quedó para la Guerra Fría contra los rusos. Continuaba en el frente de batalla. Tal como un oficial británico describió el ambiente en Londres y Washington en esa época: "La amenaza soviética estaba por doquier; el sueño de un mundo cooperativo de posguerra había muerto tiempo atrás; la cortina de hierro era sólida. El bloqueo de Berlín era un recuerdo reciente e instructivo; las naciones cautivas no eran un eslogan sino una realidad vívida. La hostilidad y duplicidad soviéticas se tomaban como algo seguro".

Los encabezados que anunciaban el arresto del científico nuclear Klaus Fuchs, quien había pasado secretos atómicos a la Unión Soviética, sirvieron como recordatorio de que podía haber traidores en casa. Win conocía el costo del fracaso. Las fuerzas anticomunistas ucranianas que él y Philby ayudaron a organizar fueron diezmadas a base de arrestos. Más recientemente, los comandos albaneses, auspiciados por los servicios de inteligencia estadounidenses y británicos, habían sido emboscados tan pronto llegaron a los Balcanes. Algunos murieron, el resto fue capturado. El gobierno albano anunció que los llevaría a juicio.

Win visitó la oficina principal de la agencia en el 2430 de la calle E en Washington, la cual consistía en cuatro edificios de mampostería en la cima de una colina al otro lado del grandioso Departamento de Estado. Visitó amigos en dos de las estructuras temporales ubicadas a cada lado de la Piscina Reflectante frente al monumento a Lincoln, conocidos como los edificios K y L. Se reunió con Bill Harvey, un ex hombre del FBI convertido en especialista del contraespionaje, quien se había vuelto un frecuente compañero de comida en sus visitas a Londres. Como Win, Harvey provenía del corazón estadounidense, no de la élite de la Costa Este. Era, como lo mencionó un historiador de la inteligencia, "todo un caso", un policía alcohólico de pistola al cinto que caminaba como pato, hablaba como sapo y pensaba como detective. Pero Win apreciaba su sagacidad y firmes ideas anticomunistas.

Win se mantuvo en contacto con Dulles, que seguía en Nueva York, y con la red de veteranos de la OSS que manejaban la nueva agencia. Estaba Frank Wisner, un coterráneo del sur de una adinerada familia de Mississippi, quien había trabajado para la OSS en Rumania. Estaba Tom Karamessines, un franco ex policía y fiscal de la ciudad de Nueva York que había supervisado la transformación de la oss en la cia en Grecia. Sobre todo, veía con frecuencia a Richard Helms, un bien educado teniente de la naval que había trabajado como asistente de Dulles durante la guerra y trajo un fresco estilo administrativo a los a veces caóticos edificios K y L.

El trabajo de Win, por un rato, se limitó a circular entre el personal y responder preguntas: sobre los servicios británicos, las operaciones secretas para detener al comunismo, las técnicas de contraespionaje, la confiabilidad de los franceses. En los pasillos entre reuniones, Win saludaba a viejos conocidos de la guerra cuyos nombres y existencia ya había olvidado. A sus 37 años, era un veterano en una joven organización que luchaba por establecer sus rutinas y misiones.

En el hueco entre la talla profesional de Win y su inseguridad personal yacía el consuelo de Paula. Al volver a su hotel, se tranquilizó y entusiasmó al recibir un par de cartas apasionadas de Londres, cuyo contenido era tan revelador que Paula no incluyó remitente. Ella parecía estar resolviendo sus propias dudas en favor de Win.

"Eres, más que nunca, tremendamente atractivo y apreciado desde que te fuiste", le dijo. "Yo estoy siendo una muy buena niña, amado mío, pues te pertenezco por completo en todos los sentidos. Sólo sé que nacimos para estar juntos. Yo tampoco quiero más separaciones."

Win estaba listo para continuar con su vida. Tomó un tren a Alabama. Primero visitó a su padre, quien estaba más enfermo de lo que Win suponía. Morgan Scott había perdido tanto peso que Win apenas lo reconoció. Jamás se había sentido cercano a su padre, de quien casi nunca escuchó una palabra de aliento. Comoquiera, no se puede culpar al hijo por flaquear ante la vista del hombre que se consumía ante sus ojos, el hombre que había construido la casa familiar con sus propias manos y que exigió a Win ser algo más que un insensato softbolista y un profesor de escuela. Win había hecho todo eso, y la fuente de su voluntad en el mundo se estaba apagando.

Él mismo, como padre, ansiaba ver a Beau por primera vez en diez meses, pero Besse se había vuelto hostil. Le dijo que sólo podía ver al niño en el despacho de su abogado, William Vance, quien previamente se había encargado de cuestiones legales de ambos. Cuando llegó Win, el abogado le presentó una solicitud de divorcio. Besse amenazó con acudir a sus superiores si él no comenzaba a entregar la pensión alimenticia previamente acordada. Win, para su eterno arrepentimiento, firmó los papeles de divorcio en el acto.

Sólo la perspectiva de volverse a casar lo consolaba. Escribió a Paula, un poco nervioso, desde su hotel en Birmingham: "No te queda mucho tiempo para echarte atrás; no mucho tiempo para que decidas sobre este compromiso de por vida, 'en las buenas y en las malas'". Paula escribió para decir que sus padres se oponían a sus planes, pues pensaban que se estaba "apresurando" para volver a Estados Unidos. Como católicos practicantes y tradicionales, se oponían al matrimonio con un divorciado. Para calmar sus miedos, Win habló de convertirse al catolicismo y visitó a un cura. Compró un anillo, un diamante con dos esmeraldas. Se puso a dieta, dejó de beber y perdió ocho kilos. Escribió para decirle a Paula que había hecho "algo terrible": rentó un departamento en la calle R en Dupont Circle en Washington. "Había dieciséis (¡16!) personas en lista de espera que lo querían, pero yo los convencí porque pensé que te encantaría", le dijo.

Paula finalmente cedió. Poniendo a un lado los deseos de sus padres, hizo planes para ir a Washington. Luego, el 19 de enero, Win recibió la llamada de la secretaria de Morgan, su hermano menor, un doctor en Georgia. "Papá acaba de morir", le escribió a Paula al día siguiente. "Aunque sabía que estaba muy enfermo y vi que parecía una sombra de lo que fue, la noticia me sacudió." Tenía 61 años. Tras rogar a Paula que viniera, Win se vio forzado a pedirle que pospusiera su viaje una semana. Fue a casa en tren y enterró a su padre en Jemison, no lejos del tramo de vías de ferrocarril que había sido el centro de su vida.

Así se forjó el futuro de Win. El calvario de la indecisión había terminado. La agonía del amor dividido estaba por terminar. El deseo que Win había pedido bajo la estrella fugaz que cruzaba el cielo sobre el derruido Londres en 1944 se volvió realidad el 15 de febrero de 1950, en la improbable sede del juzgado del Distrito de Columbia en el centro de Washington. Win y Paula solicitaron y recibieron una licencia matrimonial. No hubo ceremonia. Celebraron con pocos amigos en un salón privado del restaurante Golden Parrot calle abajo. En el brindis por la nueva vida del señor y de la señora Scott estaban Cicely y Jim Angleton.

Win ascendió a un nuevo puesto: jefe de la División de Europa Occidental de la Oficina de Operaciones Especiales. Se encargaba de todas las operaciones de espionaje que recolectaban inteligencia en las naciones amigas: Alemania Occidental, Francia y Gran Bretaña. "Era jefe de la división más importante de la agencia", recordaba Cleveland Cram, un oficial de carrera que trabajó para él. "Las cosas realmente le estaban saliendo bien. Era alguien muy importante en la agencia."

Jim Angleton era algo más: una leyenda en proceso. Tal vez más que ninguno de sus colegas, él combinaba el dominio práctico de las técnicas del espionaje con un entendimiento teórico de sus implicaciones lógicas. En palabras de un admirador, Angleton

meditaba por más tiempo, y quizá con la mayor profundidad, sobre la metodología especializada del contraespionaje… Estaba orientado hacia las metas y podía recordar sus propias mentiras, ambos atributos necesarios para ser un espía exitoso. También tenía el interés necesario de un profesional en la ambigüedad: un intenso compromiso para eliminar la ambigüedad donde hubiese conflicto entre las fuentes (en lugar de la tendencia del novato, quien intenta reconciliar declaraciones en conflicto, como si ambas pudiesen ser ciertas, en vez de ambas falsas).

También era atractivo, un atributo que sería olvidado con frecuencia en sus notorios últimos años. "Era alto, desgarbado en el muy admirado estilo del vaquero de Marlboro, usaba trajes a la medida de Brooks Brothers y un reloj de leontina, camisas New and Lingwood y el sombrero de fieltro oficial", escribió el historiador británico Anthony Cave Brown. "Su medio de transporte era menos grandioso; su vehículo oficial era un Studebaker abollado, su cabello ya pintaba de gris metálico, sus huesos faciales eran finos y su piel era clara y aterciopelada. Pero no era un WASP (blanco, anglosajón y protestante, por sus siglas en inglés). Él era diferente. Además, era de origen anglomexicano."

Lo que hizo amigos a Win y Jim no fueron sólo los recuerdos de la OSS en la calle Ryder, ese vínculo soldadesco forjado al trabajar en las frías oficinas bajo la amenaza de los V-2, sino también la extraña combinación de temperamentos. Jim, con sus pudientes padres y educación en Yale, no era ningún fuereño entre los venidos de la Liga de la Hiedra en la CIA. Pero tampoco era uno de ellos. Su madre mexicana, su infancia híbrida en Ohio, Italia e Inglaterra, y su amor por la poesía de vanguardia lo habían bendecido con un desapego analítico y pasión por la verdad que lo hicieron un operador de inteligencia especialmente independiente y efectivo. Win, con raíces en la Alabama rural, había llegado al mundo de la inteligencia estadounidense como un fuereño para sus valores de la Costa Este. Él borró su pasado, suprimió sus temores (salvo con Paula) y se transformó en el embajador de la CIA ante los servicios secretos británicos. Compartían una afición por la poesía y una amistad con Kim Philby, recientemente convocado de Estambul para trabajar en la embajada británica en la avenida Wisconsin. Win había apuntado los teléfonos y direcciones de ambos en su libreta de bolsillo: Philby, en EM-4117, 4100 Avenida Nebraska en Washington; Angleton, VA-8-8234, en 4814 calle 33 en Arlington.

Pero el tiempo y las circunstancias habían alterado la forma de su relación triangular. Cuatro años antes, cuando Win era el oficial de inteligencia norteamericana de mayor rango en el

Reino Unido, y Angleton estaba en Italia, Win era tal vez el amigo estadounidense más cercano de Kim. Ahora Philby estaba en Washington, como jefe de la estación de inteligencia británica en la capital de Estados Unidos. Podía escoger de entre muchos norteamericanos interesantes e instruidos tanto de la CIA como del FBI. Eligió a Jim por sobre Win, y no sólo por razones profesionales. Win, quien amaba los modales británicos y se casó con una irlandesa, podía ser exactamente el tipo de yanqui anglófilo cuyas pretensiones divertían a Philby. Angleton, en contraste, lo impresionó con su abierto rechazo a la "anglomanía".

En 1950 y 1951, Philby y Angleton comían juntos por lo menos una vez a la semana. "En ese entonces había pocos restaurantes en el centro de Washington", dice un biógrafo de Philby, "y el círculo tendía a reunirse en uno o dos cada día: en el Harvey's o en el Occidental sobre la avenida Pennsylvania. Varias veces a la semana… podía verse a Angleton, Philby y su grupo comiendo juntos mientras J. Edgar Hoover [el director del FBI] y Clyde Tolson [su asistente] mordisqueaban una langosta en otra esquina." Jim y Kim también hablaban por teléfono "tres o cuatro veces por semana", según cálculos de Philby. Angleton incluso invitó a Philby a su casa el Día de Acción de Gracias de 1950.

"Estoy seguro de que nuestra relación cercana se basaba en una mutua y sincera amistad", Philby escribiría más tarde. "Pero ambos teníamos motivos ocultos. Angleton quería poner la carga de los enlaces entre la CIA y el SIS en la oficina de la CIA en Londres, que era diez veces más grande que la mía. Hacer esto le permitiría ejercer la mayor presión sobre el cuartel general del SIS, al tiempo que minimizaba las intromisiones del SIS en su propia oficina. No sé decir quién obtuvo mayores beneficios con este complejo juego, pero yo tenía una gran ventaja: yo sabía lo que él hacía para la CIA y él sabía lo que yo hacía para el SIS, pero él no conocía la verdadera naturaleza de mis intereses".

Win no era tan cercano a Philby. Su agenda de 1950 revelaba sólo una comida con el espía británico. Win avanzaba en un frente distinto. En el otoño de 1950, el presidente Truman nombró al general Walter Bedell para reemplazar al almirante Roscoe Hillenkoetter como director de la CIA. Hillenkoetter, un administrador genial pero ineficaz, había sido despedido por no anticipar la invasión de Corea del Norte a Corea del Sur de aquel año. Win se benefició, pues Beetle Smith, como lo llamaban sus amigos, había trabajado como jefe del estado mayor de Eisenhower cuando Win trabajaba en la Habitación Bélica en los meses finales de la guerra. Él y Smith también tenían un buen amigo en común, el general Kenneth Strong, jefe de la inteligencia militar británica, a quien Win aún veía en sus viajes a Londres. Pero probablemente lo mejor para Win fue que Smith trajo a su viejo amigo Allen Dulles de vuelta a la agencia, primero como consultor y luego como director adjunto. Fue en este puesto, escribiría un colega, que Dulles comenzó a perfeccionar "la imagen de la figura avuncular, genial y simulada con un toque de Midas en asuntos clandestinos". Y Win, como viejo amigo de Dulles, comenzó a perfeccionar su imagen como un efectivo e indispensable solucionador de problemas para el espía maestro.

Uno de los programas que siguió Win, vía sus amigos británicos, fue una operación criptográfica conocida como VENONA. Sus orígenes eran improbables. Durante la guerra, los agentes polacos habían hallado un libro ruso con claves, el cual entregaron a los servicios de inteligencia estadounidenses y británicos. Tras meticulosos análisis de su contenido, criptógrafos norteamericanos se las arreglaron para descifrar algunos cables enviados durante la guerra, los cuales revelaban que los soviéticos tenían un espía trabajando en la embajada británica en Washington en 1944, conocido con el nombre clave de HOMER. Philby también dio seguimiento a estos acontecimientos. En una visita al centro de criptografía en Arlington, Virginia, se enteró de la cacería en busca de HOMER y dedujo de inmediato que el blanco aún sin identificar era su viejo amigo Donald Maclean, a quien él había reclutado como espía soviético durante sus días universitarios en Cambridge. Maclean también avanzaba en la escala británica. En 1944, lo habían asignado al puesto de primer secretario en la embajada británica en Washington. Había trabajado con un importante comité que supervisaba el desarrollo de la bomba atómica en Estados Unidos. Philby comprendió que los estadounidenses no estaban lejos de identificar a su amigo como espía. "Lo lograrán en los siguientes doce meses", escribió a su tratante soviético. "La situación es grave."

Philby tenía otra razón para preocuparse. Rentaba una habitación en su casa de la avenida Nebraska al noroeste de Washington a otro amigo de sus días en Cambridge, Guy Burgess, quien también espiaba para los soviéticos. También tenía que proteger a Burgess, cuyo hábito de beber en grandes cantidades, aunado a su insaciable gusto por los jóvenes, lo ponían constantemente en situaciones comprometedoras. Una cálida mañana de invierno en enero de 1951, la fachada que rodeaba la vida secreta de Philby comenzó a cuartearse cuando ofreció una fiesta con abundante alcohol. Win no asistió a esta famosa reunión porque había ido a Londres en viaje de trabajo, pero muchos de sus amigos de la CIA, del FBI y de la embajada británica estuvieron ahí, incluyendo a Bill Harvey. La fiesta estaba en su apogeo cuando Libby, la mujer de Harvey que nunca se sintió muy cómoda en el mundo cosmopolita de los diplomáticos y funcionarios de inteligencia, escuchó sobre la habilidades artísticas de Burgess. Le insistió para que hiciera un dibujo. Burgess, ebrio y estrafalario como nunca, respondió con una caricatura de la señora Harvey que o hacía un énfasis poco halagüeño a su enorme quijada o la mostraba con piernas abiertas en una pose obscena. Sea cual fuera la imagen, provocó que el corpulento Harvey se lanzara sobre Burgess tirando puñetazos; tuvieron que ser separados. La fiesta se arruinó, y los invitados huyeron, dejando al desconsolado Philby sentado en la cocina, con la cabeza entre las manos. "¿Cómo pudiste?", le reclamó al obstinado Burgess. "¿Cómo pudiste?" Philby llevó a Harvey a comer al día siguiente para disculparse, pero el hombre de la CIA no se ablandó. El incidente destrozó el estilo cordial de la cooperación angloestadounidense. Dicha hostilidad era inusual, incluso sin precedentes. Reveló tensiones ocultas y nunca sería olvidada.

Win estuvo presente cuando se presentó la segunda señal de inminente catástrofe en abril de 1951. Un viejo amigo británico llamado Geoffrey Patterson, un veterano oficial del MI5, vino de visita a Washington para monitorear el avance de los criptógrafos de VENONA que trataban de identificar a HOMER, el espía soviético que había trabajado en la embajada británica durante la guerra. La lista de sospechosos se había reducido a nueve, y luego a uno, cuando un telegrama descifrado finalmente condujo a un detalle distintivo sobre HOMER. En junio de 1944, su mujer vivía en la ciudad de Nueva York con su madre y esperaba un bebé, información que describía a Donald Maclean y a ningún otro sospechoso.

Patterson cenó con Win el viernes 13 de abril. El siguiente lunes, en Londres, los altos jerarcas del MI5 se reunieron para revisar el caso Maclean. La reunión de Patterson con Win pudo ser un modo de darle a Washington una primicia informal de lo que el MI5 estaba a punto de decirle formalmente al FBI: que Donald Maclean era sospechoso de ser un espía soviético y los británicos iban a ponerlo bajo vigilancia. Sin duda, Win estaba al tanto de la investigación. El 24 de abril de 1951 se vio con el subdirector del FBI, Mickey Ladd, quien sabía que los estadounidenses tenían a un espía soviético bajo vigilancia. El 2 de mayo, bebió unos cocteles en casa del general brigadier John H. Tiltman, quien trabajaba como el enlace británico con los norteamericanos en el programa VENONA y era un experto criptógrafo, especializado en comunicaciones soviéticas.

Philby estaba en verdadero peligro. Si interrogaban a Maclean sobre espionaje, podía revelar la colaboración de Philby con los soviéticos. Philby hizo una cita para ver a Burgess en un restaurante chino al noroeste de Washington en el que había una sinfonola en cada mesa, cosa útil para ahogar sus voces ante los posibles fisgones. Aún confiaba en poder evitar que lo detectaran. "Durante casi dos años estuve íntimamente ligado a los servicios estadounidenses, y tuve con ellos una relación desganada durante otros ocho", recordaría más tarde. "Sentía que conocía el enemigo lo suficiente como para anticipar en términos generales las jugadas que iban a hacer."

Despachó a Burgess a Londres para que les dijera a los soviéticos que Maclean estaba a punto de ser arrestado y debían, en el lenguaje de los espías, "exfiltrarlo" a la Unión Soviética si no querían que el propio Philby se encontrara en problemas. La Central Moscú, como se conocía al cuartel general de la inteligencia rusa, acordó evacuar a Maclean de la Gran Bretaña. Sin que Philby lo supiera, los soviéticos ordenaron a Burgess que acompañara a Maclean a Moscú. Burgess recogió a Maclean en su casa fuera de Londres. Condujeron a Southampton, el puerto del Canal de la Mancha, y tomaron un barco de recreo a Saint-Malo, Francia. Abordaron un tren a Zurich, donde compraron boletos para volar a Estocolmo, vía Praga. Bajaron del avión en Praga y fueron recibidos en la pista por oficiales de inteligencia soviéticos. Cuando Maclean no se presentó a trabajar en Londres el lunes siguiente, las autoridades británicas supieron de inmediato lo que había ocurrido.

El MI5 envió un cable "extraurgente" a la embajada británica en la avenida Wisconsin, donde fue decodificado por Geoffrey Patterson. Philby deambulaba fuera de su oficina, ansioso por conocer el contenido. Patterson, pensó Kim, "lucía gris" cuando relató las malas noticias.

"Kim", dijo en un medio susurro, "el pájaro ha volado."

Philby, que ya sabía que Maclean había huido, fingió sorpresa. "¿Qué pájaro? ¿No Maclean?", preguntó falsamente.

Patterson le tenía una verdadera sorpresa. "Sí, pero hay algo peor", dijo, "Guy Burgess se marchó con él."

"Ante eso", Philby recordaría después, "mi consternación no fue fingida."

La inesperada huida de Burgess puso a Philby en mayor peligro. Al huir, Maclean había confirmado su culpa como espía soviético. Burgess, al desaparecer al mismo tiempo, se había implicado a sí mismo. La pregunta que circulaba en las mentes de los norteamericanos era ¿quién les había dado el aviso? ¿Existía un "tercer hombre" que había advertido a los primeros dos? El sospechoso más viable era Philby. De hecho, desde el principio dos hombres de la CIA dijeron que él era el único sospechoso: Bill Harvey y Win Scott.

Win se unió a las llamadas telefónicas que iban y venían entre funcionarios del FBI y de la CIA, quienes recordaban la ahora famosa fiesta de seis meses antes, donde Burgess había molestado a Bill Harvey e implícitamente insultado a todos los invitados estadounidenses. "Especulamos sobre el vínculo entre Burgess y Maclean, y nos preocupamos por las implicaciones siniestras de que Burgess hubiese vivido en la casa de Philby en Washington", escribió un hombre del FBI. Win podía contribuir más en esas discusiones que la mayoría. Él había conocido a Philby por más tiempo y tenía relaciones más cercanas con él que cualquiera en la CIA, salvo por Jim Angleton. Podía recordar su encuentro con la hermana socialista de Philby cinco años antes, y ahora no era difícil medir sus inquietantes implicaciones.

El siempre tranquilo Philby ofreció una explicación, y sus amigos del FBI la aceptaron inicialmente. Maclean, dijo Philby, había detectado la vigilancia del MI5 en Londres, y los soviéticos habían decidido sacarlo junto con Burgess. El 7 de junio, el *Daily Express* de Londres imprimió en su portada la noticia de que dos diplomáticos británcos, Burgess y Maclean. estaban perdidos. Al día siguiente, el *Washington Post* informó que Dean Acheson, secretario de Estado, pensaba que su desaparición era un asunto serio. La historia del *Post* mencionaba que Burgess había vivido en el 4100 de la avenida Wisconsin. La nota no decía que también Philby vivía ahí, pero Win, Jim Angleton y Bill Harvey ya lo sabían.

Beetle Smith ordenó a Harvey que revisara lo que se supiera de Philby. Consultó con Win acerca de Philby, según Cleveland Cram. "Lo que haya escrito Harvey sobre Philby, fue con la ayuda de Win", dijo Cram. El usualmente perspectivo Angleton parecía perdido, como si se negara a aceptar la creciente posibilidad de que su amigo británico lo hubiera engañado. A Philby se le ordenó volver a Londres. Se reunió con Angleton para un trago de despedida y pasó lo que Philby llamó "una hora agradable en un bar". Philby comentó que Angleton "no parecía comprender la gravedad de mi situación personal".

El 11 de junio, Philby partió a Londres. Ese mismo día, Win se reunió con Angleton y el general Willard Wyman, jefe de la Oficina de Operaciones Especiales, y su asistente, el general Charles Thayer. Las sospechas norteamericanas sobre Philby iban convirtiéndose en certezas. Sir Percy Sillitoe, el jefe del MI5, llegó a Washington a decirle a J. Edgar Hoover que el servicio secreto británico creía ahora que Burgess, Maclean y Philby eran espías soviéticos. Bill Harvey envió un memorando de cinco páginas a Wyman en el cual declaraba categóricamente que Philby era un agente soviético. Angleton envió sus propias opiniones, pero causó poca impresión. Clare Petty, un funcionario que después trabajó para Angleton y llegó a admirarlo, describió la evaluación de Harvey como "lúcida y llena de datos concretos". La de Angleton, dijo, era "confusa, extraña e irrelevante desde el punto de vista de la inteligencia". Cram dijo que el memorando de Angleton era un documento "bastante superficial".

Los mandarines de la inteligencia británica desdeñaron las sospechas de los estadounidenses. La noción de que el genial y dedicado Kim Philby, egresado de Cambridge y casi un caballero de la Corona británica, fuera un bolchevique secreto parecía descabellada. Aceptaron la explicación de Philby, de que Maclean y Burgess habían actuado por su cuenta y que los estadounidenses, en su fervor anticomunista, lo estaban acusando injustamente. Sir Stewart Menzies, el legendario jefe del SIS que la mayoría de la gente conocía sólo como "C", envió a un asistente, Jack Easton, a Washington para escuchar los argumentos de los estadounidenses. Win, que conocía bien a Menzies y Easton de sus días en Londres, la hizo de anfitrión. Llevó a Easton con Beetle Smith. Easton dijo que Philby no tenía mayor culpa que alojar a Burgess en su casa. Smith se volvió frío y pronto dio la reunión por terminada. Win escoltó a Easton cuando fue a comer con Frank Wisner, el jefe de la OPC, y con Dick Helms, ahora un asistente superior en la OSO. Easton dijo que las reuniones fueron cordiales, y que nadie había presentado ninguna evidencia de que Philby fuese un espía soviético, "aunque resultaba claro que era lo que sospechaban". En pocas semanas Menzies despidió a Philby del MI6 por la sombra del vuelo de Burgess y Maclean. Sin que lo acusaran de crimen alguno, Philby se convirtió en periodista y continuó proclamando su inocencia. No aceptaría sus verdaderas lealtades hasta enero de 1963, cuando, presintiendo que su arresto era inminente, huyó a Moscú.

El impacto de Philby en la historia mundial, la CIA y sus asociados norteamericanos fue profundo. Para el verano de 1951, llevaba diecisiete años como espía soviético. Sus superiores en el cuartel general de la inteligencia soviética calcularon que él, Burgess y Maclean habían proporcionado más de 20,000 páginas de documentos clasificados valiosos e informes de agentes a lo largo de esos años. Philby mantuvo informado a Moscú sobre la reorganización de la inteligencia en Estados Unidos y el Reino Unido después de la guerra. Había causado un corto circuito en la campaña angloamericana para promover la rebelión anticomunista en Albania, los Balcanes y Ucrania (aunque varios agentes de la CIA llegaron a pensar que esas insurrecciones secretas tal vez hubiesen fallado de cualquier modo debido a sus propias limitaciones). Les había advertido a los soviéticos que estaban investigando al científico Klaus Fuchs, permitiendo a otros agentes en esa red de espionaje atómico evitar que los detectaran y arrestaran.

El general Douglas MacArthur acusó a Philby de haber traicionado la orden de la batalla en Corea, dando como resultado la muerte de decenas de miles de soldados estadounidenses. La cantidad puede ser debatible, pero parece que el premier soviético José Stalin sabía, a través de los informes de Philby, que el presidente Truman no estaba dispuesto a utilizar armas nucleares en la Guerra de Corea. Armado con este conocimiento, Stalin fue capaz de persuadir al líder chino Mao Tse Tung de enviar sus tropas al otro lado del río Yalu hacia la guerra. Las fuerzas chinas repelieron la invasión de MacArthur, generando grandes pérdidas del lado estadounidense; la guerra eventualmente terminó en tablas. Es imposible saber si Stalin y Mao hubiesen actuado del mismo modo sin la información proporcionada por los espías británicos. No hay duda de que el espionaje de Philby fortificó la causa comunista en el mundo y sacudió la otrora sólida alianza entre los servicios de inteligencia norteamericano y británico.

La traición de Philby ocasionó un trauma personal a Jim Angleton. "Fue un golpe amargo que nunca olvidó", le dijo Cicely, su esposa, al periodista Tom Mangold. "Jim estaba obsesionado con la traición de Kim", dijo Peter Wright, un oficial británico que compartía las ideas políticas de Angleton y trabajó de manera cercana a él en años posteriores. John Gittinger, otro asociado de la CIA, dijo: "Destrozó por completo la vida de Angleton en lo que respecta a su capacidad para ser objetivo respecto a otras personas". Jerrold Post, un académico en psicología que trabajaba con la agencia, dijo: "Debe haberse preguntado si podía volver a confiar en alguien. Psicológicamente, debió ser un evento importante". Dick Helms, amigo y padrino de Angleton durante toda su carrera, estuvo de acuerdo: "Que Kim Philby quedara en evidencia", dijo Helms, "quedó grabado en lo más profundo del ser de Jim".

A Win también le afectó. Había confiado en Philby como amigo. Había llevado al pequeño Beau a casa de Philby en Carlyle Square para que jugara con los hijos de Kim. Él y Besse habían cenado con Kim y su mujer. También había ido con Paula. Habían bebido y reído, tramado y planeado, incluso vieron futbol americano. Win confiaba en Kim como confiaba en todos sus amigos ingleses, y ahora tenía que vivir con su sombra en todo lo que habían logrado. Al final de su vida, escribió que la traición de Philby no podía "destruir el maravilloso recuerdo de los leales y esforzados ingleses que trabajaron en sus servicios de inteligencia durante la Segunda Guerra Mundial y después de ella". Angleton, por su parte, no pudo decir nada sobre Philby.

Win Scott y Jim Angleton eran ciertamente los dos funcionarios de la CIA más cercanos a Kim Philby durante sus años de máxima efectividad como espía comunista. Win pudo haber tenido sus sospechas, pero, casi hasta el final, ambos fracasaron en desenmascarar su encanto afable y alcohólico. Habían mirado al comunista a la cara y vieron un amigo. Ambos compartieron un error histórico. Pero si sintieron vergüenza, culpa o remordimiento, lo ocultaron al mundo y uno del otro. Su amistad había echado raíces en suelo envenenado.

OPERACIÓN ÉXITO

Si hubiera que elegir un momento cuando todo comenzó a pudrirse —cuando la vida clandestina llevó a su padre y al país al descarrilamiento—, pensó Michael, ese momento sería Guatemala 1954. En la CIA le llamaron Operación Éxito, un nombre clave optimista que ocultaba la naturaleza cínica de un proyecto que derribó al gobierno democráticamente electo de un pequeño país que se decía representaba una amenaza para la seguridad nacional de los Estados Unidos. La operación secreta de la CIA condujo una democracia floreciente hacia décadas de guerra civil que costarían unas 200,000 vidas. A Michael le tranquilizó saber que Win no jugó un papel importante en la Operación Éxito. Pero Ray Leddy, el buen amigo de Win, sí lo tuvo. Y también su futuro buen amigo David Phillips, un actor frustrado convertido en artista de la guerra psicológica. Todo comenzó a la hora de la comida.

De acuerdo con uno de los calendarios de bolsillo de Win, él fue a comer con Ray el 11 de noviembre de 1951. Seguramente fueron al Club de la Armada y la Naval en Farragut Square, donde las copas chocaban más ruidosamente que en los pretenciosos restaurantes frecuentados por Jim Angleton y otros jerarcas de la CIA. Ray estaba de vuelta en Washington para quedarse. Tras la fusión de la OPC y la OSO, el puesto de Leddy se volvió redundante. Allen Dulles acordó con su hermano, John

Foster Dulles, para entonces secretario de Estado del presidente Eisenhower, llevar a Ray al Departamento de Estado. Ahí se convirtió en un subsecretario de Estado y fuerte defensor de las políticas de la CIA.

Ray lo sintió hecho a la medida. Había sido soldado en la guerra, visto el mundo, trabajado en el negocio de importación y exportación en Wall Street, y luego aprendido las artes de las operaciones secretas en Caracas y otras capitales latinoamericanas. Sabía de guerra, política y los modos de las relaciones exteriores de los Estados Unidos. Leddy tenía talento natural. Su esposa, Janet Graham, una mujer de ascendencia estadounidense y peruana que él conoció en una entrevista de trabajo, había traído a sus hijos de Venezuela. Habían comprado una hermosa casa colonial en un elegante barrio del condado de Montgomery.

Win también se sintió entusiasmado. Con Beetle Smith como director, Allen Dulles su segundo de a bordo, y Dick Helms como subdirector de acciones encubiertas, todos los ocupantes de puestos altos de la CIA eran amigos cercanos. Tenía reuniones casi a diario con Helms, con quien se llevaba muy bien. Los dos compartían una pasión por el trabajo ordenado y los detalles. La mente matemática de Win impresionaba a Helms, al igual que su capacidad para beber y seducir a las damas. Win y Paula vivían en una enorme casa de ladrillo en la calle Princess en Alexandria, Virginia, un barrio fino, un poco venido a menos, al sur de Washington. Con vista al río Potomac, la casa tenía diez habitaciones y estaba "amueblada con gusto perfecto", según un visitante. Tenía un pequeño patio de ladrillo y jardín interior en la parte trasera. Paula era una esposa ejemplar, "muy dulce y muy bonita", en la opinión de Cleveland Cram. Organizaban grandes cenas para el desfile usual de visitantes de Londres, incluyendo a sir Stewart Menzies, el legendario "C", que ahora terminaba su ejercicio como jefe del servicio británico. Día tras día, los visitantes y sus anfitriones fueron labrando un imperio de inteligencia señero que abarcó al mundo entero, con los británicos suministrando ubicaciones a lo largo de su antiguo imperio, y los estadounidenses poniendo el dinero y la tecnología. Kim Philby, despedido del servicio británico, se evaporó como un mal recuerdo.

La amistad entre Ray Leddy y Win Scott se fortaleció. El trabajo secreto de alto riesgo, los exuberantes veranos de Washington, las luces que parpadeaban en el Potomac, todo ello le daba a sus vidas la sensación de una elegante aventura. Cenaban uno en casa del otro, asistían a la ocasional obra de teatro en el Arena Stage. El Seaport Inn, un costoso restaurante en Alexandria, se volvió el destino preferido en las noches. Win y Paula iban con frecuencia a las fiestas o cenas en casa de los Dulles, en la calle Veintinueve en Georgetown. Bill Harvey era su amigo. Cuando Janet necesitó ayuda para obtener la ciudadanía estadounidense, el voluminoso genio utilizó sus legendarios contactos para solucionar el problema.

Jim Angleton continuó siendo un buen amigo con el que Win cenaba y ocasionalmente jugaba póquer. La superioridad intelectual de Angleton hacía que tuviera un estilo descarado de apostar, dijo uno de los jugadores. "Angleton se sentaba ahí y utilizaba su dinero para intimidar a todos. Si yo subía diez dólares, él subía cien, y no había nada que yo pudiese hacer al respecto. Nunca me agradó. Como funcionario, estaba muy lejos de ser tan bueno como se creía."

Las mujeres y los niños pensaban que Angleton era encantador. "Era más profundo que cualquier hombre que haya conocido", dijo un hijo de su amiga Tony Bradlee, esposa de Ben Bradlee, futuro editor del *Washington Post,* entonces un joven periodista en ascenso en la ciudad capital. "Tenía una sensibilidad extraordinaria y se interesaba por la gente." Otra amiga adoraba su "muy fascinante lado romántico y bohemio... Sus gustos van de la poesía al romance en general". Un genio solitario, bailaba solo las canciones de Elvis Presley en las bulliciosas fiestas a la orilla de una alberca.

Fue "la época dorada de la Agencia Central de Inteligencia", dijo Peter Grose, el biógrafo de Dulles. "La institución era joven y aventurera, los hombres y mujeres que aceptaron su llamado eran inteligentes, esforzados y sin razón para dudar de su propia integridad y la de su nueva organización. El enemigo era despiadado y estaba claramente identificado. El entusiasmo público por el esfuerzo de la Guerra Fría era alto, con una correspondiente disposición para autorizar cuanto fuera necesario para derrotar los males del comunismo chino-soviético... trabajar para la CIA era el más honroso servicio público imaginable."

Pero no iba bien para Win. La politiquería en la CIA era salvaje; el ascenso social, feroz. Win era un hombre encantador con un intelecto capaz, pero no poseía mucha sofisticación política. También era un generoso anfitrión que vivía con el salario de un servidor público. Siempre se sentía falto de dinero, especialmente debido a las onerosas condiciones del decreto de divorcio. Paula estuvo embarazada, pero tuvo un aborto, según el hermano de Win, Morgan Scott. "Paula nunca fue feliz porque quería hijos, y hasta que te tuvo, se sintió muy frustrada", le dijo el tío Morgan a Michael, que sólo podía imaginar el predicamento de Paula. En esa época, en la clase media norteamericana, las mujeres no debían trabajar. Incluso si Paula deseaba trabajar, no había posibilidad de modelar para una mujer de más de treinta años, especialmente en Washington, una ciudad oficial que se especializaba en vestidos sosos, trajes oscuros y madres deferentes. Londres pudo haber sido lóbrego, pero era una ciudad cosmopolita. Win ya no la estaba cortejando y pasaba cada vez más tiempo en la oficina. Para divertirse, ella jugaba golf —seguía siendo una excelente atleta— y bebía.

En las reuniones diarias en los edificios K y L, Win entendió lo que todos podían ver. La agenda de agresivas operaciones secretas de la agencia contra la Unión Soviética y sus aliados de Europa Oriental, que Allen Dulles venía empujando desde 1948, había chocado con al menos dos duras realidades. En primer lugar, los servicios secretos británicos y franceses no tenían mucha paciencia para la retórica sobre "hacer retroceder" el comunismo en Europa Oriental. Los aliados europeos pensaban que el "retroceso" era un sueño imposible, o acaso un guión para ir a la guerra. Sentían que los comunistas en el poder en Varsovia, Praga, Budapest y Bucarest estaban ahí para quedarse. Las fantasías de derrocarlos mediante camarillas de exiliados financieramente dependientes en distantes capitales eran quimeras estadounidenses, no política seria. En palabras de un historiador inglés: "Los servicios secretos británicos y estadounidenses presentaban cada vez más desacuerdos en cuestiones fundamentales".

En segundo lugar, la cruzada norteamericana en Europa Oriental fue entorpecida por amigos fraudulentos. Win lo sabía mejor que nadie. Una auditoría de la agencia reveló que la mayoría de las organizaciones de emigrantes anticomunistas financiadas por la agencia no eran sino "fábricas de papel" cuyos reportes inventados y actividades exageradas eran, en palabras de un involucrado, "inútiles". Ese juicio severo pero exacto no le agradó a Dulles, quien ordenó que el reporte, inicialmente clasificado como secreto, se sellara como "ultrasecreto" y se sacara de circulación en el cuartel general de la CIA. Sólo unos pocos funcionarios leyeron lo que un historiador describió como "su juicio devastador sobre la capacidad de la agencia para recolectar inteligencia".

El apapacho que la agencia recibía del Capitolio estaba por terminar. Los presupuestos en blanco que una vez se aprobaron a ciegas, ahora se escrutaban. Ciertos barones de la Cámara de Representantes preguntaron presuntuosamente si los contribuyentes estaban recibiendo lo que pagaban por la CIA. Torcieron los ojos cuando Dulles aseguró categóricamente que el comunismo pronto retrocedería y obstaculizaron la aprobación de un cheque en blanco cuando llegó el periodo de las asignaciones. Para enfrentar las exigencias de controles más estrictos, Beetle Smith creó un nuevo puesto, inspector general, y se lo ofreció a Win. Podía parecer una promoción, pero lo sacó de las actividades centrales de espionaje para meterlo en el asunto secundario de cubrir el trasero cada vez más expuesto de la agencia. La verdad sea dicha, lo echaron a un lado en un puesto que requería administrar las fallas burocráticas, no alcanzar el éxito en el espionaje.

Como inspector general, Win debía enfrentar las realidades de la agencia, y en ocasiones éstas podían ser públicamente humillantes. En diciembre de 1952, los soviéticos hicieron que los agentes de la CIA lucieran especialmente ingenuos. Desde el final de la guerra, los estadounidenses y británicos habían financiado y aconsejado a un grupo de emigrantes polacos conocido por sus iniciales, WIN. Los soviéticos habían controlado el WIN durante muchos años, utilizando al grupo en el clásico estilo de contraespionaje. Alimentaban desinformación a la CIA. En Washington se recibían historias sobre abundantes anticomunistas rebeldes en los Urales que estaban listos para la insurrección. En cuanto a cualquier partisano del WIN que en verdad intentara hacer algo, los soviéticos podían arrestarlo y enviarlo a prisión sin esfuerzo. Agregando un insulto propagandístico a los daños operacionales, los soviéticos convocaron a una conferencia de prensa y describieron con detalles extravagantes a los atentos periodistas cómo habían controlado a los anticomunistas polacos y engañado a la agencia.

Beetle Smith se hartó. Nunca tan entusiasta sobre las operaciones secretas como Dulles, renunció como director de la CIA para tomar el puesto número dos en el Departamento de Estado. Dulles tomó el cargo superior y de inmediato envió a Win a Londres para realizar la autopsia del fiasco del WIN. Win azuzó a los jefes de Europa Oriental para que escribieran a Londres sobre el mismo tema. Sabía por experiencia propia lo que a otros les costaba admitir: no podrían culpar a las traiciones de Kim Philby y Donald Maclean por el fracaso de las operaciones conjuntas anglonorteamericanas en los países del bloque soviético. Éste se debía a la debilidad política y al aislamiento de las fuerzas pro estadounidenses y la ingenuidad de los jefes de la CIA.

La república centroamericana de Guatemala, en contraste, ofrecía perspectivas a los Estados Unidos para un fácil triunfo. El problema no era un régimen comunista comprometido con Moscú y hostil a los intereses de Washington, sino el gobierno democráticamente electo del presidente Jacobo Árbenz, que incluía un pequeño pero influyente grupo de consejeros comunistas. El gobierno preparó una reforma agraria para mitigar la enorme brecha entre los ricos y los pobres. Win no estaba involucrado en las operaciones latinoamericanas, pero Dulles y la mayoría de los jerarcas de la CIA vieron a Árbenz como una incipiente amenaza comunista, y una oportunidad para redimir el nombre de la agencia. La mayoría de los funcionarios del Departamento de Estado aconsejaban moderación. La reforma guatemalteca, si se hacía legalmente, no era una amenaza para los intereses de Estados Unidos, dijeron. El disidente más elocuente fue Ray Leddy. Tras cuatro años de encabezar las operaciones de la OPC en América Latina, el ex hombre del FBI apoyaba las acciones encubiertas por encima de la diplomacia.

Cuando el gobierno de Árbenz anunció en agosto de 1953 que iba a expropiar 70,000 hectáreas de tierra que pertenecían a la United Fruit, la CIA halló el pretexto que buscaba. En cuestión de horas, el Consejo de Estrategia Psicológica convocó a una junta. El consejo, responsable de revisar y aprobar todos los planes de acciones encubiertas, autorizó a Dulles a dar "prioridad operativa extremadamente alta" al derrocamiento del gobierno de Guatemala. En vista de las objeciones previas del Departamento de Estado, los funcionarios de la CIA decidieron unilateralmente que se quedara fuera de la acción. Beetle Smith recomendó que el personal de la CIA "no tuviese tratos directos" con el Departamento de Estado porque virtualmente todos ellos se oponían a la intervención encubierta en Guatemala.

Algunos veteranos del Departamento de Estado hicieron notar que los planes de la CIA tenían más que un parecido superficial con las artimañas comunistas. "Nuestra estimulación secreta y apoyo material para derrocar el gobierno de Árbenz nos pondrían en serios riesgos", declaraba un documento que el Departamento de Estado entregaría pocos días después al Consejo de Seguridad Nacional (NSC).

La experiencia ha mostrado que ninguna de esas operaciones pueden llevarse a cabo en secreto sin correr el gran riesgo de que se conozca quién las encabeza y financia. Si se supiera que los Estados Unidos intentaron una Checoslovaquia en reversa en Guatemala, los efectos sobre nuestras relaciones en este hemisferio, y tal vez en todo el mundo, podrían ser tan desastrosos como los producidos por una intervención abierta.

En 1948, los soviéticos habían diseñado un golpe de Estado en Checoslovaquia en el que un gobierno democrático liberal con gran apoyo popular fue derrocado por una pequeña facción comunista. Los comunistas de inmediato impusieron su gobierno y persiguieron a los burgueses y sus representantes. Los diplomáticos del Departamento de Estado veían a un golpe secreto de una minoría pro estadounidense contra un gobierno democráticamente electo en Guatemala como algo moralmente equivalente. Una votación de veintitrés funcionarios que trabajaban en Centroamérica mostró que sólo uno apoyaba la idea de la intervención de la CIA: Ray Leddy. Sin que lo supieran sus colegas, él hacía lo que podía para promover la agenda de ésta. Era, en palabras de un colega, "un hombre que sabía encerrarse en sí mismo".

Excluir al Departamento de Estado posibilitó a la agencia utilizar sus datos de inteligencia para promover una agenda de acciones encubiertas. El dictamen del Departamento mismo sobre Latinoamérica a finales de 1952 halló "improbable que los comunistas obtuvieran control directo sobre la política de cualquier Estado latinoamericano, al menos durante los siguientes años". La Unión Soviética no tenía presencia en Guatemala. Los diplomáticos comunistas en el vecino México rara vez le hacían visitas. Por el lado clandestino, la opinión prevaleciente en la CIA era distinta: cualquier influencia comunista era señal de un incipiente control soviético, sin importar lo que decidiera la democracia guatemalteca. El reto, dijo Frank Wisner, jefe de operaciones encubiertas, era contrarrestar el "sustancial apoyo popular" a Árbenz. Los Estados Unidos tenían que minar la "lealtad de los altos mandos del ejército y de casi todo el ejército" para con su gobierno. Requeriría un recorte de fondos militares para el gobierno, promesas de ayudar a cualquiera que derrocara a Árbenz, críticas declaraciones públicas de Washington, y, sobre todo, la introducción de especialistas en guerra psicológica en Guatemala para moldear las percepciones del público guatemalteco y la élite política en anticipación del golpe decisivo.

La Operación Éxito duró seis meses y costó unos tres millones de dólares. Allen Dulles vio una oportunidad para resarcirse de las vergonzosas derrotas en el escenario de Europa Oriental. "Esta operación es de alta prioridad para toda la agencia y es lo más importante que estamos haciendo", explicó en una junta. Le asignó a su protegido favorito, Tracey Barnes, el puesto de subdirector y mediador. Dulles se encargó de que el coronel Albert Haney del ejército de los Estados Unidos ayudara a organizar una fuerza insurgente en las sombras.

Entre los funcionarios de campo asignados a la Operación Éxito estaba David Atlee Phillips, un alto tejano a quien su colega, Howard Hunt, describía como "teatralmente apuesto". Phillips era un niño mimado de Fort Worth cuyos padres lo enviaron al este a la universidad y acabó expulsado del Williams College en una bruma alcohólica. Regresó a casa para sacar su título en la Universidad Cristiana de Texas y casarse desastrosamente. Divorciado a los veintiún años, vio una hermosa rubia llamada Helen Hausch junto a una alberca en un club campestre en Fort Worth, la arrancó de su novio militar y se halló en un romance apasionado. David y Helen se casaron. Como compartían el gusto por la aventura, eligieron un país al azar y tomaron un barco a Santiago de Chile. Vendió las acciones petroleras de su difunto padre para financiar un agradable estilo de vida como actor y escritor que trabajaba en la Gran Novela Estadounidense. En unas memorias inéditas de la época, Phillips recordaba con alegría un papel fílmico en el que representaba a un hombre que tomó a tres de sus hermanas como amantes. Pero una cosa no llevó a otra en su carrera de actor, así que cuando surgió la oportunidad Phillips compró el periódico local en inglés para expatriados, el *South Pacific Mail*. Fue en su papel de editor fracasado de periódico que llamó la atención de la CIA. Phillips tenía tres hijos e igual número de manuscritos rechazados, así que envió su currículo a la CIA. Hunt, ex jefe adjunto de la OPC en la Ciudad de México, lo incluyó en la operación por su dominio del español; le agradó y le hizo la propuesta. Los Estados Unidos lanzarían un programa de "guerra psicológica" para ayudar a liberar a Guatemala de la tiranía comunista. ¿Estaría interesado? Phillips no titubeó.

Dick Helms, el amigo y ex jefe de Win, ahora subdirector de operaciones clandestinas, veía todo el proyecto con escepticismo. Helms había ascendido con paso firme desde sus días en la OSS en Berlín. Más disciplinado que Dulles y más astuto que Win, Richard McGarragh Helms era un hombre elegante y alerta que le parecía un pesado a más de una de las superficiales mariposas sociales de Georgetown. Sin duda era cuidadoso. Con su cabello relamido, apenas comenzando a encanecer, y un incipiente pico de viuda, tenía el porte de un ave de presa y los modales de un caballero. En los destartalados edificios provisionales a lo largo de la Piscina Reflectante, él mantenía uno de los escritorios mejor ordenados. Helms señaló los varios puntos débiles de la Operación Éxito. El teniente Castillo Armas, cliente ungido de Guatemala, no tenía una personalidad particularmente notable. Él aseguraba que tenía el apoyo de muchos oficiales, pero la agencia no tenía modo de discernir sus motivaciones ni medir el nivel de su popularidad. Era claro que no tenía la experiencia para organizar el lado militar de la operación. Árbenz ya sabía que la CIA estaba reclutando aliados en los rangos más altos de sus fuerzas armadas y echó de los mandos a conservadores descontentos. En sus discursos semanales por radio, advirtió a los guatemaltecos que fuerzas extranjeras estaban provocando problemas, y sus aliados compraban armas en Europa Oriental para equipar a sus simpatizantes en las zonas rurales. Helms pensaba que el terreno era poco promisorio.

Win se mantuvo al tanto de la Operación Éxito mediante juntas regulares con Tracey Barnes, el consentido de Dulles; con Frank Wisner, un defensor cada vez más maniático de las operaciones secretas; y con el más apacible J. C. King, otro ex hombre del FBI que trabajaba como jefe de operaciones secretas en el hemisferio occidental. Win también hablaba con frecuencia por teléfono con Ray Leddy, quien encabezaba discretamente las acciones dentro del Departamento de Estado, sin dejar que sus colegas supieran que asistía a la reunión semanal de la CIA para revisar la Operación Éxito. En marzo, Leddy y otro ayudante del Departamento de Estado expresaron su preocupación de que la Operación Éxito no fuera suficiente e indicaron que tal vez harían falta planes más mortíferos. "Tal vez sea necesario tomar más riesgos calculados que antes", dijeron, de acuerdo con un memorando de la CIA. Cuando se les preguntó qué significaba eso, Leddy respondió: "El mejor modo de provocar la caída de Árbenz sería eliminar entre quince y veinte de sus líderes con los pistoleros entrenados de Trujillo [el dictador de República Dominicana]". Leddy no palideció ante la posibilidad, pero le preocupó que el auspicio norteamericano de la rebelión quedara en riesgo de ser revelado. "Nuestros máximos líderes nacionales creen que un acto del que pueda responsabilizarse a los Estados Unidos nos haría retroceder cincuenta años en nuestras relaciones con los países latinoamericanos", dijo. La CIA aceptó la idea de asesinar a los líderes izquierdistas de Guatemala. Tres semanas después, un alto funcionario de la agencia solicitó al personal que ayudara a compilar una "lista de eliminación" de "líderes comunistas demostrados", otros funcionarios "irrevocablemente implicados en la política y doctrina comunistas" e "individuos en puestos gubernamentales y militares clave de importancia táctica cuya remoción por razones psicológicas u organizativas sea necesaria para el éxito de la acción militar".

Win ayudó en lo que pudo. Cuando los operadores de Éxito sospecharon en abril de 1954 que Árbenz importaba armas de un proveedor checo que embarcaba a través de Alemania Occidental, le pidieron a Win que utilizara sus contactos con los alemanes para interceptar el barco. Él pidió al gobierno alemán que diera instrucciones a los propietarios del barco para que atracaran en Jamaica, en donde serían inspeccionados bajo sospecha de un falso manifiesto de entrada de su cargamento. Las autoridades británicas podrían inspeccionar el barco. Win pensó que era una idea "perfectamente factible" e hizo los arreglos. Los británicos revisaron el barco, pero no encontraron armas.

Los operativos de Dulles aceleraron el paso, nerviosos porque las condiciones parecían menos que óptimas. Castillo Armas nunca tuvo mucho éxito en atraer el apoyo de los militares guatemaltecos o de la población. Para mayo de 1954, cuando se suponía que iniciaría la rebelión, tenía apenas unos pocos cientos de hombres armados y menos de una docena de aviones. Las fuerzas guatemaltecas tenían miles de soldados. Las posibilidades menguantes sólo sirvieron para entusiasmar a Ray Leddy. "Estamos cien por ciento decididos, de arriba abajo, a deshacernos de este apestoso", dijo sobre Árbenz, "y a no detenernos hasta lograrlo".

Al conocer la historia sobre la campaña de la CIA contra la democracia guatemalteca, a Michael le tranquilizó enterarse de que su padre había permanecido al margen. Pero los roles de los amigos presentes y futuros de su padre, Ray Leddy y David Phillips, fueron menos confortantes. Operación Éxito ayudó a que ambos hombres se forjaran su reputación con el gobierno de los Estados Unidos. Leddy ayudó a volver realidad una política de lo que en otra era se llamaría "cambio de régimen", una política que destruyó la incipiente tradición democrática en favor del clientelismo y el caos. Phillips, con el apoyo de su admirador Howard Hunt, exageró el escenario ficticio que convencería a Árbenz y el gobierno guatemalteco a rendirse y entregar el poder soberano a los aliados de los intereses norteamericanos. Phillips nunca pudo publicar una novela en Nueva York ni montar una obra en Broadway, pero sí vendió una rebelión pro estadounidense fantasma al público guatemalteco, al gobierno burgués de Guatemala y a sus simpatizantes. Árbenz entró en pánico y Washington dio un golpe rotundo al "comunismo mundial", por el que los guatemaltecos continuarían tambaleándose medio siglo después.

El instrumento utilizado por Phillips fue La Voz de la Liberación, una estación comercial de radio con base en Honduras que tocaba música e informaba sobre los acontecimientos en el territorio guatemalteco. El formato era optimista y alegre. Sus guiones incluían noticias, mayormente ficticias, sobre guerrillas contra el gobierno que supuestamente reunían simpatizantes en las montañas. Las fuerzas rebeldes avanzaban. Los soldados del gobierno habían rendido allá sus armas. Phillips dominó el arte de agregar datos aparentemente sin relación que aumentaban la incertidumbre, cuando no el temor. No, no era cierto, reportaba La Voz de la Liberación, que las aguas del lago Atitlán, el mayor depósito de agua fresca del país, hubiesen sido envenenadas. "La intranquilidad se convirtió en histeria entre la población a medida que la estación rebelde enviaba ficciones de onda corta sobre rebeliones, deserciones y planes para envenenar presas y reclutar niños", relata una reciente historia de la agencia. Los superiores de Phillips quedaron más que impresionados.

Cuando Árbenz declaró la ley marcial para enfrentar la rebelión auspiciada por los Estados Unidos en mayo de 1954, el Departamento de Estado apretó las tuercas, llamando a Guatemala un bastión comunista en el hemisferio occidental. El presidente Eisenhower autorizó una ofensiva diplomática. Ray Leddy coordinó las exigencias de los Estados Unidos para inspeccionar todos los barcos que fueran rumbo a Guatemala en busca de armas provenientes de países del bloque soviético. Exigió a los embajadores de otros países latinoamericanos que firmaran una declaración diplomática que condenaba "la agresión comunista" en Guatemala. Tras lograr la confrontación política y diplomática, sólo restaba la aplicación de la fuerza. La insurrección se planeó para el 17 de junio. En lo que se presentaría como una insurrección espontánea, los rebeldes pro Estados

Unidos, encabezados por Castillo Armas, tomarían una fortaleza militar. Un pequeño escuadrón de aviones proporcionados por los Estados Unidos bombardearía instalaciones militares clave en la ciudad. Eso suavizaría a Árbenz y envalentonaría a los militares para derrocarlo. Ése era el plan.

El día pactado, Win y Ray se reunieron a comer en el hotel Roger Smith, apenas unas cuadras al poniente de la Casa Blanca. No hay registro de lo que discutieron, pero sin duda hablaron de Guatemala. Leddy tenía quince meses trabajando en asuntos guatemaltecos y nueve en Operación Éxito. Win conocía los planes de la agencia. Como amigos, habían compartido deseos y sueños sobre el éxito de los Estados Unidos en Latinoamérica desde sus días en La Habana durante la Segunda Guerra Mundial. Como operadores encubiertos, creían en la justicia de la mano oculta del poder estadounidense. Sin duda deseaban ejercer ese poder.

Operación Éxito se hizo pública con un campanazo. Castillo Armas lanzó su ataque contra la ciudad de Guatemala. Leyendo de un guión escrito por Dave Phillips, le dijo a una audiencia a nivel nacional: "En este momento, grupos armados de nuestro movimiento de liberación avanzan por todo el país... Ha llegado la hora decisiva". Su mensaje hizo hincapié en la naturaleza indígena de la insurrección hecha en Washington: "No es una intervención extranjera, sino una rebelión de los guatemaltecos honestos, cristianos, amantes de la libertad para liberar a nuestra patria de la intervención extranjera que ya ha ocurrido, del control de la Unión Soviética que ha hecho de Guatemala un punto de avanzada de la agresión comunistoide, del dominio por parte de los títeres soviéticos".

Durante un par de días, los rebeldes parecían al borde de la derrota. Las fuerzas armadas no dieron la espalda a Árbenz, como se esperaba. No hubo levantamiento popular. Pero los pocos aviones de Castillo Armas se las arreglaron para derribar todas las estaciones de radio del país, dejando la de la CIA como única fuente de información. Las transmisiones de Phillips promovieron la impresión de una insurrección masiva, fomentando el temor entre la población urbana que confiaba en los noticieros de los medios. El jefe de operaciones de la CIA, Frank Wisner, no desistió del uso de la fuerza. Como Win, Wisner era hijo del sur, muy conservador en sus ideas políticas. Había visto de cerca la traición comunista cuando trabajaba en la OSS en Rumania. Cuando los hombres de la CIA en el campo le rogaron a Washington para que autorizara más ataques aéreos, Dulles y Wisner persuadieron a Eisenhower de que los autorizara, admitiendo que las posibilidades de éxito estaban disminuyendo. La fuerza aérea de Castillo Armas, mantenida en el aire por la CIA, bombardeó tanques de almacenamiento y campos de aviación.

Al final, de manera improbable, la victoria surgió por la combinación de la debilidad de Árbenz, los ataques aéreos y la astucia de Dave Phillips. La propaganda de Phillips había creado la "situación completamente nocional" en la cual el gobierno de Guatemala se sentía mucho más amenazado de lo que estaba. En tanto los operadores secretos norteamericanos buscaban desesperadamente persuadir a los militares de mayor rango para que traicionaran a su presidente y el gobierno constitucional, la pequeña fuerza rebelde se las arregló para rechazar un asalto del ejército guatemalteco en un área remota. Con la más ligera evidencia amplificada por el bombardeo mediático de Phillips, el caso de la CIA se volvió más persuasivo. Los bombardeos continuaron. Algunos de los generales suplicaron a Árbenz que renunciara. Finalmente, el 27 de junio, capituló. Renunció a la presidencia, dijo un historiador, "aplastado por lo que su limitada imaginación percibió como una revuelta de su propio ejército".

El ejército guatemalteco nombró a uno de los suyos como sucesor, el coronel Carlos Enrique Díaz, quien se comprometió a luchar contra las fuerzas de Castillo Armas. Su llegada a la presidencia enfureció a los funcionarios de los Estados Unidos, quienes lo consideraban demasiado cercano a las políticas izquierdistas de Árbenz. A Janet, la entonces esposa de Leddy, le parecía que la Operación Éxito se desarrollaba en el sótano de su casa en Spring Valley, Maryland. Recordaba las largas noches con hombres extraños que entraban y salían. Recordaba las voces de júbilo y luego a su marido bramando al teléfono: "No, Díaz no está bien. Tiene que ser Castillo Armas". Pausa. "No, Díaz no es aceptable. No vamos a reconocer su gobierno. Castillo Armas, nadie más."

Y así fluía el poder del condado de Montgomery a la ciudad de Guatemala, a tres mil kilómetros. La presidencia de Díaz duró menos de veinticuatro horas. Castillo Armas fue presentado como el nuevo líder de Guatemala. Los Estados Unidos habían obtenido una victoria en la Guerra Fría. El comunismo había "retrocedido" en América. David Phillips obtendría uno de los honores más altos de la agencia, una Medalla de Inteligencia Distinguida, por sus trucos mediáticos. En la primera operación encubierta de Phillips, sus jefes dijeron que había "desarrollado y sostenido una situación completamente nocional que no tenía paralelo en la historia de la guerra psicológica. El medio que él creó se convirtió en inspiración para el pueblo y en némesis para el enemigo".

Win celebró en una comida con Jim Angleton. Fue un gran día para la agencia.

Tal vez Win no protagonizó la Operación Éxito, concluyó Michael, pero sin duda la Operación Éxito se inscribió en su familia. Michael había estudiado historia latinoamericana. Conocía los eventos del golpe de estado de la CIA y cómo a partir de entonces Guatemala se había hundido en una guerra civil durante décadas. Sabía que era un tema difícil para sus hermanos. Para su hermanastro George, el momento de gloria de su padre estaba representado por sus contactos personales con las sociedades latinoamericanas de las que escribió en su investigación académica. La Operación Éxito, no es exagerado decirlo, convirtió al hijo de Ray Leddy en un marxista convencido y opositor a las políticas de los Estados Unidos en Latinoamérica. Años más tarde, cuando George conoció a la Premio Nobel guatemalteca Rigoberta Menchú, en una conferencia, no pudo evitar las lágrimas. "Le dije, 'lo siento mucho, lo siento mucho'", recordó George. "No pude evitarlo. Ella no sabía cuál era mi problema, y yo no podía explicarle la complicada historia de quién era mi padre. No podía dejar de pensar en que tuvieron treinta años de guerra después de lo que hicieron ahí mi padre y sus colegas. Treinta años." George no lo decía con superioridad moral ni con autoconmiseración. "Alguien debe llorar por treinta años de guerra, ¿verdad?", preguntó con intensidad.

La pregunta de George tocó en Michael un nervio sobre el mundo de sus padres: la amenaza del éxito.

Una vida nueva

El papel de la serendipia no fue pequeño en la búsqueda de Michael por su padre. En 1988 trabajaba como productor asociado en el programa televisivo *Misterios sin resolver*. Tenía 33 años, se había casado con su novia, Barbara Fisher, de Shaker Heights, Ohio, y se preguntaba si ya era hora de tener hijos. Llegó a trabajar una mañana y la recepcionista le dijo que tenía una carta de un pariente del Sur.

"No tengo parientes en el Sur", se rió en tanto entraba a la sala de edición. Tal vez un loco. Se detuvo y regresó al escritorio de la recepcionista. "Déjame ver eso."

Era una nota de su tía, Ruth Grammar, la hermana menor de Win, quien vivía, como siempre, en el sur de Alabama. Habían pasado veintitrés años desde la última vez que Michael había visto o tenido contacto con alguien de la familia de su padre. Había visto sólo dos veces a la tía Ruth, en las vacaciones de verano, cuando era niño. Pero ella nunca se olvidó del hijo de su hermano mayor. Ella sabía que él se había metido en el negocio de las películas. Años después, cuando Ruth vio el nombre "Michael Scott" en los créditos finales tras un episodio de *Misterios sin resolver*, adivinó correctamente que era su sobrino perdido. Escribió a la NBC, de donde la remitieron a su empresa de producción. Michael le llamó de inmediato. Se sentía conmovido y a ella le complació hablar con él. Cuando él comentó que estaba interesado en descubrir cosas sobre su padre, Ruth le dijo que debía hablar con Morgan, el hermano menor de Win, quien fue el que siempre se mantuvo más cercano a él. Michael recordaba al tío Morgan de una visita a la Ciudad de México a mediados de los sesenta. Gracias a la persistencia de la tía Ruth, Michael se encontró con el doctor Morgan pocos meses después en un motel del aeropuerto en Roanoke, Virginia. Cuando se estrecharon las manos, Michael sintió una sacudida por dentro. Morgan Scott junior había nacido catorce años después que Win. En su primera reunión, Morgan tenía 65 años, pocos más que Win la última vez que Michael lo había visto. La voz de su tío y los patrones del habla le recordaban a Win. "Fue escalofriante", dijo Michael. "Por un momento sentí que hablaba con mi padre."

Con Morgan, Michael quería descubrir un secreto familiar que nada tenía que ver con la CIA: la historia de su adopción, es decir, la forma en que había llegado a ser el único hijo de Win y Paula Scott. Su acta de nacimiento decía que había nacido en St. Petersburg, Florida. ¿Cómo, se preguntaba, había ido de Florida a Washington como recién nacido? El tío Morgan conocía la historia, al menos una versión, y se la contó a Michael en el motel del aeropuerto.

A principios de los años cincuenta, Morgan apenas se había graduado de la Facultad de Medicina y tomó un empleo como el único doctor de Thomaston, Georgia, un pequeño pueblo dominado por la fábrica textil local. Con frecuencia viajaba por la carretera a Washington para ver a su hermano mayor. Paula, relató Morgan, estaba al borde de la desesperación. Se embarazaba una y otra vez, y siempre abortaba.

"Tuvo como seis al hilo", dijo Morgan. "Se sentía muy culpable porque nunca pudo tener un bebé. Ella habló conmigo. [Dijo] 'Una mujer debe tener hijos.' Las católicas irlandesas sienten una gran culpa si no paren hijos. Las mujeres están obligadas a parir. No deben tener sexo sin la posibilidad de hijos. Por eso ella sentía mucha culpa."

Michael no tenía muchos recuerdos de su madre, y el relato del tío Morgan les daría color. Paula fue su madre porque no pudo tener hijos propios. Inicialmente, ella no quería adoptar, dijo él. Win y Morgan la convencieron.

"Tu padre y yo lo discutimos muchas veces", recordó Morgan. "Él creía que tal vez si ella tenía un hijo adoptado, se sentiría mejor. Win me preguntó si podía estar atento para dar con un niño que pudiesen adoptar." Enternecido por el recuerdo de su hermano, Morgan explicó que él tuvo una paciente que era enfermera en Atlanta, a quien había embarazado uno de los estudiantes de medicina del hospital donde ella trabajaba. El estudiante, ya comprometido con otra mujer, no tenía intención de casarse con la mujer fecundada. "Ella vino conmigo porque no quería ir con un doctor de Atlanta y ver su carrera de enfermera cortada", Morgan recordó. "Fue así que la puse en contacto con Win."

¿Pero por qué iría una enfermera de Atlanta a St. Petersburg para tener un niño? Michael quería saber. Morgan dijo que fue por razones legales; ahí fue donde el papeleo podía arreglarse más fácilmente. Michael no estaba convencido. Sólo años después, luego de la muerte del tío Morgan, Michael supo la verdadera historia, que surgió de los registros de adopción que obtuvo del estado de Virginia. Sus padres biológicos no eran un doctor y una enfermera de "buena cepa", como Morgan insistía, sino una bella chica de diecisiete años que no acabó la preparatoria y un mujeriego conductor de televisión.

Michael halló la verdadera historia en los documentos. Lo había dado a luz una mujer llamada Martha Scruggs. Era la hija de en medio de cinco hermanos criados por una madre soltera que trabajó en la fábrica textil de Thomaston, donde Morgan Scott era el doctor de la empresa. A los dieciséis, Martha conoció un hombre del que se enamoró y se casaron. Un año y muchos pleitos después, supieron que la relación era imposible y se divorciaron. La madre de Martha la impulsó a salir de Thomaston y a que visitara a una tía en Greenville, Carolina del Sur. Martha obedeció. Fue a Greenville y tomó un empleo de cajera en la cafetería s&s, donde captó la atención de una personalidad de la televisión llamada Reggie, que conducía un noticiero de quince minutos. Él sucumbió ante sus encantos, y ella a los de él. En al menos una ocasión, Reggie le prometió a Martha que dejaría a su esposa para casarse con ella. Pero entonces se reconcilió con su esposa, y Martha regresó abatida a Thomaston, donde se enteró de que estaba embarazada. Su madre fue solidaria, pero ya tenía dos hijos viviendo en casa sin apoyo para la manutención. Como la única de cuatro adultos en la casa con un empleo, no podía contemplar a una hija embarazada dando vueltas por el pueblo con una evidente panza de un hijo cuyo padre era desconocido. Avergonzaría a la familia. La madre de Martha explicó el predicamento de su hija al doctor Scott en la fábrica textil. Él dijo que conocía a una pareja de ancianos en St. Petersburg, Florida, que podía contratar a una mujer embarazada. La madre de Martha puso a su hija en un autobús rumbo a St. Petersburg. Todo el tiempo Morgan pensaba en el deseo de Win y Paula de adoptar un hijo.

Para cuando el invierno de 1954 se convirtió en la primavera de 1955, Win había asegurado un puesto de confianza en el consejo superior de la CIA, no como diseñador de políticas sino como negociador. Se encargaba no de una, sino de dos tareas onerosas para Allen Dulles, cuya reputación para evitar el trabajo duro —Kim Philby lo mencionó— la tenía bien ganada. Fue una medida de confianza de Dulles en Win que lo hiciera responsable por dos asuntos que interesaban personalmente al presidente Eisenhower y que Dulles prefería eludir. Eisenhower, un militar, se sentía escéptico sobre la eficacia de las operaciones secretas en manos de civiles. Y, como tacaño centroestadounidense de corazón, Ike deseaba saber si el servicio clandestino merecía los dólares que recibía de los contribuyentes. Aludiendo presiones de los líderes del Congreso, Eisenhower había informado a Dulles a mediados de 1954 que formaría dos comités para investigar a la CIA. Uno, encabezado por el general Jimmy Doolittle, un afamado comandante aéreo, evaluaría la competencia de la agencia en el trabajo clandestino. El otro, encabezado por el general retirado Mark Clark, un efectivo comandante de campo en la Segunda Guerra Mundial, observaría el desempeño de la agencia en todas las otras áreas. Dulles no se atrevió a objetar los deseos de Eisenhower. El fracaso del retroceso, el fiasco del WIN en Polonia y las acusaciones de influencia comunista habían cobrado su cuota en la reputación de la agencia. Operativamente, el director de la CIA aceptó la necesidad de ser más cuidadosos, de compartimentar. Bill Harvey, Jim Angleton y el personal de contraespionaje lo venían diciendo desde hacía tiempo. Políticamente, Dulles necesitaba construir puentes hacia el Congreso y la Casa Blanca. Nombró a Win para que fuera su soldado de avanzada con los comités de Doolittle y Clark.

Win comenzó a informar a Doolittle en julio de 1954, antes de que el comité se anunciara públicamente, susurrándole la opinión de Dulles de que la CIA estaba en peligro de perder su guerra secreta contra la KGB. En los meses que siguieron, Doolittle acabó por concordar. Pensaba que la agencia era un desbarajuste, "una vasta y creciente organización manejada por muchas personas, algunas de dudosa capacidad". Sin embargo, también pensaba que debía volverse más implacable en sus actividades clandestinas. "Dado que Estados Unidos es relativamente nuevo en este juego", escribió Doolittle, "y puesto que nuestro oponente es un enemigo de Estado policíaco cuya disciplina social y cuyas medidas de seguridad se han construido y mantenido a un alto nivel durante muchos años, la información útil que estamos obteniendo aún está lejos de nuestras necesidades."

Nada menos que la existencia nacional estaba en juego, decía Doolittle. En defensa propia, el personal de la CIA tendría que aprender a traicionar sus valores sin compunción. "Si los Estados Unidos han de sobrevivir, los antiguos conceptos estadounidenses del 'juego limpio' deben reconsiderarse", argumentó. "Debemos desarrollar servicios de espionaje y contraespionaje efectivos y debemos aprender a subvertir, sabotear y destruir a nuestros enemigos con métodos más astutos, sofisticados y efectivos que los usados contra nosotros."

La Operación Éxito demostró que los estadounidenses podían subvertir, sabotear y destruir a sus presuntos enemigos y sentirse bien por hacerlo. Doolittle ratificó el consenso moral en Washington de que el juego limpio estaba pasado de moda. Win no tuvo dudas sobre la misión de la CIA, pero otros en Washington no estaban tan seguros. Para llevar a cabo los cambios solicitados por Doolittle y Clark, Eisenhower eventualmente nombró una junta de ciudadanos distinguidos y discretos para monitorear las operaciones de inteligencia. En 1956, dos de sus miembros, Robert Lovett y David K. Bruce, echarían otro vistazo a los programas de acciones encubiertas de la agencia. Ambos personificaban a la élite de la Costa Este. Lovett era socio en una empresa bancaria de inversiones en Wall Street. Bruce era un hombre del Departamento de Estado independientemente adinerado que resultó ser uno de los más antiguos y cercanos amigos de Allen Dulles. La realidad de las operaciones secretas de la CIA les perturbaba, y así lo dijeron en un informe ultrasecreto a Eisenhower.

"Nos alarmó que hubiese una máquina de altísimo poder, bien dotada de dinero... la idea de que estos jóvenes entusiastas con grandes cantidades de dinero se enviaran a algún país, se involucraran en la política local y luego respaldaran a algún hombre local... nos empavoreció", escribieron Lovett y Bruce. No existía una revisión independiente de las operaciones secretas para evaluar su efectividad, mencionaron. "Nadie, salvo aquéllos en la CIA inmediatamente responsables de su operación cotidiana, tiene conocimientos detallados de lo que está ocurriendo." La guerra psicológica y las operaciones paramilitares eran el dominio de "jóvenes brillantes de alto rango que debían hacer algo todo el tiempo para justificar su razón de ser... una horda de representantes de la CIA, muchos de los cuales, por la propia naturaleza de la situación del personal, son políticamente inmaduros."

Lovett y Bruce no mencionaron Guatemala por nombre, pero su tono sugería que no veían la Operación Éxito como un modelo para hacer progresar los intereses del gobierno de los Estados Unidos. De hecho, entregaron una devastadora censura a las operaciones secretas de la agencia a cargo de Dulles: "A la CIA, ocupada, financiada y privilegiada, le gusta su responsabilidad de 'fabricar reyes'. La intriga es fascinante —considerable satisfacción propia, a veces con aplausos, derivada de los éxitos, sin que se hagan cargos por los 'fracasos'— ¡y todo el asunto es mucho más simple que la inteligencia encubierta colectiva en la URSS mediante los métodos usuales de la CIA!... Siempre van, por supuesto, apareados los nobles propósitos de 'frustrar a los soviéticos' y de mantener a otros con orientación 'pro occidental'. Mediante éstos, casi cualquier acción [psicológica y política] puede ser, y está siendo, justificada."

Nos empavoreció. Lovett y Bruce recomendaron podar las operaciones secretas y poner a una persona a cargo de supervisar su impacto general. Pero no tenían modo de crear ese puesto. Eisenhower sintió que no podía despedir a Dulles. También supo que podía ignorar la postura moralista de Lovett y Bruce al mantener su informe altamente secreto. La mano oculta de la CIA continuó desatada.

Win no era del tipo que se tomaba vacaciones, pero en el verano de 1954 se tomó dos. Fue a Rehoboth Beach, un pueblo costero en el Atlántico, no una sino dos veces. Era un hombre en busca de más amplios horizontes. Ese invierno se vio solo en la enorme casa de Alexandria. Paula había vuelto a Irlanda para ver a la familia y rumiar el asunto de su incapacidad para tener hijos. En su agenda de bolsillo, Win apuntó que le enviaría flores. Deidre, la hermana de Paula, fue a Washington. Win se vio con ella y con el sacerdote de Paula, un tal padre Moffat, y acordaron que él se convertiría al catolicismo. Bebió y comió y bebió un poco más con Bill Harvey, que fue promovido a jefe de la base de la CIA en Berlín. Harvey, con su ostentosa cintura y mente ágil, sirvió en las líneas del frente en la guerra contra el comunismo soviético. Ubicada a cien millas dentro de la Alemania del Este, Berlín era tal vez el puesto de avanzada más importante de la agencia.

Jim Angleton también recibió su ascenso. El general Doolittle había recomendado la "intensificación de los esfuerzos de contraespionaje de la CIA para prevenir o detectar y eliminar las penetraciones de la CIA". Así que Dulles decidió crear un Grupo de Contraespionaje y puso a Angleton a cargo. "Harvey atendía el llamado a la gloria", dijo un periodista. "Angleton seguía el camino hacia el poder."

A Win podía perdonársele que sintiera que estaba en la ruta hacia ninguna parte. Lo habían relegado del trabajo operativo de la agencia. Él y Paula no tenían hijos, y si quería enfrentar la verdad (cosa que prefería no hacer), estaba perdiendo contacto con Beau, su hijo en Alabama. La última vez que lo había visto fue en el verano de 1954 cuando Besse lo trajo en un viaje de tres semanas. Paula estaba deprimida, la agenda de escritorio de Win mostraba que estaba viendo a un psiquiatra, un tal doctor Wallace, dos veces a la semana en el verano de 1955. Al mismo tiempo, ella y Win mantenían sus compromisos sociales. A finales de abril cenaron con Ray y Janet Leddy. Pero la compañía de viejos amigos pudo ser poco consuelo para Paula en su estado infecundo. Ray y Janet Leddy ahora tenían cuatro hijos: Gregory, de seis años; John, de cinco; Suzanne, de dos; y George, que acababa de nacer.

Mientras escudriñaba la evidencia, Michael percibió que su padre debía de estar insatisfecho en ese momento de su vida. Durante la Segunda Guerra Mundial, Win había escapado de los misiles V-2 en la calle Ryder y cortejado una hermosa joven mientras bebía por las noches con británicos ingeniosos. Ahora asistía a demasiadas reuniones, muchas de ellas sin relación con el trabajo que amaba de recolectar inteligencia. En la jerarquía burocrática, su amigo Dick Helms estaba instalado adelante de él gracias al trabajo duro y a su acicalamiento estilo Liga de la Hiedra. Win recorría diez kilómetros diariamente, saliendo de Alexandria y manejando por la autopista a Washington, donde trabajaba en los edificios junto a la Piscina Reflectante. Vio las flores de los cerezos ir y venir. Veía regularmente a Jim Angleton para comer, y él y Paula a veces iban a casa de los Angleton en Arlington para cenar. Pero Angleton y Harvey habían avanzado hacia adelante y arriba mientras él aún daba cursos sobre la organización de los servicios secretos británicos a los jóvenes que saldrían a hacer el trabajo verdadero.

En septiembre de 1955, Win volvió a ser padre. El primero de septiembre de 1955, Martha Scruggs, de diecisiete años, fue a labor de parto en un hospital de St. Petersburg, y parió un saludable niño. Doce días después, Morgan llevó al infante a Washington y lo entregó en los amorosos brazos de Paula y Win. Paula estaba encantada tomando fotos de Win y su nuevo hijo con su cámara Kodak Brownie. Decidieron ponerle Michael al niño. Décadas más tarde, Michael sólo podría maravillarse ante el total azar de todo eso. Había nacido de una madre soltera de la clase trabajadora con perspectivas limitadas en la vida y pudo —o debió— ser adoptado por cualquier pareja rural de Georgia. La pura suerte lo había puesto en brazos de una ex modelo convertida en una hermosa madre y de un atractivo padre que resultó ser un espía.

Win y Paula estaban haciendo planes. Ella contrató a una chica irlandesa llamada Rose para que cuidara al bebé. Win finalmente se hizo una cirugía para eliminar un problema de la tiroides que a veces lo dejaba cansado o deprimido. En febrero de 1956, celebraron su sexto aniversario. La mañana siguiente, Win entró en la oficina de Dulles para pedir un nuevo empleo. Quería salir. Quería algo en Latinoamérica. Tenía recuerdos entrañables de Cuba, viviendo con Ray Leddy en La Habana, y jugando beisbol bajo el sol caliente. Una vez le había prometido a Paula que la llevaría a Río de Janeiro o a La Habana, y ahora quería cumplirlo. La vida marcharía muy bien tan pronto pudiera largarse de Washington. Dulles respondió con un premio merecido. Win sería el jefe de la estación de la CIA en la Ciudad de México.

TERCER ACTO

LA CIUDAD DE MÉXICO

EL PROCÓNSUL ESTADOUNIDENSE

Anne Goodpasture, mejor que nadie, podía contar la historia de los días de gloria de Win Scott en México. Ella escribió la historia definitiva de la estación de la CIA en la Ciudad de México durante la estancia de Win como jefe. Su obra maestra —un tomo de quinientas páginas meticulosamente tecleado y con notas al pie— sigue siendo, medio siglo después de los eventos que describe, un secreto de Estado. A Michael siempre le asombró cuán delicada era la biografía de su padre. De algún modo, sus ya olvidadas hazañas aún le importaban tanto al gobierno de los Estados Unidos como para mantenerlas en secreto bien entrado el siglo XXI.

Michael recordaba a Anne Goodpasture, la señorita Goodpasture para él. Ella había sido muy amable con él cuando era un niño. Él no tenía idea que la dama serena que lo paseaba en la oficina de su padre dominaba las artes clandestinas. Parecía una bibliotecaria, pero tenía las habilidades de un ladrón. En la ciencia de "sobres y estampillas" —abrir cartas ajenas, leerlas, copiarlas y saber de qué trataban sin que los demás las entendieran— nadie superaba a la señorita Goodpasture. Lo mismo en el arte de guardar un secreto. Cuando Anne y Michael hablaron en el condominio de ella al sur de Dallas muchos años después, Goodpasture recordaba a Win con precisión crítica y humor mordaz. Sus historias de espionaje chispeaban sobre todo cuando ejecutaba una maniobra defensiva impecable en torno a un trozo de información secreta con al menos cuarenta años de antigüedad. "No hablo sobre operaciones", decía. Décadas después, aún sabía cómo defenderse.

Anne Goodpasture entendía a Win mejor que la mayoría porque la habían criado de manera parecida a la de él. Ella era del sur, hija de maestros de escuela de Tennessee, y cumplía con la reputación del estado de producir personas astutas. Había llegado a la oss durante la guerra, trabajó en Birmania e hizo mucho mejor trabajo que su colega Julia McWilliams, quien se casó y saltó a la fama como Julia Child, autora de libros de cocina. Anne Goodpasture tomó un puesto de escritorio en el cuartel general de la cia, donde llamó la atención de Jim Angleton.

Angleton, como jefe del nuevo Grupo de Contraespionaje, estaba construyendo un imperio. Ahora estaba un poco encorvado. El buen aspecto del brillante novato se había endurecido con la mirada glacial del curtido guerrero burocrático. Tenía una enorme oficina en un rincón del edificio L, con persianas que bloqueaban la vista del monumento a Lincoln. Empleaba a no menos de seis secretarias. Los chismes en la oficina decían que él había resuelto el caso Philby, lo cual estaba lejos de la verdad. Él era, como dijo David Phillips, la "respuesta de la cia al Oráculo de Delfos: casi nunca se le veía, pero tenía una asombrosa reputación cultivada a través de los años por el boca a boca y los intermediarios que salían de su oficina con pronunciamientos que casi nunca pudimos entender en su totalidad". Un atemorizado hombre del fbi vio a Angleton como un espectro: "Su cabello iba relamido hacia atrás desde una frente pálida, una huesuda hoja de nariz, mejillas hundidas y una barbilla elegantemente puntiaguda: un rostro cincelado, cadavérico". Su radical defensa intelectual contra los esfuerzos de la kgb para penetrar las operaciones secretas de los Estados Unidos requería una vigilancia eterna. Había asegurado con Dulles jugosos incrementos presupuestales. Su equipo incluía 96 profesionales, 75 empleados de oficina, cuatro agentes de planta y uno por contrato. Bebía diariamente al punto de la ebriedad. También funcionaba con brillantez.

En 1957 Angleton necesitaba alguien que le ayudara a seguir la pista a un presunto espía soviético que vivía en la Ciudad de

México. Envió a Goodpasture. Ella se desempeñó mejor que el oficial de la estación que debía trabajar en el caso, y Angleton lo notó. Cuando ese oficial salió de México, Angleton acordó con Win que ella se quedaría.

Como jefe de estación en la capital mexicana, Win necesitaba —mejor dicho, exigía— ayuda. "Poco después de mi arribo", recordaba Goodpasture, "una mujer, una oficial de informes, se hallaba justo fuera de la puerta de la oficina donde yo estaba sentada, y el señor Scott pasó por ahí y le dijo a esa mujer: 'Mecanografíe esto". Y ella dijo: 'No soy mecanógrafa, soy oficial de reportes, ése es mi trabajo'. Y él dijo: 'Soy el jefe de la estación, su trabajo es trapear el suelo si yo se lo pido'". Como mujer leal y lacónica, Goodpasture se adaptó a su nuevo jefe. "Captó de inmediato que cuando me pedía que hiciera algo, incluso si era del área de otra persona, si quería que yo mecanografiara algo, lo haría, y luego lo llevaría a la persona para decir que el señor Scott me pidió que escribiera esto." Win acabó por apoyarse en ella. La memoria de Goodpasture era fenomenal. También su eficiencia.

Win y Paula se mudaron a una cómoda casa estilo colonial en Ávila Camacho 316, muy cerca de Reforma, la avenida principal de la Ciudad de México, cerca del parque de Chapultepec, el mayor oasis de la capital. Tenía un Lincoln negro y un chofer llamado Raúl. Él y Paula visitaban con frecuencia el campo del Club de Golf Chapultepec, donde ella sorprendió al menos a un hombre de la CIA al vencer a Win. Tenían muchos amigos, nuevos y viejos. Ray y Janet Leddy acababan de llegar de Buenos Aires con su prole. Ray asumió el cargo de funcionario superior en la embajada. Oficialmente, Win también era parte del Departamento de Estado. Para el público, el título de su puesto era primer secretario de la Embajada de los Estados Unidos.

En casa, Win y Paula estaban fascinados con Michael, su bebé de un año. Una trabajadora social enviada por los funcionarios de adopción en Washington para informar sobre el bienestar de Michael informó a sus superiores que los Scott "son sobreprotectores y atentos a su bienestar. El señor Scott cree que debe haber poca disciplina durante los primeros años, y aunque la señora Scott no está de acuerdo, sigue el plan de su marido". El exigente espía era un padre indulgente.

El trabajo asignado a Win en México no era sencillo. Estados Unidos no era popular en un país al que alternadamente había maltratado e ignorado durante un siglo. La relativamente nueva estación de la CIA era una presencia más débil que el FBI, que había mantenido una oficina en la capital mexicana desde 1939. La estación estaba ubicada en la embajada de los Estados Unidos, la cual ocupaba los niveles superiores de un insulso edificio de oficinas de dieciocho pisos en la avenida Reforma. Debajo de las oficinas diplomáticas estaba la multitud que visitaba la cafetería de Sanborns. A insistencia de Win, la estación se mudó de un piso intermedio para tomar el último piso.

El debut de la CIA en México no fue muy prometedor. Uno de los primeros operadores de la CIA en México fue E. Howard Hunt, egresado de la Universidad de Brown y novelista con un don para los clichés. Llegó en 1951 como jefe de la estación de la OPC. Hombre de convicciones conservadoras explícitas, Hunt inevitablemente ofendía las sensibilidades más finas de algunos en la embajada y a no pocos mexicanos, que desconfiaban de su estilo yanqui. Cuando se mudó para unirse a la Operación Éxito en Guatemala a finales de 1953, casi nadie lo echó de menos. Decir que Win Scott superó a Howard Hunt en la Ciudad de México es poco. Win de inmediato se puso a ampliar el alcance y poder de las operaciones de la CIA. Con los líderes del gobierno mexicano, él podía ser natural, un hombre tranquilo, sintiéndose como pez en el agua lo mismo con compañía masculina que femenina. Había probado la vida latinoamericana en La Habana cuando era joven y nunca olvidó sus encantos. Sedujo a los mexicanos tal como había encantado a los británicos tras la guerra: con su encanto astuto, confiado, norteamericano de voz suave.

Michael podía imaginar por qué Win se hubiera sentido liberado tras escapar del Washington anglosajón para llegar al ambiente emocionalmente menos rígido de México. Imbuido con una buena dosis de machismo, Win parece haber intuido el estilo masculino latinoamericano, junto con todas sus ambiciones e inseguridades. Su español era apenas promedio, y siempre fue un gran anglófilo, pero su sinceridad lo compensaba. No era condescendiente con el resentimiento que muchos mexicanos abrigaban contra los Estados Unidos, pero tampoco lo ignoraba. Win tenía una pequeña biblioteca de libros sobre México y su historia. Bien sabía que "Win Scott" no era un nombre popular entre los funcionarios mexicanos. Ciento diez años antes, otro Win Scott de Washington —el general Winfield Scott del ejército de los Estados Unidos— había llegado a la Ciudad de México, encabezando una columna de soldados. Ocuparon la ciudad durante nueve meses en 1848. Para cuando partió el primer Win Scott, Texas se había convertido en parte de los Estados Unidos y México tenía la mitad de tamaño que antes de su arribo. La segunda llegada de Win Scott a la Ciudad de México tenía el potencial de ser incómoda, incluso desagradable. Win tuvo suficiente juicio para bromear con su nombre. A veces decía que Winfield Scott era un pariente distante. Otras veces aseguraba que lo habían bautizado en honor del conquistador estadounidense. De hecho, nada de esto era cierto, pero dichas historias le ayudaron a atenuar el legado de Winfield Scott. Hablaba con mexicanos poderosos como un cálido y confiable amigo del moderno imperio del norte. El primer Win Scott ocupó México con armas, tropas y desdén. El segundo vino con tecnología, billetes y amistad.

Su tarea, definida en un documento anual expedido por el cuartel general, era combatir el comunismo. Los mexicanos compartían intereses genuinos con esta agenda. El partido en el poder, el Partido Revolucionario Institucional, desafiaba las etiquetas ideológicas. En su política externa, los gobiernos del PRI eran anticomunistas, pero la opinión pública y el partido exigían distancia de los Estados Unidos. A nivel nacional, el gobierno permitía alianzas con la capital norteamericana, pero mantenían tarifas proteccionistas, caciques industriales y sindicatos oficiales. Cuando Win llegó a la capital mexicana, ésta era una ciudad de seis millones de habitantes, con una creciente clase media. El gobierno gozaba de amplio, si bien a veces frágil, poder popular. A los intelectuales les agradaban los proyectos de obras públicas, que iban de carreteras a vivienda, y la herencia nacionalista, que ofrecía una alternativa al capitalismo yanqui y al comunismo extranjero. Las clases técnicas gozaban de una creciente oferta universitaria e industrial. Los mexicanos comentaban con orgullo que el inventor de la televisión en color, Guillermo González Camarena, era un compatriota. La historia oficial afirmaba que México era suficientemente revolucionario para no necesitar una revolución.

De hecho, el México moderno no iba más allá del Distrito Federal y otras pocas ciudades. En el campo había una tierra vasta de caciques y campesinos. La tecnología era primitiva. Las actitudes eran xenofóbicas. El recuerdo de la Revolución de 1910 reivindicaba los llamados a acciones comunitarias y reproches a los ricos. A diferencia de muchos países latinoamericanos, los prósperos no gozaban de la bendición pública de la religión porque la Iglesia católica había sido lacerada y acosada desde 1910. Pero mientras los presidentes y líderes de las agencias de seguridad de México usaban la retórica revolucionaria, cada vez más le temían a la realidad de la sociedad que gobernaban; y ahí yacía la oportunidad de Win. La élite mexicana tenía que ser antiyanqui en el discurso público. En privado, querían proteger sus privilegios. Win estaba más que contento de vigilar a los comunistas. En la Ciudad de México mantuvo archivos sobre los rebeldes multinacionales que huían de los muchos déspotas de Sudamérica. Pronto supo que la Dirección Federal de Seguridad (DFS), la fuerza policial del presidente, tenía las cosas bajo control.

La breve estancia de Fidel Castro en México era una prueba de ello. Poco antes de que llegara Win en agosto de 1956, la DFS había arrestado a Castro y veintitrés compañeros en un rancho fuera de la Ciudad de México. Castro era un exiliado de Cuba, un abogado de veintinueve años alto y desgarbado que encabezaba algo llamado Movimiento 26 de Julio, que se había alzado en armas contra el gobierno de Fulgencio Batista en la isla. Batista encarceló a Castro durante dos años, luego lo despachó a México. Castro reorganizaba sus fuerzas y ponderaba su siguiente acción cuando lo arrestaron y le confiscaron abundantes armas en el rancho. En el bolsillo de Castro, la policía halló la tarjeta del periodista soviético Nikolai Leonov. Castro rechazó el cargo de que era comunista y declaró que su arresto era obra de Batista y la embajada de los Estados Unidos. Castro pasó un mes en la cárcel, hasta que el jefe de asuntos migratorios de la DFS, un teniente de veintiocho años llamado Fernando Gutiérrez Barrios, decidió dejarlo libre.

Con el tiempo, Win llegaría a apreciar el modo en que Gutiérrez Barrios manejaba las cosas. *El Pollo*, como lo conocían por su prominente nariz, era astuto y práctico, y eventualmente reinaría como el más poderoso funcionario judicial en México. Cuando Castro prometió que su banda pronto zarparía hacia Cuba, Gutiérrez Barrios le estrechó la mano y se despidió de él. Dejando a un lado la duda de si algún dinero había cambiado de manos, las fuerzas de seguridad mexicanas tenían una causa menos para preocuparse. Win llegaría a conocer al Pollo mejor en los años venideros.

En Washington veían a México como un campo de batalla. Para la KGB soviética, México ofrecía un punto de apoyo en el hemisferio occidental. El gobierno mexicano dejó que los comunistas abrieran embajadas con mucho personal del cual al menos la mitad eran profesionales de la inteligencia de uno u otro tipo. El amigo de Castro, Nikolai Leonov, el entrante tercer secretario de la embajada, era un cauteloso periodista que había crecido en Moscú y fue a estudiar literatura y filosofía en la Universidad Nacional Autónoma de México (UNAM). Hablaba muy buen español y tenía un siempre creciente círculo de conocidos gracias a su amor por México, su gente y sus distintivas tradiciones culturales. Si la misión de Win en México era impulsada por el imperativo bipartidista de Washington para hacer retroceder el comunismo, el espionaje de sus contrapartes soviéticos lo era por su comprensión marxista-leninista del destino histórico de México. Como Win, Leonov estaba bien documentado en la historia y política de México, comenzando con la expedición de conquista de Hernán Cortés y terminando con la Revolución de 1910-1918. Como ruso, Leonov podía identificarse con un país que resistía muchos esfuerzos extranjeros para esclavizar a su gente. Sabía que los españoles, franceses, ingleses y estadounidenses habían invadido México en los siglos recientes. Admiraba la larga lucha por la independencia que había forjado la psicología de los mexicanos. "Esta nación amigable tenía el himno nacional de sonido más militante", apuntó en sus memorias. "Cada nota llama al combate."

Y así la Ciudad de México se convirtió en un laberinto de espionaje, una ciudad de intrigas como Viena o Casablanca, con los espías de al menos cuatro potencias buscando sacar ventaja: los Estados Unidos, la Unión Soviética, Cuba y México. Para los partidarios del contraespionaje como Jim Angleton, la presencia de la KGB y de Cuba en la Ciudad de México requería una respuesta, y no sólo defensiva. Tal como lo había recalcado Norman Holmes Pearson en sus cursos, la esencia del contraespionaje era su carácter ofensivo. Dulles quería un programa "acelerado" para Latinoamérica. Angleton buscaba oportunidades, y Win era la punta de lanza.

Win tuvo un choque de inmediato con el embajador Robert Hill, un hombre agradable, si bien anticuado, que ni siquiera hablaba español. Win insistía en que la embajada diera más puestos al personal de la CIA. Hill, un hombre rústico, tenía poca paciencia para espías y ninguna tolerancia con las sutilezas del trabajo de inteligencia. Accedió con la condición de que la embajada no tuviese responsabilidad por las acciones de la CIA. Muy pronto, la estación de Win desempeñaba tareas que no se le hubieran ocurrido a Hill, como rastrear los nombres de los solicitantes de visa y personas en las listas de invitados para las funciones de la embajada. Win hablaba en las reuniones diarias del embajador con el personal. Daba informes a los periodistas y miembros del Congreso que viajaban a México. Cuando notó que había una fila de cuatro casas que daban al jardín de la embajada soviética en la avenida Revolución, se las arregló para que un amigo abogado, con el nombre clave de LIMOUSINE, las comprara todas. Tenía planes.

Trajo todas las lecciones de sus años como jefe de estación en Londres para aplicarlas en la estación de la Ciudad de México. Por la noche todos debían tomar sus papeles y colocarlos en cajas fuertes en un cuarto central protegido con alarmas de seguridad. Modernizó la sala de archivos de la estación. Instauró un nuevo sistema de archivo, generando nuevas fichas, nuevos archivos de personalidades y nuevos archivos temáticos. Expandió en gran medida los archivos fotográficos. Los archiveros comenzaron a llenarse con documentos arcanos pero necesarios, como los manifiestos de los vuelos de cada aerolínea que llegaba a la Ciudad de México o salía de ella. Era ambicioso y riguroso.

"Win escribía mucho", dijo Anne Goodpasture a Michael. "Páginas y páginas y páginas. Leía todo lo que otra gente escribía y tenía una pluma. Les corregía la gramática. Les corregía la ortografía. Les colocaba números de serie. Anotaba dónde debían archivarse las cosas, cuántas copias debían hacerse. En las transcripciones de llamadas interceptadas, escribía notas a mano. Usualmente ponía fechas septiembre 28, 10:32 horas incluso cuando esa [información] ya estaba en la transcripción. Si un informe tenía un número de serie e indicación de dónde estaban todas las copias, él podía escribir, en cada página, con buen estilo, con letra manuscrita, el mismo número de serie que ya estaba ahí mecanografiado."

"Se notaba en su oficina que él era un profesional", dijo un hombre de Washington ahora jubilado y que había trabajado con Win. "Tenía un escritorio ejecutivo estándar de los del gobierno. Era muy organizado, tenía sus papeles apilados en orden y siempre trabajaba en algo. No era el espacio de trabajo de una *prima donna*."

Si era necesario, el mismo Win se encargaba de las operaciones. En una fiesta diplomática, reclutó a un hombre que alardeaba, discreta y justamente, que tenía acceso a todas las comunicaciones que salían de ciertos países soviéticos. Se acordó un precio. Una vez al mes Win se encontraba con el hombre en un auto estacionado en una ubicación al azar y lo escoltaba a una casa de seguridad. Win y el hombre podían conversar amistosamente en la estancia de la casa de seguridad mientras Anne Goodpasture afanosamente copiaba los documentos escamoteados con una cámara Recordak de alta velocidad en el cuarto de servicio junto a la cocina. Entonces Win regresaba los documentos al espía, y él y Anne volvían a la oficina, con los documentos secretos en la mano.

De vuelta en el cuartel general, consideraban la oficina de Win como modelo. "Nuestra estación mexicana era la mejor equipada y más efectiva del mundo en el campo del contraespionaje", dijo John Whitten, quien tuvo un importante papel en las operaciones mexicanas y centroamericanas durante cerca de cinco años. Win ya había eclipsado al embajador Hill como poder en las intrigas mexicanas. "Hill nunca aprendió dos palabras de español", dijo un asistente que le traducía todo. Hill estaba obsesionado con la política norteamericana, no con la mexicana. Su círculo de amigos incluía a los otros embajadores estadounidenses en las repúblicas centroamericanas, algunos de ellos eran empresarios de la Franja del Sol que debían sus embajadas a generosos donativos al Partido Republicano, no a su experiencia diplomática. Se habían alegrado con el derrocamiento de Árbenz en Guatemala, y se preocupaban por Cuba. El dictador Batista, una vez útil para los estadounidenses, ahora parecía más obtuso que astuto.

Win tenía la ventaja de lo secreto. "Había una gran cantidad de cosas de las que no nos enterábamos", dijo otro asistente del Departamento de Estado en México. "Conforme Win aumentaba sus contactos y tendía sus redes, se iba convirtiendo en el hombre con quien todos acudían. Los mexicanos llamaban a la estación de la cia 'la verdadera embajada'".

No era de sorprender que la importancia de la "verdadera embajada" en la estación de la cia en el piso superior de la embajada de los Estados Unidos en Reforma no siempre agradaba a los diplomáticos de los pisos inferiores. Ray Leddy, como primer funcionario político, se sentía particularmente opacado, dijo uno de sus colegas. Ray debía ir con Win para saber lo que ocurría en los círculos políticos mexicanos. "Tuve la sensación —la cual creció cuando estuve consciente de la relación entre la embajada y la estación— de que Ray se sentía opacado e incómodo con la situación", dijo un funcionario del servicio externo que conocía a ambos. "Por eso me sorprendió su relación amigable con Win. Ray era formal y más ansioso que Win, quien era un tipo muy afable, siempre relajado y con actitud confiada. En cuestiones de trabajo, Win tal vez le comía el mandado."

El momento exacto en que llegó Win a la cima del mando del poder mexicano puede señalarse con cierta precisión. Anne Goodpasture, por supuesto, puso los detalles. Ocurrió un domingo por la mañana, en agosto de 1958. El embajador Hill escoltó a Win a un desayuno con un amigo mexicano. El anfitrión era un confidente del presidente a punto de terminar su mandato, Miguel Alemán, y del presidente entrante, Adolfo López Mateos. Este último, que tomaría el poder en diciembre de 1958, tenía curiosidad por conocer al hombre que el embajador Hill presentó como su "experto en comunismo". Win habló con autoridad. "Era un hombre de aspecto distinguido con el cabello casi blanco", recordó un asistente de Hill. "Era fornido pero no rígido. Tenía un aspecto sano. Se sabía desenvolver. Inspiraba respeto."

De ese desayuno veraniego surgiría la operación conocida como LITEMPO, una red de agentes pagados y colaboradores dentro y en torno a la oficina presidencial, que resultó uno de los mayores logros profesionales de Win. El nombre clave falseaba un poco la importancia de la operación. LI era un dígrafo utilizado para referirse a las operaciones mexicanas. TEMPO sugería nociones de estructura y ritmo que no eran inapropiadas para orquestar una amistad política y una alianza nacional. El programa se originó como "una relación productiva y efectiva entre la CIA y selectos funcionarios de México", escribió Goodpasture en su historia de la estación. Pronto germinó en un entendimiento político por excelencia. Los agentes LITEMPO de Win, dijo ella, proporcionaron "un canal extraoficial para el intercambio de información política relevante que cada gobierno quería que el otro recibiera, pero no mediante intercambios protocolarios públicos".

El nuevo presidente, Adolfo López Mateos, no necesitaba un alias LITEMPO porque ya era un agente, conocido como LITENSOR. Era un ingenioso y bien parecido político que se dio a conocer como secretario del Trabajo. Era paciente, se sentía cómodo con el consenso y orden que valoraba el sistema político mexicano unipartidista. "La libertad es fructífera sólo cuando viene acompañada del orden", declaró en su discurso de toma de posesión. Describió su gobierno como en "la extrema izquierda dentro de la Constitución", una fórmula cuidadosamente calibrada que ofendió profundamente a Allen Dulles. López Mateos comulgaba con los ideales igualitarios de la Revolución, así fuera sólo retóricamente. Disfrutaba de las prestaciones de la presidencia con hazañas amorosas muy admiradas que incluían largos viajes en el extranjero. Cuando estaba fuera del país, le pedía a Gustavo Díaz Ordaz, su secretario de Gobernación, que se encargara de todo.

Para la primavera de 1960, Win había formalizado sus acuerdos con López Mateos y Díaz Ordaz. Win escogió a uno de sus mejores amigos, un confiable hombre del FBI que trabajaba en el equipo legal de la embajada llamado George Munro, para manejar los detalles de su relación secreta. Munro era un desenvuelto californiano con el cerebro de un ingeniero y los cojones de un ladrón. Se había graduado de la Universidad de Pomona a los dieciséis años y de la Facultad de Leyes de Stanford a los veintiuno. Gracias a su padre millonario, él era independientemente adinerado. Como Win, se había sumado al FBI antes de la guerra, lo enviaron a Latinoamérica y pidió licencia para trabajar en la OSS. Después de la guerra, volvió al buró. Trabajó como agregado legal asistente en la embajada por más de una década, así que se sabía mover por la capital mexicana, desde los salones más distinguidos hasta los mercados negros donde los ladrones vendían sus bienes. Ante la perspectiva de que lo reasignaran a San Francisco, Munro renunció al FBI un viernes. Win lo contrató al lunes siguiente.

Por el lado mexicano Díaz Ordaz, abogado hogareño con una impresionante ética laboral, eligió a uno de sus sobrinos, un distribuidor de autos llamado Emilio Bolaños, para que fuera su contacto con los norteamericanos. Munro y Bolaños se volvieron amigos. En los comunicados de la CIA, Munro fue identificado como "Jeremy K. Benadum", y Bolaños, como LITEMPO-1. En ese momento, el presupuesto anual de LITEMPO que sumaba 55,353 dólares mantenía a cuatro empleados y a un equipo de vigilancia de cinco hombres, además de dinero para las "andanzas" de Munro y estipendios para los agentes. Anne Goodpasture se burlaba de Munro y Bolaños, pensando que no tenían la menor idea de cómo obtener inteligencia positiva útil, es decir, información específica sobre los planes y políticas de los gobiernos mexicano y cubano. Pero su opinión muy profesional no importaba. A Win le agradaba el estilo vaquero de Munro y sus resultados prácticos.

La cercanía de Win con López Mateos y Díaz Ordaz fue legendaria dentro de la agencia. Philip Agee, el futuro desertor de la CIA que entonces era un funcionario en la división del hemisferio occidental, escuchó que Win había comprado un auto para una novia de Díaz Ordaz. Cuando López Mateos se enteró, insistió en que Win también le comprara uno para su novia. Y así lo hizo. No se sabe cuánto dinero dio Win a López Mateos y Díaz Ordaz. Al menos un alto jerarca de la CIA pensó que demasiado. En una revisión del programa LITEMPO pocos años después, John Whitten, el jefe del despacho mexicano, se lamentó que "a los agentes se les paga mucho y sus actividades no se reportan adecuadamente".

Anne Goodpasture pensó que López Mateos era codicioso. Objetó el arreglo de Win en el que le daba al presidente 400 dólares al mes con la expectativa de que se los pasara a otro agente de LITEMPO. El dinero "bien se pudo haber ido al bolsillo presidencial", escribió en un reporte clasificado de la agencia, agregando que el pago "era adicional al pago mensual de [cantidad en dólares borrada] a LITEMPO-1 como informante auxiliar de la estación".

Pero cualquiera que fuese el costo de LITEMPO, Win consideraba que el gasto valía la pena. Sin duda Win necesitaba la Operación LITEMPO para cumplir con las expectativas de Washington en el uso de México para combatir la nueva amenaza en Cuba. El primero de enero de 1959, el una vez intrascendente Fidel Castro había derrotado la alianza criminal organizada militarmente que controlaba el gobierno en La Habana. Con sagacidad, Castro había forjado alianzas tanto con los rebeldes nacionalistas pero anticomunistas del Directorio Revolucionario como con los comunistas ortodoxos del Partido Comunista Cubano, y con políticos más convencionales sin comprometer su propia libertad de maniobrar. En el campo, sus guerrillas armadas habían agotado las fuerzas de Batista. En diciembre de 1958, el primer comandante de Castro, un ex doctor argentino llamado Ernesto *Che* Guevara, encabezó la fuerza guerrillera hacia la capital regional de Santa Clara y echó a las fuerzas de Batista. Cuando las fuerzas de Castro se preparaban para avanzar a La Habana, el dictador cargó un avión con lingotes de oro y ganancias mal habidas y voló a Miami. Castro tomó el poder ante la aclamación popular.

Cuba de pronto fue un enorme problema político para los Estados Unidos en México. La victoria de Castro causó admiración en las calles de México e inquietó a los amigos de Win en los niveles superiores del gobierno. El derrocamiento de un autócrata corrupto en manos de una vanguardia revolucionaria era casi una revelación religiosa para muchos mexicanos. Las imágenes noticiosas de jóvenes rebeldes barbados forjando un nuevo orden político en la isla, dijo un historiador, "hicieron que mexicanos de la misma edad se sintieran incómodos con su vieja y enmohecida revolución". México parecía revitalizado con el ejemplo de Castro.

Con los izquierdistas retando a los sindicatos charros, la oficialidad estadounidense en México se preocupó por la "inestabilidad". Win y otros no se estremecieron cuando el presidente López Mateos respondió con la fuerza a una huelga nacional de ferrocarrileros. Ocurrió durante la Semana Santa de 1959, cuando millones de mexicanos viajaban para visitar a sus parientes. Catorce mil trabajadores dejaron su empleo en busca de mejores salarios. López Mateos declaró inexistente la huelga y ordenó que el Ejército ocupara los patios del ferrocarril. Otros trabajadores se unieron a la causa de los huelguistas. Los alijadores de Veracruz hicieron un paro. Alrededor del país, se llevaron a cabo otras 38 huelgas solidarias. Entonces, Díaz Ordaz, secretario de Gobernación, entró en acción. En un relámpago a lo largo de todo el país, el día anterior al Domingo de Pascua, la policía, el Ejército y grupos de agentes especiales, con macanas y bayonetas, arrestaron a diez mil trabajadores. La huelga se rompió en un día y 34 líderes sindicales recibieron largas condenas en prisión. Se eliminó la amenaza de que las fuerzas comunistas pudiesen empujar la Revolución mexicana hacia la izquierda. "La gravedad del desafío explica el severo castigo", comentó un historiador.

Con su veloz estilo, Win reclutó agentes para el programa LITEMPO, mostrando que había ventajas prácticas para los mexicanos que cooperaran de manera privada con los estadounidenses. En 1960, propuso a sus amigos mexicanos ampliar la intervención de teléfonos en la embajada soviética de la avenida Revolución. ¿Cómo?, preguntaron. Un avión especial llegó de Washington para descargar un montón de tecnología: diez grabadoras Ampex, treinta máquinas para registrar los números marcados, once Wollensak y once reproductoras Revere. Los ingenieros de la División de Servicios Técnicos de la CIA instalaron el equipo en una radiante oficina en el centro de la capital. Los estadounidenses y mexicanos habían intervenido seis teléfonos en la embajada. Ahora podían intervenir treinta teléfonos, y no sólo las oficinas diplomáticas comunistas. Win también arregló la intervención de líneas de los rivales políticos mexicanos de López Mateos y Díaz Ordaz, como Vicente Lombardo Toledano, un líder laboral de izquierda, y el ex presidente Lázaro Cárdenas, quien pensaba que el ejemplo de Castro ofrecía el camino para renovar la Revolución mexicana. Win también intervino el teléfono de David Alfaro Siqueiros, un famoso pintor arrestado por su apoyo a los ferrocarrileros en huelga. Muy pronto, equipos de transcriptores mexicanos e ingleses trabajaron veinticuatro horas al día para escuchar las cintas de las llamadas y generar resmas de transcripciones. Win asignó a Anne Goodpasture para elegir las transcripciones más interesantes cada mañana y enviarlas a su escritorio para antes de las nueve. A la hora de la comida, Win podía ofrecer a sus amigos mexicanos abundante inteligencia sobre comunistas y otros enemigos. ¿Cómo no iban a estar los mexicanos impresionados con el afable primer secretario de la embajada de los Estados Unidos?

López Mateos aplacó a los sectores más nacionalistas del partido en el poder con lemas de independencia. Ante una multitud, hablaría de revolución, a sabiendas todo el tiempo de que iba un paso adelante de quienes querían empujar su gobierno a la izquierda. Díaz Ordaz, ratón de escritorio con dolores estomacales, estaba satisfecho con hacer el papel del malo y ocuparse de su trabajo administrativo. Él también aceptó dinero de Win. En los cables de Win a Washington se le conoció como LITEMPO-2. También se volvió amigo de Win.

Díaz Ordaz fue lo bastante astuto para convertir su desafortunado rostro en una fachada política. "Soy lo suficientemente feo como para que la gente me tenga miedo", le gustaba decir. No tenía problema para confrontar los sindicatos cada vez más militantes y otros retos al poder del PRI. Sabía cómo utilizar la información generada en las operaciones de vigilancia de Win para proteger el poder de la élite gobernante. "Cuando había represión campesina, estudiantil o electoral", observó el historiador Enrique Krauze, "se dirigía a fin de cuentas desde la oficina de Díaz Ordaz en la avenida Bucareli" del centro de la Ciudad de México.

El aparato mexicano de represión y LITEMPO crecieron juntos. Fernando Gutiérrez Barrios, una creciente fuerza en la DFS, se convirtió en LITEMPO-4. Un ambicioso asistente de Díaz Ordaz llamado Luis Echeverría era LITEMPO-8. Cuando Gutiérrez Barrios envió a uno de sus subordinados —un joven policía llamado Miguel Nazar Haro— para entregar un mensaje a la embajada de los Estados Unidos, a Win le agradó de inmediato el mensajero. "Me gusta este tipo. Envíelo de nuevo." También Nazar Haro se volvería amigo de Win y colaborador de la CIA. Decir que Win tenía a la clase gobernante en el bolsillo no es exagerado. Era el procónsul estadounidense.

En este momento de la cronología de la vida de su padre, Michael Scott a veces hacía pausas por razones personales, para tomar un aliento proverbial y reconsiderar su búsqueda por conocer a su padre. ¿Qué tan lejos quería llegar? La pregunta no era sobre los trucos sucios de la CIA. El espionaje familiar era más una cuestión del corazón. Sus pocos recuerdos de su primera madre, Paula, venían de la época cuando Fidel Castro tomó el poder, John F. Kennedy había proclamado una Nueva Frontera y John Glenn había orbitado la tierra en una nave Mercury. Estos recuerdos podían llevarlo a las lágrimas o a una objetividad cuasi científica, pero usualmente estaba a gusto dejándolos de lado. Pero en lo que hurgaba en la historia de la vida de su padre, no podía evitar descubrir al mismo tiempo la historia de su madre. Era como espiarla, y no estaba seguro de querer hacerlo.

Pero lo hizo. Las amigas de Paula en esos días le contaron a Michael sobre el grupo de la embajada en México, le dijeron que vivían una buena vida en una ciudad moderna en expansión. Ella era, todos estaban de acuerdo, una mujer elegante, sin inclinarse a la autoconmiseración. Como los hombres en su vida, ella bebía su cuota y más. No le agradaba el circuito de fiestas de la diplomacia, pero las toleraba por Win. Se sentía más cómoda en el Club de Golf Chapultepec, donde le gustaba leer novelas en las sillas de jardín junto a la alberca, mientras los niños jugaban. Impresionaba especialmente a las jóvenes con su combinación de belleza rubia y gracia atlética. Era una excelente golfista, tal vez la mejor jugadora del club. "Tenía muy buena actitud, gran ingenio, siempre algo disfrutable para decir", recordó Eugenia Francis, cuyos padres fueron buenos amigos de Win y Paula. "Tenía una figura encantadora, mucha gracia, muy bonita. Era popular con los hombres sin ser una amenaza para las mujeres."

Pero Paula estaba triste mientras Win trabajaba y se daba importancia. Ésa era la verdad. Estaba triste, le dijo a su mejor amiga, porque el amor de Win por ella había muerto. ¿Quién puede saber por qué? Si se podía confiar en el tío Morgan —y por lo general eso no era posible—, la tristeza de Paula provenía de su incapacidad para embarazarse. Era una buena madre. Amaba al pequeño Michael lo suficiente para disciplinarlo, que es más de lo que puede decirse de Win. Pero si Paula les dijo alguna vez a sus amigas que la infertilidad la entristecía, ninguna reveló su confidencia a Michael. Él pensaba que sí.

En uno de los pocos recuerdos de la temprana infancia de Michael, capturado cuando tenía unos cinco años, se ve en el asiento delantero del Lincoln negro de su padre jugando al conductor cuando lo tenían estacionado frente a la casa. El freno de mano tal vez no estaba puesto cuando abordó el auto, pero sin duda no estaba puesto cuando el auto se echó en reversa hacia Ávila Camacho. Michael percibió el peligro y giró el volante. El auto destruyó una barda del vecino, pero no el auto. Michael no recordaba con precisión las consecuencias, pero no vinieron de su padre.

El chofer de Win en ese entonces, un joven llamado Raúl Alonso, se convirtió en una especie de niñera para Michael. A veces Michael acompañaba a su padre en las rondas diarias. Win visitaba con frecuencia la casa de un joven y astuto abogado hijo de un prominente banquero mexicano, que había sido de ayuda en varios asuntos. Raúl los llevaba a la casa. Fuera, Raúl jugaba con Michael, corregía su español y hablaba con él de futbol. Win eventualmente salía y todos regresaban a la embajada. Entre recuerdos fugaces de Raúl y Paula, Michael se quedó con una sólida imagen de la puerta estilo bóveda de banco, con sus contornos de acero inoxidable impresionantemente diseñados, que conducía a la oficina de su padre. Recordaba cómo debía pasar por encima del borde de la bóveda para entrar en este lugar de trabajo. Todo lo que sabía cuando era niño era que su padre tenía un empleo importante. Cuando fue descubriendo la historia de su padre como adulto, halló que Win no sólo era un espía audaz, sino también un hombre sensible en busca de satisfacción emocional. Un hombre de acción secreta y necesidades ocultas.

Padres: Morgan Winston Scott y Betty Gothard Scott con su recién nacido Winston MacKinley Scott en Alabama alrededor de 1909.

Familia: Los Scott alrededor de 1921. Adelante, de izquierda a derecha: China, Winston, Ruth y Ora; atrás: la abuela Scott, Betty Scott, Morgan Scott con Morgan júnior en sus brazos. (Jan Earwood)

Atleta: Win en su anuario de la preparatoria en Bessemer, Alabama, 1925.

Agente: Win aprendió a usar armas durante su entrenamiento para el Buró Federal de Investigaciones, probablemente en 1942.

En el extranjero: Win contento en La Habana en marzo de 1943.

Reconocimiento: el almirante William Halsey otorga a Win una Estrella de Bronce en enero por su trabajo con la OSS.

Romance: Win cena con su futura esposa, Paula Murray, en el restaurante-bar de Jack Dempsey en la ciudad de Nueva York en diciembre de 1947.

AMCIGAR

El gran fiasco del AMCIGAR en 1960 demostró que, incluso tras cuatro años como jefe de estación, Win tenía algunas cosas que aprender sobre las costumbres mexicanas. AMCIGAR era el nombre clave del comité ejecutivo del Frente Revolucionario Democrático, una débil coalición de partidos políticos cubanos y organizaciones cívicas opositoras a Castro que se habían escabullido a Miami. No eran bienvenidos en la Cuba revolucionaria. Las fuerzas de seguridad de Castro, con el efectivo consejo de la KGB y otros camaradas del bloque oriental, estaban rastreando, acosando y arrestando a cualquiera que siquiera pensara en montar una oposición armada o pacífica contra la Revolución cubana. El criptónimo AMCIGAR contradecía la leyenda oficial de que las operaciones de la agencia se nombraban al azar mediante una computadora. A veces así se hacía. Pero sólo una computadora con un curioso sentido del humor hubiese apodado CIGAR ("cigarro", en inglés) a un grupo de políticos cubanos. Era un mote apto para un grupo cuyas ambiciones de reemplazar a Castro se convertirían en humo.

Win, como la mayoría en el cuartel general, estaba preocupado por la creciente popularidad de la revolución de Castro en México y los Estados Unidos. En la primavera de 1960, el líder cubano fue a Washington para decir al Comité de Relaciones Exteriores del Senado que las buenas relaciones entre los Estados Unidos y Cuba dependían de la completa igualdad. Se reunió con el vicepresidente Richard Nixon, quien le pidió su opinión sobre la dictadura y la democracia. "Las dictaduras son una mancha vergonzosa en América, y la democracia es más que sólo una palabra", respondió Castro. Cuando el comunista cubano habló en Columbia, Harvard y Princeton, los jóvenes estadounidenses aplaudieron.

Para marzo de 1960, Allen Dulles había visto suficiente. Fue a la Casa Blanca con un plan para derrocar a Castro. Eisenhower lo aprobó en principio, pero quería escuchar los detalles del plan a medida que se desarrollaran. A Win se le informó sobre el plan en una conferencia de los jefes de estación del hemisferio occidental en Panamá en mayo. El modelo era Guatemala 1954, Operación Éxito. La escala sería mucho mayor, y Cuba, a diferencia de Guatemala, estaba rodeada de agua, no campo subdesarrollado donde los estadounidenses pudieran operar libremente. Salvo eso, Operación Zapata, como se nombró el plan, seguiría casi el mismo curso de acción utilizado para destituir a Jacobo Árbenz seis años antes. Culminaría seis meses después con la invasión a la Bahía de Cochinos.

Pocos dudaban que la fórmula funcionara. Los Estados Unidos, utilizando medios abiertos y encubiertos, aislarían el régimen antiyanqui diplomáticamente mientras fomentaban una rebelión interna. La propaganda y la acción paramilitar se reforzarían entre sí. Mientras la CIA armaba y entrenaba una fuerza invasora en un país vecino, las operaciones de guerra psicológica amplificarían sus elementos, armas y hazañas bélicas a través de falsos informantes de prensa, radio y televisión. En una atmósfera de creciente incertidumbre, desprestigiarían y confundirían a la camarilla de los líderes comunistas. Entre la esperanza generada por la incipiente llegada de la fuerza estadounidense, atacaría el ejército acreditado. Un nuevo liderazgo, bajo el tutelaje de la CIA, podía con certeza prometer a todos los grupos de poder local que disfrutarían los beneficios financieros y políticos del apoyo de Washington si abandonaban a los izquierdistas y comunistas. Enfrentados a la aplicación del abrumador poder militar de los Estados Unidos, tanto los sensibles como los ingenuos entenderían la elección que enfrentaba Cuba y actuarían en consecuencia. Castro y sus subordinados serían capturados o asesinados o seguirían el camino de Árbenz (quien, según mostraban las intervenciones telefónicas de Win, vivía en la Ciudad de México y bebía en abundancia).

Muchos de los veteranos de la Operación Éxito regresaron a repetir sus papeles de seis años antes. Dulles aceptó la idea, pero, como siempre, no siguió de cerca los detalles. Tracey Barnes, que tan buen trabajo había hecho en 1954, regresó a supervisar la guerra política y psicológica. Jake Esterline, que se encargó de la Habitación Bélica en Washington para la Operación Éxito, fue nombrado jefe de una nueva unidad cubana. Howard Hunt, el elegante espía-novelista que se encargó de la agenda política de los rebeldes guatemaltecos, fue solicitado de Uruguay para organizar al AMCIGAR. Dave Phillips, el buen amigo de Hunt que había organizado la radio y propaganda clandestina en 1954, aceptó las mismas tareas para la causa del exilio cubano. En el Departamento de Estado, Ray Leddy tomó la delantera al coordinar un reporte de "la comunidad de inteligencia" declarando que Castro era "pro comunista y sus consejeros eran comunistas o pro comunistas". Ésta era una evaluación más exacta que la descripción que hiciera la agencia sobre Árbenz. Leddy también testificó ante el Subcomité de Seguridad Interna del Senado que Castro era una amenaza.

Esta vez, Win tenía un papel importante: asegurar la retaguardia mexicana. Al principio, el plan requería que el AMCIGAR se apostara en San José, Costa Rica, porque el Departamento de Estado quería disimular la participación de los Estados Unidos en un intento por derrocar un gobierno soberano. Cuando los costarricenses no aceptaron, los estadounidenses decidieron que sus amigos cubanos debían instalarse en la Ciudad de México. Win consultó con López Mateos y Díaz Ordaz, quienes dijeron que no tenían objeción siempre y cuando los cubanos no violasen leyes mexicanas. Win informó a Washington, y el plan procedió. Howard Hunt sintió que Win había prometido una "alfombra roja" en la capital mexicana. De hecho, los exiliados cubanos aceptarían que los pisotearan como alfombra.

La orden de reubicar el AMCIGAR en la Ciudad de México en el verano de 1960 personificaba la arrogancia estadounidense. En Washington, los cubanos y mexicanos podían ser políticamente intercambiables. En la Ciudad de México, estaban lejos de simpatizar. Los exiliados favorecidos por la agencia eran típicamente de la élite católica cubana, la columna de la clase media del país. Eran nacionalistas y anticomunistas. Eran cosmopolitas isleños tratando de hacer la guerra desde México, una extensa nación extranjera cuya identidad fue forjada en la revolución anticlerical de 1910. Los estadounidenses habían persuadido a sus clientes cubanos de demostrar públicamente su independencia sometiéndose a los caprichos de Washington.

Si bien los historiadores habrían de examinar los errores militares y de inteligencia que hicieron fracasar la Operación Zapata, el chovinismo cultural y la arrogancia cultural también tuvieron su parte. Pocos de los operadores que trabajaron violentamente para derrocar al nuevo gobierno de Castro sabían algo sobre el país o la gente que buscaban liberar.

Phillips era el más experimentado del grupo, pues había pasado dieciocho meses allá, comenzando en abril de 1955, bajo el frágil disfraz de ser un "maestro de asuntos latinoamericanos". En un discurso que dio en 1956, advirtió a los estadounidenses "contra nuestra desafortunada suposición de que mantener el *status quo* en el extranjero es una barrera efectiva contra la extensión del comunismo. Seguros y cómodos entre nuestros supermercados y pantallas Cinemascope, no nos damos cuenta de que para la mayoría de los habitantes del mundo cualquier cosa parece mejor que lo que ahora tienen". En un pasaje que inquietó a algunos en el cuartel general de la CIA, dijo que el gobierno de Batista parecía "bienintencionado", pero no dejaba de ser una dictadura. Volvió a la isla en 1958, bajo el disfraz más robusto de encargado de relaciones públicas de una empresa llamada David Phillips Associates, con una oficina en la calle Humboldt, cerca de la Universidad de La Habana. Entre los operadores de la CIA que trabajaban en la operación, era el único que había tenido contacto de primera mano con los líderes cubanos, y no extenso. Phillips había conocido al *Che* Guevara en un café de La Habana una noche de 1959 y se presentó como un empresario norteamericano. Le preguntó a Guevara por sus planes para gobernar Cuba. Guevara, recordó, "me lanzó un discurso de diez minutos sobre la situación de los desposeídos del mundo y el inevitable triunfo del marxismo, que los liberaría de la miseria. No dijo nada memorable ni nuevo. Su discurso fue una letanía de clichés que ya había escuchado a muchos latinoamericanos". Algo incongruentemente, Phillips aseguró que concluyó ahí mismo que Guevara se convertiría en "el revolucionario más exitoso de nuestros tiempos".

En comparación, sus colegas sabían poco de Cuba. Win y Ray Leddy estuvieron asignados a la isla a principios de los cuarenta, pero desde entonces no habían vivido en el país. Howard Hunt nunca había vivido en Cuba. La había visitado por una conferencia de jefes de estación en 1956 y regresó brevemente a principios de 1960 para familiarizarse con sus realidades. Antes de partir para su segunda visita a Cuba, le prometió a Phillips que pensaría en él "cuando tenga unas cuantas mulatas". A los ojos del director de la Operación Zapata, Cuba era un parque de diversiones sexual para el hombre blanco.

La Operación Zapata encarnaba la peligrosa insensatez identificada por Robert Lovett y David K. Bruce en su reporte secreto sobre las operaciones encubiertas de la CIA: una partida de hombres sueltos en el mundo para causar estragos en las fuerzas políticas "antioccidentales" que no tenían la experiencia de pagar un precio por el fracaso. De hecho, los hombres de la CIA trataban a sus propios aliados cubanos con desdén. Hunt llamó a los del AMCIGAR "pensadores superficiales y oportunistas". Dulles dijo a Eisenhower que no tenían un "verdadero líder" entre ellos, que eran "prima donnas". Los comunistas cubanos, en contraste, estaban entrenados en la batalla. Guevara, que había vivido en Guatemala en 1954, había visto de primera mano la campaña de guerra psicológica detrás de Operación Éxito y había aprendido. Él y Castro sabían qué esperar de la CIA, y pusieron manos a la obra para impedir a los norteamericanos la posibilidad de repetirlo. Washington constantemente subestimó la capacidad de los cubanos para distinguir las maquinaciones de la CIA. En el verano de 1959, Carlos Todd, el editor pro yanqui del periódico en inglés *Times of La Habana,* cayó en cuenta de que Phillips era de la CIA y se lo dijo en la cara. Phillips tuvo que salir en avión de la isla. Pero la confianza de Phillips en su capacidad para engañar a los comunistas cubanos permaneció incólume.

Win supuso imprudentemente que su amistad con López Mateos y Díaz Ordaz garantizaba que los contrarrevolucionarios cubanos favoritos de la agencia podían ir y venir a placer por territorio mexicano. El experimento no comenzó con buenos augurios, de acuerdo al tráfico de cables del día. Los del AMCI-GAR se quejaron por tener que ir a la Ciudad de México con Howard Hunt, conocido con el alias de "Eduardo". Como sucedía frecuentemente, las simpatías de Hunt estaban más con sus amigos cubanos que con los funcionarios de Washington. Pero órdenes eran órdenes, y los cubanos comenzaron a introducirse en México. Dave Phillips estaba decidido a sacar el mejor resultado. Informó al cuartel general que el grupo líder de cubanos en exilio "necesitaría el apoyo de la estación México para mejorar el ambiente público y político en el cual puedan trabajar efectivamente los anticastristas". Dijo: "Se debe hacer un tremendo esfuerzo publicitario".

Phillips tenía muchos planes. Un informante de la agencia editaría *El Mundo in Exile*, un periódico "ostensiblemente independiente" que también generaría "cintas de radio satíricas y humorísticas para transmitirse en Radio Swan", una radiodifusora que la CIA había montado en una isla del Golfo de México. Los visitantes cubanos tenían sus propios planes. Instalaron un enlace de radio de onda corta para comunicarse con sus aliados en la isla. Esto no sólo era un incumplimiento con las normas de seguridad de la CIA, sino también una violación de las leyes mexicanas. Por supuesto, la Dirección Federal de Seguridad captó la señal del transmisor y tomó acciones para mantener a los cubanos fuera del aire. Los cubanos se quejaron con Hunt por la interferencia mexicana. Los mexicanos aumentaron la presión, enviando una sucesión de auditores fiscales, detectives bancarios y agentes de inmigración para inspeccionar con sumo cuidado el cuartel general del AMCIGAR en la Ciudad de México. Hunt envió un cable a Washington para decir que tenía una rebelión en sus manos.

"Cuartel general debe entender que los miembros del AM-CIGAR están tomando en cuenta todos y cada uno de los factores para apoyar su convicción de que la ubicación del AMCIGAR en MEXI es insostenible", escribió Hunt.

Win y los cubanos habían supuesto que los del AMCIGAR podrían viajar a Miami, de ida y vuelta, según les conviniera, ignorando por completo que la Revolución cubana tenía un sustancial apoyo en México, incluso entre los priistas en el poder. Los cubanos descubrieron pronto que todas las solicitudes para entrar en el país se enviaban a los más altos mandos de la Secretaría de Gobernación de Díaz Ordaz. Win informó a Washington que esto tuvo el efecto de "prohibir la entrada legal de los cubanos a México salvo después de largas esperas o pagos fuera de la ley para asegurar un trato preferencial". De la noche a la mañana, los aliados cubanos de la agencia se vieron impedidos de abordar vuelos comerciales a México. Uno de los líderes exiliados más prometedores, un psiquiatra de veintisiete años de La Habana llamado Manuel Artime, terminó atorado en el aeropuerto de Detroit durante tres días. Bombardeó a Hunt con quejas telefónicas.

Hunt pidió a Win que tratara el asunto con López Mateos. El presidente le aseguró a Win que deseaba ayudar. Dijo que la gente de Díaz Ordaz en Gobernación aceptaría a los cubanos "siempre y cuando no haya evidencia de vínculos entre los cubanos y la CIA y vivan de acuerdo con las leyes mexicanas". Pero, por supuesto, los vínculos entre cubanos y Estados Unidos eran obvios, al igual que su incapacidad de operar dentro de las leyes mexicanas o las prácticas de seguridad de la CIA. En su siguiente cable a Washington, Win enumeró media docena de violaciones de seguridad por parte del AMCIGAR. Tal vez la falta más exorbitante ocurrió cuando el líder cubano Tony de Varona visitó a Ray Leddy en la embajada y habló abiertamente sobre sus vínculos con la CIA. Leddy estaba horrorizado. Después, el voluble De Varona le hizo una visita al embajador e hizo la misma cosa. En cuestión de semanas tras su arribo, los cubanos resultaron un desastre diario. Win quería que los del AMCIGAR se marcharan, y pronto lo hicieron. Hunt y los cubanos compraron boletos de ida a Miami. "Mientras volábamos sobre el golfo", escribió

Hunt, "parecía como si pudiésemos escuchar un suspiro de alivio desde Los Pinos", la residencia presidencial donde vivía López Mateos.

Win se las arregló para parchar la situación en pocos meses. López Mateos y Díaz Ordaz eran hombres prácticos. No podían permitirse que los acusaran de inclinarse ante los yanquis, y Win no tenía intención de crearles problemas. Acordaron que si Win tenía una solicitud para que a cierto amigo cubano se le otorgara un permiso de entrada, Gobernación lo concedería, de acuerdo con un complicado procedimiento de cinco pasos. El subsecretario Luis Echeverría se encargaría de los detalles. Win pensó que era una sugerencia razonable. Su concesión para con la cortesía mexicana condujo al primer logro auténtico del programa LITEMPO. "Se estableció un canal especial en noviembre de 1960 a través de LITEMPO-1 y LITEMPO-2, el cual nos permitió asegurar permisos de entrada", le dijo a Washington.

Win jugó bien una mala mano. Reconoció pronto que una visible presencia cubana anticastrista en la Ciudad de México no era viable. Dejó que los mexicanos resolvieran sus problemas políticos y que se deshicieran de los intrusos cubanos sin tener que rechazar una solicitud directa de los Estados Unidos. La agencia había perdido una base para el AMCIGAR, pero la estación había obtenido la cooperación mexicana para los viajeros que fueran o vinieran de Cuba, una prioridad en la recolección de inteligencia. Los mexicanos habían protegido su orgullo y soberanía. Win había dominado un matiz de su política. LITEMPO estaba funcionando.

Una señal fue una reunión privada el 14 de enero de 1961 entre el presidente López Mateos y Allen Dulles. El veterano jefe de espionaje vino a sondear a Win sobre la posibilidad de reemplazar a J. C. King como jefe de la división del hemisferio occidental. Tras ser elegido como presidente el senador por Massachusetts, John F. Kennedy, Dulles sabía que la Casa Blanca querría sangre nueva en los puestos superiores. Dulles sabía que King tenía poco entusiasmo por las operaciones encubiertas y que la Operación Zapata iniciaría en cuestión de meses. Win, con su capital de experiencia en México, podría ser justo el hombre para hacerse cargo de la división. Juntos hicieron una visita a Los Pinos, donde Dulles dio al líder mexicano una pistola miniatura para su colección de armas. Hablaron durante dos horas con Win como intérprete. "Cuba," opinaba Dulles, "ahora es definitivamente comunista y es un problema para toda Latinoamérica así como para los Estados Unidos." En otras palabras, los norteamericanos esperaban que México ayudara a destituir a Castro. López Mateos respondió que México tenía una tradición de no intervención en los asuntos de otras naciones. "Espero que los cubanos puedan deshacerse de Castro y el comunismo y arreglen ellos mismos sus problemas", dijo, agregando que no sentía que los cubanos pudiesen tolerar las penurias y ser tan disciplinados como, digamos, los chinos. Dijo que los mexicanos podían vivir durante diez años comiendo hierbas y aún así luchar por su revolución. "Los cubanos carecen de este tipo de fibra."

López Mateos dijo a Dulles que era fácil para los Estados Unidos ver el problema cubano como si fuera de carácter internacional porque no había modo de que el castrismo tuviese efectos internos. "México, en cambio, debe considerar la posibilidad de que se presenten problemas de seguridad interna", dijo. "Hay muchos simpatizantes de Castro y de su revolución en México. Debo sopesar este factor en todas las acciones con respecto a Cuba. Por esta razón, México no puede realizar acciones manifiestas."

Las acciones encubiertas eran otro cuento, dijo el presidente. Se ofreció a considerar cualquier acción que quisiera Dulles. Dijo que analizaría cualquier propuesta con Win para determinar si podía participar. "Debe haber muchas cosas que podamos hacer por debajo de la mesa", concedió.

Dulles no se apaciguó. "La iniciativa privada en los Estados Unidos tiene miedo, o al menos preocupación, por la pérdida de casi cien mil millones de dólares en Cuba, que tal vez nunca recobrarán", dijo. "Francamente, algunos empresarios desconfían de ciertas declaraciones y acciones incluso en México."

La indirecta de Dulles era clara. Entre la adulación de Castro en México, López Mateos había ubicado su administración como un gobierno solidario, aunque no comunista. El gobierno mexicano, se recordaban bien sus palabras, está en "la extrema izquierda dentro de la Constitución". Su comentario, explicó López Mateos, "ha sido malinterpretado por la prensa. Usualmente omiten 'dentro de la Constitución', haciéndolo parecer como si yo hubiese hablado meramente de un gobierno de extrema izquierda y, por lo tanto, comunista". Dijo que sus problemas políticos nacionales eran verdaderos, incluyendo un Congreso Latinoamericano por la Paz auspiciado por los comunistas, las negociaciones con los ferrocarrileros y otras cosas.

Esto sólo consiguió irritar más a Dulles. El jefe de espionaje interrumpió al presidente mexicano. "¿Por qué no pudieron prevenir que este congreso de paz se realizara aquí?", demandó. López Mateos citó la Constitución mexicana, apresurándose a añadir que haría lo que pudiera para ayudar a la CIA a perturbar y dificultar el congreso.

Dulles no se calmó. "Nuestro nuevo gobierno en Washington y los empresarios estadounidenses no entienden por qué México permitiría que estos comunistas se reúnan en México y ataquen a los Estados Unidos", dijo. "Quiero que sepa que estoy con los Estados Unidos", López Mateos le aseguró. "Hay un dicho mexicano: 'Cada quien tiene su modo de matar las pulgas'. Algunas veces mis métodos para matarlas serán diferentes a los suyos".

"Siempre y cuando ambos las matemos", Dulles ladró, dando término a la reunión.

Ése era el estado de las relaciones méxico-norteamericanas en los tiempos en que el presidente Kennedy tomó posesión. La CIA, no el Departamento de Estado, hablaba por los Estados Unidos.

La idea de promover a Win como jefe de división fue apagándose. Win tenía poco deseo de volver a un empleo de escritorio en el cuartel general. Podía ser de más ayuda en el campo. J. C. King se quedó en Washington. Tal como lo prometió López Mateos a Dulles, los mexicanos proveyeron ayuda "por debajo de la mesa" a la campaña de la CIA para derrocar a Castro. George Munro, el teniente de Win, aseguraba que él y Emilio Bolaños, LITEMPO-1, habían entregado 200,000 litros de combustible mexicano al ejército en el exilio.

Pero la Operación Zapata resultó un perfecto fracaso. Las mentes más agudas y las manos más rudas de la agencia siguieron el modelo de la Operación Éxito al pie de la letra. La campaña para derrocar a Castro comenzó a flaquear a principios de 1961, cuando la realidad aplastó las frágiles suposiciones de que la fórmula guatemalteca podía trasplantarse a Cuba. Una banda de la CIA que operaba en las remotas zonas rurales de Centroamérica podía mantener sus operaciones en secreto y hacer una cobertura ventajosa de noticias con periodistas sin experiencia. Montar una operación al otro lado del mar abierto contra un gobierno popular encabezado por un liderazgo militar endurecido en la batalla y un excelente orador populista era una propuesta de diferente magnitud. Además estaba la conocida incapacidad de los cubanos para guardar un secreto.

Kennedy, como presidente electo, había sido informado sobre las generalidades de la Operación Zapata antes de tomar posesión, y no tuvo objeciones. A las pocas semanas de haberse mudado a la Casa Blanca, los periodistas y editores en Washington se enteraron en Miami que se preparaba una invasión a Cuba. Las fuerzas de seguridad de Castro ya lo sabían. El 15 de abril de 1961, arrancó la Operación Zapata a poco menos de siete años de la Operación Éxito. La pequeña fuerza aérea de los exiliados bombardeó los aviones de Castro en las pistas. En Washington, Dave Phillips escribió comunicados a los invasores y sus clientes los difundieron obedientemente. Como en Guatemala, sus guiones enfatizaban el tamaño de la fuerza invasora y la debilidad del gobierno. Los líderes cubanos, bien versados en cómo había funcionado la operación guatemalteca, esperaban que esta campaña de guerra psicológica estuviera seguida por una pseudoinvasión con el propósito de escindir el liderazgo cubano y llevar las fuerzas pro yanquis al poder. Las fuerzas de seguridad de Castro comenzaron a arrestar a todos los sospechosos de estar involucrados con grupos antigubernamentales. Cuando la invasión de la fuerza de exiliados tocó tierra en la playa Girón (Bahía de Cochinos) la noche del 17 de abril de 1961, la propaganda de Phillips excedió por mucho las acciones de los aliados de los Estados Unidos en el suelo. Los líderes estudiantiles anticastristas que Phillips había cultivado en La Habana estaban en la cárcel o escondidos en embajadas europeas. El campus de la Universidad de La Habana, el corazón político de la capital, estaba dominado por los desafiantes simpatizantes de Castro, que ofrecieron sus vidas en defensa de la patria. En el campo de batalla, Castro y sus comandantes militares desplegaron sus fuerzas en el área de la Bahía de Cochinos, en la costa sur de la isla, donde la fuerza invasora estaba ingresando. Los rebeldes, que arribaron bajo un fuego intenso, solicitaron más apoyo aéreo. Los aviones que habían hecho su bombardeo inicial regresaron a Florida. Los oficiales de la agencia simplemente supusieron que Kennedy autorizaría más vuelos para apoyar a los rebeldes, como Eisenhower durante la Operación Éxito. El presidente había supuesto que la operación llegaría a buen término sin la intervención de los Estados Unidos. Ambos se equivocaron. Tras llevar a un lado a Kennedy en una elegante fiesta diplomática en la Casa Blanca, los funcionarios más altos de la CIA le preguntaron si autorizaba el apoyo aéreo. Él dijo que no.

La brigada de exiliados fue atacada en la Playa Girón. Murieron cientos. Unos cuantos huyeron hacia los pantanos de alrededor, pero casi todos fueron capturados. En un par de días, la invasión respaldada por los Estados Unidos fue derrotada. Castro pareció un David del Caribe que había superado al Goliat norteamericano. Hizo alarde de su triunfo con una marea propagandística propia. Exhibió ante las cámaras a los líderes del exilio capturados. El amigo de Howard Hunt, Manuel Artime, admitió públicamente que la CIA había planeado y dirigido la invasión. Incluso habló de Hunt, diciendo que un estadounidense llamado "Eduardo" lo había recomendado a él para ser el líder político y militar de la brigada y que había trabajado de manera cercana a él. Habían desnudado en público a la agencia, sus operaciones secretas se hicieron obscenamente visibles.

La humillación de la agencia estaba completa. Win mantuvo su boca cerrada. No era el tipo de persona que hablaba de política, y ciertamente tampoco alguien que criticaba a sus superiores, mucho menos a un presidente. Sus posturas políticas eran convencionales y conservadoras. Veneraba a los grandes hombres como Hoover, Churchill, y Dulles, y buscaba seguir su ejemplo. Sus colegas no eran tan prudentes. Dulles echó la culpa a una falta de carácter en la Casa Blanca. Richard Bissell, jefe de operaciones encubiertas, culpó a los "compromisos políticos" impuestos por el presidente Kennedy y sus consejeros. El sucesor de Win como inspector general, Lyman Kirkpatrick, causó enojo al culpar a la agencia, y no a la Casa Blanca. El viejo amigo de Win, Dick Helms, citó discretamente las limitaciones del plan diseñado en conjunto por la agencia y la Casa Blanca.

En los mandos medios de la CIA, la reacción fue aún más visceral. De vuelta en Washington, David Phillips bebía en abundancia.

"Fui a casa", relató en sus memorias. "Me saqué los calcetines como capas sucias de piel; comprendí que no me los había quitado en una semana… Me di un baño, luego fui a la cama a dormir varias horas. Al despertar, intenté comer de nuevo, pero no pude. Afuera, el día era de extrema belleza primaveral. Llevé el radio portátil al jardín del fondo de la casa y escuché los lóbregos noticieros sobre Cuba mientras yacía en el suelo, la espalda contra un árbol.

"Helen [su mujer] salió de casa y me dio un martini, uno grande. Ya estaba medio ebrio cuando lo terminé… De pronto mi estómago se revolvió. Estaba enfermo. Mi cuerpo se sacudía.

"Entonces comencé a llorar…

"Lloré durante dos horas. Malestar de nuevo, después, borracho de nuevo.

"Mierda, mierda."

Cuando estuvo sobrio, Phillips llegó a una simple conclusión: "Los chanchullos secretos no pueden hacer lo que hacen los ejércitos", escribió en sus memorias.

En la estación de la Ciudad de México, a George Munro, principal agente del programa, le acometió un resentimiento hacia John F. Kennedy que nunca lo abandonaría. "Desde la Bahía de Cochinos hasta el final de su vida, odió a Kennedy con pasión", dijo una persona que conocía bien a Munro.

Win odiaba a Castro casi tanto como el resto de los frustrados hombres de la CIA, pero Cuba no era su obsesión. Tenía otras cosas en mente. Se había enamorado.

EL ESPÍA POETA

Un delgado libro que yació sin ser leído durante años en el estante sobre el escritorio de Michael Scott en su casa de Los Ángeles proporcionó la historia. El libro, llamado *Mi amor*, contaba de manera poética la historia de la operación más encubierta de Win: enamorarse de una mujer que no era su esposa. El autor del libro, Ian Maxwell, era en realidad el propio Win. Su musa poética, activa por última vez quince años antes en el Londres derruido por la guerra, había vuelto. Win estaba muy lejos de ser un brillante versificador. De hecho, algunos dirían que era un terrible poeta. Su métrica a veces tropezaba, su sintaxis chirriaba. Pero la profundidad de sus emociones era evidente.

La vida de Win como espía era con frecuencia solitaria y alienante. No muchos espías eran capaces de admitirlo, ni siquiera en privado. Pero él podía decir poéticamente que había hallado una mujer que aliviaba su conflicto interior. Enamorado, huía de la oscuridad. Enamorado, podía expresar toda esa emoción generada y reprimida por el engaño formal de la vida de espionaje. Fue durante esta temporada que le comenzó a escribir a ella, por ella, de ella.

La sensual consecuencia
De cuanto dices y haces compensa
La larga espera, los años de penas
Desilusiones, dudas y temores.

En esta mujer halló un modo de vivir en la verdad. Ella no sólo le recordaba eso, también encarnaba ese otro modo de vivir. Podía ser un espía y vivir en la verdad.

Eres el espejo y también el reflejo,
La imagen y la realidad
Todo lo amoroso se centra en ti:
Belleza, amor, espiritualidad.

Él tenía que tenerla. Se embelesaba en su presencia. Por supuesto, también le dolía por el daño que estaba haciendo.

un sueño
De vino, risas y fe; una muchacha
De ojos negros, y con dulce música
¡Lleva a cuestas el sofá!
Esa noche, tan llena de euforias;
El clima cálido, me sacó
De mi vida serena, y ahora
Espero, Mi Amor, otros momentos
¡Cuando coincidan el placer y el dolor!

Win escribía sobre Janet Leddy, esposa de su viejo amigo Ray Leddy.

En la oficina, la carga de Win no era pequeña. La embajada se había mudado a un moderno edificio en Reforma que anunciaba la presencia norteamericana mucho más abiertamente que nunca antes. Cada día, Win iba a su ordenado escritorio moderno y se dedicaba a la compleja tarea de recolectar inteligencia en secreto. Fueron tiempos difíciles en el cuartel general, no sólo porque el puesto de su amigo, Allen Dulles, estaba en riesgo. La propia CIA se enfrentaba al escrutinio y a las críticas como nunca antes. Después de la Bahía de Cochinos, Kennedy había jurado a sus asistentes que deseaba romper la agencia en mil pedazos y echarla al viento. Sólo se desahogaba. Si los Estados Unidos de verdad querían deshacerse del comunismo cubano y de Fidel Castro —y sin duda éste era el deseo de Bobby, el agresivo hermano menor del presidente— el trabajo requería una agencia de inteligencia. Kennedy firmó furioso tres memorandos de seguridad nacional en los que restringía el involucramiento de la agencia en operaciones paramilitares, pero rechazó una propuesta del Departamento de Estado para remover la función de operaciones secretas a la CIA. En el cuartel general, Dick Helms recordó "un interregno ocupado con intermitencias de cambios abruptos, humedecido por la ansiedad que casi todos compartíamos sobre la forma y el futuro de la agencia".

En la Ciudad de México, Win visitaba a Adolfo López Mateos, que se estaba convirtiendo en un amigo. Cada domingo, el chofer de Win lo llevaba a Los Pinos a desayunar. Un estadounidense que estaba enterado de esas reuniones fue Brian Bell, que trabajaba como agregado de prensa en la oficina de la Agencia de Información de los Estados Unidos. Era cercano a Tom Mann, el nuevo embajador que sucedió a Robert Hill. Bell recordaba a Mann diciendo: "Le digo a Win que me entere de las cosas que debo saber y no me diga nada más. Hasta donde sé, siempre lo ha hecho".

El atenuante lo dice todo: *Hasta donde sé.* De hecho, había mucho que Tom Mann no sabía acerca de lo que hacía Win, y Mann sabía que no lo sabía.

Dulles quería aprovechar el acceso de Win a López Mateos. El director de la CIA, ahora en su séptimo año en el puesto, luchaba por aferrarse a él tras el fiasco de Bahía de Cochinos. Estaba ansioso por integrarse con el presidente Kennedy, quien podía perdonar pero no olvidar la debacle de Bahía de Cochinos que, al menos hasta ese momento, definía su presidencia. Dulles quería mostrar al presidente que la agencia podía serle útil. En una reunión en la Casa Blanca con Kennedy en agosto de 1961, intentó impresionarlo con la oportunidad que le brindaba la amistad de Win. Dulles compartió con su presidente un cable de Win y le explicó que dado que el contacto con López Mateos estaba "por completo coordinado" con el embajador Mann, el protocolo diplomático no tenía que observarse siempre. Dulles dijo que el presidente mexicano "deseaba rutas encubiertas para cierto tipo de planes y acciones". Esto parecía hacer eco en la oferta de López Mateos a Dulles en su reunión de ocho meses antes, con respecto a las acciones "por debajo de la mesa" contra Castro. Si esto era una indirecta para que Kennedy pidiera al presidente mexicano ayuda en más operaciones secretas contra la Cuba de Castro, el mandatario no la entendió. Le preguntó si López Mateos apoyaría la propuesta norteamericana de impedir la admisión de China a las Naciones Unidas.

La larga amistad de Win con Jim Angleton no era tan productiva. Angleton había convertido el Grupo de Contraespionaje en un centro de poder ultrasecreto dentro de la ya de por sí secreta CIA. Exigiendo seguridad absoluta, se encargó de operaciones y compiló documentos que no podían ser vistos por nadie, ni siquiera por Dulles. Con el imperativo de evitar la penetración comunista, repelió todos los esfuerzos para que compartiera información con sus colegas. Utilizando la fuerza de su brillantez y reputación, casi siempre se salía con la suya. Angleton supuso que Win, como casi todos en la agencia, haría lo que le pidiera. Pero Win tenía la influencia e historia personal con Angleton para decir no, y cuando Angleton se quiso meter en su territorio, Win respondió agresivamente.

Para Angleton, la Ciudad de México era un frente de guerra, con abundantes amenazas de penetración comunista, pero también con oportunidades para el espionaje creativo. Su misión de contrainteligencia se complicaba considerablemente por la embajada de Castro en la Ciudad de México. Los cubanos establecieron una presencia y relaciones fraternales con las embajadas del bloque comunista. Los cubanos, en pocas palabras, habían ampliado y profundizado la presencia de la KGB en el hemisferio occidental. Angleton quería responder. Quería que Win creara una unidad "externa" que pudiese montar operaciones de contraespionaje contra la KGB bajo el llamado encubrimiento total, sin vínculos visibles con el gobierno de los Estados Unidos. A Anne Goodpasture, una protegida de Angleton, le gustó el plan. La idea era establecer un proyecto modelo que, en palabras de Goodpasture, "beneficiara el trabajo de CE (contraespionaje) y sus estándares en la región".

Win detestaba la idea. Fue a Washington para plantear a Jim sus exigencias. Dijo que quería sólo oficiales de carrera para la nueva unidad de contraespionaje, no contratistas. Pidió que todos los oficiales hablaran bien español, y especificó que se concentrarían en la Unión Soviética y sus aliados. Cuando llegaron a México dos oficiales de la oficina del hemisferio occidental, Win aumentó sus exigencias y minimizó el plan de Angleton. Quería una unidad compuesta sobre todo por oficiales de reciente ingreso que se encargaran de acciones encubiertas y contraespionaje. Los hombres del cuartel general volvieron a Washington sin intentar resolver las diferencias. Se reunieron con Angleton y enviaron un comunicado a Win para explicarle cómo procedería el proyecto. Win respondió cortante. La unidad de CE que Angleton propuso tendría "demasiada independencia de la estación", escribió. Insistió en que las operaciones de contraespionaje debían manejarse desde puestos encubiertos oficiales, es decir, fuera de la embajada y bajo su control personal, no el de Angleton. El incidente cristalizó un cambio en la amistad de Win con Angleton, dijo una persona que conocía a ambos. Una vez amigo de Win, ahora Angleton era un rival.

"Eran como dos boxeadores en el cuadrilátero, mirándose, esperando el golpe", dijo esta persona. "Eran dos tigres que se miran, esperando el primer zarpazo. Win casi no hablaba sobre Angleton. No era alguien que hiciese declaraciones derogatorias contra otra gente. Era un tipo justo, pero creo que no confiaba en Angleton."

Angleton se recluyó en su propia mente. El jefe de contraespionaje vivía dentro de una proverbial "selva de espejos" en la que trataba de descifrar cómo intentaban los soviéticos penetrar las operaciones de la CIA. Acosado por los recuerdos del afable Kim Philby, Angleton no escatimó esfuerzos y respetó pocas leyes en su intento por asegurarse de que la Unión Soviética no tuviese un "topo" en las filas de la CIA. Debido a la confidencialidad de su puesto y su aparente importancia, podía sacarle la vuelta a las leyes sin mucha dificultad. En 1956, había establecido un programa llamado HTLINGUAL para interceptar el correo de ciudadanos de los Estados Unidos. Una oficina en Nueva York abría, leía y copiaba mil cartas al mes. Su personal informaba a otras agencias judiciales y de espionaje de los Estados Unidos que tendrían que "negar categóricamente" dicha actividad porque no había justificación legal posible para el programa. Angleton también tenía archivos especiales de comunicaciones interceptadas a "funcionarios seleccionados". Según algunos reportes, tenía archivos de entre treinta y cuarenta congresistas, y tal vez del propio presidente Kennedy. El comandante en jefe habitualmente satisfacía su gusto por mujeres que no eran su esposa, pero volvía una y otra vez a su amante preferida, Mary Meyer. Era una hermosa pintora y un espíritu libre que había estado casada con un hombre de la CIA llamado Cord Meyer, un buen amigo de Angleton. Meyer tenía teorías sobre los usos benéficos de las drogas recreativas, y Kennedy, el líder del mundo libre, estaba retozando con ella. Angleton llegaría a decir que una vez Kennedy y Meyer usaron LSD juntos. Los biógrafos de Meyer concluyeron que "no existe evidencia de que él [Angleton] haya grabado a Kennedy o a Mary Meyer, pero Angleton alardeaba de que sí".

Para Win, el espía enamorado en México, cada día ofrecía nuevas maravillas que sólo podían capturarse en la poesía. Michael se preguntaba cuándo escribía su padre. ¿Cerraba la puerta a los insistentes asuntos de la estación y robaba un momento en su oficina para escribir sus emociones igualmente insistentes?

¿O se retiraba al estudio en su casa de la avenida Ávila Camacho? Dondequiera que Win compusiera sus versos, el tema era el mismo. "¿Cómo medir este amor?", escribió, casi perplejo. "¿Cómo sopesarlo y resolverlo?"

¿Cómo equilibrar el sonido de una canción
Enmarcar el aroma de una flor?
Estas soluciones imposibles
Son la medida de mi amor.

El amor abrió los cielos y también el abismo de la inexistencia.

¡Mi Amor! Cura mi deseo;
Desgarra el dolor
Haz trizas el dolor
Que siento por ti.
No puedo detener
Los pensamientos que tengo de ti
Los pensamientos que presionan mi cerebro
E impiden la entrada a lo demás.

Su pasión, sus estados de ánimo, sus palabras hacían eco al cúmulo epistolar de su amor por Paula Murray quince años antes. Pero ahora Paula, su esposa, estaba olvidada, abandonada en las comodidades del club de golf, sus amigas y la ginebra. El espía poeta sentía su propio dolor, no el de ella.

Paula desquitó su ira con el pequeño Michael. Al menos así parecería en retrospectiva. Michael sintió que algo andaba mal con su madre. "Tengo un recuerdo muy vívido de Paula", dijo. "No sé qué edad tenía yo, pero me habían encargado tarea de caligrafía. Para mejorar tu escritura, debías hacer trazos sobre los renglones y luego repetir lo que habías trazado. El trazo de la letra [debía] ser delgado y grueso".

Paula no estaba satisfecha con la escritura de Michael.

"No estaba haciendo el aspecto delgado y grueso. Sólo estaba haciendo el trazo, y se enojó conmigo porque no lo hacía como debía hacerse. Armamos un alboroto sobre el asunto. Pensé que era muy raro. Recuerdo que me dije: 'No tiene sentido'. Ella no estaba siendo racional. No valía la pena molestarse. Lo pienso de nuevo y creo que ella tenía conflictos".

No es de extrañar que Michael evitara el libro autoeditado en el estante sobre su escritorio. No sólo porque los versos a veces se leían como ripios sino porque, aunque no quisiera pensar en eso, las palabras evocaban una relación amorosa entre su padre y su madrastra, una relación que había herido a su madre. Eran cosas muy personales. Al mismo tiempo, Michael siempre halló el modo (a veces muy fácilmente, consideraba Barbara, su mujer) de superar los problemas familiares con objetividad. Su profesión era la de cineasta. Estaba acostumbrado a ver el drama cotidiano a través de distintas lentes, a pensar en cómo las historias se harían visibles. No es que evitara las emociones. En su vida profesional, Michael tenía habilidades para realizar los dramas familiares o de crímenes que se presentaban en la televisión por cable para públicos femeninos. Sabía cómo explorar y evocar sentimientos. Así que cuando halló más tarde a las amigas de Paula, les preguntó con cautela qué había ocurrido, y ellas le contaron la historia.

En el otoño de 1961 Paula tuvo uno más de sus problemáticos embarazos, y esto reverberó en su alma católica irlandesa. El haber tenido abortos y que esos abortos la pusieran triste no significaba que no siguiera intentando embarazarse con un hijo de Win. Como siempre, su embarazo no duró. A sugerencia del hermano de Win, fue a Atlanta y se hizo una revisión en el hospital universitario de Emory, donde, según un registro médico que Michael pudo ver décadas después, los cirujanos de Emory "retiraron una masa en su útero relacionada con un embarazo de diez a doce semanas".

"Cuando procedieron a operarla para averiguar qué problema tenía", el tío Morgan le contó a Michael, "le hallaron masas tuberculosas en el abdomen". Michael sólo pudo imaginar la gran pena de su madre ante esos términos antisépticos. Tenía cuarenta años. Nunca tendría un hijo.

"A partir de ahí, todo se fue derrumbando", dijo Morgan.

En todo momento Win ofreció una imagen de cómoda autoridad. "Siempre usaba un traje oscuro y camisa blanca", recordó Anne Goodpasture. "Tenía cabello blanco. Parecía un abuelo. Su voz era muy suave, apenas sobre un susurro. Tenía una complexión corpulenta. Aseguraba que había sido beisbolista, pero no tenía ese aspecto." Se jactaba de tener la aprobación del cuartel general. Vino un equipo de cuatro inspectores de Washington, y tenían el control de la estación, el derecho de hurgar en los archivos y preguntar sobre operaciones importantes. Pasaron algunas semanas abriendo cajones y entrecerrando los ojos ante explicaciones que hallaban dudosas. Se fueron impresionados. La estación de la Ciudad de México era por mucho la mejor del hemisferio occidental, informaron, y tal vez una de las mejores del mundo. La estación era "agresiva y bien administrada", escribieron. Las instalaciones técnicas y capacidades eran extraordinarias e impresionantes. Los resultados podían cuantificarse. El equipo de Win había generado no menos de 722 reportes de inteligencia el año anterior, 45 por ciento de los cuales provenían de intervenciones telefónicas.

El acceso de Win al presidente López Mateos seguía siendo invaluable. Cuando el embajador Mann quiso conocer la posición de López Mateos sobre la reforma agraria, Win simplemente le preguntó. El asunto incumbía a los funcionarios estadounidenses porque Fidel Castro acababa de expropiar 28,000 hectáreas propiedad de las empresas azucareras de los Estados Unidos, incluyendo 14,000 hectáreas de pastizales y bosques propiedad de la United Fruit Company en la provincia de Oriente. Diversos movimientos políticos de izquierda presionaban al gobierno mexicano para tomar el mismo tipo de acciones. Vía Win, el embajador Mann envió a López Mateos el mensaje de que el gobierno norteamericano estaba dispuesto a extender la ayuda encubierta para el Frente Cívico Mexicano de Afirmación Revolucionaria, un grupo de empresarios que buscaba combatir la ola izquierdista. López Mateos respondió que no quería que los Estados Unidos le dieran dinero al Frente ni a ningún grupo anticomunista mexicano. "Piensa que la política interna es asunto de los mexicanos, y que los estadounidenses no deben involucrarse", informó Win.

López Mateos prefería hablar de la próxima visita del presidente Kennedy. Recomendó Monterrey como el mejor lugar para evitar vergonzosas manifestaciones. Dijo que México podría enfrentar algunos problemas en los meses siguientes, especialmente en marzo. Le pidió ayuda a Win, para "mantener cubiertos a los comunistas". Cuando la reunión terminó, Win pidió a Mann que no mencionara en su cable al Departamento de Estado que el jefe de la estación de la CIA había estado presente. Mann estuvo de acuerdo. Fue una jugada astuta. El protocolo diplomático requería que todas las reuniones con el jefe de Estado mexicano fueran coordinadas por el embajador. Al conceder la petición de Win, Mann cedió el control de los contactos con López Mateos a la CIA. El jefe de la estación de la CIA, no el embajador, estaba a cargo de las relaciones norteamericanas con el jefe del Estado mexicano, un arreglo inusual que perduraría durante años.

Luego corrió el chisme de que Win había perdido a su padrino en Washington. Habían echado a Allen Dulles como director de la CIA, otra baja de la Bahía de Cochinos. En noviembre de 1961, el presidente Kennedy nombró a John McCone, un exitoso empresario y republicano conservador, como su reemplazo. Por primera vez en diez años, Win no trabajaba para su gran amigo. Su consuelo fue que el puesto del subdirector, el jefe de Planes de Dirección, lo ocuparía Dick Helms, su viejo amigo de los días de la OSS. Helms se hizo cargo del puesto con una orden de Kennedy: haz algo con respecto a Cuba. Su primera acción fue llamar al más efectivo operador encubierto de la agencia, el viejo amigo de Win, Bill Harvey, para trabajar como jefe de Operaciones Cubanas.

En Clearwater, Florida, Janet Leddy iba y venía en una casa rentada mientras hablaba por teléfono con su abogado. En 1961 ella y Ray se habían mudado a Carlisle, Pennsylvania, donde Ray tomó un puesto como consejero de la Universidad Bélica. Con su matrimonio yéndose a pique, Janet odiaba el pueblo rural militar y sus valores conservadores y conformistas. Un día, dejó a su marido y se llevó a sus cinco hijos para asistir a una boda en Washington, D.C. En vez de regresar, se mudó a Florida. Los hijos, liberados del funesto Carlisle, comoquiera estaban confundidos. Su hijo mayor, Gregory, recuerda que ganaba un dólar a la semana ayudando a acomodar sillas en la playa. John, el sensible segundo hijo, recuerda que estuvo enojado, extrañando a su padre. Ray Leddy vino una vez a visitarlos. Siempre un caballero, nada malo dijo sobre su mujer.

"Enfrentó estoicamente todos los retos de su vida, sin quejas, y fue muy discreto para proteger a sus hijos del aspecto indecoroso de las debilidades y transgresiones de los adultos", dijo John Leddy. "Mi padre consideraba que enojarse o emborracharse o traicionar a un amigo eran señales de debilidad. Atesoraba a sus amigos, sus mentores, sus colegas, a menos que ellos rompieran una de esas reglas."

John Leddy pidió una vez a su padre que le contara algunos detalles sobre su divorcio.

"Simplemente alzó la mano y dijo: 'No, John, no lo haré'", recuerda el hijo en un correo electrónico. "Hacerlo (contradecir la imagen que durante varios años mi madre había pintado de manera favorable para sí misma y Win, pero muy desfavorable para mi padre) implicaría que debo meterme en detalles y decir cosas sobre otras personas que no voy a decir (es decir, no tomaría un rumbo de conversación ni argumento que requiriera criticar a su ex mujer frente a sus hijos). Entonces sonrió y bajó la mano al descansabrazos de su sillón de piel favorito."

Tomó la traición de Win como un caballero.

En la Ciudad de México, Win se angustiaba, componía paisajes interiores de un amante que espera.

...este amor lejano
Vuelve imposible nuestras vidas de hoy.
Como una tormenta mágica que agita los cielos.
Cuando todo lo demás está en calma.

De noche, su situación parecía incluso más cruda.

La noche perdió su encanto
Y ahora es nada
Desde que nos separamos.
La noche es oscura ahora que estás lejos;
Dominan los cielos desconocidos y nublados
La noche confunde, ya no intriga;
La oscuridad sigue a la oscuridad sin fin.
Las estrellas se apagan y no alumbran
La ruta solitaria que camino
Con sólo sombras de recuerdos.

Su edad avanzada —Win ya tenía 53 años— lo volvía impaciente.

El amor todo lo logra, dicen,
Pero mi juventud va en retirada.
¿Qué son seis meses
En toda una vida?
Son cien amores,
Son mil sueños;
Que pudieron volverse realidades.

En el verano de 1962, cuando terminaron las clases, Janet y los niños volvieron a la Ciudad de México. Win los recibió en el aeropuerto. Les ayudó a mudarse a un departamento en Reforma. Gregory Leddy, el hijo mayor de Janet, recordaba la verdad tal como la vio con sus ojos de trece años: "Scottie era un amigo de la familia que nos ayudó". Gregory recordaba el departamento porque ahí fue donde escuchó que Marilyn Monroe había muerto.

Win seguía casado con Paula, pero había traído a Janet y sus hijos a su vida. Dentro de las operaciones encubiertas, ésta era muy delicada.

En la oficina, la irritación principal seguía siendo Cuba. Con los mexicanos, este asunto debía tratarse con cuidado. Win sabía qué podía y qué no podía esperar de López Mateos, cuya prioridad era equilibrar las fuerzas de izquierda y derecha del partido oficial. Cuando la Casa Blanca persuadió a catorce de veintiún ministros en la Organización de Estados Americanos para expulsar a Cuba en enero de 1962, México se abstuvo.

En Washington, los hermanos Kennedy querían derrocar el gobierno de Castro, pero no querían depender de la CIA. Con el consejo de su asesor militar favorito, el general Maxwell Taylor, del ejército de los Estados Unidos, Kennedy trajo a otro general, Edwin Lansdale, para que se encargara del equivalente de una guerra secreta contra los comunistas cubanos. Lansdale se había ganado una buena reputación en las Filipinas a principios de los años cincuenta, donde organizó una fuerza nacional popular en una campaña de contrainsurgencia que derrotó a una rebelión comunista. A los Kennedy les gustaba la idea porque la campaña de Lansdale, en contraste con la Operación Éxito en Guatemala, había reforzado, no destruido, a los nacionalistas locales y mejoró la reputación de los Estados Unidos. Lansdale presentó un extravagante programa que tendría a los Estados Unidos dominando a Cuba en cuestión de un año.

Dick Helms se mostró escéptico. Había ascendido a la silla del subdirector gracias a su silencioso pero visible rechazo a sumarse a las ilusiones que sepultaron la operación de Bahía de Cochinos. Creía que los planes políticos con respecto a Cuba carecían de realismo. Lansdale era un militar con poca experiencia en operaciones secretas o en manejar agentes. Nunca había trabajado en Latinoamérica, nada sabía del carácter mercurial de los cubanos ni los manejos de las fuerzas de seguridad entrenadas por los soviéticos que los norteamericanos enfrentaban en la isla. Como el hombre de McCone encargado de todo lo cubano, Helms debía atender la Casa Blanca, es decir, a Bobby Kennedy, el fiscal general que el presidente había asignado caprichosamente para supervisar la política cubana. En los comunicados de la CIA, Robert F. Kennedy fue apodado GPFOCUS. Puso lo que Helms describió como "presión inmisericorde" sobre la agencia para organizar un movimiento clandestino en Cuba que pudiese montar operaciones de sabotaje efectivas y al por mayor. En la opinión privada de Helms, los hermanos Kennedy parecían evitar los hechos y actuar de modo aficionado.

"El flujo constante de datos del espionaje y los pronósticos de Inteligencia Nacional que evidenciaban que los servicios militares, de seguridad interna y de espionaje extranjero de Castro continuaban fortaleciéndose no minimizó la decisión de los Kennedy para empatar el marcador con Castro", escribiría Helms. "Por más ambiciosos que fuesen nuestros planes de sabotaje, nunca iban más allá de meros pellizcos. El plan de crear una organización clandestina de resistencia fue siempre un mito remoto y romántico."

En la Ciudad de México, Win hizo lo que le tocaba. Cubrió el complejo diplomático cubano en la esquina de Francisco Márquez y Zamora, en Tacubaya, con un programa de vigilancia fotográfica conocido como LIERODE. En el aeropuerto de la Ciudad de México, Anne Goodpasture regularmente recogía el producto de un programa conjunto con las fuerzas de seguridad mexicanas conocido como LIFIRE: manifiestos de pasajeros y fotografías de los pasaportes de los simpatizantes de Castro que viajaban a la isla. Una red de agentes denominada LIMOTOR generaba un flujo constante de informes sobre los grupos pro cubanos y personalidades en el campus de la Universidad Nacional Autónoma de México. LIEVICT apoyaba un grupo nacional anticomunista de estudiantes católicos; el presidente del grupo se reunía cada quince días con un oficial de la estación.

Algunas de las operaciones de Win supusieron la bendición del cielo. LILISP pagó el 95 por ciento de los costos de un periódico de la Iglesia católica cuyos artículos incluían temas como "cristianismo contra comunismo, el verdadero rostro del comunismo, diálogos entre un campesino y un amigo políticamente más sofisticado sobre la reforma agraria y la educación, la amenaza del castrismo y cómo afecta las zonas rurales de México, el significado del conflicto chino-soviético para el mexicano promedio". Otras se realizaron en las cloacas. Los hombres del LITAINT plantaron bombas fétidas ("dispositivos pestilentes") en el consulado cubano.

Desde la perspectiva de Win, lo mejor fue el arribo de David Phillips, el veterano de las operaciones de Guatemala y Bahía de Cochinos, a quien Helms había enviado para supervisar todas las operaciones encubiertas organizadas en la estación de la Ciudad de México. A los seis meses de su arribo, Phillips encabezaba trece proyectos de propaganda y tenía siete más en desarrollo. Ayudó a Win en todos los asuntos de la estación relacionados con la propaganda y la acción política, y trabajó como vínculo entre el Departamento de Estado y la Agencia de Información de los Estados Unidos. Win disfrutó intensamente la presencia de Phillips. "Es inteligente, imaginativo; le interesa su trabajo y es un líder", Win escribió a Washington. "Genera ideas y trabaja con vigor para alcanzar resultados." Y Phillips, tras once años como operador ultrasecreto fuera de las oficinas de la CIA, apreciaba las enseñanzas relajadas y placenteras sobre el trabajo "interno": el modo como en verdad funcionaba una agencia. Win, a su vez, no podía sino quedar impresionado ante este hombre astuto y energético.

"Creo que confiaba en mí, en mi juicio", dijo Phillips. "Fue una relación profesional relativamente cercana. El señor Scott es un hombre que, si alguien le agrada, lo hace evidente, y creo que le agradé." Phillips escribió cuán impresionado estaba por la memoria fotográfica de Win y su sistema único de archivo, aunque fuera "el desespero de los expertos de administración en Washington", los burócratas "que se estremecían ante las montañas de papeles que Scott acumulaba en desafío a las prácticas de la agencia". El sistema de Win funcionaba muy bien, comentó Phillips solapadamente, "siempre y cuando se tuviera una memoria fotográfica".

La mayor parte del trabajo durante su primer año en México incluía dar apoyo a los proyectos de la CIA en países del tercer mundo, y era relativamente rutinario, lo cual le dejaba tiempo libre para observar a otros funcionarios de la CIA que trabajaban contra los "objetivos duros" de la agencia —los soviéticos, cubanos, checos y otros países comunistas— y también "objetivos blandos": los partidos comunistas mexicanos y latinoamericanos. "Para mí fue novedoso", dijo Phillips, "y un periodo de aprendizaje valioso".

Mientras Phillips absorbía las nuevas dimensiones del espionaje, Win tenía cosas más importantes de qué preocuparse. La Casa Blanca había aceptado al fin la invitación de López Mateos. El presidente Kennedy y la primera dama, Jacqueline Kennedy, irían a la Ciudad de México.

CABALLERO

Y así la lucha ideológica entre los Estados Unidos y Cuba se dio también en el corazón de la Ciudad de México. Tras el bochorno de Bahía de Cochinos, John Kennedy quería presentar su Alianza para el Progreso como el rostro benigno del poder estadounidense que deseaba ayudar a los pueblos de América Latina. Win Scott estaba decidido a hacer de su visita un éxito.

La izquierda mexicana respondió sin demora. Desde principios de junio de 1962 hubo disturbios en áreas rurales "al parecer provocados por los comunistas en relación con la próxima visita del presidente Kennedy", dijo el *New York Times*. La policía se enfrentó con campesinos cerca de Cuernavaca en una disputa a causa de tierras ocupadas por paracaidistas. En Sonora, los campesinos realizaron una manifestación. Win pensó que los LITEMPO estaban preparados para mantener el orden durante la visita de Kennedy. También el cuartel general. La agencia envió a la Casa Blanca un Pronóstico Especial de Inteligencia Nacional titulado "Condiciones de Seguridad en México", el cual describía la situación política "extraordinariamente estable".

"En nombre de la Revolución mexicana, el Partido Revolucionario Institucional (PRI) mantiene control absoluto sobre la vida política del país", decía la reseña. "Las fuerzas de seguridad mexicanas son experimentadas y efectivas. El gobierno mexicano espera obtener grandes beneficios de la visita del presidente Kennedy y está decidido a asegurar su éxito."

La reseña no evitaba las realidades de la sociedad mexicana. Aunque la economía crecía a razón del seis por ciento anual, la industria cosechaba utilidades del quince al veinte por ciento y la clase media crecía, los beneficios para los campesinos eran mínimos, y el partido en el poder lo sabía. "La mayoría de los líderes del PRI están seriamente preocupados por el fracaso del gobierno por alcanzar un progreso más veloz con la reforma social y económica en las zonas rurales, donde cerca de la mitad de la población vive en condiciones de extrema pobreza."

Los comunistas intentarían "agitar al público en general para obtener publicidad nacional e internacional, y para provocar la represión brutal en tal escala que avergüence por igual al gobierno mexicano y a su huésped", se dijo en la reseña. Pero Win insistió en que Kennedy no sería avergonzado en la Ciudad de México. Díaz Ordaz y Gutiérrez Barrios sabían qué hacer. "Las agencias policiacas del Distrito Federal tenían capacidad para detectar a los subversivos y extremistas", decía la reseña. "Estas agencias tienen una lista de dos mil a tres mil potenciales alborotadores que serán arrestados y encarcelados antes de la llegada del presidente Kennedy y retenidos hasta que se complete la visita. Las diversas organizaciones civiles y policiacas en el Distrito Federal suman unos diez mil hombres y han demostrado en el pasado su efectividad para controlar los disturbios... La capacidad de los Estados Unidos para hacer advertencias sobre planes de acciones hostiles contra la delegación presidencial es excelente." Tal como informó el *New York Times*, "Diversas fuerzas de la vida oficial, económica y religiosa de México se han unido para asegurar el éxito" de la visita de John F. Kennedy.

La llegada del presidente norteamericano la mañana del 29 de junio fue triunfal. López Mateos dio la bienvenida a Kennedy y a su señora en el aeropuerto. Sentados uno junto al otro en un auto descapotable, ambos mandatarios avanzaron quince kilómetros en una caravana de autos flanqueada por cerca de un millón de personas. Les llevó más de una hora llegar a Los Pinos, y en todo el camino no apareció un solo cartel contra Kennedy o los Estados Unidos. Los dos asistieron a una comida y luego hablaron en privado durante dos horas.

La visita resultó un enorme éxito para ambos presidentes. En el banquete oficial del día siguiente, López Mateos promovió el origen revolucionario de México y su exitoso desarrollo. Respaldó la Alianza para el Progreso "como un movimiento en el que todas las repúblicas de este hemisferio que deseen participar tienen responsabilidad". Enfatizó que "no es sólo un programa unilateral de ayuda de los Estados Unidos de América". John F. Kennedy respondió que los Estados Unidos buscaban reforzar el principio de "soberanía e independencia de cada nación" y rechazar la "subversión", un golpe a Cuba. Comparó las revoluciones estadounidense y mexicana como movimientos por la libertad individual que resultaron modelos para el hemisferio. Reconoció las críticas a los Estados Unidos y aseguró que "estamos comprometidos a aumentar la justicia social". Jackie ofrendó un ramo de rosas en la Basílica de Guadalupe, la santa patrona de México, y encantó a la audiencia de la comida con su discurso en español aceptable. A dondequiera que fueran los Kennedy, se les recibía efusivamente. "Parecía más una gigantesca fiesta México-Estados Unidos que una visita del presidente Kennedy", dijo el *New York Times* en una nota de primera plana.

Michael Scott recordaba la visita de Kennedy. Él y su padre estaban parados en una línea de recepción en el patio de la embajada al atardecer. Su madre no estaba ahí. "Cuando nos llegó el turno, él me cargó y avanzamos. Estreché la mano de John F. Kennedy. Recuerdo que estuvimos separados de la multitud unos minutos", dijo. "He olvidado la conversación, pero sí recuerdo que recibí una cálida y protectora sensación de John F. Kennedy. Fue muy amigable conmigo y recuerdo su sonrisa. Más tarde le pregunté a Win cómo era posible que él pudiese hablar con el presidente. Dijo que estaba a cargo de la seguridad del presidente mientras permaneciera en la Ciudad de México."

David Phillips también recordaría la visita de John F. Kennedy, si bien menos afectuosamente. Él mismo habría de decir que se sintió devastado por la derrota de la brigada de exilio en la Bahía de Cochinos. Se sentía personalmente responsable. Phillips era de ideas liberales, pero no le agradó el modo en que Kennedy había abandonado a sus aliados cuando estuvieron bajo fuego comunista en la Playa Girón. Rumiaba el asunto de Bahía de Cochinos.

David Groves, un publirrelacionista que trató a Phillips tanto en La Habana como en la Ciudad de México, tenía la misma impresión. "Nunca lo escuché quejarse de su empleo", dijo, "salvo por lo de Kennedy y la Bahía de Cochinos."

"Le llevó mucho tiempo sobreponerse", dijo Helen, la ex mujer de Phillips, en una entrevista décadas después. "Creo que estaba muy..." Hizo una larga pausa en busca de la palabra correcta. "Pensaba mucho en lo que había ocurrido. No me hablaba mucho del tema. Creo que le molestaba mucho."

Phillips tenía un concepto exaltado de su profesión. En su libro de ensayos, *Diario de las guerras secretas*, Phillips cita con acierto la definición de Platón del espía guardián ideal: "veloz, fuerte, brioso y filosófico". Se consideraba a sí mismo uno de los centinelas que cuidaba a su país de los enemigos en las horas más oscuras. "La guardia nocturna", según llamaba a su empleo, no era un puesto para los tibios de corazón. Había visto la lucha callejera revolucionaria en La Habana. En sus propias ficciones, que aseguraba se basaban en experiencias personales, habló de disparar armas con iracundia, de meter un trapo empapado en orina en la boca de un hombre que intentó matarlo, de chantajear a un contraparte soviético. Tal vez todo era imaginario. Helen Phillips nunca supo que llevara un arma. Pero no le disgustaba proyectar la imagen de despiadado. Una vez volteó hacia una mujer en una cena en la Ciudad de México y dijo, con desprecio tembloroso: "Señora, usted no tiene idea de lo que hago en mi trabajo". Un joven oficial que estuvo en la estación en ese tiempo, lo describió: "Tenía más labia y era mejor operador" que Win, "un tipo con buena imaginación, entendía el oficio y sabía cómo debía realizarse, un hombre que escuchaba y tomaba su propio consejo".

Con un quehacer tan peligroso, Phillips esperaba apoyo de los líderes para los que arriesgaba el cuello. Veía su trabajo como un "servicio peculiar" con dejos nobles. En los comunicados de la CIA, se conocía a Dick Helms como "el Caballero Fletcher". En lo que Phillips orgullosamente consideraba "el más grande honor", el subdirector le confirió este apodo a su amigo y protegido. Phillips también podía referirse a sí mismo como "caballero". Cuando Phillips finalmente vio en persona al presidente Kennedy durante la visita a la Ciudad de México, este "caballero" ocultó sus sentimientos de desdén hacia su rey. Phillips relataría algo malhumorado en sus memorias que su situación como oficial número tres de la agencia no alcanzó para que lo invitaran a las actividades más exclusivas de John F. Kennedy. Se tuvo que conformar con unirse a otros dos mil invitados en una recepción en la Secretaría de Relaciones Exteriores. En su libro, Phillips trazó la escena con veneno mordaz.

"Jackie parecía una reina, encantadora en su vestido de noche color turquesa", escribió. "Jack Kennedy fue un rey esa noche y actuó como tal. A lo majestuoso le agregó un toque del político, caminando por el enorme salón para conocer a los invitados y estrechar sus manos. Mientras Kennedy hacía su ronda triunfal en el salón de baile, lo perseguía una cuadrilla de periodistas y fotógrafos. Unos cuarenta miembros de la prensa internacional y mexicana se mantuvo tan cerca como pudo del atractivo joven visitante en lo que se detenía para presentarse y conversar, aquí con una bella dama, allá con un grueso diplomático, allá con otra mujer bonita." La imputación de un hombre en busca de conquistas sexuales pudo causarle cierta animadversión. Una de esas bellas mujeres a quien John F. Kennedy buscó, fue Helen Phillips, parada junto a David.

"De pronto, el presidente se dirigió directo hacia mí", escribió Phillips. "Extendió su mano."

"'Hola', dijo el presidente de los Estados Unidos, 'soy Jack Kennedy.' Al verlo de cerca me sorprendió, pues era mucho más alto de lo que había imaginado al ver las fotografías, y su rostro no era sólo rubicundo, sino francamente rojo." (La implicación era que el color natural de Kennedy se había agudizado, pero no menciona si se debía al bochorno, el esfuerzo o la bebida.)

"'Señor', estreché su mano. 'Me llamo David Phillips.'

"'¿Qué hace aquí, señor Phillips, en México?'

"Los cuarenta periodistas detrás del presidente forcejeaban en busca de un sitio cerca de él; algunos garrapateaban notas en sus libretas.

"'Trabajo para usted, señor presidente, en la embajada.'

"'Ya veo.' Obviamente Kennedy prefería respuestas más definitivas a sus preguntas directas.

"'¿Qué hace usted en la embajada, señor Phillips?'

"'Trabajo en la Sección Política, señor.' Los flashes se encendieron, los lápices de los periódicos rascaron el papel. Señor presidente, pensé para mis adentros, por favor deje de hacer preguntas. ¿Sería el primer oficial de inteligencia en la historia en perder su calidad de encubierto por culpa de su propio presidente?

"Kennedy insistió", escribió Phillips. "Quería una respuesta sin rodeos. 'Señor Phillips', dijo, con un tono imperial en su voz, '¿Qué hace usted, precisamente?'"

"¿Precisamente? ¡Dios! ¿Me vería forzado a mentir a mi comandante en jefe?

"'Escribo informes, señor presidente.' El rostro de Kennedy se endureció, se puso más colorado. Yo continué, tímidamente, 'Informes que ojalá sean útiles.'

"'Señor Phillips, yo...' El presidente se detuvo abruptamente. Su quijada cayó. Finalmente había comprendido mi dilema. Se tocó los labios un instante con la punta de los dedos, como una niña cuando se siente pillada. Luego, en tono claro, dijo: 'Entiendo. Buena suerte, señor Phillips'.

"El presidente me miró. Sus ojos se habían suavizado en una disculpa. Sin sonido, pronunció un 'Disculpe'. Luego continuó sus rondas reales. Los reporteros se arrastraron tras él."

En el relato de Phillips, el presidente aparece como un sonrojado aristócrata caza faldas que se muestra inmaduro, incluso afeminado (como una niña cuando se siente pillada), aunque la servil prensa está demasiado ocupada para notarlo.

Helen Phillips recordó haber conocido esa noche al presidente Kennedy. Dice que cuando entró en el salón, él de inmediato divisó su elegante vestido largo de crepé blanco de seda con un hombro desnudo y se acercó. "Por supuesto, lo notó", dijo ella. "Se lanzó hacia mí", dijo con un toque de orgullo. Avaló la versión de su ex esposo de que Kennedy buscaba la compañía femenina con solicitud compulsiva. Pero pensó que el recuento de David era un poco exagerado. "No recuerdo que David tuviese una conversación así de larga con Kennedy ni su insistencia en el asunto. No recuerdo que Kennedy le preguntara '¿Dónde trabajas?' ni nada de eso. Creo que David lo agregó para darle emoción."

Helen no tenía modo de saber qué implicaba esa emoción, porque David no le contaba sobre su trabajo. Pero los registros de la agencia, desclasificados décadas después de que Phillips escribiera sus memorias, sugieren que su retrato de un presidente despistado y un astuto hombre de la CIA se fundaban en hechos. John F. Kennedy de verdad ignoraba lo que hacía Dave Phillips, en especial tratándose de cubanos con armas.

En sus acciones visibles, David Phillips sin duda trabajaba para el presidente Kennedy. Cuando John F. Kennedy y Jackie hubieron regresado a Washington, la Casa Blanca envió un mensaje al embajador Mann, en el cual le pedía que agradeciera a su gente por hacer de la visita de Kennedy un éxito total. Mann le pasó el cumplido a Phillips, agregando sus propios elogios. "Entiendo que te encargaste hábil y eficientemente de una tarea bastante útil", dijo sin citar ningún detalle.

Las operaciones propagandísticas secretas de Phillips en el verano y otoño de 1962 fueron una historia diferente. Sus informantes pagados montaron una serie de acciones menos amistosas hacia Kennedy. Públicamente cuestionaron su política cubana al involucrarse en acciones armadas no autorizadas y generaron notas engañosas para prensa y televisión, generando así presión para que se diera una política más agresiva con respecto a Cuba; y todo sin revelar que Phillips estaba detrás.

Win no tuvo ningún papel en esas operaciones. Tal vez sabía poco de ellas porque no se realizaron en México. El requerimiento de que las acciones encubiertas se "compartimentalizaran" significaba que no tenía necesidad de saber. Sin embargo la agenda encubierta de Phillips daría forma, en poco menos de un año, a la respuesta de la estación con respecto a un viajante norteamericano que iba a Cuba, llamado Lee Harvey Oswald, y al asesinato del presidente Kennedy. A veces lo que Win no sabía sobre David Phillips era tan importante como lo que sabía.

La vara con la que Phillips azuzaba a la Casa Blanca era un grupo financiado por la CIA llamado el Directorio Revolucionario Estudiantil o DRE. El grupo era uno de los favoritos de Phillips. Sus líderes habían llamado la atención en febrero de 1960 cuando él aún manejaba su falso negocio de relaciones públicas en una oficina del centro de La Habana. Anastas Mikoyan, el viceministro soviético, hizo una visita a la capital cubana, una señal temprana de la intención de Castro de alinear su gobierno con Moscú. Un grupo de estudiantes de la Universidad de La Habana aprovechó la ocasión para colocar una corona de flores en la estatua de José Martí en la Habana Vieja y expresar su preocupación sobre el futuro de la independencia cubana. Su líder era Alberto Müller, un joven y elocuente estudiante de buenas familias que había apoyado a Castro pero desconfiaba del rumbo que tomaba la revolución. Los simpatizantes de Castro aparecieron y comenzaron a golpear con tubos y palos a Müller y sus amigos. La policía no intervino.

A Phillips le agradó el valor de estos estudiantes anticastristas. Contactó con algunos de ellos, los invitó a su oficina, y ofreció dinero y consejos. Cuando los porros de Castro expulsaron a Müller y sus amigos de la universidad, Phillips les ayudó a irse a Miami. También consiguió fondos de la agencia para mantener sus actividades. Al llamarse Directorio, se vincularon conscientemente con los directorios de estudiantes que luchaban por la libertad en la Universidad de La Habana y que habían tomado las armas contra Batista en los años cincuenta y contra la dictadura de los años treinta. En comunicados de la CIA, el DRE se conocía como AMSPELL.

Trabajando fuera de Miami, los líderes del DRE impresionaron a Phillips y Hunt. Eran entusiastas, independientes y piadosamente inmunes a las intrigas políticas que consumían a muchos exiliados. Alberto Müller, que al principio visitó las zonas rurales en una campaña de alfabetización, regresó a la isla y viajó a la Sierra Maestra, donde organizó a los campesinos que se oponían a la colectivización de la vida rural. Otra ala del DRE regresó secretamente a La Habana para organizar a los jóvenes descontentos con la revolución y para montar operaciones de sabotaje. Plantaron bombas que interrumpieron un discurso de Castro en la universidad. Utilizaron napalm para incendiar El Encanto, la más grande tienda departamental de La Habana. A Phillips le agradó su estilo desparpajado. Les dio a los chicos del DRE un programa en Radio Swan, la estación rebelde que transmitía desde una isla fuera de Honduras.

Pero el fiasco de Bahía de Cochinos devastó la red del DRE en Cuba. En los preliminares de la invasión de los exiliados, Müller esperó en vano los prometidos aviones que arrojarían armas para usarse en la insurrección. Lo arrestaron en una acción masiva de seguridad justo antes de la invasión. Para el verano de 1962, se estaba pudriendo en la cárcel y enfrentaba un posible viaje al paredón. Phillips se encargó de respetar la libertad de sus jóvenes amigos cubanos. No fue cierto, como después aseguraba un memorando de la agencia, que la CIA "concibió, financió y controló" al DRE. Los estudiantes cubanos se habían reunido por su cuenta y atrajeron considerables seguidores con su mensaje de unidad estudiantil contra la ortodoxia comunista de Castro.

Apasionados y decididos, los jóvenes líderes del DRE desafiaban con frecuencia los deseos de la CIA. Más de un funcionario en Miami quería que la agencia les cortara el subsidio. Sin embargo, con el tiempo, el DRE aprendió a hacer suficientes concesiones a los deseos de sus aliados de la CIA para mantenerse en la lucha contra Castro. Tal vez la mejor descripción del grupo la hizo Paul Bethel, un asistente del Departamento de Estado que había trabajado en La Habana y era amigo de Phillips. Elogió al DRE como "un instrumento de la política estadounidense".

Phillips utilizó el instrumento con máximos resultados en 1962 y 1963, primero dirigiendo las actividades propagandísticas del grupo a través de un oficial de caso con base en Miami llamado Bill Kent. Phillips visitaba Miami "muy seguido", diría Kent, y también se comunicaba mediante cables y telefónicamente. Kent también conversaba a diario con Ross Crozier, un oficial externo y muy bebedor responsable de los contactos personales con los líderes del DRE. Crozier también le reportaba a Phillips. "Había interés mutuo", dijo Kent sobre sus aliados del AMSPELL. Sentían "respeto por los Estados Unidos y comprendieron que éramos su única esperanza para el futuro". Crozier consideraba al DRE como uno de los pocos grupos cubanos que podían guardar un secreto. Su reputación era igualmente buena en el cuartel general. "Ésta [era] la nueva generación", dijo en una entrevista Néstor Sánchez, entonces asistente de Helms. "Si algo ocurría allá, estos [tipos] son la generación joven que regresarán allá para convertirse en los nuevos líderes de Cuba." Sánchez dijo que el subdirector de la CIA tomó un interés personal por los apasionados protegidos de Phillips. "Helms estaba absolutamente interesado. No eran los viejos y gastados políticos. Era un nuevo grupo que surgía."

En el verano de 1962 Bill Harvey, el jefe de operaciones cubanas de la agencia, daba su mejor esfuerzo para organizar un movimiento de resistencia dentro de Cuba, aunque no sería tan fácil como creía Bobby Kennedy. A Harvey le fastidiaba el hermano menor del presidente por su papel cada vez más activo en las operaciones cubanas. Según un biógrafo de Harvey, "comenzó a sugerir que algunas de las acciones del fiscal general bordeaban la traición". El jefe de estación de Miami, Ted Shackley, recordó a Harvey quejándose: "Necesito autoridad, necesito un guía, pero no puedo conseguirlo yo mismo del nivel político". Con Manuel Artime, Alberto Müller y los cubanos más capaces encerrados en las cárceles de Castro, la gente de Harvey y Helms debía confiar en reclutas más jóvenes que quisieran actuar por su cuenta. Con temeridad, el nuevo líder del DRE, Luis Fernández Rocha, entró al quite. Se aventuró a entrar en Cuba para apoyar a los cada vez más aislados seguidores del DRE y reconstruir la capacidad del grupo para actuar. A medida que se desmoronaban los planes de una insurrección conjunta a finales de agosto de 1962, los líderes del DRE consideraron la opción de actuar por su cuenta. De Ross Crozier para arriba, pasando por todos los niveles del servicio clandestino de la agencia, pocos quisieron desmotivar a los patriotas cubanos que deseaban tomar acciones para detener la consolidación del comunismo cubano.

La noche del 24 de agosto de 1962, el DRE atacó. Un regordete ex estudiante de leyes llamado Manuel Salvat encabezó dos botes con veintitrés militantes del DRE por los Estrechos de la Florida hacia la costa cubana. Cuando vieron el castillo del Morro por sobre la bahía de La Habana, viraron al oeste hacia su objetivo, el hotel Sierra Maestra, de diez pisos, en el suburbio de Miramar. Otrora un reducto turístico, el Sierra Maestra albergaba ahora a los ingenieros y doctores de los países de Europa Oriental que venían a construir el socialismo cubano. Los botes se acercaron a 200 metros de la costa. A las 11:20 p.m., abrieron fuego con un cañón de veinte milímetros, apuntando hacia el hotel y el teatro Chaplin al otro lado de la calle, donde pensaban que Castro podría estar reunido con camaradas rusos y checos. El asalto continuó por siete minutos. Atemorizados, los huéspedes se tiraron de las camas cuando las ventanas se quebraron y volaron fragmentos de concreto. No hubo heridos, sólo un ataque de miedo. La guardia costera cubana se lanzó a la persecución, pero los botes del DRE huyeron en la noche. En Nueva York un portavoz del DRE, Tony Lanuza, anunció el ataque mientras hablaba en vivo con Barry Gray, el popular conductor de radio WABC. La agencia de relaciones públicas de Lem Jones, cuyos servicios requería Phillips con regularidad, había arreglado su presencia.

El ataque estuvo en los encabezados de todo el mundo. "Grupo de Exilio Bombardea Suburbio de La Habana en Ataque Marino", proclamaba el encabezado de primera plana del *New York Times* la mañana siguiente.

"Área de la Habana Bombardeada; Acusación de Castro sobre Ayuda Estadounidense en Ataque Es Rechazada", declaraba la cabeza del *Washington Post*. La nota describía el ataque como "la más dramática acción anticastrista desde la malograda invasión de Bahía de Cochinos dieciséis meses antes". Un portavoz del DRE dijo en Miami: "Los rusos están en nuestra tierra. No podemos quedarnos aquí sin hacer nada".

El presidente Kennedy, vacacionando en Hyannis Port, Massachusetts, "consultó telefónicamente con miembros de su equipo en Washington", según el *Post*, mientras Castro denunciaba el ataque como obra de "agentes mercenarios… que operan con impunidad desde la costa de Florida". El Departamento de Estado lo describió, erróneamente, como un ataque "espontáneo" en el cual no tuvo parte ni conocimiento previo el gobierno de los Estados Unidos.

Dave Phillips había posibilitado todo el incidente. Los registros del programa AMSPELL, desclasificados 35 años después, muestran que la CIA daba al DRE 51,000 dólares al mes para financiar sus operaciones de inteligencia y militares (más de 300,000 dólares mensuales con el tipo de cambio del 2008). Posteriormente, los estudiantes del DRE dirían en entrevistas que la idea de atacar el hotel fue sólo de ellos, y tal vez sea cierto. Pero no negaron que no hubiesen podido montar una operación como ésa sin la confianza de sus más cercanos aliados en la agencia. La agencia, después de todo, había posibilitado que ellos anunciasen su golpe en la radio nacional.

Phillips no era deshonesto como operador, al menos no en el contexto de operaciones de la CIA. AMSPELL estaba completamente financiado y autorizado. Win tal vez sabía sobre el programa del DRE, al menos sus generalidades. Había una delegación del DRE en la Ciudad de México que ocasionalmente llegaba a los encabezados con sus informes sobre prisiones cubanas y operaciones de sabotaje. AMSPELL pudo ser una de las trece operaciones que Phillips manejaba desde su escritorio al otro lado del pasillo, frente a la oficina de Win. Si Win no se quiso enterar de todos los detalles, fue porque confiaba en Phillips y compartía su opinión sobre el problema cubano.

Los agentes de Phillips en el DRE habían puesto los reflectores sobre la mano blanda de la política de John F. Kennedy hacia Castro. Públicamente, Kennedy denunciaba a Castro y decía que su experimento comunista era inaceptable. Pero cuando los corsarios del DRE actuaron según el lenguaje del presidente al atacar al propio Castro, la Casa Blanca los desconoció y ordenó que el FBI frenara sus acciones. Los chicos del DRE y sus aliados en la agencia se consideraban más fieles al objetivo de derrocar a Castro que los mismos Kennedy.

Dick Helms dijo algo parecido al fiscal general Robert Kennedy unas semanas después. Cuando Bobby expresó su inconformidad con la falta de resultados para destituir a Castro a mediados de octubre de 1962, el subdirector de la CIA respondió con un sermón. Dijo que Kennedy debía explicar con exactitud cuáles eran los objetivos de la administración, "dado que los cubanos con quienes debemos trabajar buscan una razón para arriesgar sus vidas". Le dijo al fiscal general que el DRE estaba "dispuesto a comprometer a su gente sólo en operaciones que consideraran relevantes". Por "relevantes", continuó Helms, el DRE se refería a acciones que "contribuyeran a la liberación de su país, otro modo de decir que los Estados Unidos, tal vez en conjunto con otros países latinoamericanos, los apoyen militarmente". Helms pronunciaba en el lenguaje burocrático de

Washington lo que Dave Phillips dijo más coloquialmente: "Los chanchullos secretos no pueden hacer lo que hacen los ejércitos". Si los Kennedy querían deshacerse de Castro, debían prepararse para la eventualidad de una acción militar estadounidense. Cualquier otra cosa era engañarse.

Con el ataque al hotel Sierra Maestra, Dave Phillips y sus informantes cubanos habían enviado al presidente el mensaje de que los cubanos amantes de la libertad querían que actuara contra el comunismo cubano. John F. Kennedy no sabía que los encabezados del día los había orquestado ese hombre teatralmente apuesto con la bella esposa rubia que conoció en la recepción de la Ciudad de México dos meses antes. Para David Phillips, caballero de la Guerra Fría, Cuba no era un ejercicio teórico. Se trataba de que Fidel Castro supiera que podía morir en una lluvia de balas y de azuzar al comandante en jefe para que tomara acciones decisivas.

OSCURIDAD

Michael no se sorprendió con las mortales realidades del trabajo de su padre. Win vivía en la línea frontal de la Guerra Fría. Pero Michael también sabía que Win era diferente de algunos de sus colegas. No era un teórico del espionaje como Jim Angleton, que buscaba discernir las amenazas de los enemigos en los laberintos de datos crudos. No era un aventurero como Dave Phillips, que disfrutaba operar en secreto y en el límite de la ley. No era un mandarín como Dick Helms, cuyo escritorio ordenado e impecables modales en los cocteles señalaban la presencia de un intermediario del poder. Win no era menos anticomunista ni pro yanqui que Angleton, Helms o Phillips. Si acaso, era más conservador en su política. Anne Goodpasture ha dicho que las inclinaciones políticas de Win estaban "a la derecha de George Wallace", el gobernador segregacionista de Alabama. "Era extremadamente conservador", dijo ella. "No dejaba lugar a dudas sobre eso." Pero precisamente por ser un populista sureño, Win carecía del fuego ideológico y la fineza de sus contemporáneos de la Costa Este. Aunque podría no ser obvio desde fuera, también era más emocional. En ese momento de su vida, intentaba hallar un nuevo equilibrio. Estaba menos interesado por Cuba que por asuntos mundanos como Janet Leddy y sus hijos en el departamento de Reforma, y el próximo cumpleaños siete de su hijo. Por sobre todo, estaba lidiando con el hecho de haber perdido el amor por su esposa.

Paula sabía que su matrimonio con Win estaba muerto, y ella también lo estaba asimilando. Se fue a Acapulco con su hermana Deirdre, quien venía de visita desde Londres. Le dijo a su hermana que era infeliz; Win era distante y poco comunicativo. Sospechaba que tenía una aventura. Deirdre podía ver que la salud de su hermana no era buena. Otros no notaban nada en desorden. Cuando Paula regresó a la ciudad, jugó golf con Anne Goodpasture y se anotó 75 golpes. Goodpasture la vio bien.

El primero de septiembre de 1962, Michael cumplió siete años. Recordaría bien el evento, así fuera porque quedó capturado en la cámara Kodak familiar de dieciséis milímetros que operaba Win. Michael llegó a casa; se abrieron las rejas negras de hierro de la casa estilo italiano en Paseo de la Reforma 2035, y ahí estaba George Munro, el amigo de Win, montado a caballo y tirando de un poni. El poni, llamado *Mechero*, era para Michael. Él se sorprendió y asombró. Para un chico que vivía al sur de la frontera, tener su propio poni era mejor que un sueño.

Anne Goodpasture recordó el momento en que escuchó la noticia. "Acababa de llegar a la oficina en la mañana, y creo que uno de los oficiales me dijo que Paula había muerto de un infarto la noche anterior. Quedé abrumada. Sabía que había estado enferma, pero no pensé que fuera grave." Había ocurrido justo antes de las once de la noche anterior. Win y Paula estaban en casa. Michael dormía en su habitación al final del largo pasillo del primer piso. Win llamó a la embajada para avisar que Paula había muerto, y pronto la gente se puso en camino.

El acta de defunción, que Michael obtuvo del Archivo General de la Nación 45 años después, certificaba que había muerto a las 11:00 p.m. el 12 de septiembre de 1962 y establecía la causa de muerte como "infarto de miocardio tuberculosis intestinal". Ese diagnóstico contradictorio no era lo que hubiese escrito un médico. Paula sí tenía tuberculosis intestinal, pero dicha condición no pudo causar una muerte repentina.

Un funcionario de la embajada que estuvo esa noche en casa de los Scott recordó haber recibido un telefonema de Win, quien hablaba en voz baja. Paula había muerto. ¿Podía venir? El oficial fue de inmediato.

"Win no era el mismo. Iba y venía diciendo cosas, pero no era coherente en el sentido de que no hablaba en párrafos coherentes. Lo que decía tenía sentido, pero sus pensamientos estaban desarticulados. Estaba consternado por el dolor", mencionó este hombre en una entrevista.

"Había una o dos personas ahí, no recuerdo quiénes. La casa estaba oscura. Win deambulaba, diciendo muchas cosas desarticuladas. Yo me sentía muy incómodo con la situación."

El visitante, que no vio el cuerpo de Paula ni tuvo idea de dónde estaba, se marchó tras veinte minutos.

Michael no tiene recuerdos de esa noche. Sí recuerda haber pasado el siguiente día en casa de un compañero, Tommy Haslet, cuyo padre trabajaba para Win en la estación. "Pasé el día en su casa pero tuve que detenerme en la mía para recoger mis cosas, y cuando entré vi a una docena de hombres ahí parados con trajes oscuros. Conversaban en la estancia y ninguno me dirigió la palabra. Me pareció extraño, pero tomé lo que necesitaba y me fui con los Haslet. Tuve el presentimiento de que algo ocurría."

Para Michael, los recuerdos de su madre eran pocos. Quería creer que ella lo amaba. Sus amigos la consideraban una buena madre. Pero él se preguntaba cuántas de sus remembranzas emanaban de fotografías o de lo que otra gente le contaba.

La naturaleza del trabajo de Win obligó a Michael a tomar en serio todas las historias que escuchó sobre la muerte de Paula. Clare Petty, un amigo de Jim Angleton, aseguraba que sabía lo que ocurrió esa noche, si bien indirectamente. Años antes, Petty tuvo la oportunidad de leer una de las ficciones de Win, un cuento titulado "Tiempo de matar". Las 31 páginas se pudrieron en una bóveda de la CIA antes de ser destruidas.

Petty dijo que la historia trataba de un oficial de inteligencia norteamericano en Washington al que aborda un diplomático soviético que conoció casualmente años antes cuando se hallaba en Londres. Cuando el soviético intenta reclutarlo, el estadounidense obtiene permiso de un grupo de altos funcionarios de la CIA, que incluyen características de Dulles, Helms y Angleton (aunque según Petty no se usaron nombres verdaderos), para fingir que acepta trabajar para el soviético. El ruso y el estadounidense desarrollan una cercana amistad, tanto, que el ruso se enamora de la esposa del espía norteamericano. En ese momento, dijo Petty, la historia se vuelve "algo extraña".

"Scott regresa una noche a casa y descubre a su esposa asesinada en la bañera, cortada en pedazos. Sabe quién lo hizo. Luego Scott asesina al soviético, lo lleva a la carretera 95, en las afueras de Washington, y lo tira en una alcantarilla."

Petty dijo que los hechos de la vida y servicio de Scott eran tan parecidos al relato que no tenía duda de que el cuento de Win narrara eventos reales de su vida. "Era autobiografía", declaró.

No tanto. El cuento, tal como Petty lo describió, en efecto incluye algunos eventos que recuerdan acontecimientos de la vida de Win. Win había tenido un papel en el plan para el reclutamiento de un doble agente en Londres a finales de los cuarenta, dijo su ex colega Cleveland Cram. En el relato de Cram, un agente soviético se acercó a Win con intenciones de reclutarlo. Win obtuvo aprobación de sus superiores para dar una respuesta que Cram dijo que no podía revelar, pero tenía la intención de alcanzar las metas del espionaje de los Estados Unidos. La operación no ofreció grandes resultados, agregó Cram, ni tuvo repercusiones mortales hasta donde él estuvo enterado.

En la mayor parte, los hechos en la vida de Win no corresponden a los eventos de "Tiempo para matar". Win se había enamorado de la mujer de un amigo, pero el amigo era un funcionario del servicio exterior estadounidense, no un espía ruso. Win y Paula no vivían en Washington cuando ella murió. No hay evidencia de que Win haya matado a un oficial soviético de inteligencia. (El jefe local de la KGB, Nikolai Leonov, nada afecto a la CIA, nunca menciona la muerte de un oficial soviético de inteligencia en la Ciudad de México en sus memorias del periodo.) Paula Murray no murió en una bañera sangrienta. La historia de Win era, lo más probable, sólo eso: una obra de ficción basada en su experiencia, su imaginación y su deseo de publicar. Para Michael, el tema no era particularmente atractivo. Tenía pocos motivos y menos deseos de investigar si su padre cometió algún delito. Su padre era un hombre afectuoso y amoroso. Había algo obsceno y terrible en contemplar al propio padre como el asesino de la propia madre, en especial cuando la evidencia no lo propiciaba. Al final rechazó la idea. "Todo lo que escuché sobre la muerte de Paula o el supuesto involucramiento de Win ha sido suposición o chisme", dijo.

¿Qué tan fiable era Clare Petty? Como mucha gente que se gana la vida en operaciones de contraespionaje, Petty tenía una vena paranoica, larga y ancha. Tuvo éxito viendo los peores escenarios tejidos en patrones de datos incompletos. Con los años, acabaría por creer que Jim Angleton era un agente del comunismo internacional. Michael pensó que su tío Morgan era una fuente más confiable, aunque sabía que Morgan podía lanzar algún embuste, sobre todo en defensa del honor de su familia sureña. Morgan dijo que Win le dijo que Paula se había suicidado. "Esto se ocultó", Morgan le dijo a Michael años después. "En la Iglesia católica, el suicidio implica perder la oportunidad de ir al cielo. Así que nunca se admitió."

Morgan estaba en posición de saber. Cuando Win le llamó y le dijo que Paula había muerto, él voló a la Ciudad de México de inmediato. ¿Dejó una nota?, preguntó Michael, con una esperanza infantil surgiendo involuntariamente de su garganta.

"Creo que sí", dijo Morgan, "pero creo que la destruyeron. No creo que haga ningún bien escarbar en esas cosas."

¿Por qué no?, Michael se preguntó. Sólo se le ocurrió años después, escuchando en una cinta la conversación, mucho tiempo después de que el tío Morgan había fallecido. Y de nuevo, la curiosidad intelectual condujo a la desorientación emocional. Tal vez le estaba dando demasiada importancia a que Morgan hubiera elegido las palabras "se ocultó".

Sin duda la frase tenía connotaciones de un crimen, pero lo mismo podía referirse a un evento vergonzoso o embarazoso. Michael sintió que ponderar los imponderables era un callejón sin salida. Cualquier cosa que le hubiese ocurrido a Paula, Win tenía el poder de presentarlo públicamente como él quisiera. Era improbable que Michael pudiese develar el misterio décadas después.

Se sentía más seguro de que el carácter autoritario de su padre había flaqueado en ese abrumador día. Win no tuvo el valor de expresarle a su hijo que Paula se había ido para siempre, dijo el tío Morgan.

"Te lo habían ocultado tanto que cuando yo llegué, ni siquiera te habían dicho que tu madre estaba muerta", recordó. Morgan dijo que se molestó con su hermano. "Más vale que le digas", le advirtió. "Le dije: 'Este niño tiene que saberlo'. Era una de las características de Win, simplemente no…".

Morgan no pudo terminar la frase del mismo modo que Win no podía enfrentar las emociones desagradables. Simplemente no quería decirle a su hijo de siete años que nunca volvería a ver a su madre. A lo largo de los años, Michael fue recolectando otros trozos y piezas de las amigas de Paula. Una persona escuchó que era adicta a los analgésicos. Otras decían que tuvo un infarto. "Ahí hubo algo turbio", dijo otra.

"Debes entender que el presidente de México era su buen amigo. López Mateos odiaba a casi todos los estadounidenses. Era uno de los tipos más desagradables que he visto", dijo su amigo. "Pero invitaba a Win a su residencia cada domingo por la mañana para desayunar cuando ambos estaban en la ciudad. Eso es cercanía. Win podría echarle tierra a cualquier cosa."

La frase hacía eco —*Te lo habían ocultado tanto*— y Michael no se quitaba la idea de encima. En su conversación grabada con el tío Morgan, Michael presionó a su entrevistado.

"¿Entonces papá te dijo que fue un suicidio?"

"Sí."

"¿En la casa?", preguntó Michael.

"Ella tenía mucho tiempo deprimida", dijo Morgan. "Tú sabes que cuando una persona bebe ciertas cantidades y luego toma pastillas", continuó, "nunca sabes si en verdad están intentando cometer suicidio, o si no es intencional. Ella ya había sufrido una sobredosis. Además, el hecho de que cuando tomaba alcohol y abandonaba su medicina contra la tuberculosis empeoraba las cosas."

Una buena amiga de Paula había escuchado la misma historia. La hija de esta mujer, entonces una adolescente, recuerda que la hermana de Paula, Deirdre, fue a la Ciudad de México para el funeral. Deirdre "llevó a mi madre a la cocina y dijo: 'Mi opinión es que Paula se suicidó'. No creo que fuese difícil de creer puesto que mi madre lo sabía [el romance de Win con Janet Leddy]. Si apareas sus problemas de mujer con la realidad de 'Mi reemplazo está a la vuelta de la esquina' o beber en el bar, sería muy duro. Las mujeres sabemos estas cosas".

A cinco mil kilómetros, en un pueblo cerca de Dublín, la hermana más joven de Paula, una joven madre llamada Terry Murray Duffy, recordó el día en que recibió una llamada de la embajada de los Estados Unidos en la Ciudad de México.

"¿Hablo con la señora Terry Duffy? ¿Es usted hermana de Paula, la esposa de Winston Scott? ¿Hay alguien con usted?"

No había nadie.

"Siento informarle que Paula murió hace unas horas."

"Quedé abrumada e incapaz de hacer preguntas en ese momento", recordó Terry en una carta a Michael décadas después.

En ese momento, vivía en Irlanda. Su hijo, Gary, era productor de la BBC. Cuando recibió una carta de Michael, Gary la impulsó a responderla con tanto detalle como pudiese. Terry Duffy proveyó los detalles y también el dolor.

"Estaba segura de que llegaría una nota explicatoria de Win, pero nunca llegó", escribió. "No recibimos mensaje personal, ni los detalles de su muerte, cosa que a la familia le pareció dolorosa y descortés."

Terry contactó a otra hermana que vivía en África, y ella se sintió apabullada, como todos en la familia.

"Estuvimos convencidos, una convicción que nunca nos ha abandonado, de que las circunstancias de su muerte fueron en extremo sospechosas."

Meses más tarde llegó a casa de Terry en Dublín un baúl con los vestidos de noche de Paula. No había nota alguna de Win.

Cuarenta años más tarde, a Terry le ofendió la idea de que Paula pudo haberse suicidado. Dicha acción hubiese estado "fuera de tono con su personalidad y totalmente en contra de todos los preceptos de su educación católica", dijo Terry.

"Paula era un ser humano excepcional. Era extraordinariamente bella, cálida y cariñosa. Ofreció a sus hermanos mucho amor y fue siempre fiel a sus hermanos y amigos. Era muy perceptiva hacia los sentimientos y las necesidades de los demás. Tenía el feliz detalle de enviar mensajes afectivos a quienes la amaban; los telegramas eran su medio favorito. Reía mucho y muchos la adoraban. Se la llevaron muy joven de este mundo y su muerte dejó un vacío permanente en nuestra familia. Que su fallecimiento no ameritara una autopsia (hasta donde sabemos) ni una nota de Win fortaleció nuestras sospechas que el tiempo no ha eliminado."

Terry no era una paranoica. Nada sabía del trabajo de Win ni de Jim Angleton ni de los modos de la CIA. Dijo lo que habría dicho cualquier hermana amorosa bajo esas circunstancias. No, no era tan cercana a Paula como su otra hermana, Deirdre, pero no importa. Dijo, tardíamente, lo que nadie más quiso o se atrevió a decir. Nadie echó un segundo vistazo a las circunstancias

de la muerte de Paula porque Win era un poderoso espía norteamericano.

Michael absorbió los hechos incómodos. La repentina
muerte de su madre fue sospechosa, y también las acciones de
su padre. Todo lo que Michael pudo concluir fue que lo ocurrido la noche del 12 de septiembre de 1962 en la casona de
Reforma comenzó con el hecho de que Win ya no amaba a
Paula, y que ella lo sabía.

Más aún, Win ayudó a Janet Leddy, la amiga de Paula, quien
tuvo la fortuna de tener muchos hijos, a regresar a la Ciudad de
México. Y ahora Janet se divorciaba de su marido. Si, hipotéti-
camente hablando, Win le hubiera dicho a Paula esa noche que
quería el divorcio para casarse con Janet, ella pudo pensar que la
vida que conocía y quería estaba acabada. Bajo la influencia de
la ginebra y el seductor zumbido de los barbitúricos, ella pudo
concluir que matarse terminaría con su dolor al tiempo que
castigaría a Win por su traición.

Michael sólo estaba seguro de una cosa: de su único recuerdo
claro de los eventos en torno a la muerte de su madre. Su padre
se acercó a él una noche, al menos un día después de que Paula
había muerto. Lo abrazó, le dijo que su madre había muerto, y
lloró en la oscuridad.

BODA EN LAS LOMAS

Tras la muerte de Paula, Win se refugió en el trabajo y los números. Anne Goodpasture dijo que vio un hombre "muy angustiado". En sus memorias, Dave Phillips escribiría que a veces veía
a su jefe salir de la oficina "con un abultado portafolios con libros y abstrusas revistas de matemáticas que habían llegado en
el correo del día". Win sufría insomnio y le confió a Phillips que
lo sobrellevaba con estoicismo intelectual. Por la noche jugaba
bridge consigo mismo, pero sin naipes; lo hacía mentalmente y
jugaba hasta que le llegaba el sueño", dijo Phillips.

Su carga de trabajo era implacable. En octubre, el problema cubano condujo de nuevo a una crisis. Las fotos de vigilancia de los Estados Unidos confirmaron que las bases de misiles que se construían en el campo cubano estaban diseñadas para misiles nucleares soviéticos de largo alcance. Mientras el presidente Kennedy y sus asesores consideraban un ataque preventivo a Cuba, el Departamento de Estado envió un mensaje a todas sus embajadas en el mundo para informar a su personal sobre los últimos acontecimientos. Tom Mann convocó a una junta con sus altos mandos. Win no se presentó, dijo un asistente veterano del Departamento de Estado a Mel Proctor, un colega que había trabajado en la embajada en los años cincuenta. La percepción, dijo Proctor, fue que "él era arrogante, muy pagado de sí mismo y jugaba con sus propias reglas".

Pero dio resultados. A medida que transcurría la crisis, su amistad con los LITEMPO resultó valiosa. Mann quería saber qué posición tomaría México. El presidente López Mateos se había ido a Hawai, así es que Mann llamó a Díaz Ordaz. Quería saber qué iba a decir México públicamente. Díaz Ordaz respondió que México siempre había apoyado el derecho de Cuba de tener armas defensivas, pero resultaba claro que esos misiles eran armas ofensivas controladas por los rusos, lo cual amenazaba a los Estados Unidos y, en todo caso, a México. Díaz Ordaz llamó a López Mateos, quien declaró públicamente la misma opinión. La amistad de Win con ambos ayudó a asegurar declaraciones favorables a la posición de Washington.

En Washington, el presidente Kennedy presidió un equipo de consejeros profundamente divididos. Kennedy eligió no seguir el consejo de Dean Rusk, secretario de Estado, ni del general Lyman Lemnitzer, jefe del Estado Mayor, quienes querían invadir Cuba inmediatamente y deshacerse del problema de una vez por todas. Le dijeron que no debía temer a una guerra nuclear. Los soviéticos no pondrían a Moscú en riesgo por un aventurero barbado. En cambio, Kennedy tomó el consejo de su hermano Bobby y de otros que proponían comprar tiempo al establecer un bloqueo naval, nombrado diplomáticamente como una "cuarentena", en los mares alrededor de Cuba. Kennedy exigió al primer ministro soviético, Nikita Kruschev, que retirara los misiles. Kruschev se negó. Los estadounidenses no podían amenazar con guerra por los misiles en Cuba, tal como los soviéticos no lo hacían por los misiles norteamericanos en Turquía, dijo. Kennedy despachó a su hermano Bobby para decirle al embajador soviético en privado que no podría detener mucho tiempo a los generales que exigían una invasión a Cuba. Para evitar la guerra, Kruschev reculó. El 28 de octubre, anunció el retiro de los misiles.

La carta de concesión que Kruschev escribió ese día a Kennedy, era un elogio indirecto a la efectividad de las operaciones de David Phillips, haciendo patente el efecto estratégico del audaz trabajo del hombre de la CIA y confirmando su invisible influencia en la política sobre Cuba de la administración de Kennedy. En la carta, el líder soviético intentó justificar la introducción de los misiles en Cuba al referirse al ataque del DRE al Sierra Maestra en agosto. Le dijo a Kennedy que la Unión Soviética había ayudado a Cuba sólo

porque los cubanos estaban constantemente bajo la amenaza de una invasión. Una nave pirata había bombardeado La Habana. Se dice que este bombardeo lo había realizado un grupo de irresponsables emigrantes cubanos. La pregunta, sin embargo, es desde dónde dispararon. Es un hecho que estos cubanos no tienen territorio, son fugitivos de su propio país y no tienen modo de conducir operaciones militares.

Esto significa que alguien puso en sus manos estas armas para bombardear La Habana.

Los argumentos de Kruschev no eran enteramente convincentes. Después de todo, él había persuadido a Castro de aceptar los misiles en mayo de 1962, tres meses antes del ataque del DRE que llegó a las primeras planas. Pero Kruschev tenía razón en que el ataque al hotel reveló la realidad de la política de los Estados Unidos hacia Cuba. David Phillips no puso literalmente las armas que se utilizaron en el bombardeo al hotel en las manos del DRE. (Un joven militante, José Basulto, compró el cañón a trescientos dólares en una casa de empeño de Miami.) Pero Phillips había reclutado, financiado, administrado y apoyado al DRE como instrumento con el propósito de promover la política de los Estados Unidos para derrocar a Castro. El ataque al hotel señaló la existencia de una facción en la administración de Kennedy que pretendía tomar acciones violentas y subversivas contra el régimen comunista más allá de lo que deseara la Casa Blanca. Éstos eran los hombres que Kruschev y Castro buscaban disuadir con las armas más poderosas a su disposición.

Phillips no había terminado con sus acciones encubiertas para que se tratara con mano más dura a Cuba. Una semana después, el DRE obtuvo de nuevo la atención de Kennedy, no con un cañón, sino con un encabezado sensacionalista en la primera plana del *Washington Star,* el periódico de mayor circulación en la capital: "Exiliados Dicen que Hay Misiles Ocultos en Cuevas Cubanas / Refugiados Dan Ubicación de 7 Sitios Camuflados para Cohetes". El reportero Jerry O'Leary Jr. citaba fuentes del DRE que informaron que algunos de los misiles soviéticos en Cuba no habían regresado a la Unión Soviética, sino que fueron escondidos en instalaciones subterráneas. Luis Fernández Rocha, secretario general del DRE, había visto dos de los sitios y recibió información de primera mano sobre otros, según la nota del *Star.* "El mundo libre está a punto de ser víctima de una nueva treta de la Unión Soviética", declaraba el DRE. "Tenemos en mano suficiente información sobre la existencia en territorio cubano de bases para misiles como los que causaron la presente crisis y algunos incluso de mayor rango en las instalaciones subterráneas que no pueden ser fotografiados por aeronaves de reconocimiento." La primicia de O'Leary sugería que de nuevo habían engañado a Kennedy, que la crisis de los misiles no había terminado.

O'Leary se mantuvo cerca de David Phillips. Era un bebedor, un auténtico ex coronel de los marines que se había vuelto periodista para dar salida a sus convicciones políticas conservadoras. Se habían conocido en Chile una década antes cuando Phillips se hacía cargo del *South Pacific Mail* y O'Leary era un errante corresponsal extranjero. Renovaron su amistad en los preliminares de Bahía de Cochinos cuando hablaron sobre la política cubana y lo que John F. Kennedy haría con respecto a Cuba. "Nos caíamos bien y cenábamos juntos y éramos amigos", dijo Phillips en una declaración bajo juramento.

"Eran buenos amigos", dijo Maria O'Leary, la viuda de Jerry, en una entrevista. Negó las acusaciones publicadas en los años setenta de que su marido hubiera aceptado dinero de la CIA. "Nunca fue un informante pagado", dijo. "Tenía información que le pasaba a la gente de la CIA y ellos, a su vez, le daban información."

La nota de O'Leary, basada en información de los jóvenes cubanos favoritos de Phillips, molestó al presidente Kennedy. En una reunión de su Consejo Nacional de Seguridad, Kennedy interrumpió la discusión sobre la respuesta a la última carta de Kruschev acerca de la situación en Cuba para exigir una explicación a John McCone. El director de la CIA dijo que habían entrevistado a las fuentes de la nota, pero que no sabía nada más. (De hecho, no habían entrevistado a los líderes del DRE citados en la nota, ni lo harían durante esa semana.) Kennedy sugirió tranquilamente a McCone que hablara con los editores del *Star* y otros periódicos y les dijera que consultaran dichas notas con el gobierno antes de publicarlas.

El programa del DRE continuó presionando a la Casa Blanca. Pocos días después, Luis Fernández Rocha apareció en el *Today Show*, de difusión nacional, y repitió la acusación de que los cubanos habían escondido misiles nucleares en cuevas. En la Casa Blanca, Kennedy estalló. Ordenó a la CIA que interrogara a cada refugiado cubano que estuviese haciendo declaraciones sobre armas en Cuba. "Es natural que los refugiados intenten armar su versión para obligarnos a invadir", se quejó. "Debemos hacer ver a la gente que los refugiados no tienen evidencia que nosotros no tengamos. Dichas declaraciones, de continuar, pueden armar un problema incontrolable."

Como siempre, Dick Helms hizo que la voluntad del presidente fuera consistente con la agenda de la CIA. Se las arregló para reforzar el control de la agencia sobre el Directorio Revolucionario Estudiantil. Convocó a los líderes Luis Fernández Rocha y José Lasa de Miami y los reprendió de modo tal que un asistente dijo que "los puso como palo de gallinero". El subdirector los hostigó para que revelaran sus fuentes sobre la historia de los "misiles en la cueva". Les dijo que "quería acordar un modo algo distinto de hacer negocios". Quería una "colaboración razonable", la que sería manejada por un nuevo contacto, les dijo.

"Este nuevo hombre podrá acudir a mí para aclarar cualquier duda sobre la relación", dijo a los jóvenes cubanos. Dijo que entendía las razones de su preocupación por considerar que la política de Kennedy era débil. La política hacia Cuba, dijo, está revisándose, y que tomaría un mes aclarar el futuro de la política norteamericana.

El nuevo hombre asignado al programa DRE/AMSPELL era un prometedor funcionario de cuarenta años llamado George Joannides. Abogado y periodista de la ciudad de Nueva York, era un protegido de Tom Karamessines, el asistente que gozaba de la confianza de Helms. Cuando Joannides reemplazó a Ross Crozier como el oficial a cargo del DRE en Miami a finales de noviembre de 1962, trabajaba como jefe adjunto de operaciones de guerra psicológica en Miami. Se presentó ante los estudiantes cubanos como "Howard." Su responsabilidad era mantener a los chicos del DRE bajo control, tal vez a nombre de David Phillips, el especialista en guerra psicológica por excelencia.

En la Ciudad de México, Win hizo saber que él y Janet Leddy se iban a casar en diciembre. El anuncio, enviado a un selecto grupo de amigos, decía que la ceremonia se celebraría en casa de Paul Deutz, un alto y atractivo descendiente de una familia méxico-estadounidense propietaria de una siderúrgica. Su esposa, Dorothy, y Janet eran mejores amigas. Tom Mann se enteró unos pocos días antes del evento y palideció ante este acontecimiento tan público de la vida privada del jefe de la estación. Para muchos dentro y en torno a la embajada no había pasado la sacudida de la muerte de Paula. La noticia de que Win volvía a casarse tan pronto era otra sacudida, y el hecho de que se casara con Janet Leddy, a quien la mayoría todavía conocía como la esposa de Ray, el colega de Win en el Departamento de Estado y supuesto amigo de muchos años, resultaba incluso más difícil de asimilar. "Dañó la reputación de Win", dijo Bill Pryce, el ex asistente de Mann. "Era repugnante."

Brian Bell, el agregado de prensa en el Servicio de Información, quedó estupefacto. Él no sabía que Janet Leddy había abandonado a su marido, sólo que Ray Leddy había dejado México antes de terminar sus labores. "Fue terrible porque era uno de los funcionarios más competentes que conocí en el servicio exterior", dijo Bell. Cuando Bell escuchó que Win y Janet se casaban, supuso que el empleo de Win estaba en riesgo. "Todos pensaban que iban a transferir a Win porque era muy embarazoso", dijo.

Las mujeres del Club de Golf Chapultepec se sintieron más ofendidas. ¡Qué descarado!, exclamaban entre sí. ¡Qué descarada! Cada día extrañaban a Paula y su pérdida les hacía detestar la presencia de Janet Leddy con el marido de Paula. Era una comehombres, dijo una a su hija. Tenía años detrás de Win. "Es como Hamlet", se lamentó. "¿No podían esperarse?" Otra mujer reprobó la elección de Win, creyendo que Paula se había suicidado. "Es como si se casara con el motivo."

En Carlisle, Pennsylvania, Ray Leddy contraatacaba. En respuesta a la demanda unilateral de divorcio de Janet desde Florida, contrató a Eddie Hidalgo, un prominente abogado de la Ciudad de México que había sido su compañero en la Xavier High School en la ciudad de Nueva York en los años treinta. Demandó a Janet en un juzgado mexicano por "abandono de hogar". Exigió la custodia de sus cinco hijos. También apeló, a través de amigos en el Departamento de Estado, para que transfirieran a Win de vuelta a los Estados Unidos. Para hablar con Tom Mann, en la Ciudad de México, enviaron a Mel Proctor, que entonces trabajaba en la división de Asuntos Interamericanos del Departamento de Estado en Washington. "Le hice ver que Ray Leddy quería acceder a sus hijos y que nos preguntábamos si Win no tendría ya mucho tiempo en México. Es una preocupación legítima del Departamento de Estado." Mann dijo a Proctor: "Es más fácil que me saques a mí de México a que saques a Win Scott". Win se quedó. Mann dijo a otro amigo del Departamento de Estado que temía que el conflicto entre Win y Ray terminara con una "explosión".

Win, sin perturbarse en lo más mínimo, ignoró a su ex amigo y se hizo cargo de su futura esposa. No era de los que pierden tiempo en su camino al altar. Treinta años antes, cuando era estudiante de preparatoria y llevó a casa a Besse Tate para que conociera a sus padres, había exigido a su padre que hallara al juez de paz a medianoche. No quería esperar y no lo haría. Doce años después, cuando ascendía rápidamente en el nuevo servicio de inteligencia de los Estados Unidos, insistió a Paula que se casara con él menos de un mes después de haber firmado los papeles en la oficina del abogado de Besse. En las ocasiones en que Win no tenía una pareja para cortejar y enamorar, la vida perdía su significado, y el mero paso del tiempo vacío afligía su alma.

Ahora que Paula ya no estaba, Win no podía posponer que Janet fuera su esposa. La novia, por su parte, no estaba interesada en una ceremonia grande o elaborada. Quería lo que Win quería. Sí, quería casarse de inmediato por los hijos. Durante más de un año se habían estado mudando de casas a departamentos rentados, de escuela en escuela. Win podía ser un buen padrastro. En cuanto a los arreglos de la boda, acudió a su buena amiga Dorothy Deutz. Dorothy y Paul tenían una hermosa casa en la aristocrática colonia de Lomas de Chapultepec en la Ciudad de México. Dorothy sabía ser anfitriona, arreglar el estacionamiento, conseguir el banquete, atiborrar el bar. Win haría la lista de invitados.

Win tenía pensada una ceremonia fastuosa y práctica a la vez. Quería un evento que fusionara su poder personal y político, que impresionara al mundo y gratificara a su nueva esposa. Su primera jugada ocurrió tal vez en uno de sus desayunos en Los Pinos, cuando invitó a López Mateos como padrino de bodas, un detalle que hablaría de que el presidente era el más cercano de sus amigos. López Mateos aceptó. Díaz Ordaz dijo que asistiría, al igual que el resto del gabinete.

Cuando Tom Mann se enteró de los planes de boda de Win, se negó a ir. El embajador era un hombre correcto y conservador, y no le interesaba secundar el descarado comportamiento de éste asistiendo a la ceremonia. En todos los aspectos de su vida se apoyaba en la sensibilidad de su esposa, Nancy. Ella estaba tan ofendida como las otras mujeres alrededor de la embajada por las noticias de las inminentes nupcias de Win. Pero cuando Mann supo que López Mateos iría, tuvo que reconsiderarlo. Si el presidente estaba ahí, el embajador norteamericano no podía permanecer fuera. Mann decidió que debía asistir.

Win tenía la habilidad de salirse con la suya, lo cual significa que tenía la habilidad de acumular y conservar el poder. Y nada conservaría mejor su momento de poder como la película casera de dieciséis milímetros de su boda, la cual recuperó Michael en un armario de la Ciudad de México décadas después. La ceremonia civil fue un despliegue orquestado de poder que Win deseaba capturar en imágenes para el recuerdo.

Cuando llegó el día de la boda, 20 de diciembre de 1962, Win contrató a un camarógrafo desconocido para que deambulara entre los invitados. En diez minutos de celuloide, alternadamente granosa, sombría y chillona, la cámara Kodak capturó la desenvoltura y el estilo del apogeo de Win. Para Michael, la película casera era un recuerdo familiar. Cuando la mostró a amigos mexicanos, comprendió que también era un documento político de gran magnitud, un vistazo revelador del secreto poder gringo en el México de mediados del siglo xx.

Mann fue el primero en llegar, al menos en la versión fílmica. Una ristra de invitados, sobre todo amigas de Janet, habían llegado más temprano, pero el camarógrafo, tal vez por instrucciones de Win, no filmó su entrada. Mann llegó arreglado con traje y corbata de moño acompañado por Nancy, que vestía un fino vestido de seda negro y esmeralda. Se estrecharon manos con Paul y Dorothy Deutz, quienes daban la bienvenida en la puerta. Win y Janet, también deambulando por la entrada, los escoltaron hacia la línea de recepción. Win y Janet formaban una pareja digna. Win estaba vestido con su acostumbrado traje oscuro y camisa blanca; Janet llevaba un vestido blanco de lentejuelas y aretes centellantes. Si ella parecía seria, él lucía casi lóbrego, como si estuviese trabajando, cosa que, por supuesto, estaba haciendo. La casa era moderna y elegante, con muebles viejos y nuevos que reflejaban el hecho de que los Deutze tenían dinero y buen gusto. Pero para cualquiera que conociera la naturaleza del trabajo de Win —y más de unos pocos lo sabían— el evento tenía un aire de desfachatez.

Nadie podría apreciar o preocuparse más por la audacia de Win que Dave Phillips. En la película, puede vérsele con Helen frente a un enorme armario de madera que exhibe una variedad de figuras de porcelana. También ellos hacían una atractiva pareja. Su traje oscuro, camisa blanca y angosta corbata plateada, con un pañuelo blanco asomándose por el bolsillo del pecho, hacía resaltar el vestido decorativo de ella, de rayas blancas y negras, con un collar sencillo de perlas en torno al cuello. Pero él no se veía relajado, y miraba la cámara con cautela. Era, después de todo, un espía, un especialista en propaganda, un hombre avezado en conseguir furtivamente imágenes e información, y aquí estaba, por pura lealtad al jefe, exponiéndose ante una cámara. La serena mirada de sus ojos centellaba con la conciencia de la vulnerabilidad. No era de extrañar que Helen luciera más tranquila, su identidad no estaba siendo traicionada por la zumbante cámara del amor temerario de Win.

Un fotógrafo chaparro hacía rondas, tomando fotos de los invitados. Ahí estaba Benito Coquet, director del IMSS, a cargo de distribuir pensiones a decenas de millones, parado tímidamente a un lado. Sería considerado uno de los presidenciables. Había un pulcro funcionario con facciones indias asintiendo ante el embajador Mann. Ahí estaba Carlos Trouyet, propietario de una empresa telefónica y uno de los hombres más ricos de México, regordete, astuto, sonriendo junto a las escaleras. Construyó el hotel de lujo Las Brisas en Acapulco, que ayudó a convertir ese modesto pueblo de descanso junto al mar en el sinónimo del glamur global. Llevaba en la solapa una insignia con diamantes. Nancy Mann, sentada en el descansabrazos de un sillón, lucía más vieja, sencilla y sabia que las mujeres elegantes con cejas depiladas que la escuchaban.

"Teníamos personal del servicio secreto a montones porque cada ministro traía su propio séquito", recordó Paul Deutz en una entrevista. "Cuando todo el gabinete estuvo presente y fue hora de que llegara el presidente, lo hizo sin escolta y en su Porsche personal. Era un fanático de los autos. No llevaba chofer."

López Mateos llegó y el brillo de los flashes tiñó de verde la película por un momento. Win caminó justo a su lado, manos en los bolsillos, su despreocupado modo de andar que cedía la atención al presidente, pero también se anunciaba como un discreto compadre de su honorable invitado. El rostro de López Mateos, arrugado por las presiones del poder, trazó una cómoda sonrisa ante la vista de caras conocidas. Cuando Win lo presentaba con quienes no conocía, él asentía con vigor y pronunciaba palabras que provocaban sonrisas.

Justo detrás de ellos venían Díaz Ordaz y Janet, caminando lado a lado pero sin mirarse, cada uno acostumbrado a un papel secundario junto a esos destacados hombres. Janet lo conducía hacia los invitados que acababan de conocer al presidente. Díaz Ordaz extendía una mano tentativa y su tímida sonrisa revelaba una desafortunada dentadura de conejo.

Y así se capturó en película la esencia de LITEMPO, una operación ultrasecreta de la CIA. Como seguramente sabía Dave Phillips, Win estaba violando cada regla del oficio de espionaje. Desde su primer día de servicio, a estos hombres se les había enseñado que revelar sus verdaderos nombres y la verdadera naturaleza de su relación amenazaría la propia seguridad nacional de los Estados Unidos. Cada día, él y Win y los muchos funcionarios que les reportaban se esmeraban en precauciones para evitar que los vieran con sus agentes. El protocolo de la estación prohibía reuniones en público. Incluso cuarenta años después, cuando ya había muerto mucha de la gente que estuvo en el salón de Paul Deutz ese día, la identidad de López Mateos como LITENSOR y de Díaz Ordaz como LITEMPO-2 continuaba censurada en documentos abiertos al público. A capricho de Win, se abandonó todo el profesionalismo en la puerta de Paul Deutz. El oficio, aparentemente, importaba menos que el amor y el poder.

La ceremonia fue solemne. Win y Janet, flanqueados a la derecha por López Mateos y Díaz Ordaz y a la izquierda por Paul Deutz y George Munro, estaban de pie frente al juez. El porte de Win era erecto e inmóvil, sus ojos miraban con expresión dura. Janet miró de reojo hacia la cámara con el esbozo de una sonrisa, como pensando que el asunto era gracioso, acaso divertido, y que se divertiría del modo que pudiera. Se intercambiaron votos. Si hubo un beso, la cámara no lo registró. Win firmó el acta matrimonial, luego Janet tomó la pluma, en seguida López Mateos garrapateó su nombre con una rúbrica y alzó la vista con sonrisa de satisfacción, dos matrimonios, uno entre hombre y mujer, el otro entre los poderes mexicano y estadounidense, se habían consagrado. La fiesta comenzó.

Una rubia despampanante, una artista amiga de Janet, quien también coordinaba una clase de ejercicios para las mujeres de Las Lomas, se acercó a darle un beso a ella y a Win. Janet se dio la vuelta para presentarla al presidente.

"Es mi amiga Gudrun Edwards", dijo. "Es de Suecia y es escultora."

López Mateos echó un vistazo al vestido escotado de Gudrun, a sus hombros de alabastro desnudos y cuello flexible con un collar de diamantes, y objetó cordialmente.

"No", dijo a Janet. "No es una escultora. Es una escultura."

Win conversó con Carlos Trouyet, luego con Mann. Dave Phillips intentó salir del alcance de la cámara cuando se acercó de nuevo. En el sofá, López Mateos coqueteaba con Gudrun, alzaba su mano, los dedos entrelazados como si sostuviera un objeto precioso para inspeccionarlo, y ella reía con recatado placer.

"La reunión fue relativamente pequeña, pero me pareció que todo salió bien y el presidente se la pasó de maravilla", dijo Paul Deutz. "Humberto Romero, su secretario personal, se la pasó diciéndole que era hora de ir a una reunión de gabinete. Finalmente él le dijo a Humberto que se adelantaran y él los alcanzaría después. Con eso se marchó casi toda la seguridad, y el presidente se quedó otras dos horas y disfrutó su champaña y sus cigarros Delicados."

Cuando López Mateos hizo su salida en la cinta, todos los ojos estaban sobre él. En el marco de la puerta dio un abrazo al embajador Mann y habló de algo serio. Mann rió, tal vez demasiado de buena gana. Win, parado en el vestíbulo, atrajo al presidente a su pecho para un abrazo de hombres y luego lo escoltó afuera. Cuando volvió unos minutos después, el salón comenzó a relajarse. Se sirvió el bufet. En lo que los invitados extendían los platos para recibir montículos de puré de patatas, la película terminó.

Décadas después, Michael pudo ver con placer las secuencias de la boda, sólo para solidificar los recuerdos a veces tenues de su padre o para empaparse de los detalles del estilo sesentero: los peinados abultados y los despreocupados fumadores, las cejas depiladas y corbatas angostas. Podía analizar sus implicaciones para la política mexicana, o, como cineasta, podía apreciar que el camarógrafo desconocido tenía una mano firme y tal vez alguna experiencia detrás de la lente. Pero como muchas cosas en la vida de su padre, había algo en la cinta que no terminaba de cuadrar.

¿Por qué montaría Win una escena tan extravagante?, se preguntó. ¿Para qué alardear sobre su amistad con López Mateos y Díaz Ordaz frente al mundo? Todo lo que Michael sabía sobre Win sugería que trabajaba sin duda para la CIA, que ansiaba la aprobación de Allen Dulles y trabajaba hasta tarde por las noches para Dick Helms. Podía tener sus inseguridades privadas, pero no desobedecería las reglas y prácticas de la agencia irresponsablemente o por vanidad. La película casera, por sí misma, no revelaba su relación secreta con las autoridades mexicanas. Pero el artículo que apareció cuatro días más tarde, en la Nochebuena, en la sección de sociales del *Excélsior*, el periódico del la clase política mexicana, sin duda atrajo la atención hacia su amistad.

"Enlace de Janet Graham y Winston MacKinley Scott", declaraba el encabezado sobre una foto de los novios chocando las copas con López Mateos. El pie de foto notificaba que el presidente del país había sido testigo en la boda gringa.

Michael podía entender por qué López Mateos querría hacerle un favor a su amigo estadounidense. Lo que no entendía era por qué Win pondría en riesgo su relación secreta con el presidente al publicar su amistad en las páginas sociales. Eso no parecía darle ninguna ventaja política ni de inteligencia.

Nunca le halló sentido al espectáculo de la boda hasta que escuchó la explicación de Bill Pryce, el entonces asistente de Tom Mann. Pryce pudo haber sido un ayudante con cara de melocotón en 1962, pero con el tiempo llegaría a ser embajador. No le faltaba la visión de los motivos de los hombres en el poder. Pryce dijo en una entrevista que Win montó el espectáculo de la boda para fortalecer a Janet en su batalla por la custodia contra Ray Leddy.

"Recuerda, la ley estaba del lado de Ray", explicó. "Esto era México. Se suponía que el padre tenía el derecho sobre los hijos. Win lo sabía, por eso se las arregló para que López Mateos fuera el testigo. De modo que si el caso de Ray se llevaba a un juzgado mexicano, Win podría enseñar el certificado matrimonial al juez. El juez vería la firma del presidente y no se atrevería a cuestionar los derechos de Win como padre y esposo. La boda se montó para mostrar cuán poderoso era Win." López Mateos y Díaz Ordaz tal vez se sintieron halagados por la invitación, dijo Pryce, pero no tenían la opción de negarse. "Win podía hablarles sobre los soviéticos y los cubanos. Él tenía el dinero y la información."

En otras palabras, Win había desplegado su poder político al servicio del deseo de Janet de conservar a sus hijos.

"Me pareció poco profesional utilizar su posición para un asunto personal como ése", dijo Pryce. "Era todo un aventurero, un embaucador."

Michael no podía ser tan crítico. El descaro de su padre había forjado la familia que tendría para el resto de su vida. El matrimonio con Janet le dio la madrastra que reemplazaría a Paula, así como la compañía de cuatro hermanos y una hermana. Michael recuerda haber pasado esa Navidad en una casa rentada en Cuernavaca; los hijos de Janet lo invitaron a su habitación una noche para darle la bienvenida como su nuevo hermano. Gregory Leddy, el mayor, tenía un recuerdo más específico. Tras todos los cambios del año anterior, quería asegurarse de que la nueva familia funcionara. Recuerda haber ido a la casa de Cuernavaca cuando su madre seguía en la ciudad. Un día antes de Navidad, ella le llamó. "'Gregory, quiero que sepas que tengo que casarme con el señor Scott', dijo ella."

"Yo pensé: '¿Qué?'", recuerda Gregory. "Creo que dije: '¿Tienes que casarte?'. Ella dijo: 'No, quiero hacerlo'".

"Creo que dije: '¿Por qué?' Ella dijo, 'Porque lo quiero mucho'".

A diferencia de su hermano John, quien estaba herido y desconcertado por la pérdida de su padre, Gregory recuerda haber estado ansioso por complacer a su madre. En la Nochebuena, el día en que la boda apareció en el *Excélsior,* Win y Janet fueron a Cuernavaca en su Mercury negro. Cuando llegaron, Janet les dijo a sus hijos que salieran a ayudar a su padrastro. Gregory corrió afuera. Hasta entonces siempre había llamado "señor Scott" al amigo de su madre. Win abrió la cajuela del auto. Estaba llena de regalos de Navidad.

"Dije: 'Hola, Scottie'", recuerda Gregory con una sonrisa. "Fue la primera vez que lo llamé así. Le encantó. Se derritió por completo."

"PUDIMOS TENER UN *SIETE DÍAS DE MAYO*"

Un día alrededor de la fecha de la boda, Win entró en la oficina de Dave Phillips y cerró la puerta. "Voy a decirte algo que no debes decir a nadie", susurró el jefe de estación de cabellos plateados.

Phillips asintió resueltamente.

"Si se lo dices a alguien, te mato", dijo Win.

Phillips, de pronto alerta y curioso, asintió de nuevo.

"He estado leyendo sobre un concurso de poesía en los Estados Unidos", tartamudeó Win. "Hay un premio nacional para el mejor libro inédito de…"

Phillips vio que su jefe se sonrojó.

"…poemas de amor."

Phillips dijo que Win arrojó un manuscrito sobre su escritorio. Quería su opinión. Phillips leyó los poemas y le recomendó que participara en el concurso. Pocas semanas después Win apareció en la oficina de Phillips y le dio un libro delgado. "Gané el premio", gruñó. "Gracias." La solapa del libro, escribiría Phillips, "revelaba que el poeta, un desconocido, había ganado uno de los premios literarios más prestigiosos de Estados Unidos. Cumplí con mi palabra y no revelé que el laureado era jefe de estación de la CIA."

Es una bonita historia. Pudo haber ocurrido. Pero Win nunca ganó un premio literario, ni prestigioso ni de poca monta. O Win mintió o Dave exageraba o ambas cosas. El poemario de Win, *Mi amor*, fue publicado por Dorrance, una editorial de Filadelfia que atendía a determinados autores que carecían de otras posibilidades de publicación. El "concurso" al que Win se refirió, tal vez era el anzuelo para autores nóveles que deseaban ver su nombre impreso. Lo normal era que los autores recibieran cien o mil ejemplares y tuvieran que venderlos ellos mismos. No se sabe cuántos compró Win, pero es cierto que *Mi amor* se registró en la Biblioteca del Congreso la semana después de la boda de Win y Janet. Win le dio el primer y más importante ejemplar a su nueva esposa como regalo de bodas mientras pasaban con sus seis hijos una satisfactoria, aunque caótica, primera Navidad en Cuernavaca.

Michael podía perdonar a Win por exagerar sus logros literarios. El libro de Win, después de todo, había ganado el premio que más le importaba: el amor y cariño de Janet. Los lectores del libro no iban más allá de la familia, lo cual no importaba a Michael, dado su contenido a veces embarazoso. En todos los años que el libro estuvo en su estante, apenas lo había hojeado. Y no estaba solo en su reticencia. Anne Goodpasture aceptó que ella ni siquiera abrió su ejemplar.

La anécdota de Phillips sobre la pasión privada de Win indicaba que había obtenido la confianza personal de éste. No era logro pequeño para un hombre que buscaba progresar. Phillips se había ganado una sólida reputación como operador de misiones ultrasecretas en Guatemala, La Habana y Miami. Impresionó a todos los que lo conocieron en la Operación Zapata. Era enérgico y astuto, un aspirante a escritor, un actor amateur con el papel de espía en la vida real. Win era menos deslumbrante pero tenía el tiempo de su lado. Había esquivado los cohetes de Hitler en las calles de Londres, ayudó a desenmascarar a Philby, se encargó de la división de Europa Occidental, trabajó como inspector general en Washington y estaba a cargo de la estación de la Ciudad de México desde hacía más de cuatro años, el límite usual para esos cargos. Phillips se veía como jefe de estación, y tal vez más. Desde el punto de vista de Dick Helms, en la silla de subdirector, Win y Dave hacían una pareja natural, un veterano experimentado junto con una estrella naciente. Phillips tenía la rienda suelta dentro de los límites del vigilante control de Win sobre cada aspecto de las operaciones de la estación.

Nadie hubiese imaginado que con el tiempo la sociedad de Win Scott y Dave Phillips vendría a tener un papel principal en la tremenda falla de inteligencia, aún bloqueada por la confidencialidad de la CIA cuatro décadas más tarde, que culminaría en el asesinato del presidente Kennedy en Dallas el 22 de noviembre de 1963.

Para Michael, entender el rol de su padre en una catástrofe nacional era parte de la misión. Para él, personalmente, 1963 tenía sobre todo recuerdos divertidos de la dinámica de una nueva familia. Luego de que Win y Janet se casaron en diciembre de 1962, la tristeza del fallecimiento de Paula quedó atrás ante la aparición de cinco hermanos y una madrastra audaz. Dave y Helen Phillips y sus hijos habitaban los felices recuerdos de la feliz infancia de Michael. Como Win y Janet, los Phillips inscribieron a sus hijos en el Greengates, una escuela privada en Las Lomas con maestros expatriados angloparlantes. Maria Phillips, de trece años, era la mayor y, como su madre, era deslumbrantemente bella. Era compañera de clases del nuevo hermano de Michael, Gregory Leddy, quien acababa de cumplir catorce. David Phillips Jr., apodado Buzzy, tenía diez. Otra niña Phillips, Atlee, era amiga de la otra niña Leddy, Suzanne. Michael estaba en segundo año, igual que su nuevo hermanastro George Leddy. Su vida como hijo único de una madre solitaria y padre trabajador cambió por la del barullo diario de seis niños en busca de comida, atención y aventuras.

A David Phillips, Michael lo recordaba como padre de sus compañeros y amigo de la familia. No tenía mucho interés en investigar las teorías de quienes escribían sobre John F. Kennedy y pensaban que Phillips tuvo una participación en el asesinato. Su interés era más personal. Desde el principio, su búsqueda para conocer más sobre la vida profesional de su padre se había impulsado en gran medida por ese hecho singular: *las memorias inéditas de Win tenían un capítulo sobre Oswald, y la agencia lo había incautado.* Como cineasta podía distinguir un giro en la trama, y esto era algo extraordinario. Michael no tenía deseo de implicar (o exculpar) a su padre (ni a David Phillips ni a nadie) en hechos trascendentes y truculentos. Sólo quería ubicar a Win en la historia del asesinato de Kennedy: ¿qué vio, qué escuchó, de qué habló y qué hizo cuando la tragedia se acercaba?

Lo que Win no conocía a finales de 1963 eran los detalles de las operaciones de David Phillips contra Castro fuera de México. Win no figuraba en esas historias, pero dichas operaciones eran esenciales para entender el papel de Win en los eventos que condujeron al asesinato de Kennedy.

Win admiraba a Phillips casi sin reparos. "Es el más extraordinario oficial de acciones encubiertas con el que este funcionario ha trabajado", escribió Win en su evaluación del trabajo de Phillips en abril de 1963. Su desempeño había sido "superior en todos los aspectos". Desde sus primeros días bajo el tutelaje de Kim Philby y Norman Holmes Pearson, Win entendió que la clave para manejar agentes era la sensibilidad psicológica, y Dave Phillips la tenía. "Su completo entendimiento de los seres humanos, combinado con un profundo conocimiento de las técnicas de acciones encubiertas y su dominio del español lo hacen inusualmente valioso." Anne Goodpasture vio que crecía una "estrecha amistad" entre el espía poeta y el ex publirrelacionista. Dijo que Win intentó promover a Phillips al puesto de jefe adjunto de estación a principios de 1963. Pero Helms, que tenía otros planes para Phillips, vetó la idea.

Tras la crisis de los misiles, el asunto cubano daba un nuevo giro. Kennedy pudo forzar a Kruschev a recular en cuanto a los misiles, pero Castro, pese a sus temores y diatribas, emergió más fuerte que nunca. El hecho de que los Estados Unidos no hubiesen atacado a Cuba, pese a la provocación de los misiles, sugirió a muchos que la administración de Kennedy tenía una política de facto de coexistencia con La Habana. En el Departamento de Estado y en la Casa Blanca discutieron las posibles ventajas de aprender a vivir con Castro, pero la vasta mayoría de hombres y mujeres en los niveles superiores de la CIA y el Pentágono rechazó la idea de darle cabida al comunismo en el hemisferio occidental.

Los Kennedy reorganizaron una vez más las operaciones de la CIA en Cuba. Helms aceptó traer a Desmond FitzGerald, director de la división del Lejano Oriente de la agencia y amigo de la familia Kennedy, para supervisar un nuevo componente dentro de la CIA con el anodino nombre de Grupo de Asuntos Especiales (SAS), dedicado exclusivamente a derrocar a Castro. En el Departamento de Estado se estableció el Comité Coordinador de Cuba para orquestar una ofensiva diplomática.

Al Estado Mayor Conjunto se le pidió que desarrollara planes de contingencia para la intervención militar en Cuba. Inspirados por el exitoso manejo de la crisis de los misiles, los hermanos Kennedy establecieron un comité ejecutivo de altos mandos de todas las agencias nacionales de seguridad para encargarse de Cuba. El Ex-Comm, como lo bautizaron, sería estrictamente secreto. Nada de asistentes ni subordinados en las reuniones. "Desatar" a los exiliados no era una solución, dijo públicamente John F. Kennedy. En privado, su hermano intentaría él mismo derribar a Fidel Castro. En sus momentos más arrogantes, Bobby se consideraba "segundo comandante en jefe", el hombre que forjaba la nueva política hacia Cuba y tal vez su propia presidencia futura.

Helms envió al nuevo jefe del SAS, Desmond FitzGerald, a dar la nueva orden de batalla a los hombres y mujeres en el campo. Viajó a la Ciudad de México, donde bebió brandy con David Phillips y le informó que lo habían promovido a nuevo jefe de operaciones cubanas, con autorización para montar en todo el hemisferio occidental operaciones para deshacerse de Castro. El siempre cortés Win mandó pedir una charola de plata grabada como regalo para FitzGerald; Anne Goodpasture se hizo cargo del envío.

En sus memorias, Phillips daría al director de la CIA, John McCone, el crédito por su nuevo puesto, y con su característica tendencia a la desorientación, dejaría fuera de su narración a Dick Helms, su benefactor. Cuando terminó la crisis de octubre, McCone tuvo otra "astuta premonición", escribió Phillips. "Le preocupaba que el acuerdo con Kruschev —la promesa de Kennedy de que los Estados Unidos no se meterían con Cuba— dejaría a Fidel Castro en una sólida posición para impulsar la revolución en otros países de Latinoamérica." Según Phillips,

en el área de Miami, en otras ciudades de Florida e incluso en Washington".

Cuando estos planes salieron a la luz treinta años después, algunos reporteros y analistas de inteligencia los caracterizaron como escenarios de "Los policías de Keystone", es decir, de estupidez burocrática. Nada podía estar más lejos de la verdad. Como menciona James Bamford, no eran ideas ociosas sino planes aprobados por los líderes militares del país. Estaban cerca de convertirse en política oficial. Se consideraron planes preliminares con la expectativa de que se desarrollaran con más detalle.

El presidente Kennedy no tenía mucho apetito por esas "operaciones pretexto", como se les conocía. Tampoco el secretario de defensa, Robert McNamara, quien vetó las propuestas Northwoods. Cuando Lyman Lemnitzer, el presidente del Estado Mayor Conjunto, presionó para que se reconsideraran "planes para crear un pretexto plausible para el uso de la fuerza" en una reunión en marzo de 1962, el presidente lo interrumpió. "No estamos discutiendo el uso de la fuerza militar", espetó. La ira de Lemnitzer contra la política de Kennedy lo volvió inútil para McNamara, y fue destituido de la presidencia del Estado Mayor Conjunto ese mismo año. Sin embargo, según Bamford, continuó la planeación de las operaciones pretexto bien entrado el año 1963. Los autores de las propuestas Northwoods entendieron su naturaleza siniestra y lo que exigiría llevarlas a cabo. Un planificador comentó a principios de 1963 que inventarse un pretexto para la guerra era "extremadamente riesgoso en nuestro sistema democrático… Si la decisión debía tomarse para montar una situación falsa, debía ser una en la que la participación de personal de los Estados Unidos se limitara al personal encubierto de mayor confianza".

Jack y Bobby Kennedy querían deshacerse de Castro, pero no deseaban una invasión ni una campaña pública contra el líder cubano. Mientras el presidente tanteaba el terreno por su cuenta, la CIA debía apoyar a Bobby. La nueva política de los Kennedy hacia Cuba tomó forma en mayo y junio en una serie de reuniones de los consejeros de seguridad nacional del presidente. El 19 de junio aprobaron una directiva del Consejo de Seguridad Nacional que ordenaba una campaña de sabotaje y acoso mediante organizaciones cubanas armadas que operaran fuera del territorio norteamericano y, por lo tanto, más allá de la Ley de Neutralidad. La idea era que esos "grupos autónomos", bajo control de la CIA, podían trastornar la capacidad del gobierno cubano para gobernar. Se elegirían algunas figuras políticas para que presentaran un mensaje político progresista que inspirara un levantamiento popular. Para el subdirector Dick Helms y otros funcionarios de la CIA, la nueva política de Kennedy hacia Cuba se parecía demasiado a la anterior, tanto en sus premisas como en sus detalles. La diferencia, eso parecía, era que esta vez los hermanos Kennedy dijeron que la cosa iba en serio —muy en serio— en cuanto a fomentar una rebelión interna, y que la determinación marcaría la diferencia. Los Kennedy llevaban dos *strikes*: la Bahía de Cochinos y la crisis de los misiles. ¿Hablaban en serio? ¿O sólo utilizaban a la agencia y a su personal como tapadera mientras se inclinaban hacia una coexistencia con Castro?

Helms estaba casi horrorizado. Todo el concepto dependía de rechazar el propio Presupuesto de Inteligencia Nacional de 1963 sobre Cuba, el cual decía que Castro estaba seguro en el poder y gozaba de suficiente popularidad para repeler todos los retos con un aparato de seguridad cada vez más sofisticado y entrenado por los soviéticos. Peor aún, Bobby Kennedy asumía la dirección de esta nueva vieja política al tomarse el papel de tratante de espías con sus cubanos favoritos. Pensaba que podía organizar un cuadro político más progresista que la CIA sin los grandiosos planes de Lansdale. A Helms le resultaba absurda la idea de que un alto funcionario del gobierno pudiese dobletear como tratante de espías. El hermano menor del presidente, escribió, sólo tenía "una vaga idea de lo que implicaba organizar una operación secreta de inteligencia. Parecía equiparar el puesto de director de la CIA con el de jefe del Estado Mayor". Dos años después de Bahía de Cochinos, el presidente y su hermano aún no asimilaban la lección principal de esa derrota, tal como la definió David Phillips: *Los chanchullos secretos no pueden hacer lo que hacen los ejércitos.*

Helms también hubo de consentir las exigencias de Bobby, que quería un plan para asesinar a Castro. No hay prueba escrita de esto, dicen los admiradores de Kennedy. Pero hay buenas razones para creer que a Bobby Kennedy le complacía la idea de utilizar a la CIA para matar a Castro. Cuando Robert Kennedy se enteró, en mayo de 1962, de que Bill Harvey contaba con su amigo mafioso Johnny Rosselli para matar a Castro, objetó la elección de asesinos, no la idea. Helms le diría después a Henry Kissinger que Bobby estuvo muy involucrado en planes para asesinar a Castro. Helms, por supuesto, era un testigo parcial, pero la declaración es creíble por la elección de asesinos que hizo la CIA. Se trataba de Rolando Cubela, un héroe de la Revolución cubana, conocido en la CIA por el nombre clave de AMLASH. Cubela era el tipo de personaje romántico que Bobby Kennedy admiraba. Se había ganado su reputación como líder del Directorio Revolucionario, un grupo nacionalista y católico que había peleado junto con el movimiento 26 de Julio de Castro. Tras el triunfo de la revolución, Castro lo nombró para que supervisara la Universidad de La Habana, donde sus hazañas armadas lo convirtieron en una leyenda. Un revolucionario, pero no un comunista, no tenía problemas para expulsar a los jóvenes críticos del gobierno de Castro. Pero no prosperaba en su puesto. Venía de una familia de clase media y no se sentía cómodo con la retórica de clases y las fuertes políticas socialistas del nuevo gobierno. Pensó que merecía más poder. La CIA captó muy pronto su descontento. En el verano de 1961, cuando Cubela visitó México con una delegación universitaria, uno de los agentes de Win le propuso la idea de cooperar con la agencia. Cubela lo rechazó. Le desagradaban los modos comunistas de Fidel, pero más le desagradaban los estadounidenses.

Cuando Helms requirió de nuevo el archivo de AMLASH en el verano de 1963, sabía que las posibilidades de éxito eran apenas regulares. Cubela tenía un asesinato exitoso a su favor. En

1956, baleó al jefe de inteligencia militar de Batista en el club nocturno Montmartre y eludió la captura. Tenía el temple para el campo de batalla. En la batalla decisiva de Santa Clara, peleó hombro a hombro con el *Che* Guevara para retirar a las tropas de Batista y garantizar el triunfo de Castro. Pero Cubela bebía y tenía arranques de mal humor. Además, como señaló con frecuencia el jefe de contrainteligencia en la operación contra Castro, aún tenía algún tipo de relación personal con Fidel. Helms envió un par de emisarios para que se reunieran en secreto con Cubela y tantearan su interés en un plan para derrocar a Castro. Cubela, decepcionado por la orientación socialista de Castro, prohibió el uso de la palabra *asesinato*, pero dijo que quería otra reunión.

El mayor plan de Bobby se denominó AMWORLD. El fiscal general, con la renuente ayuda de Helms, armó otro grupo de liderazgo cubano con los mejores exiliados, que nominalmente eran más atractivos para el pueblo cubano que las camarillas dominadas por ex gente de Batista y que previamente había favorecido la agencia. Los aliados que eligió Bobby eran políticos cubanos de la usual calidad variable. El más atractivo era Enrique Ruiz Williams, un ex conductor de autobús de La Habana y líder sindical que habían apresado en la Bahía de Cochinos y liberado recientemente. Conocido como Harry, Williams se había hecho amigo de Bobby. Manolo Ray era un izquierdista moderado que había trabajado brevemente en el gobierno de Castro. El elástico Manuel Artime, amigo de Howard Hunt, no había dejado que la insensatez del AMCIGAR trastornara sus relaciones con la CIA. Se ganó la confianza de Bobby con sus numerosos seguidores entre los grupos armados de exiliados. La idea de Bobby era que Ray y Williams podían tomar el liderazgo político en Miami y Washington, y Artime podría organizar la fuerza militar de exiliados en Nicaragua. Se acelerarían los planes militares para una invasión de los Estados Unidos. La idea vino de la fórmula de Operación Éxito: los Estados Unidos harían una ocupación militar si Castro enfrentaba un desafío interno por parte de oficiales disidentes como Cubela o de una rebelión popular. Desmond FitzGerald, uno de los oficiales de la CIA, el más solidario con los Kennedy, pensó que Bobby hablaba en serio. Le aseguró a un amigo que Castro se habría marchado para agosto de 1964.

Helms se mordió la lengua y siguió sus órdenes. Siempre un maestro para distanciarse de las políticas que no le agradaban, Helms pidió al jefe de división, J. C. King, que entregara los detalles de la Operación AMWORLD a los ayudantes de la CIA en el campo. Eran los que iban a tener que tolerar a la Casa Blanca metiendo sus narices en sus dominios. Win recibió el cable el 30 de junio de 1963.

King aclaró que el apoyo de la CIA debía tener límites bien definidos. La agencia apoyaría a Artime sólo con dinero, logística y asesoría, dijo. "Cualquier manifestación de participación de KUBARK [CIA] en la planeación y ejecución del programa se mantendría al mínimo." King reconoció que la seguridad operativa tal vez no tendría los estándares de la CIA. La Casa Blanca, escribió, "está dispuesta a aceptar los riesgos que implica utilizar grupos autónomos de exiliados e individuos que no necesariamente responden [a la CIA] y a enfrentar las consecuencias que implica una inevitable reducción de los estándares profesionales correspondientes a los grupos autónomos (en comparación con agentes totalmente controlados y disciplinados)". King aclaró que la Casa Blanca quería encubrimiento político. "Es el precio que está dispuesto a pagar [el gobierno de los Estados Unidos] para poder negar públicamente cualquier participación en las actividades de grupos autónomos sin importar cuán ruidosos o incluso exactos puedan ser los informes de [nuestra] complicidad." Win recibió instrucciones de mantenerse "distante de las actividades operativas que te parezcan relacionadas con AMWORLD". Dado que Artime podría buscar a sus contactos de la CIA en México y otros países, "no podemos descartar que el servicio local se entere de su presencia y sus actividades". En ese caso, dijo King. "nada debe decirse o insinuarse que pueda de cualquier manera interpretarse como una aprobación oficial [del gobierno de los Estados Unidos], y mucho menos como financiamiento de sus actividades".

Win delegó AMWORLD a Dave Phillips. Cuando Artime pasó por la Ciudad de México rumbo a las bases militares de exiliados en Nicaragua, Phillips lo acomodó en una casa de seguridad y mantuvo un perfil discreto. Cuando Artime comenzó a aparecer en la prensa como agente norteamericano, el cuartel general llamó a Phillips para que plantara historias en la prensa mexicana en las que se presentara su cruzada contra Castro de manera más positiva. Win no quería repetir el fiasco del AMCI-GAR. Al mismo tiempo, hacía avanzar sus operaciones contra Cuba. Contrató cuatro secretarias más para transcribir el volumen de información que generaban LIENVOY y otros programas de vigilancia. En mayo de 1963 informó al cuartel general que la estación había intervenido seis líneas telefónicas de la embajada de Cuba, mientras que tenía cinco en la embajada soviética y dos en la checoslovaca. Envió 87 páginas de transcripciones de conversaciones de gente en la embajada de Cuba.

Al tiempo que Phillips se enfocaba en la embajada de Cuba, Win vigilaba a todos los estadounidenses que viajaban a ese país, una tarea cada vez más importante, ya que Castro quería persuadir a la opinión pública norteamericana de que su revolución era benigna. En enero, por ejemplo, la Operación LIFIRE en el aeropuerto de la Ciudad de México demostró que Vincent Lee, el jefe del Comité de Juego Limpio para Cuba (FPCC), con base en Nueva York, había viajado vía México a Cuba y se quedó ahí tres semanas. Con Washington, Win alardeaba de que sus operaciones de vigilancia habían obtenido "la acostumbrada abundante cantidad" de "material operativo y de personalidades".

Su orgullo hablaba de una sutil diferencia técnica en el tipo de información secreta que recolectaba la estación de la Ciudad de México. Como luego explicaría Anne Goodpasture, los esfuerzos de recolección de inteligencia por parte de la estación conducían a dos productos muy distintos. "La inteligencia positiva", explicó, se refería a los planes, políticas y cursos de acción de otros gobiernos, en este caso, los soviéticos, cubanos, mexicanos y checoslovacos. Esta información se enviaba a Washington, donde la agencia la distribuía a "agencias clientes", es decir, otras oficinas del gobierno de los Estados Unidos que pudieran juzgar la utilidad de la información cuando la comparaban con la de sus otras fuentes.

"La información de seguridad", en contraste, interesaba a la CIA, dijo Goodpasture. Este tipo de inteligencia, generada "en respuesta a los requerimientos internos de la agencia o a la búsqueda de objetivos obvios, aunque no necesariamente formalizados", se retenía en la agencia. "Su distribución se limitaba a unas pocas agencias con responsabilidades de seguridad, si es que se distribuía." Su importancia podía permanecer secreta durante meses o incluso años. En su historia secreta de la estación de la Ciudad de México, Goodpasture definió "inteligencia de seguridad" con su acostumbrada precisión. Se relacionaba con "las identidades, actividades, contactos y movimientos de personalidades de los Estados Unidos y del extranjero, personal de inteligencia extranjero y otras personas de las que se sabía o sospechaba que participaban en actividades adversas a los Estados Unidos". Citó tres ejemplos específicos: "Ciudadanos estadounidenses que iniciaban o mantenían contacto con las instalaciones diplomáticas de Cuba y la Unión Soviética, viajes a Cuba por parte de ciudadanos o residentes estadounidenses, [y] actividades de personal de inteligencia cubano o soviético". En pocas palabras, la estación de la Ciudad de México estaba muy interesada en los visitantes norteamericanos a las embajadas cubana y soviética que desearan viajar a la isla y que tuvieran contacto con funcionarios de inteligencia soviéticos o cubanos.

Cuando se fueron a pique los esfuerzos de los Kennedy por trazar una nueva política hacia Cuba en la primavera y verano de 1963, el desencanto entre los funcionarios veteranos de la CIA y sus aliados en el Miami cubano se iban convirtiendo en desobediencia. Win no era de los que articulaban argumentos políticos, pero su política era muy conservadora y estaba bien sintonizada con la de sus colegas guerreros fríos. Felizmente vuelto a casar e inmerso en las complejidades de manejar la estación de la Ciudad de México, se mantuvo un poco al margen de la lucha sobre la política hacia Cuba en Washington. Pero su nuevo amigo, David Phillips, y su viejo amigo, Jim Angleton, estaban inmersos en ella.

El ánimo de rebelión crecía sobre todo en las calles del Miami cubano. En la primavera de 1963, los jóvenes amigos de Phillips en el Directorio Revolucionario Estudiantil llegaron a creer que la política de bajo perfil de la administración desde la crisis de los misiles significaba un abandono lento por parte de la administración de los Kennedy. En una carta abierta que fue ampliamente difundida en el sur de Florida, los líderes del DRE declararon su intención de seguir golpeando objetivos del gobierno cubano. Avisaron a Helms a través de su nuevo tratante, George Joannides, que planeaban un nuevo ataque a Cuba en la línea del que hicieron al hotel Sierra Maestra. Mientras confabulaban otro grupo de exiliados, el Alfa 66, en busca de atacar un carguero soviético, agredió por accidente un barco español. Los cubanos y la Unión Soviética acusaron a los Estados Unidos de promover la piratería en alta mar, exactamente el tipo de ruido que no deseaba la Casa Blanca. Bobby Kennedy, si bien intentaba deshacerse de Castro, no iba a tolerar acciones independientes. Ordenó al Servicio de Inmigración y Naturalización que confinara a buena parte de los exiliados militantes en Miami y su zona metropolitana. Dieciocho de los principales militantes, incluyendo a los líderes del programa AMSPELL, no podían salir del área sin un permiso escrito.

La sensación de traición se profundizó. Las políticas hacia Cuba de los Kennedy "siempre culminaron en el abandono, traición y promesas rotas", dijo al *New York Times* Luis Fernández Rocha, líder del DRE y uno de los militantes en la lista negra. Acusó a John F. Kennedy de apoyar la tiranía de Castro. "Los Estados Unidos han establecido un bloqueo para detener los ataques contra el régimen comunista en Cuba y están, por lo tanto, fortaleciendo la posición comunista", declaró. Ted Shackley, el ambicioso jefe de la estación de Miami al que nunca le

gustó el DRE, se hartó. Puso manos a la obra para cortar el financiamiento de la agencia para el programa AMSPELL. Helms lo
desautorizó. Como asistente de confianza de Helms, Néstor Sánchez explicaría en una entrevista que Helms admiraba el estilo
del DRE. Sí, los testarudos jóvenes cubanos actuaban por su
cuenta en los ataques no autorizados e indiscretas denuncias
sobre John F. Kennedy, dijo Sánchez. "Pero a veces quieres actuar por tu cuenta." Los estudiantes cubanos que más se oponían
a la política de John F. Kennedy continuaron en la nómina de
la agencia.

No era sólo juventud alocada la que desafiaba a John F. Kennedy. Howard Hunt, de vuelta en Washington como jefe de la
División de Contactos Nacionales, no se anduvo con rodeos sobre la deshonorable política de Kennedy. "En vez de mantenerse
firme, nuestro gobierno fue piramidando decisiones crucial-
mente equivocadas y permitió que la Brigada 2506 fuera destru-
ida", escribiría después. Para el verano de 1963, Hunt dijo que
Kennedy "se había ocultado con vergüenza en las sombras y esperaba que el asunto cubano simplemente se evaporara".

Y no sólo fueron operadores de un mediocre nivel medio
como Hunt. Bill Harvey, el viejo amigo de Win, ex jefe de las acciones contra Castro, desobedecía la política de Kennedy hacia
Cuba, y lo hacía con la bendición de Jim Angleton. Bobby Kennedy había despedido a Harvey durante la crisis de los misiles
por preparar la inserción de equipos de acción de la CIA en
Cuba por delante de la invasión esperada de los Estados Unidos.
Bobby rescindió la orden de Harvey, la cual consideraba una
peligrosa insubordinación. Helms transfirió a Harvey a Italia,
donde se emborrachaba con frecuencia. De acuerdo con Ted
Shackley, comenzó a viajar cada cuatro a seis semanas a Miami
para ver a su amigo Johnny Rosselli, el elegante mafioso que
había enlistado para matar a Castro. Otras veces, Rosselli visitaba
a Harvey en Washington.

En junio de 1963, agentes del FBI que seguían a Rosselli observaron con sorpresa que desembarcó de un vuelo en el Aeropuerto Nacional de Washington y subió a un auto con Harvey.

Los agentes llamaron a Sam Papich, el vínculo del buró con la CIA, quien casualmente estaba de visita en casa de Angleton en Arlington. Angleton llamó a la mujer de Harvey y se enteró de que su marido y Rosselli cenaban en el restaurante de Duke Ziebert en el centro de Washington. Angleton llamó al restaurante y Harvey tomó la llamada. Cuando terminó la conversación, Angleton colgó el teléfono, volteó hacia Papich, y dijo: "Vamos a tomar esto con calma". Angleton aseguró que nada sabía sobre la amistad de Harvey con Rosselli. "Pero lo conocía lo suficiente para saber que no era un hombre frívolo", dijo. Desde la perspectiva de Angleton, no podían culpar a Harvey por utilizar todos sus contactos para intentar solucionar el problema de Castro.

Angleton había alcanzado la cima de su poder e influencia. Se había recuperado de una enfermedad no identificada que lo obligó a incapacitarse durante seis meses en 1960. Además de su interés en los servicios de inteligencia de Castro, tenía una preocupación mayor. La historia que contó Anatoly Golitsyn, un funcionario de inteligencia soviética que desertó en diciembre de 1961, justificaba sus peores temores sobre la Unión Soviética, que se venían germinando desde la traición de Philby una década antes. Golitsyn dijo que los soviéticos habían insertado un espía en los niveles más altos de la CIA, tal como se las habían arreglado para infiltrar a Philby en una posición de liderazgo en el servicio secreto británico. De ser así, Moscú podía ganar la capacidad de influir, o incluso controlar, las acciones de la CIA. Angleton lo llamó el "complot monstruoso". De ser cierto, sus implicaciones serían monstruosas: los soviéticos podían estar en una posición para controlar las operaciones de la agencia. Angleton intentaba descubrir quién era el topo. Buscaba a otro Philby en la división de la Rusia soviética. En cuanto a Cuba, opinaba que los Estados Unidos tenían una deuda de honor por la debacle de Bahía de Cochinos y ésta debía pagarse. "Teníamos una enorme deuda con los hombres en Miami", dijo. Tampoco se sentía obligado a respetar todas las directivas de la política de Kennedy. "Es inconcebible", dijo Angleton a un comité del Congreso años después, "que el brazo de inteligencia secreta del gobierno tenga que ajustarse a todas las órdenes manifiestas del gobierno."

El desencanto con la política de John F. Kennedy hacia Cuba penetró hasta la oficina de Dick Helms en el segundo piso del cuartel general de la CIA en Langley, Virginia. Siempre correcto y atento con la Casa Blanca, Helms sabía cómo pronunciar sus objeciones contra la política de Kennedy hacia Cuba, por un lado, y, por el otro, ocuparse de sus asuntos. Sus asistentes podían permitirse mayor candidez. Uno de ellos era Néstor Sánchez, proveniente de una familia acomodada de Nuevo México, que dominaba el español, se encargaba de una variedad de tareas para Helms en el verano de 1963 y eventualmente se convertiría en jefe de la división del servicio clandestino del hemisferio occidental en los años setenta. "No te involucras en operaciones encubiertas a menos que estés dispuesto a todo", dijo Sánchez en una entrevista. Ese tipo de compromiso "faltaba en la administración de Kennedy y eso ocurrió dos veces: en la Bahía de Cochinos y en la segunda [se refería a la Operación Mangosta, el plan secreto para derrocar a Castro, que se dio por terminada durante la crisis de los misiles]. Retiraron su respaldo en ambas ocasiones."

Sánchez se volvió más enfático. "La papa caliente se detiene con el presidente en operaciones como ésa. No hay nadie más. Él dice sí o no. Todas las otras conspiraciones de la agencia estaban en desbandada, eran nimiedades… Maldita sea, o lo haces o no lo haces, y si sientes que no puedes, o te sales de la jugada, o los sacas a ellos o consigues a alguien más."

Para el verano de 1963, sentía que la política de Kennedy hacia Cuba era poco seria. Sánchez dijo: "Las cartas ya estaban echadas."

El principal asistente de Helms, Sam Halpern, habló aún más cándidamente. Halpern trabajó como asistente ejecutivo de Helms durante muchos años y tras retirarse acabó siendo portavoz de su antiguo jefe. Mientras que Helms se guardaba las observaciones históricas para periodistas e historiadores selectos, con frecuencia enviaba a los reporteros a hablar con Halpern. Un hombre de ingenio, del que muchos aseguraban que poseía una memoria fotográfica, presentaba una perspectiva confiable sobre la agencia que reflejaba el punto de vista del propio Helms.

Tras 35 años de ese hecho, Halpern despreció abiertamente la capacidad de los Kennedy. "Tratamos con dos tipos en la Casa Blanca que hicieron puras torpezas en Bahía de Cochinos y no tienen idea de lo que significa manejar operaciones encubiertas o como quieran llamarles", dijo en una entrevista sobre los eventos de 1963. "Pusieron sus dedotes por todos lados intentando remendar las cosas, y entre más remiendos, peor se ponía la cosa. Kennedy no escuchaba. Creían en continuar con lo mismo, tapar el ojo al macho."

Halpern estaba hablando, de memoria, de las minutas de una reunión del Consejo Nacional de Seguridad (NSC) de Kennedy en mayo de 1963. El asesor del NSC, McGeorge Bundy, había abierto la reunión al forzar la discusión sobre las fallas de la política de los Estados Unidos para derrocar a Castro. Dijo que estaba por creer que el gobierno de su país no tenía la certeza de que algún día se iba a deshacer del revolucionario barbado. "Tenemos que enfrentar esta posibilidad", dijo. El secretario de defensa McNamara dijo que una opción era "negociar con Castro", es decir, terminar el embargo de los Estados Unidos a cambio de que Castro rompiera sus vínculos con la Unión Soviética. Desmond FitzGerald trató de enlistar todas las operaciones encubiertas que todavía podían llevarse a cabo. Mientras hablaba, entró Bobby Kennedy y dijo: "Los Estados Unidos deben hacer algo aunque no creamos que nuestras acciones puedan destituirlo". Bundy dijo: "Podemos tapar el ojo al macho en Cuba y acaso dificultar la vida de Castro". Para Halpern, esa expresión, *tapar el ojo al macho,* resumía el derrotismo, acaso la traición, que acechaba bajo la superficie de la tibia política de Kennedy hacia Cuba.

Había hombres que arriesgaban su vida cada día para que la Casa Blanca pudiera ocultar su falta de voluntad de "pagar cualquier precio, soportar cualquier carga" para deshacerse del comunismo cubano. Halpern argumentó que lo engañoso de la política de Kennedy virtualmente justificaba la corrección extraconstitucional. "Te diré algo", dijo, echándose hacia adelante en su silla, ondeando el índice en el aire. "No conocía la expresión 'tapar el ojo al macho'. Des [FitzGerald] nunca la mencionó cuando volvió de esa reunión, y qué bueno que no lo hizo porque pudimos tener un *Siete días de mayo* en ese momento."

Halpern hablaba sobre uno de los libros más vendidos en 1962, una popular novela de suspenso escrita por dos periodistas que aprovechó la ira contra la política extranjera de Kennedy entre los militares de Washington. El libro era protagonizado por un presidente liberal, guapo y joven, que intentaba reprimir un golpe militar por parte de una camarilla de militares que se oponían a su búsqueda de coexistencia pacífica con los rusos. Tocó una fibra en el público lector y tuvo muchas reimpresiones. El mismo John F. Kennedy pensó que la amenaza de un golpe de Estado era real, y en privado apremió a John Frankenheimer, un amigo y productor de Hollywood, para que hiciera una película del libro. La alusión de Halpern no era burlona ni metafórica. Describía una cuestión de honor.

"Si la expresión 'tapar el ojo al macho' hubiese llegado a las fuerzas militares así como a todas nuestras tropas y a todos los que en el gobierno de los Estados Unidos se partían la espalda tratando de hacer esta tontería [las inofensivas incursiones de los grupos autónomos], pudo haber una revuelta de algún tipo", dijo. "Tal vez yo la hubiera encabezado."

El mismo Dick Helms no se metió en esas bravuconadas. Trató de frustrar la inmadura política de los Kennedy hacia Cuba con el arma favorita de un guerrero burócrata en Washington: las filtraciones a la prensa. Cuando Bobby viajó al sur de Florida en julio de 1963 para tener lo que pensaba que sería una reunión secreta con Manuel Artime y otros aliados cubanos que querían tomar acción militar contra Castro, Hal Hendrix, un periodista ganador del premio Pulitzer que trabajaba para la cadena de diarios Knight-Ridder en Miami, lo delató en una nota titulada "Tras Bambalinas con Bobby".

"Cada vez más se especula aquí y en Washington que el fiscal general Bobby Kennedy se ha puesto una vez más un casco invisible de guerrero y se ha embarcado silenciosamente en una nueva operación contra Castro con un selecto grupo de exiliados cubanos", escribió Hendrix. Subrayó el hecho de que la administración Kennedy se estaba distanciando de la una vez prevaleciente opinión de que los Estados Unidos debían simplemente invadir Cuba. "No se vislumbra ninguna fuerza de invasión... En cambio, en línea con la aplicación de la Ley de Neutralidad por parte de la administración Kennedy, el papel de los 'chicos de Bobby' será el de realizar ataques de golpe y fuga desde una base fuera de los Estados Unidos".

Si el fiscal general pensaba que podía mantener en secreto su política hacia Cuba, se equivocó. Hendrix, no por casualidad, era amigo de Dave Phillips. Se habían conocido en 1958, cuando Phillips estaba asignado a Cuba. Hendrix estaba dispuesto a trabajar con la agencia. Nueve meses después, en el clímax de la crisis de los misiles, dijo a Ted Shackley, jefe de la estación de Miami, mientras comían, que estaba escribiendo un reportaje sobre las inconsistencias de la política de Kennedy hacia Cuba; por ejemplo, sobre cómo Bobby Kennedy le había prometido a un exiliado cubano que los Estados Unidos estaban comprometidos con liberar a Cuba, y al mismo tiempo garantizaba a los soviéticos que no invadiría la isla. Tras esa reunión, Shackley envió un cable al cuartel general en el que prometía "continuar desarrollando a Hendrix como fuente".

Bobby Kennedy no se inmutó. Continuó promoviendo a sus aliados de AMWORLD en la CIA y el Pentágono, decidido a derrocar a Castro. Su hermano mayor estaba menos interesado. A medida que avanzaba 1963, el presidente prefería hablar sobre el tratado de eliminación de pruebas nucleares y Berlín y la manifestación de Martin Luther King en Washington, casi cualquier cosa menos del asunto cubano. Helms continuó aceptando estoicamente la política ambigua e incierta del gobierno.

Mucha, mucha gente en los niveles superiores de la CIA y del Pentágono sentían el resentimiento que afectaba a gente como Halpern, Sánchez y Angleton: *Kennedy no escuchaba... Tapar el ojo al macho no era una política... Maldita sea, lo haces o no lo haces... Una agencia secreta no debe obedecer todas las órdenes manifiestas del gobierno... Puede haber una revuelta de algún tipo.*

A medida que se cocinaba el espíritu de una rebelión patriótica en las filas de la causa contra Castro a finales del verano de 1963, un misterioso desconocido llamado Oswald llamó la atención de Win.

Un destello llamado Oswald

Como muchos norteamericanos, Michael Scott se preguntaba frecuentemente sobre el asesinato del presidente Kennedy. Había debatido teorías de conspiración en dormitorios universitarios y en la mesa del comedor, preguntándose todo el tiempo lo que su padre sabría. Pensó en su visita al cuartel general y en que la CIA hubiese aceptado que censuró lo que su padre escribió sobre Lee Harvey Oswald. Pero había pasado casi una década desde que pidió a la CIA que le devolviera las memorias de su padre cuando Michael comenzó a enterarse de más cosas. En 1994 Michael supo de un nuevo tipo de investigación sobre John F. Kennedy, supervisada por una entidad conocida como el Consejo de Revisión de Documentos del Asesinato. El Congreso había establecido el consejo tras el furor que surgió por la película JFK de Oliver Stone. Mientras los periodistas masacraban a Stone por tomarse libertades con los documentos históricos, el combativo director se anotó un tanto al responder que si el gobierno no tenía nada que ocultar, ¿por qué era que la mayoría de los documentos relacionados con el tema continuaban en secreto? El Congreso respondió aprobando unánimemente la Ley de Documentos del Asesinato de John F. Kennedy, que ordenaba la desclasificación de virtualmente todos los documentos del gobierno relacionados con el asesinato. Se encomendó a un consejo civil la aplicación de esta ley. El consejo de cinco miembros, presidido por el juez federal John Tunheim, se puso a trabajar en 1994 y pronto se enteró de la historia del manuscrito de Win Scott. En 1995, el consejo ordenó que se hiciera público un capítulo de ocho páginas sobre Oswald. Para Michael, fue la primera revelación adicional de las memorias de su padre desde su visita al cuartel general de la CIA casi una década antes. Resultaron un tanto anticlimáticas. En esas páginas, Win relataba sus acciones de 1963 y argumentaba que había existido un tipo de conspiración soviética detrás de Oswald. El capítulo le pareció fascinante a Michael, pero defensivo y poco definitivo.

A medida que el consejo envió al dominio público cientos de miles de otros documentos de la CIA ocultos por mucho tiempo, comenzó a surgir el contexto de la historia que Win relató sobre su propia participación en los eventos que condujeron al asesinato de Kennedy. Sólo cuando Michael entendió cómo trabajaba la estación de la Ciudad de México y la naturaleza de las relaciones de Win con Jim Angleton y David Phillips en ese entonces, la historia comenzó a aclararse. No era un relato de conspiraciones ni de un "loco solitario" sino una saga que eludía las cinco investigaciones oficiales del asesinato de John F. Kennedy y a los cientos de escritores que habían explorado el tema. En los últimos cien días de su vida, Lee Harvey Oswald llamó la atención de cuatro distintas operaciones de espionaje de la CIA. Sus nombres clave eran AMSPELL, LIERODE, LIENVOY y LIEMPTY. Win se encargó de dos (LIENVOY y LIEMPTY), Phillips supervisó las otras dos (AMSPELL y LIERODE). En ese entonces, la carpeta de Oswald en Washington la tenía el Grupo de Investigaciones Especiales, que formaba parte del Grupo de Contraespionaje. Cualquier pregunta sobre Oswald la respondía personal que reportaba a Jim Angleton. En otras palabras, Win y dos amigos estaban en el centro de la épica falla de inteligencia que culminó trágicamente el 22 de noviembre de 1963.

Si eso sonaba condenatorio contra su padre, Michael no se sintió desleal. No podía imaginar a su padre hablando de tales cosas, pero tenía la certeza de que Win no hubiera censurado su búsqueda de la verdad.

En el verano de 1963, Lee Harvey Oswald tenía veintitrés años, vivía en Nueva Orleans con su mujer, Marina, y su hija recién nacida, June. Había llevado una vida inusualmente interesante. Criado por una madre soltera en Fort Worth y Nueva Orleans, Oswald se mudó con su familia a la ciudad de Nueva York y de vuelta a Nueva Orleans en su adolescencia. Al salir de la preparatoria se enlistó con los marines, con quienes estuvo dos años, consiguió su baja en 1959, y viajó a Moscú, donde proclamó su atracción por el comunismo e intentó renunciar a su ciudadanía norteamericana. Su acción tan inusual se volvió noticia en Fort Worth y atrajo la atención del Grupo de Contraespionaje de Angleton. Oficialmente, le tomó al grupo más de un año abrir un expediente sobre Oswald, un lapso burocrático que algunos dicen reflejaba la falta de interés de la agencia. Dick Helms dijo bajo juramento que el retraso le "asombró", y no lo supo explicar. Un ex marine que desertó a la Unión Soviética no era alguien que Angleton pudiese pasar por alto.

Los soviéticos enviaron a Oswald a Minsk. Testarudo pero emprendedor, se las arregló para aprender ruso y encajar con un grupo de jóvenes, salir con muchachas locales y hacer al menos un viaje de cacería. Oswald pidió a una muchacha rusa llamada Marina Prusakova que se casara con él. Ella aceptó. Oswald se cansó pronto de la vida soviética tan regulada. En mayo de 1962 regresó a los Estados Unidos con su nueva esposa, diciendo que le había desilusionado el comunismo estilo soviético, aunque aún apoyaba el marxismo. El grupo de contraespionaje también siguió esa acción, tal como se mantenía al tanto de una docena de norteamericanos, incluyendo personal militar, que habían desertado a la Unión Soviética y habían vuelto. Sin embargo, a diferencia de esos desertores, Oswald nunca fue entrevistado, al menos eso asegura la CIA. A su regreso, el FBI le seguiría los pasos.

Lee y Marina se establecieron en Fort Worth, Texas. Oswald impresionó a quienes lo conocieron como inteligente, aunque complicado. Hablaba buen ruso y leía muchos libros, pero tenía problemas para mantener un empleo. En abril de 1963, siete meses antes del asesinato del presidente Kennedy, él volvió a Nueva Orleans, su ciudad natal, con Marina. Ahí se involucró con el tema de Cuba. Mientras la comunidad de exiliados cubanos reventaba contra la postura pasiva de Kennedy luego de la crisis de los misiles, Oswald defendió públicamente a Castro, una postura extraña en una ciudad conservadora del sur. Se mantuvo distante de los simpatizantes locales de Castro, pero tuvo muchos vínculos con exiliados anticastristas. Bebía en el bar de un exiliado cubano llamado Orestes Peña, quien lo vio acompañado de empleados de Aduanas y del Servicio de Inmigración y Naturalización. Otros testigos confiables lo vieron visitar las oficinas de Guy Banister, un ex agente del FBI convertido en cruzado contra el comunismo, en un edificio ubicado en el 544 de la calle Camp, en el centro de Nueva Orleans. Aunque no hay pruebas de que Oswald fuera un informante del gobierno, los detalles de sus intereses en Cuba —actividades, contactos, viajes— pronto serían notados por el FBI y entregados a los altos jerarcas de la CIA, cuando el presidente Kennedy todavía vivía.

Win fue uno de estos oficiales, aunque sin duda desconocía el alcance de la inteligencia de la CIA sobre Oswald en ese momento.

La primera operación de la CIA que notó a Oswald ya avanzado el año 1963 fue el DRE, alias Directorio Revolucionario Estudiantil, alias AMSPELL, los jóvenes cubanos favoritos de Dave Phillips que habían irritado a Kennedy con su ataque al hotel de La Habana en agosto de 1962 y con la historia de los "misiles en las cuevas" en noviembre de ese año. Para el verano de 1963, estos militantes estaban bajo mayor control de la CIA, según los funcionarios de Miami. Aún los subsidiaba la agencia. DRE/AMSPELL recibía 51,000 dólares al mes, de acuerdo con un memorando enviado al Departamento de Estado en abril de 1963. George Joannides, el tratante que Dick Helms envió a Miami para controlar al grupo, había hecho "un excelente trabajo en el manejo de un importante grupo de estudiantes exiliados que hasta la fecha había resistido con éxito cualquier grado de control", mencionó un supervisor de la CIA. El 31 de julio de 1963, promovieron a Joannides como jefe de operaciones de guerra psicológica en la estación de Miami.

Tal vez fue una coincidencia que al día siguiente Oswald siguiera un plan para congraciarse con el Comité de Juego Limpio para Cuba, el FPCC, que entonces era el grupo favorable a Castro más conocido en el país, y objeto de un gran interés por parte de la CIA y el FBI porque recibía fondos de los operadores de Castro en las Naciones Unidas. El primero de agosto de 1963 Oswald escribió una carta a Vincent Lee, el director ejecutivo del FPCC en Nueva York, alardeando de que había enfrentado a las fuerzas locales anticastristas, peleó con ellas en la calle y obtuvo publicidad favorable para la causa de Castro. Nada de esto era cierto... todavía. Pocos días después, Oswald tomó acciones para aparecer en el escenario. El 5 de agosto entró en Casa Roca, una tienda en el centro de Nueva Orleans regenteada por Carlos Bringuier, un abogado de veintisiete años que trabajaba como portavoz del DRE en la ciudad. Como la mayoría de los líderes del DRE, Bringuier venía de una familia de clase media alta y había asistido al Instituto Belén, la más prestigiosa escuela secundaria en La Habana. Oswald abordó a Bringuier, diciéndole que había estado con los marines y podía entrenar comandos anticastristas para pelear en Cuba. Bringuier reaccionó evasivamente ante la oferta.

Las declaraciones públicas de Bringuier en apoyo al ataque del DRE a La Habana le habían ganado una visita del FBI el verano anterior. Warren DeBrueys, un veterano agente del FBI responsable de seguir a los activistas en favor o en contra de Castro, advirtió a Bringuier que lo estaban vigilando. Desde entonces el voluble cubano se volvió desconfiado, pues cualquiera podía ser un informante del gobierno. Oswald volvió al día siguiente a repetir la oferta. Sacó su manual del Cuerpo de Marines como prueba de su experiencia y se lo dio a Bringuier para demostrarle sus buenas intenciones. Bringuier lo rechazó de nuevo. Más tarde diría que sospechaba que el FBI o la CIA habían enviado a Oswald.

Entonces Oswald retomó sus costumbres pro castristas y llevó a cabo las acciones que ya había descrito a Vincent Lee del FPCC. El 9 de agosto pasó la tarde entregando panfletos del FPCC en la calle Canal, no lejos de la tienda de Bringuier. Esta aparición provocó un altercado parecido al que había descrito en su carta a Lee. Bringuier y los otros tres miembros de la delegación del DRE detectaron a Oswald. Bringuier le reclamó su doble discurso. Se intercambiaron palabras altisonantes. Uno de los muchachos del DRE tomó los panfletos de Oswald y los arrojó al viento. Se reunió una multitud. Oswald retó a Bringuier para que lo golpeara. Un policía que pasaba detuvo los escarceos al expedir citatorios para todos los participantes. Francis Martello, un teniente de la policía de Nueva Orleans que dio seguimiento al incidente, pensó que la pelea era fingida. Oswald, escribió en su reporte, "parecía haberlos entrampado, por decirlo así, para crear un incidente, pero cuando el incidente se dio él permaneció absolutamente pacífico y amable".

Nada había de fingido en la reacción de Carlos Bringuier. Actuó como buen delegado del DRE. Intentó combatir a este engañoso simpatizante de Castro. Escribió a Tony Lanuza, el coordinador de los capítulos del DRE en Norteamérica con sede en Miami, para contarle sus planes de desenmascarar y denunciar a Oswald. Lanuza dice que compartió la noticia con el secretario general del DRE, Luis Fernández Rocha, que se reunía regularmente con George Joannides, el tratante de la CIA en ese entonces. Fernández Rocha, que desarrollaría una brillante carrera como obstetra en Miami, dijo en una entrevista que tal vez le habló a Joannides sobre Oswald pero no tenía recuerdos específicos al respecto. Bringuier también se lo notificó a su amigo Isidro *Chilo* Borja, un ingeniero que encabezaba la sección militar clandestina del DRE. Borja y Bringuier, que habían crecido en el mismo barrio de La Habana, eran amigos de la infancia. Bringuier pasó a Borja un informe sobre uno de los miembros del DRE que ayudaron a enfrentar a Oswald. Bringuier escribió al margen: "Es uno de los cubanos que colaboraron conmigo contra el Comité de Juego Limpio para Cuba aquí en Nueva Orleans". Borja colocó el informe en el archivo confidencial de "inteligencia militar" del DRE.

En Nueva Orleans, Bringuier puso a sus amigos a recolectar información sobre Oswald. Envió a otro miembro del DRE, un joven llamado Carlos Quiroga, a visitar la casa de Oswald haciéndose pasar por simpatizante de Castro. Según la rentera de Oswald, Quiroga entregó una resma de panfletos del FPCC, aparentemente para aumentar su credibilidad como simpatizante de Castro. Quiroga, que también era informante de Warren DeBrueys, informó a Bringuier que escuchó a Oswald hablar en un idioma extranjero con su mujer. Bringuier hizo pesquisas con un aliado local, Ed Butler, que regenteaba una organización llamada Centro de Información para las Américas (INCA), dedicada a combatir la influencia comunista en América. La CIA había encargado al INCA publicaciones durante la tormenta propagandística que precedió a la invasión de la Bahía de Cochinos. La agencia, explicó un oficial, "no financiaba esta organización, aunque teníamos contactos con algunos de sus miembros". Butler, a su vez, llamó al Comité de Actividades Antiestadounidenses (HUAC) en Washington para ver si tenían un expediente sobre Oswald. Sí lo tenían. Un miembro del HUAC informó que Oswald había desertado a la Unión Soviética y regresado en 1962. Oswald había conseguido su propósito de llamar la atención, incluso en Washington.

Cuando Oswald y los cubanos del DRE aparecieron en la corte, ahí estaba un equipo de camarógrafos de la televisión local. Los cargos contra los cubanos fueron desestimados, mientras que Oswald recibió una multa de diez dólares. El locutor de radio local Bill Stuckey, otro amigo de Butler y Bringuier, tomó la historia de Oswald. Había intentado hallar simpatizantes del FPCC en Nueva Orleans durante un año. Entrevistó a Oswald para un breve reporte noticioso. Cuando el hombre del FPCC dijo que había vivido en la Unión Soviética, Stuckey pensó que necesitaba un reportaje más amplio. El pasado de Oswald parecía confirmar lo que congresistas y senadores venían diciendo durante meses: el FPCC no era un grupo independiente interesado en un "trato justo", sino un frente comunista. Stuckey invitó a Oswald para que apareciera en su programa. El 21 de agosto, Stuckey organizó un debate entre Oswald, Butler y Bringuier sobre el asunto cubano en su nuevo programa semanal *Latin Listening Post*.

"Hoy tenemos la presencia de un representante de tal vez la más controvertida organización relacionada con Cuba en este país", pronunció Stuckey. "Esta organización está desde hace tiempo en la lista negra del Departamento de Justicia y es un grupo al que generalmente se le considera que encabeza el movimiento en favor de Castro en nuestra nación. Como reportero de asuntos latinoamericanos en esta ciudad durante varios años, este su columnista ha mantenido una búsqueda de los representantes locales de este grupo castrista. Ninguno había aparecido en público hasta esta semana, cuando el joven Lee Oswald fue arrestado y condenado por perturbar la paz."

Cuando Stuckey volteó hacia sus invitados en busca de comentarios, Bringuier atacó a Oswald. "Quisiera conocer el nombre exacto de la organización que representas aquí en la ciudad porque estoy confundido. ¿Es Comité de Juego Limpio para Cuba o Comité Pro Trato Justo para Rusia?"

"Es una pregunta muy provocativa y no creo que requiera una respuesta", dijo Oswald.

Bringuier lanzó una explicación de cómo se había hundido la economía cubana bajo el régimen de Castro. "Creo que ahora Cuba es una colonia rusa y la gente de Cuba que vive cada día en Cuba y escapa cada día de Cuba está en desacuerdo contigo sobre que representes a la gente de Cuba."

Stuckey preguntó a Oswald sobre su inexistente capítulo del FPCC. Oswald mintió y dijo que no podía revelar su afiliación. "¿Es una sociedad secreta?", preguntó Ed Butler. Oswald defendió los principios del FPCC, aunque no tenía relación formal con la organización. "Estamos luchando para que los Estados Unidos adopten medidas más amistosas hacia los cubanos y el nuevo régimen cubano en ese país", dijo. "No estamos controlados por los comunistas pese a que tengo la experiencia de haber vivido en Rusia".

Stuckey sintió lástima por Oswald, quien no esperaba que se le pidiera hablar sobre su pasado soviético. Le dio a Bringuier una cinta del programa, y el enérgico delegado del DRE procedió a escribir un comunicado de prensa declamatorio en el florido estilo revolucionario cubano, el cual entregó a periódicos y agencias noticiosas. "Los cubanos que queremos recuperar la libertad en Cuba, y al mismo tiempo proteger nuestra libertad, pedimos a los estadounidenses cuatro cosas", declaró Bringuier. Una de ellas era: "Escriban a su diputado y pidan una completa investigación sobre el señor Lee H. Oswald, un marxista declarado." Por alguna razón, este llamado clarividente para que se investigara al oscuro Oswald, hecho por un representante de un grupo secretamente financiado por la CIA, no llegó a los canales normales de información de la agencia.

Bringuier también distribuyó una "Carta Abierta a los Habitantes de Nueva Orleans" a grupos cívicos locales, subrayando "el peligro que el FPCC representa para sus familias". Aderezó la misiva con detalles de la vida de Oswald en la Unión Soviética y las lealtades comunistas del FPCC. Agregó referencias a artículos de prensa para ilustrar el apoyo del gobierno cubano al FPCC. Instó a los habitantes de la ciudad para que escribieran a sus diputados y expresaran "su preocupación por las actividades del grupo de presión del FPCC". Publicó la carta abierta a nombre de otras seis organizaciones anticastristas, incluyendo el Consejo Revolucionario Cubano, Alfa 66 y Rescate Revolucionario Democrático, todos grupos subsidiados por la CIA. La idea de que Oswald presentaba un "peligro" tampoco llegó a los archivos de AMSPELL. No se sabe qué informó George Joannides, el tratante del DRE, sobre los encuentros del DRE con Oswald, si acaso reportó algo. Pero una variedad de evidencia circunstancial indica que Dave Phillips sabía o debía saber de los contactos del DRE con el extraño ex marine.

AMSPELL era el bebé de Dave Phillips. En sus memorias elogió a los líderes del DRE. En su testimonio ante el Congreso describió al DRE como "un grupo muy importante tanto en La Habana como en Miami". Él había ayudado a los líderes del grupo —Alberto Müller, Manuel Salvat y *Chilo* Borja— a resistir la ortodoxia de Castro mientras asistían a la Universidad de La Habana. Les ayudó a escapar a Miami y consiguió financiamiento para sus operaciones de sabotaje y propaganda durante los preliminares de la Bahía de Cochinos. En 1961 y 1962 recibió reportes sobre el grupo por parte de los tratantes Ross Crozier y Bill Kent. Cuando los investigadores de John F. Kennedy preguntaron a Howard Hunt sobre el DRE en 1978, espetó: "Dave Phillips se encargaba de eso... pero creo que es un asunto clasificado".

Phillips también se mantuvo al tanto de la causa contra Castro en Nueva Orleans en 1963. Pasó mucho tiempo en un campo de entrenamiento militar en el suburbio de Belle Chase durante los preparativos de Bahía de Cochinos. Conocía a Warren De-Brueys, el veterano agente en la oficina del FBI en Nueva Orleans, quien monitoreaba tanto al DRE como el capítulo del FPCC en el que sólo estaba Oswald, y cuyo informante, Carlos Quiroga, había visitado la casa de Oswald. Cuando se le preguntó por DeBrueys, Phillips dijo: "Sí, recuerdo que estuve en contacto con él".

Los ex líderes del DRE dijeron que el acercamiento de Oswald al grupo parecía poco importante en ese entonces, pero también dijeron que la CIA puso mucha atención a sus redes de delegaciones en Norte y Sudamérica. "Eso quería la CIA", dijo Tony Lanuza, del DRE. "Castro organizaba estudiantes en toda Latinoamérica. Éramos los únicos que podíamos contrarrestarlo con nuestra propia red." Los archivos del DRE, ahora en la biblioteca Richter de la Universidad de Miami, apoyan la versión de Lanuza y Borja con respecto a que George Joannides, el colega de Phillips, puso mucha atención a las extendidas delegaciones del DRE.

A principios de agosto de 1963, la misma semana en que Bringuier movilizó a los simpatizantes del DRE en Nueva Orleans para confrontar a Oswald, Joannides visitó el cuartel general del grupo para arbitrar una disputa entre los miembros del capítulo en San José, Costa Rica. Borja, un ingeniero que dirigía la sección militar clandestina del DRE en 1963, dice que está seguro de que Joannides se enteró de las fechorías de Oswald con el FPCC al mismo tiempo que ocurrieron. "Para eso era el dinero", dijo Borja, refiriéndose al financiamiento de la CIA. "Porque les dábamos ese tipo de información." Sin embargo, en los registros públicos de la CIA no aparece ninguna referencia al episodio de Oswald y el DRE.

Significativamente, los esfuerzos del DRE para combatir al FPCC en Nueva Orleans cumplían con la misión que la CIA dio al grupo. El proyecto AMSPELL, dice un documento de la agencia de julio de 1963, incluía "acción política, propaganda, recolección de inteligencia y un aparato a lo largo del hemisferio". Cuando Carlos Bringuier y sus amigos confrontaron a Oswald, el aparato del AMSPELL suministró la recolección de inteligencia, la generación de propaganda y el montaje de acción política. En cuanto al DRE y Oswald, la CIA obtuvo lo que pagó.

Nada de esto implica que Dave Phillips haya ordenado al DRE que hiciese algo en particular con respecto a Lee Harvey Oswald. Todos los ex líderes del DRE subrayaron que no recibían órdenes de la CIA, y hay buenas razones para creerles. En 1963, eran jóvenes y apasionados anticomunistas que temían que su patria estuviese en peligro de caer para siempre bajo el control de un solo partido. No necesitaban a alguien de la CIA en Washington que les dijera que actuaran en contra de un simpatizante público de Castro como Oswald.

David Phillips no necesitaba expedir órdenes para obtener los resultados que quería. El propósito de que la CIA financiara al DRE a través del canal encubierto del AMSPELL era tender la mano oculta en los dominios de la guerra psicológica. El objetivo era confundir y complicar el régimen de Castro con acciones que el gobierno de los Estados Unidos pudiese negar con credibilidad.

En dos entrevistas, Sam Halpern aseguró que no podía recordar el nombre del tratante que se encargaba del DRE para Helms en 1963. Pocos veteranos de la CIA tenían en mente a Joannides, al menos no en documentos. Halpern, que murió en 2006, se burlaba de la idea de que cualquiera en el servicio clandestino se pudiese interesar en las travesuras de Oswald en Nueva Orleans. Cuando se le preguntó por qué la información sobre los esfuerzos del DRE para combatir el FPCC en Nueva Orleans nunca llegó al expediente de AMSPELL en el cuartel general de la CIA en Washington, Halpern dijo: "No había razón. Lee Harvey Oswald era un nombre totalmente desconocido. Era como Joe Schlipmagilda. Un mero nombre. No significa nada para nadie... No jugábamos con ese tipo de cosas. Ni siquiera nos interesaba".

Para quien conociese un poco las operaciones de la CIA en 1963, las aseveraciones de Halpern son más paja que trigo. David Phillips siempre estaba interesado en el FPCC, de acuerdo con los registros de la CIA desclasificados en los años noventa. Phillips había leído las transcripciones de las intervenciones telefónicas contra el grupo desde que iniciaron en 1960. En 1961, había persuadido a un colega para unirse a un capítulo del FPCC en el norte de Virginia y reportar sus actividades. Phillips estaba totalmente consciente de que ese espionaje informal podía caer del lado equivocado de la ley que prohibía las operaciones de la CIA en suelo estadounidense. Le pidió a su colega James McCord de la Oficina de Seguridad de la CIA, y quien después ganaría notoriedad como uno de los pillos de Watergate, si necesitaba informar al FBI por lo que había hecho. McCord dijo que no.

El tapujo de Halpern ignoraba que uno de los agentes más valiosos de Phillips en la Ciudad de México en 1963 era una atractiva e informativa mujer llamada June Cobb, que se especializaba en penetrar las operaciones del FPCC enamorando a sus líderes. Para el verano de 1962 su amigo, Richard Gibson, director ejecutivo del FPCC, era un informante de la CIA con un expediente en Langley de cuatrocientas páginas. La aseveración de Halpern, en el sentido de que David Phillips no estaría interesado en el activismo de Oswald con el FPCC carece de credibilidad, por decirlo suavemente. Toda la evidencia muestra que Phillips estaba muy interesado en el Comité de Juego Limpio para Cuba.

La historia oficial de que fue mera coincidencia que Oswald, un sociópata solitario, eligiera a los jóvenes cubanos favoritos de la CIA como blanco para su pretendida infiltración no tiene sustento en los archivos del programa AMSPELL. El tratante del DRE, George Joannides, nunca aseguró tal cosa. Quince años después, Joannides sería convocado desde su retiro para trabajar como el enlace de la CIA con los investigadores del Congreso. En ese momento, Joannides no se tomó la oportunidad para decir que el asesino acusado había estado en contacto con sus informantes. En cambio, ocultó sus relaciones de trabajo con el DRE en 1963. Sólo proporcionó un manojo de documentos misceláneos del AMSPELL a los investigadores que buscaban los vínculos de Oswald con los cubanos anticastristas, y nada dijo sobre su propio conocimiento del grupo. De hecho, cuatro décadas tras los eventos, en el archivo de la CIA faltan los expedientes más importantes del AMSPELL, tal vez intencionalmente.

A principios de los años sesenta, los procedimientos internos de la agencia requerían que el tratante de los grupos de exilio cubanos entregara reportes mensuales. Estos reportes, archivados por los tratantes Ross Crozier y Bill Kent de septiembre de 1960 a noviembre de 1962, detallaban el generoso presupuesto para el AMSPELL, sus amplias operaciones de propaganda, sus actividades militares vigentes, su respuesta (o falta de ella) a la dirección de la agencia y su efectividad general en la consecución de los objetivos de la política norteamericana. También los tratantes del DRE enviaban dichos reportes en mayo de 1964 y posteriormente. En los años noventa, el Consejo de Revisión de Documentos del Asesinato desclasificó estos reportes. Pero el consejo fue incapaz de localizar los informes mensuales del

AMSPELL de diciembre de 1962 a abril de 1964. Hubo un vacío de diecisiete meses en los expedientes del AMSPELL, lo que coincidía exactamente con el periodo en que George Joannides se hizo cargo del grupo a nombre de Phillips y Helms. Como resultado, es difícil sacar conclusiones firmes sobre los contactos entre el DRE y Oswald, y la CIA nunca los ha explicado. Sepultar el expediente del AMSPELL no es el tipo de trabajo por el que Joannides obtuvo una Medalla de Inteligencia. Los investigadores nunca cuestionaron a Joannides sobre lo que sabía sobre Oswald. Cuando murió en 1990, se llevó lo que sabía sobre Oswald y el DRE a una tumba suburbana de Washington. Su obituario en el *Washington Post* lo describió como un "abogado del Departamento de Defensa". Como buen espía, se apegó a su tapadera hasta pasar a la otra vida.

Cinco semanas después de sus encuentros con el DRE, Oswald se puso en contacto con otro programa de espionaje de la CIA a cargo de David Phillips. Su nombre clave era LIERODE. Oswald había cesado todas las actividades a favor de Castro en Nueva Orleans tras el debate radiofónico del 21 de agosto. Habló con su mujer sobre secuestrar un avión a Cuba. Jugó con un rifle mientras planeaba un modo más convencional de llegar a la isla. El 17 de septiembre fue al consulado mexicano en Nueva Orleans para solicitar una visa. Una semana después, tomaba un autobús Trailways a la Ciudad de México. "Lo último que supe es que había salido de la ciudad", dijo Carlos Bringuier.

Oswald arribó a la capital mexicana la mañana del viernes 27 de septiembre. Tomó una habitación en un hotel barato, luego se dirigió al complejo diplomático cubano en la calle Francisco Márquez, donde visitó el consulado. El arribo de Oswald lo puso a la vista de las cámaras ocultas de Win Scott. La combinación del capítulo de Oswald en el manuscrito de Win, los registros desclasificados de la CIA y el testimonio de dos ex colegas sugieren una conclusión que la agencia aún niega: que la CIA tomó una fotografía de Oswald cuando contactó a los cubanos.

Win insistió en que así fue. Uno de los asuntos medulares de su capítulo por tanto tiempo censurado sobre Oswald era que el informe de la Comisión Warren sobre el asesinato del presidente Kennedy había falseado los hechos. Win estaba especialmente molesto con un pasaje del Informe Warren que decía: "En octubre de 1963, la Oficina de Pasaportes del Departamento de Estado recibió un informe de la Agencia Central de Inteligencia sobre la visita de Oswald a la embajada soviética en la Ciudad de México. El reporte no decía nada sobre alguna visita de Oswald a la embajada de Cuba en la Ciudad de México, hecho que no se conoció hasta después del asesinato".

Win sabía que era una evasiva. Él no informó sobre la visita de Oswald a la Oficina de Pasaportes. Se lo informó a Dick Helms, el subdirector de operaciones de la CIA, y fue él quien pasó la información al Departamento de Estado. Más aún, Win rechazó la versión de que su gente había ignorado los contactos de Oswald con los cubanos. La estación de la Ciudad de México se había ganado a base de trabajo la fama de saber todo sobre la embajada de Cuba. Sus operaciones se diseñaron para asegurar que cada línea telefónica estuviese intervenida, cada visitante fuese fotografiado. La declaración de la Comisión Warren implicaba que la estación había fallado en una de sus áreas más sólidas. Win lo rechazó.

Oswald, escribió Win en su memoria, "era una persona de gran interés durante este periodo del 27 de septiembre al 2 de octubre de 1963". Fue muy claro sobre la respuesta de la estación a su visita a la Ciudad de México:

Cada pieza de información sobre Lee Harvey Oswald, —escribió—, se reportó de inmediato tras ser recibida: al embajador de los Estados Unidos, Thomas C. Mann, por memorando; al jefe del FBI en México, por memorando; y a mi cuartel general, por cable; e incluida en todos y cada uno de esos reportes estaba la conversación completa que tuvo Oswald, hasta donde se conocía. Estos reportes se hicieron sobre todos sus contactos, tanto al consulado cubano como al de los soviéticos.

243

Dado que al principio pensamos que Lee Harvey Oswald podía ser un peligroso desertor potencial de los Estados Unidos a la Unión Soviética, nos resultó de gran interés, así que le pusimos vigilancia especial a él y a sus actividades. Lo observamos en todas sus visitas a cada una de las embajadas comunistas; y sus conversaciones con estas embajadas se estudiaron con detalle, hasta donde las conocíamos.

El recuento de Win está lejos de ser infalible. Escribió de memoria, no con los documentos, y se nota. A veces revolvía la secuencia de eventos en el viaje de Oswald. Se equivocaba en detalles. Escribió "noviembre 23" cuando se refería a eventos de noviembre 22. Anne Goodpasture había comentado que sus reportes al cuartel general a veces exageraban sus logros. Pero en la cuestión de si fotografiaron a Oswald durante sus visitas a la embajada de Cuba en septiembre de 1963, una amplia variedad de evidencia apoya la versión de Win.

El programa de vigilancia fotográfica de la estación sobre el complejo diplomático cubano en la Ciudad de México, llamado LIERODE, se alojaba en un departamento al otro lado de la calle. David Phillips, como jefe de las operaciones cubanas, tenía la responsabilidad de revisar las fotografías de todos los visitantes y decidir si sus contactos con los cubanos merecían acciones posteriores. En un informe de septiembre de 1963 a la sección fotográfica del cuartel general, Win mencionó que la vigilancia fotográfica de los cubanos se había ampliado el 27 de septiembre, el mismo día de la visita de Oswald. Hasta entonces, el puesto de observación había tenido sólo un empleado, quien tomaba fotos de los visitantes que entraban y salían por la puerta principal de la embajada. Pero entonces los cubanos reabrieron la entrada pública del consulado, a media cuadra. Un fotógrafo solitario no podía tomar fotos de visitantes tanto a la entrada principal de la embajada como a la puerta del consulado, así que se instaló una segunda cámara, con un dispositivo de obturador llamado VLS-2 que automáticamente sacaba una foto cuando alguien aparecía en el visor.

"La mañana del 27 de septiembre, PARMUTH [nombre clave del técnico fotográfico] instaló un disparador VLS-2 en la base del LIERODE y utilizó el lente de 500 mm que viene con este sistema", escribió Win. Informó que habían examinado el dispositivo VLS-2 el día anterior y que necesitaba baterías nuevas, "pero fuera de eso, el sistema funciona bien". Hubo un ligero problema mecánico que requirió reajustar un tornillo en el disparador. La estación requirió que el nuevo sistema se probara durante cuatro días. En su siguiente reporte sobre el LIERODE en noviembre, Win escribió que "el VLS-2 se descompuso tras cuatro días de fotografiar". Eso sugiere que la cámara funcionaba el 27 de septiembre y se descompuso el primero de octubre. "El disparador VLS-2 instalado en la base del LIERODE para cubrir la entrada del consulado", escribió, "funciona bien, con un poco de disparos en falso". Si acaso, la cámara era demasiado sensible, según Win. "Durante las primeras dos semanas de operación, el VLS-2 fotografiaba el tráfico de entrada y salida por la puerta objetivo."

Ninguna fotografía de las idas y venidas de Oswald ha salido a la luz, pero los colegas de Win habrían de decir a los investigadores del Congreso que habían visto tales fotos de Oswald. Stanley Watson, quien trabajó como jefe adjunto de Win en la estación de 1965 a 1969, dijo que revisó el expediente de la estación sobre Oswald en cierto momento y halló una foto de Oswald, que describió como una de "tres cuartos por detrás, básicamente una imagen de oreja y espalda". Watson no estaba solo en dichos recuerdos. Joseph Piccolo, un funcionario de contraespionaje que hizo dos viajes a la Ciudad de México en los años sesenta, dijo a los investigadores que vio dos fotos de vigilancia de Oswald en los archivos de la estación. Se ha citado que Piccolo dijo "que esas dos fotos se habían tomado de Lee Harvey Oswald ya sea entrando o saliendo de la embajada o consulado de Cuba en la Ciudad de México. La primera foto era una imagen tres cuartos de cuerpo completo de Oswald mostrando su perfil izquierdo mientras veía hacia abajo. La segunda que el señor Piccolo recordó haber visto era una vista de la nuca de Oswald."

Dave Phillips negó conocer estas fotos o cualquier acción de Oswald en el consulado cubano. En sus entretenidas aunque poco fiables memorias de 1975, *El turno nocturno*, sostuvo que la aparición de Oswald había provocado poco interés. Phillips escribió que nadie en la estación "sabía nada sobre Lee Harvey Oswald: que había vivido antes en la Unión Soviética y tenía una esposa rusa. Era sólo otro destello en el radar". Insistió en que las cámaras de la estación no habían capturado las idas y venidas de Oswald. "Sí, había cobertura fotográfica de la embajada de Cuba", dijo al Comité Selecto de la Cámara sobre Asesinatos en 1976. Pero la vigilancia "no funcionaba los fines de semana y a veces sacábamos la cámara. La cámara se sacó por descompostura o algo. No estuvo ahí el día que el reporte indica que Oswald estuvo en la embajada de Cuba, y en consecuencia no hubo foto de Lee Harvey Oswald que viéramos en México".

Los comentarios de Phillips fueron evasivos. Oswald visitó el consulado por primera vez el viernes, no el fin de semana. La cámara del LIERODE no tenía una "descompostura o algo" el 27 de septiembre, al menos no según el reporte contemporáneo de Win. Phillips estaba en lo cierto al decir que sacaron la cámara, pero eso no ocurrió sino hasta el primero de octubre, según Win.

Para funcionarios internos de la CIA, atentos a los puntos finos, las memorias de Win siempre habían resultado incómodas, especialmente la declaración de que Oswald "fue observado en todas sus visitas a cada una de las dos embajadas comunistas". El jefe de abogados de la agencia estaba preocupado por lo que esto implicaba.

"El problema subyacente", comentó el abogado general de la CIA, Scott Breckinridge en 1978, era que el relato en primera persona de Win refutaba la narración preferida de la agencia sobre la visita de Oswald a la Ciudad de México. La historia de la CIA, como la detalló fielmente Breckinridge al Congreso, fue que "salvo una llamada telefónica el primero de octubre de

1963" que condujo a "un informe de rutina al cuartel general", el personal de la agencia "no tuvo verdadero conocimiento de la presencia [de Oswald] hasta después del asesinato del presidente Kennedy". Breckinridge no tuvo más opción que compartir el capítulo sobre Oswald con los investigadores del Congreso que se enteraron de él por otras fuentes. Pero hizo su intento por impugnar la credibilidad de Win al citar la opinión de John Horton de que Win "estaba en decadencia" y bebía demasiado. La CIA no quería dar importancia al relato de Win porque ponía en duda la posición de la agencia, en la que Oswald no era sino un destello para sus ojos.

Nunca han salido a la luz fotografías de vigilancia de la CIA con la imagen de Oswald.

Él llegó al consulado cubano alrededor de las 11:00 a.m. el viernes 27 de septiembre; expresó su deseo de viajar a la Unión Soviética vía Cuba. Informado de que necesitaba fotos tamaño pasaporte para solicitar la visa, se marchó, dando a la nueva cámara del LIERODE una segunda oportunidad para tomarle una foto. Volvió como una hora después con las fotos para el pasaporte, otra vez pasando por la puerta vigilada por las cámaras de la CIA. Dentro, dijo que quería viajar a Cuba el siguiente lunes, septiembre 30. Para persuadir a los cubanos de que le otorgaran la visa de tránsito, entregó evidencia de su choque con el DRE en Nueva Orleans, un recorte de periódico sobre sus encuentros con los exiliados y una tarjeta de membresía del Comité de Juego Limpio para Cuba. Silvia Durán, una empleada mexicana del consulado, explicó a Oswald que primero tendría que hablar en la embajada soviética sobre su plan de viaje a la Unión Soviética antes de que pudiesen expedirle una visa "de tránsito". Oswald salió de nuevo y caminó a la embajada rusa a unas cuadras de ahí. Ahí se le permitió hablar con el vicecónsul Oleg Nechiperenko, quien le dijo que su solicitud de visa debería enviarse a la embajada soviética en Washington y tardaría cuatro meses en procesarse. Oswald volvió al consulado cubano como a las cuatro de la tarde, pasando por quinta vez por el visor de la recién instalada cámara del LIERODE. Dentro, habló de nuevo con Durán y mintió, diciéndole que los soviéticos no tenían problema con su solicitud de visa. Durán llamó a la embajada soviética para confirmar la versión.

La llamada de Durán disparó otro programa de vigilancia de la CIA, el conocido como LIENVOY. Era la amplia operación de intercepción de audio que escuchaba trece líneas telefónicas en varias embajadas comunistas.

"Aquí tenemos a un estadounidense que ha solicitado una visa de tránsito porque va a Rusia", dijo Durán. "Quisiera saber con quién habló en la embajada rusa porque lo envié con ustedes pensando en que si tenía una visa rusa entonces yo podía darle una visa cubana sin más proceso. ¿Con quién habló? Dice que estuvo ahí y que no hay problema."

El hombre en la línea de la embajada rusa dijo que alguien le regresaría la llamada. Veinte minutos más tarde, un funcionario soviético llamó y explicó a Durán. "No podemos darle aquí una visa sin preguntar a Washington. Dice que pertenece a una organización de apoyo a Cuba y que los cubanos no pueden darle una visa sin que primero tenga la visa rusa. No sé qué hacer con él. Tengo que esperar una respuesta de Washington."

Oswald intercambió duras palabras con Durán y otro empleado del consulado cubano y se marchó.

Las noticias de este visitante norteamericano a las oficinas soviéticas y cubanas no tardaron en llegar al escritorio de Win. Al final de cada día, las cintas en el centro de monitoreo del LIENVOY se transcribían y, de ser necesario, las traducían al inglés un empleado de la estación llamado Boris Tarasoff y su esposa. El lunes 30 de septiembre pasaron su trabajo a Anne Goodpasture como parte de su rutina. Tras revisar y clasificar el material, Goodpasture entregó las transcripciones a los escritorios adecuados en la estación. Las conversaciones de Durán con los soviéticos fueron a Bob Shaw, un funcionario que trabajaba para Dave Phillips monitoreando los programas de vigilancia fotográfica y de audio de los cubanos. Cuando leyó que Durán había contactado a los soviéticos sobre un estadounidense no identificado que quería viajar a la Unión Soviética vía Cuba, reconoció de inmediato que estas conversaciones tenían un alto interés de contraespionaje. Como dijo Goodpasture, los dos tipos de información de "seguridad" que más interesaban a la estación tenían que ver con "ciudadanos estadounidenses que iniciaban o mantenían contacto con las instalaciones diplomáticas de Cuba y la Unión Soviética" y "viajes a Cuba por parte de ciudadanos o residentes estadounidenses". Shaw envió la transcripción de las conversaciones de Durán de vuelta a Goodpasture, y a Win, a la oficina de asuntos soviéticos. Tarasoff y la mecanógrafa que habían hecho la transcripción le dirían después a un reportero del *Washington Post* que los jefes de la estación andaban "calientes" por la conversación sobre el estadounidense no identificado. Cuando Win leyó la transcripción de Durán de septiembre 27, 4:25 p.m. a la embajada soviética sobre el viajante estadounidense, escribió al margen: "¿Es posible identificarlo?".

Era posible. Al día siguiente, martes primero de octubre, Win se enteró de que un estadounidense llamado Lee Oswald acababa de hacer una visita a la embajada soviética. Había llamado al agregado militar soviético de la embajada a las 10:30 de la mañana y dijo, en ruso: "Hola. Estuve en su oficina el sábado pasado y hablé con su cónsul. Dijeron que enviarían un telegrama a Washington, y yo quería preguntarle si hay novedades". La voz rusa que respondió al teléfono en la oficina del agregado soviético pidió a Oswald que llamara a otra línea y le dio el número. A las 10:45 a.m., en otra llamada a la embajada soviética, se escuchó la misma voz que decía: "Habla Lee Oswald. Estuve en su oficina el sábado pasado y hablé con un cónsul, y dijeron que enviarían un telegrama a Washington, así que quiero saber si hay novedades. Pero no recuerdo el nombre del cónsul".

El hombre que respondió al teléfono era un guardia llamado Obyedkov, del que la estación pensaba que era de la KGB.

"Kostikov", adivinó el guardia. "¿Era moreno?" Valeriy Kostikov era cónsul en la embajada, y era un ruso inusualmente moreno.

"Sí", fue la respuesta. "Me llamo Oswald."

Hubo una pausa y Obyedkov volvió a la línea. "Dice que aún no ha recibido nada."

"¿Y ha hecho algo?", preguntó Oswald.

"Sí", vino la respuesta. "Dice que la solicitud se envió, pero no hemos recibido nada."

Oswald comenzó a preguntar: "¿Y qué...?". Obyedkov le colgó.

El que llamó había mencionado su nombre. Eso fue decisivo, dijo Goodpasture. Los monitores de las líneas de LIENVOY tenían órdenes de Win para que informaran en el acto cualquier conversación en la que se identificara un visitante a la embajada soviética. Lo que volvía la llamada doblemente interesante era que el hombre que se identificó como Oswald indicó que había visitado a los soviéticos el sábado y hablado con Kostikov. Goodpasture y otros sospechaban que Valeriy Vladimirovich Kostikov era un oficial de la KGB. Los expedientes de la estación indicaban que había llegado a México a finales de 1959, viajado a Cuba en enero de 1960, y llegado a la embajada soviética como vicecónsul en septiembre de 1961.

La cinta de la CIA de la llamada de Oswald se etiquetó como "urgente" y se entregó a la estación en quince minutos. "Estoy segura de que la llamada de Oswald nos llegó por la línea soviética", diría Goodpasture a sus colegas después. "Recogieron [la cinta] y se la llevaron a Boris [Tarasoff] para que la tradujeran porque quien llamaba intentaba hablar ruso." Por rutina, Goodpasture sacó una copia a la cinta de la conversación de Oswald. En una entrevista en 2005, Goodpasture explicó que a las conversaciones más interesantes se les sacaba copia para consultas futuras. La cinta duplicada, o "dupla", como le llamaba, se fue al archivo, mientras que la original se reutilizaría dentro de un par de semanas. Goodpasture entregó la transcripción al encargado de la sección de asuntos soviéticos. Ese encargado que manejaba los asuntos cotidianos relacionados con la embajada soviética declaró que la transcripción de la llamada de Oswald "me la encomendaron el jefe, el director de la sección soviética y Anne Goodpasture, quien discutía esto e iba a notificar al cuartel general y a quien le correspondía esta responsabilidad."

Fue Boris Tarasoff, el traductor, quien a fin de cuentas conectó la llamada de Oswald a los soviéticos el martes con una llamada que el LIENVOY captó el fin de semana. Al margen de la transcripción de la llamada de Oswald del martes primero de octubre, Tarasoff escribió: "La misma persona que llamó hace como un día y habló en ruso mocho". Fue una referencia a una llamada interceptada que se hizo del consulado cubano a la embajada soviética a las 11:51 a.m. el sábado 28 de septiembre. En esa llamada, una mujer, más tarde identificada como Silvia Durán, puso a un hombre en la línea que hablaba "un terrible ruso apenas entendible", según Tarasoff. El hombre dijo que recién había visitado la embajada y quería darles su dirección. Los rusos le colgaron.

Win presionó a Tarasoff para que le diera una respuesta. ¿Quién era el estadounidense que visitaba el consulado cubano? Win quería saber. Le tomó a Tarasoff dos semanas obtener una respuesta.

En un futuro lejano, Dave Phillips tendría problemas para armar un recuento coherente sobre lo que sabía de Oswald. A finales de los setenta, ofreció cuatro versiones inconsistentes de la visita de Oswald a la Ciudad de México. Primero, en sus memorias escritas en 1976 y publicadas en 1977, dijo que Oswald era "un destello" sin interés. Segundo, en noviembre de 1976, agregó notables detalles que no se encuentran en el libro. Le dijo a Ron Kessler del *Washington Post* que Oswald había ofrecido a los cubanos sus servicios durante su siguiente visita al consulado. Al día siguiente, Richard Sprague, el fiscal general del Comité Selecto de la Cámara sobre Asesinatos (HSCA), cuestionó a Phillips, bajo juramento, y tuvo que dar una tercera versión. Cuando Sprague le exigió que comprobara la historia de la oferta de

Oswald, Phillips se retractó de lo que había dicho a Kessler el día anterior, una actitud que Sprague describió como resbalosa. Enfrentado al rastro de papeles bajo juramento, Phillips admitió que era errónea la afirmación de la Comisión Warren de que la estación ignoró los contactos de Oswald con los cubanos. Reconoció que le informaron de inmediato sobre la presencia de Oswald en la Ciudad de México porque era un estadounidense que deseaba viajar a Cuba. Dijo que redactó un cable para Win sobre Oswald. Dos años después, enfrentado aún a más documentos, Phillips cambió de nuevo su historia y dijo que había "exagerado" su participación en la respuesta a la visita de Oswald y no participó en la redacción del cable. Este cambiante testimonio deja la impresión de que Phillips intentó ocultar lo que sabía sobre el viaje e intenciones de Lee Harvey Oswald antes de que muriera Kennedy.

En su primera aparición ante el HSCA, Phillips inicialmente ofreció un mea culpa. "Luego de que todo terminó [el asesinato de John F. Kennedy]", dijo, "noté ciertas debilidades en mi desempeño, una de ellas fue, maldición, ¿oír qué no averigüé más de esto antes del asesinato? Así que creo que lo que pudo ocurrir es, yo de hecho vi la transcripción [primero de octubre] y no reconocí que tenía que ver con otra transcripción [septiembre 27]."

"Así que volví al expediente", dijo. "Hay que revisar todo." Sólo entonces, aseguró, la conversación del norteamericano no identificado tuvo sentido. "Carambay, esto habla de Lee Harvey Oswald." ¿Había una dosis de nerviosismo en su lenguaje embrollado? Tal vez quiso decir "caramba", o "caray", pero le salió un "carambay".

"Así que es muy posible que lo vi y no reconocí el valor o la conexión con Oswald porque era sólo un caso…". Phillips se detuvo, aparentemente decidiendo que no quería comprometerse con ningún relato en particular. "Bueno, es posible", dijo tímidamente.

De hecho, no era posible. Si él sabía "que Oswald quería ir a la Unión Soviética vía Cuba", como declaró, entonces supo de los contactos cubanos de Oswald cuando ocurrieron. De ser así, esa aseveración condenaba por partida doble el pasaje de la Comisión Warren que Win objetaba. Phillips no sólo sabía que Oswald se había contactado con los cubanos, sino que también intentaba viajar a Cuba.

Es posible que Phillips no se enterara de los planes de Oswald para viajar a Cuba mediante las grabaciones de vigilancia, sino mediante el propio Oswald. Antonio Veciana, el líder del grupo de exilio Alfa 66, que se oponía a la política de los Kennedy hacia Cuba, dijo a los investigadores del Congreso que vio a su tratante, un hombre que se hacía llamar "Maurice Bishop", con Oswald en Dallas a principios de septiembre de 1963. Los investigadores entrevistaron al oficial de la CIA Ross Crozier, a quien Phillips encargó los asuntos del DRE de 1960 a 1962. Dijo que Phillips a veces utilizaba el alias "Maurice Bishop", una declaración que más tarde contradijo. Veciana describió a "Bishop" con detalle a un dibujante que trazó el bosquejo de un hombre que Phillips aceptó que se parecía a él. Veciana, ahora casi de ochenta años, vive aún en Miami, donde le ayuda a su hijo en una tienda de productos para barcos. En una entrevista, volvió a contar la historia del hombre de la CIA que se hacía llamar "Maurice Bishop" exactamente como la relató treinta años antes. Pero dijo, como siempre, que no sabía si "Bishop" y Phillips eran el mismo hombre.

Phillips eventualmente aceptó bajo juramento que la estación de la Ciudad de México se enteró de la visita de Oswald al consulado cubano justo cuando ocurrió. Y una vez que lo aceptó, cambió su historia. Oswald, "el destello" que atrajo sólo atención "normal", se volvió un hombre que levantó dudas. El hecho de que un estadounidense intentara viajar a Rusia vía Cuba, dijo Phillips al HSCA, "incrementó la importancia" de la visita de Oswald a los ojos de la estación. "En cuanto a la embajada de Cuba, según lo recuerdo, pusimos a trabajar a nuestros agentes, '¿Qué saben de un hombre llamado así y asá con esto y eso y lo otro?', y les preguntamos si sabían sobre su visita o algo así."

Lo que importa menos que los relatos inconsistentes y los errores en los datos de Phillips (que, dado el paso del tiempo, pueden deberse a una honesta falla de la memoria) fue la convergencia de su relato y el de Win en la cuestión de las visitas de Oswald al consulado cubano y los planes de Oswald para viajar a Cuba. No obstante la afirmación de la Comisión, ellos estuvieron de acuerdo en que la estación de la CIA se enteró de los contactos de Oswald con los cubanos cuando ocurrieron. Diferían en si esos contactos se reportaron al cuartel general de la CIA —Win dijo que sí, Phillips dijo que no— pero ambos admitieron que supieron de los contactos.

Las cintas de los telefonemas de Oswald pudieron aclarar lo que sabían, en especial el duplicado de la llamada de Oswald del primero de octubre a la embajada soviética que preparó Anne Goodpasture. Era la cinta que escuchó el traductor Tarasoff. Luego del asesinato de Kennedy, Goodpasture dijo que dio un duplicado a Win y sugirió que lo pudo haber "puesto a buen recaudo" en su caja fuerte. John Whitten, de la CIA, y J. Edgar Hoover y Gordon Shanklin, del FBI, informaron más tarde de manera independiente que funcionarios de los Estados Unidos habían escuchado una cinta con la voz de un hombre que dijo ser Oswald. Pero estas cintas nunca se hicieron públicas. En 1964, la propia Goodpasture escribió una nota para los expedientes en la que decía que se había hecho una comparación de voz en las cintas de Oswald. En una entrevista, Goodpasture dijo que no recordaba las observaciones sobre la voz de Oswald y no podía explicarlas.

Michael después se enteraría que tal vez la CIA destruyó las cintas de Oswald en 1986, pocos meses después de que iniciara la búsqueda de las memorias robadas de su padre.

Las llamadas y visitas de Oswald a la embajada soviética en busca de una visa lo pusieron a la vista de un cuarto programa de investigación de la CIA, una operación fotográfica de vigilancia denominada LIEMPTY. Supervisada por el buen amigo de Win, George Munro, esta operación se alojaba en un departamento frente a la entrada de gruesas rejas en la avenida Revolución. Los técnicos de LIEMPTY tenían instrucciones de fotografiar a todas las personas que se acercaran a la caseta de vigilancia. Oswald se había acercado al menos dos veces, una el viernes, septiembre 27, y otra al día siguiente. De acuerdo con Anne Goodpasture, Win no quería enviar un cable a Washington sobre el pretendido viajante a la Unión Soviética y Cuba a menos que pudiera incluir una foto. Tras peinar las hojas de contacto de LIEMPTY, Goodpasture no pudo hallar fotos de un estadounidense el viernes, septiembre 27, y no hubo cobertura fotográfica el sábado, septiembre 28, pero sí halló la imagen de un hombre, tal vez norteamericano, tomada cuando salió de la embajada soviética el 2 de octubre. Tenía unos 35 años, corpulento y ligeramente calvo. Le dio la foto a Win y le dijo que no podía asegurar que el hombre fuese Oswald, sólo que era el único visitante estadounidense en días recientes.

En sus memorias publicadas, Phillips escribió que un funcionario de la estación (al que llamó "Craig") se ocupó en redactar una solicitud a Washington sobre el visitante. "Las circunstancias eran tales —Oswald deseaba volver a la Unión Soviética vía Cuba— que se requirió un cable al cuartel general, pidiendo a Washington que revisara el expediente de Oswald", escribió Phillips. "Craig relegó el asunto porque estaba ocupado con otras cosas… Finalmente, la mujer de Craig mecanografió un cable ella misma, dejándolo en el escritorio de su marido para que lo revisara antes de que se entregara a Win Scott para que lo autorizara." En su testimonio ante la HSCA en 1978, Phillips soltó un detalle que había omitido en los anteriores recuentos. Dijo que personalmente había aprobado el cable de "Craig" al cuartel general sobre Oswald. "Durante ese proceso, llegó a mis manos, también para que lo firmara", dijo, "porque se refería a asuntos cubanos".

Llevó una semana, pero el 8 de octubre Win estuvo listo para informar al cuartel general sobre Oswald. Tenía una transcripción de LIENVOY, una fotografía de LIEMPTY y un cable aprobado por "Caballero", es decir, David Phillips. La tarde del 8 de octubre, Win envió el siguiente cable al cuartel general de la CIA:

De acuerdo con LIENVOY 1 oct 1963 hombre norteamericano que habla ruso cortado dijo que su nombre era Lee OSWALD en la EMBSOV 28 sept cuando habló con cónsul que él creía era Valeriy Vladimorovich KOSTIKOV. Sujeto preguntó a guardia sov Ivan OBYEDKOV tras revisar dijo nada recibido aún pero solicitud se envió. Tenemos fotos hombre parece ser norteamericano entrando en EMBSOV 1216 horas saliendo 1222 en 1 oct. Aparente edad 35, complexión atlética, *circa* 1.80, frente amplia, calvicie incipiente. Vestía pantalones caquis y playera deportiva. Fuente: LIEMPTY.

Win tuvo la prudencia de no asegurar que el hombre de la foto era Oswald. Las imágenes de LIEMPTY mostraban a un hombre que salía de la embajada soviética con diez años y cuarenta kilos más que Oswald. Es seguro que Oswald visitó la embajada soviética el 27 y 28 de septiembre porque Oleg Nechiperenko, el vicecónsul con quien se vio, escribió un libro sobre el asunto. El hombre de la foto nunca fue identificado. Nunca surgió una fotografía de LIEMPTY con el verdadero Oswald entrando o saliendo de la embajada soviética en la avenida Revolución.

En términos de la competencia de la CIA, un problema mayor con los informes sobre Oswald fue lo que el cable de Win no decía. ¿Por qué Dave Phillips no le dijo a Win Scott que mencionara los contactos de Oswald con el consulado cubano? Después de todo, el visitante norteamericano era sujeto de obvio interés. En la propia descripción de Phillips de sus deberes como jefe de operaciones cubanas, dijo que estaba interesado en "cualquier nexo" entre la embajada cubana y los grupos "castristas en el hemisferio". Oswald dijo a cubanos y rusos que pertenecía a una organización pro Cuba. El apoyo público de Oswald a la FPCC atrajo el interés del amigo de Phillips, Warren DeBrueys en la oficina del FBI en Nueva Orleans. Oswald también atrajo la atención e indignación de sus aliados de AMSPELL en Miami y Nueva Orleans. Y Phillips mismo admitió que sabía que Oswald deseaba viajar a Rusia vía Cuba.

¿Entonces por qué no mencionó el cable de Win del 8 de octubre de 1963 los contactos cubanos de Oswald? Dave Phillips tuvo problemas para explicarlo.

"¿Tiene alguna explicación sobre por qué se omitió eso?", preguntó el abogado general del HSCA Richard Sprague cuando interrogó a Phillips en 1976. Phillips dijo que no sabía por qué. La información "debió estar ahí", reconoció. "Fue una grave omisión."

Sprague, un fiscal federal con experiencia, se había abierto camino entre muchas conspiraciones de alto nivel. Percibió que Phillips se portaba evasivo. "¿Sería sólo una omisión o sería más bien una decisión de alguien?"

Phillips intentó esquivar la pregunta. No quería admitir la posibilidad de que estaba enterado de los contactos cubanos de Oswald y eligió no decirle a Win. "Sin duda pudo ser que alguien decidió no hacerlo por una razón u otra, pero, por supuesto, es una suposición", dijo. Phillips estaba en una caja legal. Su juramento a la CIA lo obligaba a ocultar toda la información sobre operaciones secretas. Pero si había omitido mencionar la aparición de Oswald en el consulado cubano porque quería ocultar una operación autorizada sobre la que Win no tenía necesidad de saber, entonces no podía confirmar ni negar sus acciones.

Phillips no diría quién tomó la decisión de no mencionar los contactos cubanos de Oswald en el cable, pero insistió en que Win Scott estuvo de acuerdo. "Nadie se atrevería a tomar esa decisión sin que Win Scott la conociera y la aprobara", dijo. El testimonio de Phillips no podía verificarse porque para cuando lo dio, Win estaba muerto. Pero incluso cuando más evasivo era, el relato de Phillips le dio otro golpe a la versión de la CIA de que la visita de Oswald a la Ciudad de México provocó sólo un interés "de rutina" en ese momento y que la estación no pudo detectar sus contactos cubanos. Por el contrario, Phillips conocía esos contactos y no los compartió con su amigo y jefe.

Para Michael, la totalidad del capítulo de Win sobre Oswald y los nuevos documentos que la junta de revisión de John F. Kennedy desclasificó en los años noventa planteaban una pregunta básica sobre su padre. Aunque Lee Harvey Oswald había pasado por varios programas de vigilancia de la CIA unas semanas antes de que presuntamente asesinara a John F. Kennedy, buena parte de la evidencia nunca había visto la luz del día. Cuatro décadas después, aún faltan los reportes de AMSPELL de 1963 sobre el DRE en el tiempo de sus encuentros con Oswald. Faltan las fotos de vigilancia de Oswald fuera del consulado cubano que Joe Piccolo y Stanley Watson dicen que vieron. Las transcripciones de las cintas del LIENVOY están disponibles, pero las propias cintas nunca se hicieron públicas y lo más seguro es que la CIA las haya destruido. Las fotos de vigilancia del visitante a la embajada soviética se identificaron erróneamente como de Oswald. Y Win Scott no informó sobre el contacto que hizo Oswald con los cubanos.

Michael podía pasar por alto los espléndidos elogios de la CIA para su padre y acusarlo de torpeza, incompetencia y probable incumplimiento del deber en el caso del hombre que fue arrestado por matar al presidente de los Estados Unidos. Pero aunque su padre pudiese inclinarse a la exageración (como dijo Anne Goodpasture) y hubiese traicionado a esposas y amigos, no tenía historia de descuidos en la recolección de inteligencia ni en operaciones de contraespionaje. Por el contrario, los inspectores de la CIA dijeron que estableció el estándar para el hemisferio occidental, si no es que para todo el mundo. Win, como Dave Phillips, fue un anticomunista alerta y consumado nada inclinado a ocultar información, deliberada o accidentalmente, sobre un alborotador comunista, castrista, que buscaba violar la ley de los Estados Unidos visitando Cuba.

Hay otra posibilidad más simple: que Win alterara la historia de Oswald y los cubanos consciente y deliberadamente a instancias de sus superiores. Esto no por fuerza era siniestro. Es frecuente que los profesionales del espionaje compartan información sólo con aquellos que tengan necesidad de saber. No podían —la ley les impedía— compartir el producto de su recolección de inteligencia si la información revelaba las fuentes o métodos de una operación encubierta autorizada. Eso violaría sus juramentos de la CIA. Lo más probable es que fuesen discretos sobre lo que sabían de Oswald en octubre de 1963 porque ése era su deber.

Esta conclusión no implica que Win o alguien más aceptara un plan para matar a Kennedy o participara en él. De hecho, lo contrario parecía a Michael más probable, que tuvo dificultades para creer que su padre pudiese tolerar dicha traición. Sin embargo, no tuvo problemas para creer que su padre hubiese encubierto una operación autorizada de inteligencia —incluso una que involucrara a Oswald— que tuviera un propósito legítimo a los ojos de la CIA.

Una lectura cuidadosa de la respuesta del cuartel general de la CIA al cable de Win Scott sobre Oswald refuerza esta idea. El registro muestra que los altos jerarcas digirieron la información sobre Oswald con atención y deliberación. En su respuesta a su propio jefe de estación, el personal de contraespionaje de Jim Angleton y el de alto nivel a cargo de Dick Helms optaron por no compartir todo lo que sabían con su propio hombre en el campo. Tratándose de los detalles de las actividades recientes de Oswald, decidieron que Win no tenía "necesidad de saber".

Como admitiría un asistente de Angleton años después, esto no fue un accidente.

FUERA DE LA JUGADA

Cuando Michael pensó en lo que hacía en el otoño de 1963 mientras su padre escribía cables sobre Lee Harvey Oswald, lo primero que vino a su mente fueron los perros de la familia.

"Vivíamos en una enorme casa en Paseo de la Reforma 2035 en la Ciudad de México con amplios jardines y una terraza", recordó. "Arete, el pastor alemán que se había sumado a la familia cuando Janet se casó con Win, tuvo el privilegio de deambular por el jardín por la mañana y después del mediodía, mientras que Chato, el bulldog de Win, permanecía en la terraza. Como a las dos de la tarde, había un cambio: a Chato se le permitían los privilegios del jardín, mientras que a Arete se le confinaba en el patio. Funcionaba casi siempre, pero de vez en cuando había un error y los dos perros se enredaban en una pelea a muerte."

Era septiembre de 1963. Michael acababa de cumplir ocho años.

Era una escena horripilante estar presente cuando estas dos criaturas se lanzaban. Instintivamente, el bulldog trataba de engancharse para atacar el cuello de Arete, y él, a su vez intentaba morder cualquier parte de Chato que tuviese cerca. El sonido de su terrible lucha es algo que nunca olvidaré. El final llegaba cuando algún valiente adulto, por lo general mi padre o Antonio, su chofer, entraba en acción para abrir con sus manos las mandíbulas del Chato y llevárselo mientras otro retenía a Arete. Recuerdo al Chato incapaz de caminar durante días tras ser arrastrado por las patas de atrás para sacarlo de la pelea.

Para el chico, lo que se le grabó en la mente fue la ira de los canes y el valor de su padre. Para Win, lo que perduró sobre esa fecha de septiembre de 1963 fue el asunto más sutil y letal de Lee Oswald y los engaños que lo amortajaron. En la diferencia, Michael vislumbró cómo la profesión secreta de su padre y su carácter reflexivo habían moldeado su infancia. Entre la lucha mortal, su padre exhibía una calma que daba seguridad.

Win recibió la respuesta a su solicitud sobre Oswald vía cable el 10 de octubre de 1963, una semana después del regreso de Oswald a los Estados Unidos, donde se estableció en Dallas. Los defensores de la CIA y los que excluyeron la posibilidad de una conspiración en el asesinato de Kennedy aseguran que este documento es de "rutina". Sin embargo, leído en el contexto de las operaciones de Win Scott y David Phillips, el cable muestra que a medida que se absorbían los flujos de información sobre Oswald en el cuartel general, dejaron a Win Scott fuera de la jugada.

La respuesta vino de Tom Karamessines, el fiel asistente de Dick Helms. Ex funcionario de la OSS, como Win, Karamessines se había distinguido como un operador en la línea del frente que apoyó a las fuerzas anticomunistas en la terrible guerra civil griega de 1946-1948. Se convirtió en jefe de la estación de la CIA en Atenas y maestro de una generación de espías grecoestadounidenses, incluyendo a George Joannides, el tratante del DRE/AMSPELL en Miami. En el cable, Karamessines escribió lo que el cuartel general pretendía saber sobre Oswald.

El mensaje de tres páginas declaraba que Oswald había desertado yendo hacia la Unión Soviética e intentó renunciar a la ciudadanía norteamericana en Moscú el 31 de octubre de 1961 y dudó en convertirse en ciudadano soviético. Le devolvieron su pasaporte estadounidense en 1962, y salió de ahí en mayo de ese año para regresar a su país. El cable incluía la opinión de la embajada norteamericana en Moscú de que "veinte meses de realidades de la vida en la Unión Soviética tuvieron un claro efecto de maduración en Oswald". De acuerdo con el cable, lo último que la agencia supo sobre Oswald fue que el escarmentado joven intentaba volver a casa. Luego venía esta línea: "Última info[rmación] a Cuar Gral fue informe [Departamento de Estado] fechado mayo 1962 que dice determinó Oswald sigue siendo ciudadano de los EUA. Tanto él como su esposa soviética tienen permisos y Dept. de Estado ha dado autorización para su viaje con infante a los EUA."

Última información del cuartel general. Esta frase aparentemente autoritaria e inocua tenía, de hecho, la intención de desorientar, como admitiría más tarde uno de sus autores. Tramada por el Grupo de Contraespionaje de Angleton y aprobada por funcionarios de las operaciones contra Castro, este trozo de desinformación mantuvo a Win en la oscuridad sobre el pasado reciente de Oswald. Era engañosa e intencional. La reconstrucción del rastro de papeles muestra que altos jerarcas de la CIA estaban ocultando deliberadamente a Win todo lo que sabían de Lee Harvey Oswald.

Cuando la solicitud de rastreo del nombre arribó al cuartel general el 9 de octubre, Charlotte Bustos, la mayordomo de wh/3, la oficina de México y Centroamérica de la división del hemisferio occidental de la cia, ubicó el expediente básico de personalidad, conocido como un expediente 201, sobre Oswald, que se había prestado al Grupo de Contraespionaje (ci). Como ex desertor soviético, Oswald era un sujeto de interés natural. ¿Lo habían "volteado" los tratantes de inteligencia soviéticos durante su estancia en Minsk? ¿Lo enviaron de regreso como un "espía durmiente"? Dichas preguntas eran competencia de una oficina específica dentro del área de Angleton: el Grupo de Investigaciones Especiales (sig), que poseía el expediente de Oswald. Angleton había dado amplias órdenes al sig para que investigara "la validez a largo plazo de las operaciones de la cia en términos de acciones hostiles, incluyendo penetraciones, y de la seguridad de la agencia". El jefe del ci/sig era uno de los principales asistentes de Angleton, Birch D. O'Neal, quien había trabajado como jefe de estación en la ciudad de Guatemala durante la Operación Éxito.

Bustos envió un borrador de respuesta a la pregunta de Win sobre Oswald al Grupo de Contraespionaje, porque ellos tenían el más prolongado interés en sus actividades y viajes. Tres distintas oficinas de contraespionaje revisaron el borrador. La asistente de O'Neal en el sig, llamada Ann Egerer, lo revisó. También lo hizo Jane Roman, jefa de la oficina de enlace del ci, que se encargaba de las comunicaciones con otras agencias federales. Dado este nivel de revisión, parece viable que el mismo Angleton conociera el nombre de Oswald, e incluso su biografía, en octubre de 1963.

La respuesta también la vio la oficina de contraespionaje en el Grupo de Asuntos Especiales, conocido como sas/ci, el cual dirigía Harold Swenson, un ex agente del fbi. "Como jefe de Contraespionaje para el Grupo de Asuntos Especiales", dijo Swenson a los investigadores, "yo era responsable de proteger al Grupo de Asuntos Especiales contra la penetración de los servicios de inteligencia extranjeros, particularmente del cuis [servicio cubano de inteligencia] y de montar las operaciones de contraespionaje del SAS diseñadas para penetrarlo. Sus datos eran consistentes con una operación de David Phillips. Él trabajaba en el SAS, era responsable del contraespionaje contra los cubanos fuera de los Estados Unidos, y había visitado el cuartel general de la CIA en los días anteriores a la redacción del cable.

La participación de la oficina de Swenson en la preparación del cable de Oswald indicaba que a éste se le consideraba una amenaza para las operaciones contra Castro —tal vez por sus contactos con la delegación del DRE/AMSPELL en Nueva Orleans— o bien, que era parte de una operación de contraespionaje en la Ciudad de México con la intención de penetrar a los cubanos. De lo contrario, no había razón para que el SAS/CI revisara la solicitud de Win para rastrear ese nombre. En cualquier caso, al aparentemente oscuro Oswald se le estaba dando una buena revisión en Langley.

El borrador final del cable llegó a manos de John Whitten, jefe de la oficina responsable de supervisar todas las operaciones encubiertas en México y Centroamérica. Luego pasó a un nivel más alto. Los procedimientos de la agencia en ese entonces requerían que cada cable enviado desde el cuartel general tuviese un "oficial de autentificación", quien respondía por su exactitud. En el caso de la solicitud de Win, la responsabilidad hubiese sido normalmente de J. C. King, el veterano jefe de la división del hemisferio occidental. Como ocurría con frecuencia en las acciones encubiertas, King prefirió no involucrarse. Uno de los asistentes de Helms, William J. Hood, el jefe de operaciones encubiertas para el hemisferio occidental, fue quien firmó. El "oficial expedidor", con la tarea de asegurar que el comunicado siguiera las políticas de la agencia, fue Karamessines.

Este nivel de escrutinio no puede considerarse rutina. Cuestionado sobre el cable del 10 de octubre años después, Karamessines dijo que había firmado porque la solicitud de Win tenía que ver con que la CIA diseminara información sobre un ciudadano norteamericano. No es verdad, dijo John Whitten. En un testimonio jurado y secreto que no se desclasificó hasta 1997,

Whitten dijo que el cuartel general había hecho frecuentes rastreos de nombres de norteamericanos en contacto con embajadas comunistas y enviaron la información sin molestar a funcionarios de alto nivel como Karamessines. Whitten dijo que no podía explicar por qué la información sobre Oswald tuvo que autorizarse a tan alto nivel.

La verdad sólo salió a la luz 32 años después, cuando uno de los redactores del cable del 10 de octubre de 1963 habló sobre el modo en que se preparó. Eso ocurrió en 1995, cuando la Junta de Revisión de los Documentos del Asesinato de John F. Kennedy comenzó a desclasificar enormes lotes de documentos sobre Oswald previos al asesinato. Entre ellos había una copia del cable del 10 de octubre de 1963 que revelaba por primera vez que Jane Roman había ayudado a preparar el cable. Roman, una funcionaria retirada de la CIA que había trabajado para Angleton desde finales de los cuarenta, estaba bien conectada y era muy reconocida. Su marido, Howard, también funcionario de la CIA, había ayudado a Allen Dulles a escribir su libro *El arte del espionaje*. En 1995, el autor la buscó en su casa en el barrio de Cleveland Park en Washington, donde acordó hacerle una entrevista grabada con el historiador John Newman, quien, en su primer oficio, pasó veinte años como analista de inteligencia del ejército de los Estados Unidos, especializado en examinar el tráfico de cables. Mostraron a Roman los nuevos documentos y le pidieron su opinión.

Newman comenzó con las papeletas de ruta anexadas a los tres reportes del FBI sobre Oswald que habían circulado por la agencia en septiembre de 1962 y septiembre de 1963. Estaban cubiertas con firmas de gente de diversas oficinas. "¿Es ésta la indicación del documento de una persona sosa y de poco interés?", preguntó Newman. ¿O diría que estamos ante alguien que...?"

"No, estamos tratando de dirigir la atención hacia alguien", reconoció Roman. "Nuestro interés parte sobre todo del ángulo cubano."

Newman revisó entonces las papeletas de ruta en dos documentos sobre Oswald que Roman había firmado en septiembre de 1963. Habían llegado a sus manos porque se referían al interés de Oswald en Cuba. El primero fue un informe del FBI del agente James Hosty en Dallas, responsable de monitorear las actividades de Oswald en esa ciudad. Hosty informó que Oswald había salido de Dallas en abril de 1963 y se mudó a Nueva Orleans, mencionando sus recientes actividades políticas de izquierda, incluyendo su suscripción a *Socialist Worker*. J. Edgar Hoover, director del FBI, envió el reporte de Hosty a la agencia el 24 de septiembre de 1963 —apenas dos meses antes de que Kennedy fuese asesinado— y llegó de inmediato al Grupo de Contraespionaje. La papeleta de ruta mostraba las iniciales JR, de Jane Roman.

El segundo reporte del FBI se refería a los choques de Oswald con el DRE en Nueva Orleans. La papeleta mostraba que Roman había firmado el 4 de octubre. En otras palabras, Roman había visto el último reporte del FBI sobre Oswald menos de una semana antes de que participara en la redacción del cable del 10 de octubre a la Ciudad de México sobre Oswald. Roman, si hacía su trabajo y leía el material que firmaba, se enteró de mucho sobre la vida personal y política de Oswald esa semana, incluyendo:

• que él y su esposa habían regresado de la Unión Soviética para vivir en Fort Worth, Texas, donde fue interrogado por agentes del FBI y se rehusó a tomar una prueba con el detector de mentiras.
• que luego se mudó a Nueva Orleans y que había causado agitación a nombre del Comité de Juego Limpio para Cuba, tan recientemente como agosto de 1963.
• que había intentado infiltrarse y luego armó una pelea con miembros de la delegación del DRE en Nueva Orleans, un importante grupo anticastrista financiado por la agencia mediante el programa AMSPELL.

En otras palabras, "la última información del cuartel general" sobre el visitante a las embajadas cubana y soviética no tenía diecisiete meses, como decía el cable a Win. Tenía menos de un mes.

Al ver estos documentos, Roman explicó que ella no tenía la responsabilidad definitiva del cable sobre Oswald. La oficina de enlace de CI no hubiese ordenado el contenido final del cable, dijo. Dados los antecedentes de Oswald y su reciente activismo para el FPCC, el Grupo de Asuntos Especiales, que supervisaba todas las operaciones contra Castro, tenía el mayor interés en Oswald. "La única interpretación que puedo dar [el lenguaje del cable y las identidades de los redactores] sería que este grupo del SAS hubiese retenido toda la información sobre Oswald bajo su estricto control", dijo.

Roman subrayó, sin duda con exactitud, que ella no tenía conocimiento de dichos asuntos operativos, que una revisión de antecedentes se hacía por rutina. "Todas esas cosas que me han mostrado habrían sido muy sosas y rutinarias antes del asesinato", dijo. Pero entonces calificó su afirmación. "Es interesante que este tipo intente desertar yendo a Rusia, luego regresa a los Estados Unidos, [inaudible] entregarlo al FBI", dijo. "Luego se pone en contacto con el Comité de Juego Limpio para Cuba y todo el... el equipo de asuntos cubanos [de la CIA], ellos sabían cómo manejar eso... Bueno, es decir, ellos se lo quedaron para sí mismos."

Roman describía cómo los operativos contra Castro dentro de la agencia no compartieron información sobre Oswald. *Se lo quedaron para sí mismos.* Newman hizo hincapié en que Roman debió de saber que la información sobre Oswald se manejaba selectivamente. Mencionó que ella había leído los reportes del FBI sobre éste en septiembre y octubre de 1963. Menos de una semana después, revisó un borrador del cable a la Ciudad de México. Debió saber que el mensaje con la "última información del cuartel general" —el que se envió a Win en la Ciudad de México— no era exacto.

"Bueno, tenía miles de cosas así", protestó Roman.

"Estoy dispuesto a aceptar cualquier explicación que me dé", concedió Newman, "pero tengo que preguntarle esto…"

Roman comenzaba a molestarse.

"Yo no estuve metida en ninguna trácala o tejemaneje en cuanto a la situación cubana", agregó.

"Cierto. ¿Por eso no… —Newman armó las palabras correctas— …intentó examinarlo a detalle?"

"Sí, digo, todo eso es rutina por lo que a mí respecta", respondió.

Ésa era la palabra preferida de la agencia para apoyarse cuando se hablaba de Oswald. Nada inusual se detectó; el interés de la CIA era *rutina*.

"El problema es este", Newman señaló las palabras "última información del cuartel general". Roman finalmente aceptó el asunto. "Sí, firmé algo que sabía que no era cierto", dijo.

Firmé algo que sabía que no era cierto. Roman reconocía que un jerarca de las operaciones contra Castro estaba interesado en Oswald seis semanas antes del asesinato del presidente Kennedy. También aceptó que alguien en las operaciones cubanas había tomado la decisión de ocultar información sobre Oswald a otro personal de la CIA —incluyendo a Win Scott— antes del 22 de noviembre de 1963. Newman le hizo ver a Roman que había participado en redactar un cable en el que los altos mandos de las operaciones clandestinas habían decidido no contar toda la verdad.

"Tal vez no me di cuenta", dijo ella. "Y por lo general no estaría empujando el cable… Digo, más arriba de mí. Yo era una oficinista, no una jefa de división." Eso era cierto. El cable era de Tom Karamessines.

Newman preguntó: "¿Qué le dice sobre este expediente el que alguien escriba algo que se sabe que no es cierto? Supongo que lo que pretendo que usted me diga es si esto es indicativo de algún tipo de interés operativo en el expediente de Oswald".

"Sí", respondió Roman. "Para mí es indicativo de un vivo interés por Oswald que se mantuvo muy reservado, sólo entre los que tenían necesidad de saber."

Vivo interés en Oswald. Se mantuvo muy reservado. Necesidad de saber. Esta trifecta de la jerga de inteligencia sugería el tipo de actividad usualmente asociado con una operación encubierta. Sin duda exigía más preguntas.

En la jerga de inteligencia "un vivo interés" en Oswald significaba que una o más personas involucradas en las operaciones contra Castro se enfocaban en el hombre que sería acusado de matar a Kennedy. Un candidato viable era Dave Phillips, quien dijo bajo juramento que estuvo interesado en Oswald en la primera semana de octubre de 1963. Si funcionaba la cadena de mando en las operaciones contra Castro, su hombre en Miami, George Joannides, habría informado en agosto sobre los esfuerzos del AMSPELL para desacreditar el capítulo de un miembro del Comité de Juego Limpio para Cuba en Nueva Orleans. Sin duda, Phillips sabía que Oswald había estado en contacto con los cubanos en la Ciudad de México el 27 de septiembre. Y había visitado Washington después de que se detectó la presencia de Oswald y antes de que se escribiera el tramposo cable del 10 de octubre de 1963. Pero si, como aseguraría Phillips, Oswald era un mero "destello", ¿por qué los jefes del cuartel general manejaron la información sobre él con base en la "necesidad de saber"?

Jane Roman acometió la difícil pregunta.

"Debe haber una razón", dijo, "para retenerle información a la Ciudad de México."

Newman ofreció su teoría de que "alguien tomó aquí una decisión sobre el expediente de Oswald", refiriéndose a uno o más colegas de Roman en Washington. Roman rumió las posibilidades.

"Bueno, la posición obvia, que no podría contemplar, sería que ellos [la gente con autoridad definitiva sobre el cable] pensaron que de algún modo… podían utilizar a Oswald", dijo. "Creo que en definitiva hubo una razón operativa para retenerla [la información sobre Oswald en el cuartel general], si no fue un puro error administrativo, cuando ves toda la gente que firmó."

El candor de Roman ilumina el duradero problema que presentó el cable del 10 de octubre. La explicación más viable para el engaño de Win Scott perpetrado por el Grupo de Contraespionaje y el Grupo de Asuntos Especiales era "operativa". Los funcionarios de la CIA con un "vivo interés" en Oswald no querían compartir lo que tenían con Win porque no querían comprometer detalles de una operación negable. Si existía dicha operación, explicaría la falla de otro modo inexplicable de Win al no mencionar los contactos de Oswald con los cubanos en su solicitud de antecedentes del 8 de octubre. En todo caso, el candor de Jane Roman y el rastro de documentos desclasificados muestran que tratándose de los últimos reportes de la CIA sobre Lee Harvey Oswald, a Win lo dejaron deliberadamente fuera de la jugada.

El único otro firmante del cable del 10 de octubre que habló sobre él fue William J. Hood, el asistente retirado de la CIA y coautor de las memorias de Dick Helms. Aún lúcido en sus más de ochenta años, Hood no titubeó al comentar sobre una copia desclasificada del cable del 10 de octubre en una entrevista grabada. Revisó las marcas de identidad y buscó su firma.

"Me llegó y firmé por King, y fue a Karamessines, lo cual es inusual, pero la razón es obviamente que…", Hood hizo una pausa en su lectura. "No es usual que esto fuera a Karamessines", reconoció. Así confirmó el testimonio de John Whitten sobre que no era rutina que dicha solicitud fuera a alguien de alto nivel como Karamessines. Entonces marcó los nombres de Jane Roman y los otros funcionarios que habían contribuido al cable sobre el totalmente oscuro Lee Harvey Oswald. "Dios mío", suspiró, "va para todas partes. Hace falta mucha coordinación." Por lo tanto, confirmó lo que el vocero de la CIA y más de un puñado de historiadores han negado: que la información sobre la visita de Oswald a la Ciudad de México circuló extensamente en los altos mandos de la agencia cuando Kennedy todavía estaba vivo.

Hood no pudo explicar por qué Oswald recibió atención de tan alto nivel. Me dijo que le intrigaba que la "última información del cuartel general" sobre Oswald se omitiera tras una consulta tan amplia. ¿Sería posible que Karamessines hubiese omitido la última información sobre Oswald porque alguien en el cuartel general manejaba una operación que lo involucraba?

"Por supuesto que no", dijo Hood. "No hay ninguna razón. Si era algo a nivel de Helms, habría una razón para no decírselo a alguien en el campo. Pero no a este nivel."

Pero el cable del 10 de octubre había alcanzado el nivel de Tom Karamessines, quien era el asistente en quien Helms más confiaba. Hood aceptó que "la información que se omitió es muy importante". La omisión del encuentro de Oswald con el DRE, dijo, era "una anomalía... De verdad debió enviarse en el cable."

Así se le negó deliberadamente información importante al máximo jefe de la CIA en México sobre un hombre que mataría al presidente de los Estados Unidos seis semanas después. Hood no podía explicar por qué, sólo dijo: "Me gustaría pensar que ochenta por ciento [de los cables de la CIA] fueran más competentes". Pero insistió: "Nada veo sospechoso en esto".

Gracias a los reportes selectivos, Win no se enteró mediante el cable del 10 de octubre de 1963 sobre el activismo de Oswald en el FPCC ni de sus encuentros con el DRE cuando el presidente Kennedy estaba vivo. David Phillips no había compartido su conocimiento de que Oswald había visitado a los cubanos. Pero Win se enteró —a través de Tarasoff, su diligente traductor— de que Oswald había contactado el consulado cubano de camino a la embajada soviética. Como explicó Anne Goodpasture: "Quien llamó a la embajada cubana permaneció sin identificar hasta que el cuartel general envió datos sobre Oswald y [el traductor] comparó las voces".

Win escribió en sus memorias que todos los contactos de Oswald con los cubanos se observaron de inmediato, y en esto quizá tuvo razón. Su afirmación de que estos contactos se informaron de inmediato a Washington es menos probable. No hay cable de finales de septiembre o principios de octubre de 1963 sobre la visita de Oswald al consulado cubano, sólo sobre su visita a los soviéticos. Ray Rocca, asistente de Angleton durante largo tiempo, diría más tarde a los investigadores de John F. Kennedy que recordaba un cable sobre los planes de viaje de Oswald —"Hubo alguien ahí que quería ir a Cuba", dijo —pero dicho documento nunca apareció.

La primera evidencia sólida de que Win sabía que Oswald había contactado a los cubanos llegó una semana después de que el cuartel general envió datos sobre Oswald. El 16 de octubre de 1963, Win pasó un memorando al embajador Mann para informar que un estadounidense llamado Oswald había visitado la embajada soviética tanto el 28 de septiembre como el primero de octubre, con respecto a una solicitud para viajar a Cuba. ¿Por qué entonces Win no informó a Washington que Oswald había visitado tanto a los cubanos como a los soviéticos? Goodpasture dijo que el cuartel general no tenía "necesidad de saber" sobre la visita. Una vez más, se retuvo la información que tal vez debió reportarse sobre Oswald.

Lo cierto es que no había razón para que la estación de la Ciudad de México sospechara que un activista solitario del FPCC que intentaba viajar a Cuba y Rusia fuera una amenaza para el presidente. Pero sin duda Oswald se ajustaba a la definición de una amenaza para la seguridad de los Estados Unidos como se define en la declaración de la misión de la estación de la Ciudad de México. Se ajustaba a las tres principales prioridades de "inteligencia de seguridad" según las definió Goodpasture: primera, él había iniciado contactos con los cubanos y soviéticos; segunda, había intentado viajar a Cuba, una violación de la ley estadounidense; y tercera, estaba en contacto con cubanos y soviéticos que bien podían ser funcionarios de inteligencia. Asimismo, si Win hubiese sabido en octubre de 1963 que Oswald también había hecho proselitismo en fecha reciente para el FPCC e intentado infiltrarse en el DRE, habría sido más suspicaz. Sin duda habría sido más agresivo para resolver lo que Oswald tramaba.

En cambio, Win sólo pudo actuar con la información obsoleta que le dieron. El 16 de octubre, el mismo día que notificó a Mann sobre Oswald, Win pidió al cuartel general que le enviaran una foto de Oswald para compararlo con el hombre en la foto de vigilancia. Win explicó que quería saber más sobre los "intentos de Lee Oswald y esposa para reingresar a los Estados Unidos". En otras palabras, tras enterarse de que Oswald había contactado con los cubanos, Win de inmediato intentó averiguar en qué había estado metido Oswald desde su regreso de la Unión Soviética en mayo de 1962, justo la información que le negó el cuartel general. Su solicitud de una fotografía se envió a Jane Roman, en el Grupo de Contraespionaje, que se encargaba de todas las pesquisas sobre Oswald. Roman respondió que había pedido al Departamento de la Naval dos fotos de Oswald. "Las enviaremos a nuestro representante en México, quien intentará determinar si el Lee Oswald en la Ciudad de México y el sujeto son el mismo individuo", dijo Roman a la Naval el 23 de octubre. Goodpasture nunca recibió una foto de Oswald, y pensó que la falta de acción del cuartel general fue deliberada. "Se rehusaron a enviarnos una foto", dijo. "Pudo ser que no tenían una o no pudieron conseguirla. Y nosotros no podíamos entenderlo."

Win continuó pensando en Oswald en las semanas antes del asesinato de Kennedy. El 7 de noviembre, en su reporte mensual sobre el programa LIENVOY, mencionó "un contacto de un angloparlante con la embajada soviética en la Ciudad de México", una clara referencia al hombre identificado como Oswald.

Difícilmente fue sorpresivo —y no necesariamente siniestro— que los operadores anticastristas y los subordinados de Angleton en el Grupo de Contraespionaje tuvieran interés en Oswald. Sus torpes esfuerzos para infiltrar el DRE (según los reportó el FBI), su deseo de viajar a Cuba (como lo mencionó David Phillips) y su contacto con Kostikov (como lo dijo Goodpasture) lo identificaban como una permanente amenaza de penetración. Lo más sorprendente fueron las revelaciones en un estudio crítico de la CIA del Grupo de Contraespionaje de Angleton que fue desclasificado a finales de los noventa. Mostraba que los expedientes que conservaba el Grupo de Investigaciones Especiales no eran parte del sistema normal de archivo de la agencia, sino que se guardaban en un archivo que Angleton controlaba.

"Las operaciones de CI se conducían con frecuencia sin el conocimiento de los… jefes de división o jefes de estación respectivos", menciona un historiador de la agencia. Angleton se había ganado una buena reputación como teórico y práctico del contraespionaje. Pero su sucesor, George Kalaris, revisó sus archivos y concluyó que "Angleton se veía a sí mismo más como jefe de una entidad operativa que de una administrativa. Pocos le dieron buena calificación como administrador efectivo, a diferencia de su nivel como operativo, como agente". Angleton prefería conducir operaciones "en las que pudiera dejar fuera a la estación local", escribió Kalaris. Le gustaba establecer "un canal de comando y comunicaciones" que evitaran las estaciones de la CIA y fluyera directamente a su oficina en Washington. Cualquiera que fuese el interés de Angleton en Oswald, no quedó ni rastro de él. Luego de que despidieran a Angleton a finales de 1974, la CIA destruyó todo su archivo sobre el asesinato de Kennedy.

A veces, las dudas sobre el asesinato de Kennedy se volvían el centro del viaje de Michael hacia la vida de su padre. El total de sus documentos históricos refutaba categóricamente la vieja afirmación de la CIA de que Oswald era una difusa figura de poco interés antes de que muriera Kennedy. ¿Pero cuál era la alternativa? ¿Habían engañado los altos jerarcas de la CIA a su padre sobre las actividades políticas más recientes de Oswald por un mero capricho? ¿O habían utilizado a Oswald en alguna operación autorizada pero inocua contra la embajada de Cuba en la Ciudad de México o el FPCC en Nueva Orleans, sólo para comprender demasiado tarde que habían subestimado a un loco? ¿O acaso algunos de los muchos operadores de la seguridad nacional desencantados con la política de Kennedy hacia Cuba habían orquestado un escenario similar a la Operación Northwoods, el programa ultrasecreto del Pentágono que proponía desplegar a los agentes encubiertos más confiables para crear un pretexto para invadir Cuba al montar un ataque violento sobre un objetivo estadounidense y culpar de ello a Castro?

Win y Dave Phillips llegaron a conclusiones distintas sobre el asesinato de Kennedy. En sus memorias inéditas, Win aseguraba que su gente había observado a Oswald dondequiera que estuvo en la Ciudad de México e informado de todo a Washington. Escribió que sospechaba que Oswald era parte de una conspiración organizada por los rusos. Phillips se mostró más titubeante. Cuando un investigador del Congreso le pidió que resumiera la historia de cómo manejó la estación de la Ciudad de México la visita de Oswald, dijo: "En el mejor de los casos, no [fue] profesional. En el mejor de los casos". En sus memorias publicadas, Phillips escribió que se sintió "confiado de que ni los soviéticos ni los cubanos habían reclutado a Oswald en la Ciudad de México para asesinar al presidente Kennedy". Si bien, agregó que: "No puedo asegurar que Oswald no estuviese involucrado en una especie de conspiración en Dallas". Phillips abundó en esa observación cuando dijo al investigador Kevin Walsh en 1985 que "mi teoría final sobre el asesinato [de John F. Kennedy] es que hubo una conspiración, y que seguramente incluyó a funcionarios de inteligencia norteamericanos".

Aunque Michael no descartó la posibilidad de una conspiración que incluyera gente de la CIA, dudaba de que su padre fuera parte de ella. Resolvió que Dave Phillips tenía razón en que el manejo de la CIA respecto a la información sobre Lee Harvey Oswald a finales de 1963 fue poco profesional, y es difícil creer que la falla no fuera intencional. La mal disimulada hostilidad hacia John F. Kennedy por parte de otros funcionarios y agentes en las operacions contra Castro en 1963 hizo que las enigmáticas circunstancias de la emboscada en Dallas parecieran ominosas.

Todo tenía un matiz personal para Michael. Cuando niño, John F. Kennedy le había estrechado la mano, y su padre había sido responsable de la seguridad del presidente durante su visita en junio de 1962 a la Ciudad de México. Cualquier cosa que haya ocurrido bajo la vigilancia de Win a finales de 1963, culminó con un espectacular crimen.

"El efecto fue eléctrico"

La mañana del 22 de noviembre de 1963, el chofer de Win se llevó a todos los niños —Michael, George, John, Gregory y Paul— a la Greengates School. Luego volvió a la casa de Reforma 2035 y llevó a su jefe a la embajada. En su oficina, Win leyó un reporte sobre negocios extranjeros en Cuba. Preparó el envío por valija a Langley de una tarjeta de identificación de un soldado en las Fuerzas Armadas Revolucionarias de Cuba. El cuartel general podía usarla para hacer falsas tarjetas de identificación para las guerrillas contra Castro. En la siguiente oficina, David Phillips esperaba noticias de un hombre llamado Tony Sforza, quien debía llegar en un vuelo de Pan Am procedente de Miami. Sforza, que viajaba con pasaporte falso a nombre de "Henry Sloman", era un legendario agente secreto que había pasado veinte años operando en América Latina, Europa y Asia, haciéndose pasar por un contrabandista con contactos con la mafia. Por su trabajo, Sforza recibió varios reconocimientos de la CIA. Mil quinientos kilómetros al norte, en Dallas, Texas, Lee Harvey Oswald llegó al Texas School Book Depository, un edificio de ladrillo rojo en la calle Elm, con un paquete bajo el brazo que dijo que contenía cortineros. El presidente Kennedy estaba en la ciudad. Texas no era un territorio muy hospitalario para el líder liberal. Sólo unas semanas antes, conservadores texanos habían maltratado y escupido al embajador en la ONU, Adlai Stevenson, por lo que consideraron que era la política exterior pro comunista de Kennedy. Pero además de un anuncio hostil de plana completa en el *Dallas Morning News,* la recepción en la ciudad no pudo ser más amigable.

Mientras la caravana de Kennedy avanzaba por las calles de Dallas, el presidente y la primera dama, sentados en la parte posterior de la limusina descapotable, conversaban con el gobernador de Texas, John Connally y su mujer, Nellie, que se hallaban sentados frente a ellos. Un agente del Servicio Secreto conducía, y otro viajaba en el asiento delantero. La multitud se adelgazó a medida que se acercaban a un espacio abierto de áreas verdes llamado plaza Dealey. Luego, conforme la caravana pasaba frente al Book Depository, avanzando por la calle Elm hacia el paso a desnivel del ferrocarril, se escucharon disparos.

John y Nellie Connally, ambos cazadores y conocedores del sonido de un disparo, coincidieron en que el primer tiro vino de atrás. "Dios mío, me dieron", gritó Kennedy, llevándose las manos al cuello. En lo que Connally volteaba a ver, le balearon el hombro derecho. "Dios mío", gritó. "¡Nos van a matar a todos!" Una bala golpeó la acera al fondo de la calle, enviando un fragmento de concreto al rostro de un peatón. El presidente, de 46 años, se echó hacia adelante, ojos abiertos de par en par. En lo que Jackie volteaba para ver a su marido, otra bala entró por el lado derecho de la cabeza, despedazándole el cráneo, lanzándolo hacia los brazos de su mujer. Una espantosa nube rosa de huesos, sangre y sesos salpicó a los hombres del Servicio Secreto y a los policías que supuestamente protegían al presidente. Para todo intento y propósito, John Kennedy estaba muerto.

Los espectadores a cada lado de la calle Elm entraron en pánico. Muchos señalaban hacia los pisos superiores del Book Depository. Otros corrieron hacia un terraplén de pasto a lo largo de la ruta de la caravana hacia una empalizada que rodeaba un estacionamiento. Un policía corrió dentro del Book Depository y pidió ayuda al supervisor para registrar las instalaciones. Se toparon con Oswald frente a una expendedora de refrescos en el comedor del segundo piso. El supervisor avaló a Oswald y corrieron escaleras arriba. Oswald se escabulló del edificio y, aprovechando la confusión, abordó un autobús. Cuando el autobús se atoró en el tráfico, bajó y tomó un taxi. Fue a su habitación en una casa de huéspedes a dos kilómetros de ahí, tomó una chamarra y una pistola y luego se marchó a pie.

Las noticias llegaron a la estación de la CIA en la Ciudad de México en treinta minutos.

"Creo que era la hora de comer, cuando no hay mucha gente, y en lo que comenzamos a llegar notamos que había mucho cuchicheo", relató Anne Goodpasture. "He intentado recordar. He oído a tanta gente decir 'Lo recuerdo bien, estaba al teléfono' o 'Estaba en la farmacia' o 'Estaba en la iglesia'. Yo no recuerdo dónde estábamos en ese momento. David Phillips dijo que alguien de la oficina de agregados militares entró y le dijo, y yo no lo recuerdo." Phillips y Goodpasture se reunieron con otros en la oficina de Win para escuchar la radio y mirar la televisión.

En el cuartel general de la CIA en Langley, estaban encendidos todos los radios de transistores para seguir la tragedia. Alrededor de las cuatro de la tarde llegó la noticia de que la policía de Dallas había arrestado a un sospechoso llamado Lee Harvey Oswald. "El efecto", dijo John Whitten, "fue eléctrico."

Para algunos en la CIA, el nombre de Oswald inducía una sacudida de conciencia porque hacía tiempo que era una persona de interés. Jane Roman había estado leyendo reportes sobre él desde que desertó yendo hacia la Unión Soviética en octubre de 1959. Ahora sabemos, gracias a la desclasificación de documentos de los programas de vigilancia AMSPELL, LIERODE, LIENVOY y LIEMPTY, que no eran pocas las personas en el servicio clandestino que reconocieron el nombre del sospechoso. Cuando Jim Angleton recibió un mensaje telefónico del FBI en el que le dijeron que Oswald era el presunto asesino, ordenó a su gente que recopilara toda la información. Paul Hartman, funcionario veterano del Grupo de Contraespionaje, sabía cuál había sido la oficina de la CIA más interesada en Oswald. "¿Sabes?, hay una expediente 201 sobre este [improperio]", dijo Hartman a su jefe, "y el SIG la tiene."

Ann "Betty" Egerter, asistente de Birch O'Neal en el Grupo de Investigaciones Especiales, corrió por el pasillo en busca del expediente 201 de Oswald. Lo mismo hizo Charlotte Bustos, de la oficina de México en la división del hemisferio occidental, pues también había reconocido el nombre. Egerter ganó la carrera para recuperar el expediente. Tratándose de Lee Oswald, la gente de Jim Angleton iba un paso adelante de todos los demás.

El nombre de Oswald también era conocido en la estación de la Ciudad de México.

"Mi primer reacción fue que alguien con ese… un tipo con ese nombre fue a la embajada soviética", dijo Anne Goodpasture. "Cuando lo escuchamos, lo primero que ocurrió fue que… revisamos las tarjetas y luego alguien informó a Win."

Win estaba sentado en su ordenada y moderna oficina.

"Es el hombre sobre el que enviamos el cable", dijo ella en un susurro. De memoria, él le dio a su secretaria varios números de expedientes, y ella fue por ellos. Goodpasture sabía que debía ir por la cobertura fotográfica y de audio de las embajadas.

En Miami, los líderes de exilio cubano del DRE también reconocieron el nombre del insoportable simpatizante de Castro que había intentado infiltrarse en su delegación de Nueva Orleans. Llamaron a George Joannides, su contacto en la CIA, para decirle que sabían todo sobre el presunto asesino. Habían denunciado su apoyo al Comité de Juego Limpio para Cuba en Nueva Orleans. Incluso tenían una grabación en la que defendía a Castro por radio. Querían hacerlo público, le dijeron a su tratante de la CIA.

"Él dijo que debía consultar con Washington y que no debíamos hacer nada", recuerda Tony Lanuza. "Comoquiera procedimos." Los líderes del DRE comenzaron a decir a la gente que el asesino de Kennedy era un simpatizante de Castro que había vivido en "casa del ministro del exterior soviético durante dos meses".

En Washington, las noticias de los vínculos entre Oswald y Cuba sacudieron a Bobby Kennedy. Esa tarde, cuando se enteró de la historia castrista de Oswald, tuvo la seguridad de que era una fachada. Le llamó a su mejor amigo cubano, Harry Williams, quien se encontraba en Washington para asistir a una reunión sobre Cuba en el Pentágono. "Uno de los tuyos lo hizo", dijo Bobby secamente, refiriéndose a los exiliados anticastristas apoyados por la CIA.

Incluso el imperturbable Dick Helms sintió una ola de preocupación. Estaba comiendo con el director de la CIA, John McCone cuando escuchó las noticias de que le habían disparado al presidente. En ese momento, admitió muchos años después, se había preguntado fugazmente si los operativos de la CIA pudieron estar involucrados. Mientras el subdirector y sus colegas se dirigían a sus puestos de batalla, llevó a un lado a uno de sus asistentes. "Asegúrate de que ninguno de los nuestros haya estado en Dallas", dijo.

Anne Goodpasture volvió a la oficina de Win con las fotos de vigilancia del único hombre de aspecto norteamericano que había visitado la embajada soviética a principios de octubre. También tenía la copia de la cinta de una de las llamadas de Oswald. "Creo que traje una cinta y se la di a [nombre borrado]", dijo en testimonio jurado a la Junta de Revisión de los Documentos del Asesinato en 1997. "Estoy segura de que ellos la enviaron a Washington. Lo que haya ocurrido después no lo sé."

Win llamó a J. C. King, jefe divisional del hemisferio occidental en Washington, y pidió permiso de darle al FBI las fotografías del hombre que se pensó que era Oswald. King lo detuvo en seco. También Goodpasture. Le dijo a Win que la fotografía podía ser de alguien más. "Pensé que no debía enviarse, que él debía pedirle a Washington que nos enviara la foto de Oswald", dijo. Win no tomó la sugerencia. Envió un cable a Washington para decir que tenía fotos de un hombre que podría ser idéntico al sospechoso en Dallas. Tomó la sugerencia de Goodpasture en cuanto a pedir al cuartel general una foto de Oswald, la que venía solicitando desde octubre 16.

Para las seis de la tarde, el embajador Tom Mann decidió que las fotografías tenían suficiente importancia para que alguien de la agregaduría legal las llevara de inmediato a Dallas. Se arregló un vuelo, pero entonces se mostraron las fotografías del presunto asesino en la televisión y resultó claro que Oswald no era el hombre en la fotografía. No obstante, el agente Eldon Rudd del FBI partió en un vuelo especial de las 10:00 p.m. a Dallas con dos copias del hombre no identificado que salía de la embajada soviética y de la cinta de la llamada del primero de octubre. Un paquete fue al FBI en Dallas. El segundo fue al cuartel general de la CIA en Washington. "Dentro encontrarás fotos de una persona que conoces", escribió Win en la carta a King.

Una persona que conoces. Cuando al fin se desclasificó el memorando de Win a finales de los noventa, esa línea llamó la atención. King tuvo una duradera amistad con Win, aunque no estrecha. Ambos habían comenzado sus carreras en el FBI en Latinoamérica. Win había arreglado una reunión para King con el secretario de Gobernación Gustavo Díaz Ordaz apenas dos meses antes. Díaz Ordaz pidió a King información sobre terroristas que viajaban a través de México y prometió el mismo tipo de información sobre subversivos estadounidenses en México. ¿Win quería decir que J. C. King conocía al hombre de la foto? ¿O estaba diciendo que King conocía a Oswald?

Tal vez la nota críptica de Win no sea importante. O puede constituir otra evidencia de que los altos funcionarios de la CIA conocían a Oswald antes de que Kennedy fuera asesinado.

El vuelo de México aterrizó en el Love Field de Dallas a las 3:46 de la madrugada del 23 de noviembre, luego procedió a Washington. El paquete de fotos y cintas de Win formó olas que llegaron hasta la Casa Blanca. Para entonces la capital estaba aturdida. Caía una ligera lluvia, y la gente deambulaba, como si estuviese perdida, incapaz de comprender las noticias imposibles de que el presidente había sido baleado a muerte a plena luz del día, aparentemente por un comunista. La edición matutina del *Washington Post* tenía en su primera plana: "Marxista castrista de Fort Worth acusado del asesinato de Kennedy". Citaba a Carlos Bringuier del DRE diciendo que Oswald había estado dos meses en Nueva Orleans como presidente del castrista Comité de Juego Limpio para Cuba cuando lo arrestaron "por presuntamente distribuir propaganda pro comunista". Y otra nota del *Post* mencionaba la aparición de Oswald en el programa de radio de Nueva Orleans en el que negó ser un comunista. Sin embargo, un tercer comunicado, titulado "Enemigo de Castro detalla plan de infiltración", citaba a Bringuier describiendo el modo como Oswald se acercó al grupo. "Desconfié de él desde un principio, pero francamente pensé que podía ser un agente del FBI o de la CIA tratando de averiguar qué hacíamos", dijo, y agregó: "Era un tipo de sangre muy, muy fría". De este modo, el DRE, financiado de manera encubierta con un programa de la CIA llamado AMSPELL, moldeó el primer día de la cobertura del asesinato.

En la Casa Blanca el sucesor de Kennedy, Lyndon Johnson, se reunió con John McCone. Johnson quería saber una cosa: qué sabía exactamente la CIA sobre los informes de que Oswald había visitado la embajada soviética en México unos días antes. Veinticuatro horas antes, a Johnson se le consideraba un político en decadencia. Estaba toreando escandalosos reportes de un ex asistente y enfrentaba la posibilidad de que Kennedy lo dejara fuera para la candidatura de 1964. El asesinato de Kennedy lo había puesto en la silla donde siempre soñó sentarse. Pero también alzó el espectro de la guerra con Cuba y la Unión Soviética.

Cuando McCone se marchó el director del FBI, J. Edgar Hoover, llamó a Johnson. La primera pregunta del nuevo presidente fue: "¿Has averiguado algo más sobre la visita a la embajada soviética en México en septiembre?"

"No, ése es el único ángulo que resulta muy confuso por esta razón", respondió Hoover. "Tenemos aquí la cinta y la fotografía. Ni la imagen ni la cinta corresponden a la voz o a la apariencia de este hombre. En otras palabras, parece que hay una segunda persona que estuvo en la embajada soviética."

Hoover no fue el único en hablar de la voz en la cinta de vigilancia de la CIA. Cerca de mediodía, Clyde Belmont, asistente de Hoover, habló con Gordon Shanklin, agente especial a cargo en Dallas, que dijo lo mismo. "Puesto que los agentes de Dallas que escucharon la cinta de la conversación presuntamente de Oswald de la [borrado] y examinaron las fotografías del visitante y opinaron que ni la cinta ni la fotografía pertenecían a Oswald", informó Belmont.

Nunca se ha determinado quiénes del FBI y de la CIA escucharon la cinta que Win envió de la Ciudad de México. Pero la aparente discrepancia entre la voz en la cinta y la voz del verdadero Oswald hizo surgir la desconcertante posibilidad de que "una segunda persona" —como lo dijo Hoover— hubiese usado el nombre de Oswald en la Ciudad de México, que se hiciera pasar por Oswald. En el cuartel general de la CIA, un profético burócrata apuntó en un memorando que si hubiese existido una conspiración para matar a Kennedy, la vida de Oswald estaba en peligro. En la Ciudad de México, Win regresó a su oficina el sábado en la mañana y leyó un cable de Dick Helms. El subdirector quería respuestas sobre los contactos del asesino acusado con funcionarios soviéticos. Por la noche, la división de Rusia soviética de la CIA había revisado sus registros sobre Valeriy Kostikov, el cónsul y agente de la KGB con quien se había encontrado Oswald. Habían identificado tentativamente a Kostikov como el tratante en una operación auspiciada por el Departamento 13 de la KGB, la Sección de Inteligencia Soviética responsable de operaciones de sabotaje y asesinato. Helms quería todo lo que la estación supiera sobre viajes de Kostikov dentro y fuera de México, todos los detalles de sus actividades durante noviembre, nombres y antecedentes de sus contactos. Quería un recuento hora tras hora del paradero de Kostikov el 22 de noviembre y vigilancia de sus futuros contactos y actividades.

Win ya sabía que Kostikov era de la KGB. La revelación de que tenía experiencia en asesinatos resultó ominosa. Win asignó a Anne Goodpasture en el caso y ella se reportó muy pronto. Todos los viajes de Kostikov se habían reportado previamente.

Estuvo en la embajada soviética todos los días entre noviembre 6 y 19 y no mostró actividades recientes o inusuales. Win ordenó que se vigilara a Kostikov y otros bajo sospecha de ser agentes de inteligencia soviéticos, así como en el conmutador del edificio de departamentos donde varios de ellos vivían. Win envió un cable a Helms con la información más reciente, y Goodpasture continuó revisando las cintas sin borrar en busca de más llamadas de Oswald.

Birch O'Neal, jefe del Grupo de Investigaciones Especiales de Angleton, participó, vía cable, con una sugerencia. Le dijo a Win que era "importante que revises todas las cintas LIENVOY y las transcripciones desde el 27 de septiembre para localizar todos los materiales posiblemente pertinentes". O'Neal pensó acertadamente que dicho material dataría del 27 de septiembre, el día en que Oswald contactó por primera vez el consulado cubano en la Ciudad de México. ¿Pero cómo lo sabía? O fue una corazonada correcta o, lo más seguro, el SIC sabía de los contactos cubanos de Oswald antes del asesinato de Kennedy.

Otra pregunta clave: ¿Dónde estaban las cintas de vigilancia de Oswald, aparte de las de su llamada del primero de octubre a la embajada soviética? El cuartel general exigía a Win una respuesta, y David Phillips ofreció una. Las habían borrado. Más de una década después, Phillips dijo al Comité Church exactamente cuándo ocurrió. "No fue sino después de las cinco de la tarde del 23 de noviembre de 1963 cuando el cuartel general de la agencia envió un cable a su estación en la Ciudad de México para preguntar si las cintas originales estaban disponibles", aseguró el comité en su reporte final. "David Phillips recuerda que su solicitud precipitó la búsqueda de las cintas por parte la estación de la CIA, que confirmó que las habían borrado."

El recuerdo de Phillips era técnicamente exacto. Era cierto que los originales se habían borrado. Phillips no sabía o no dijo que Anne Goodpasture tenía un duplicado de al menos una de las conversaciones de Oswald. Win dijo lo mismo. Le envió tres de las transcripciones de las llamadas telefónicas a Helms en Washington. No envió la transcripción de la llamada sobre los planes de viaje de Oswald que hizo Silvia Durán, la empleada del consulado cubano, el 27 de septiembre. Sobre la conversación del sábado 28 de septiembre, escribió: "Sujeto tal vez es Oswald. Estación incapaz de comparar voces pues primera cinta borrada antes de recibir segunda llamada". Con esa dudosa afirmación, surgió la falsa historia de la CIA de que no existían cintas del LIENVOY con conversaciones de Oswald.

El asunto de la visita de Oswald al consulado cubano se condujo, como siempre, con la mayor discreción. Una duda intensa para Win era: ¿qué sabía Silvia Durán sobre Oswald? La estación ya tenía un "interés sustancial" en ella antes del asesinato, admitió Phillips después, en parte porque la vigilancia había revelado que había tenido un romance con Carlos Lechuga, el ex embajador cubano en la Ciudad de México, que ahora trabajaba como embajador de Castro en las Naciones Unidas. Al menos una fuente mexicana en la nómina de la CIA le había dicho a su tratante que "todo lo que se tenía que hacer para reclutar a la señorita Durán era meterle en la cama un gringo rubio de ojos azules".

Win llamó a Luis Echeverría, el esbelto y modesto subsecretario de Díaz Ordaz, el secretario de Gobernación, a quien Win había reclutado en la red del LITEMPO. Echeverría, como LITEMPO-8, había mostrado la capacidad de conseguir que se hicieran las cosas. Win le pidió que sus hombres arrestaran a Silvia Durán. Luego llamó a Díaz Ordaz, esperando la total cooperación del secretario de Gobernación. Pidió que mantuvieran incomunicada a Durán hasta que confesara todos los detalles de sus contactos con Oswald. Díaz Ordaz aceptó. En cuestión de una hora, llamó el propio presidente López Mateos. Win esperaba las condolencias por la muerte de Kennedy, pero su amigo quería compartir información. Su gente que trabajaba en el centro de operaciones conjuntas del LIENVOY había localizado la transcripción de la llamada de Oswald del 28 de septiembre.

Pero cuando Win informó sobre su agresivo trabajo policíaco al cuartel general de la CIA, le dieron una reprimenda. John Whitten, el jefe de la oficina de México, llamó por una línea no segura con órdenes urgentes de Tom Karamessines, el principal asistente de Helms: *No arresten a Silvia Durán*. Win le dijo que era demasiado tarde, pero que no se preocupara. El gobierno mexicano podía mantener el arresto en secreto y asegurarse de que no se filtrara ninguna información.

Intranquilo, Karamessines insistió con un cable para asegurarse de que Win entendiera sus instrucciones.

> Arresto de Silvia Durán es asunto extremadamente serio que puede perjudicar [nuestra] libertad de acción en toda la cuestión de responsabilidad [cubana]. Con respeto al interés mexicano, solicita estar seguro de que su arresto se mantenga en absoluto secreto, que ninguna información de ella se publique o fugue, que toda dicha información se nos envíe, y que el hecho de su arresto y sus declaraciones no lleguen a círculos de izquierda o desleales en el gobierno mexicano.

Una década más tarde, cuando los investigadores descubrieron este cable y pidieron una explicación, Karamessines dijo que no lo recordaba. Cuando lo presionaron para que explicara por qué pudo haber expedido dicha orden, dijo que tal vez la CIA había "temido que los cubanos fueran responsables [del asesinato] y que Durán podría revelar esto durante un interrogatorio. Agregó que "si Durán poseía dicha información, la CIA y el gobierno de los Estados Unidos necesitarían tiempo para reaccionar antes de que llegara a la atención del público". Pero Karamessines no supo explicar por qué intentó evitar que Win utilizara sus contactos cubanos para enterarse de lo que Durán sabía.

John Whitten, jefe de la oficina de México, escribió un extraño memorando para que constara que se opuso a la orden de Karamessines. Cuando los investigadores del Senado le preguntaron por sus objeciones en 1976, él también dijo que no recordaba el memorando que había firmado. Pero intentó una explicación. "Estábamos preocupados por que no se descubrieran... revelaran nuestras intervenciones telefónicas, revelando prematuramente nuestro conocimiento de que Oswald había estado en el consulado cubano", dijo a los investigadores. "Por supuesto, todo eso salió a la luz después en los papeles y eso, pero en ese momento... el 23, el día siguiente. Queríamos tapar todo porque no sabíamos adónde iba la cosa." ¿Atacarían los Estados Unidos a Cuba en represalia por el asesinato del presidente? Esa pregunta no tenía que hacerse en el cuartel general de la CIA, dijo Whitten. "Pero estaba en el aire."

Dos años después, Whitten aportó una explicación más incisiva. "En ese entonces no estábamos seguros de que Oswald no hubiera sido un agente cubano, y el arresto de una empleada consular era un asunto bastante serio bajo la ley internacional. Aunque Silvia Durán era mexicana... Karamessines tal vez no lo sabía entonces y simplemente creyó que esta infracción a la ley internacional, violación de su inmunidad, pudo complicar las cosas para los Estados Unidos en caso de que quisiéramos soltar un rugido de indignación si descubríamos que Castro había estado detrás del asesinato. En otras palabras, Karamessines temía que todo este asunto [el arresto de Durán] pudiera achacarse a los Estados Unidos."

¿Pero por qué los funcionarios de Estados Unidos no querrían interrogar a una comunista que hubiese tenido contacto con el hombre que aparentemente mató al presidente?

Jim Angleton no quería responder a esa pregunta. Les dijo a los investigadores del Congreso que tenía un "vago recuerdo" de la orden de Karamessines. "Todo lo que puedo decir es que si Tom intervenía era usualmente por una buena razón... porque tenía información superior."

La orden de Karamessines para Win mostró que a veinticuatro horas del asesinato de Kennedy, los jerarcas de la CIA maniobraban para preservar su "libertad de acción" para poder culpar a Castro del crimen, una opción que hubiese generado la invasión de los Estados Unidos a la isla, cosa que deseaban desde hacía mucho los anticastristas. La orden evocó el estado de ánimo que generó la Operación Northwoods, las operaciones pretexto del Pentágono que concibió y rechazó John F. Kennedy en 1962 y 1963: si pudiesen culpar a Castro por un horrible crimen contra los intereses estadounidenses, entonces el gobierno podría ser capaz de justificar una invasión para derrocarlo. La orden de Karamessines también iluminaba la diferencia entre Win y sus superiores en Washington. Al tener bajo arresto a Silvia Durán, Win pretendía investigar el crimen. Sus jefes en Washington pretendían controlar la investigación.

En Miami, los jóvenes aliados de David Phillips en el DRE querían endilgar a Cuba la responsabilidad del asesinato de Kennedy. Una nota del *New York Times* del 24 de noviembre sobre Oswald citaba varias veces a Bringuier. El *Miami News* informó: "Aquí conocen al sospechoso Oswald", citando a los líderes del DRE sobre las actitudes castristas de Oswald. El grupo también se apresuró a distribuir una edición especial de su periódico mensual, *Trinchera*, que mostraba fotografías de Oswald y Castro bajo el encabezado "Los presuntos asesinos". El texto adjunto relataba los encuentros de Oswald con Bringuier y el DRE en Nueva Orleans. La primera plana subrayaba un telegrama que el grupo envió al presidente Johnson. "Expresamos nuestras profundas condolencias por la muerte del presidente de los Estados Unidos de América, John F. Kennedy", decía. "Que Dios ilumine al gobierno de este país en momentos tan difíciles."

El escenario del DRE fue la primera conspiración del asesinato de John F. Kennedy que llegó a la prensa pública, y se pagó con fondos de la CIA del presupuesto del AMSPELL que administraba George Joannides, jefe de operaciones de guerra psicológica en Miami. Los informantes del AMSPELL se enfocaron en lo que interesaba a Karamessines: "Toda la cuestión de la responsabilidad cubana". Generaron lo que parecía evidencia de implicación cubana sin revelar la mano oculta de la CIA.

En La Habana, a Fidel Castro le preocuparon las noticias que venían de Dallas y Miami sobre los contactos entre Oswald y los castristas. La tarde del 23 de noviembre, el líder cubano dio un largo discurso en la televisión cubana sobre la muerte de Kennedy. "Malas noticias", lo llamó, sonando sacudido. Dijo que como revolucionario, odiaba sistemas, no hombres. Sí, Kennedy había tratado de destruir su revolución, pero también había mostrado moderación y un buen arte de gobernar ante las fieras críticas.

"¿Qué hay detrás del asesinato de Kennedy?", preguntó Castro. "¿Cuáles fueron los verdaderos motivos? ¿Qué fuerzas, factores, circunstancias operaban detrás de este repentino e inesperado evento que ocurrió ayer?… Incluso en este momento, los eventos que condujeron al asesinato del presidente de los Estados Unidos continúan siendo confusos, oscuros y turbios."

Castro sintió que le habían tendido una trampa para echarle la culpa del crimen y habló específicamente de los primeros reportes del DRE sobre sus choques con Oswald, el simpatizante de Castro. "Podemos anticipar que a partir de estos incidentes podría haber una nueva trampa, una emboscada, un plan maquiavélico contra nuestro país; que en la misma sangre de su presidente asesinado puede haber gente sin escrúpulos que comenzará a tramar de inmediato una política agresiva contra Cuba, si es que la política agresiva no estaba ya ligada al asesinato… porque tal vez así fue o tal vez no. Pero no hay duda de que esta política se construye en la sangre todavía tibia y el cuerpo aún sin sepultar de su presidente trágicamente asesinado."

Castro leyó indignado una serie de cables noticiosos generados tras las afirmaciones del DRE: que Oswald había sido el presidente del Comité de Juego Limpio para Cuba, que era un "marxista que simpatizaba con el primer ministro cubano, Fidel Castro", y que era un "comunista de Castro". Hizo burla de la declaración de Carlos Bringuier publicada en el *New York Times,* de que el DRE había desdeñado a Oswald porque pensaron que "podía ser un agente del FBI o de la CIA".

"¡Qué curioso!", se mofó Castro. "Dicen que es un castrista, un comunista, un admirador de Fidel Castro. Y ahora resulta… que intentó entrar en la organización [el DRE] y no lo admitieron porque pensaron que pertenecía al FBI o a la CIA. Deben conocer muy bien el tipo de agentes que tienen el FBI y la CIA, pues tratan mucho con ellos."

Castro no sabía que el funcionario de la CIA George Joannides había estado en contacto con los líderes del DRE apenas horas antes, pero lo intuyó. Se le quedó en la punta de la lengua asegurar que el asesinato de Kennedy era el trabajo de conspiradores anticomunistas. "Por el momento, sin afirmar nada porque no podemos afirmar nada, dado que Oswald podría ser culpable o inocente, no lo sabemos. Podría ser un agente de la CIA o del FBI, tal como esa gente [del DRE] sospechaba, o un instrumento de los sectores más reaccionarios que han estado armando un plan secreto, quienes pudieron planear el asesinato de Kennedy por desacuerdos con su política internacional. O podría [Oswald] ser un loco que está siendo utilizado por los sectores reaccionarios de los Estados Unidos."

En la Ciudad de México, la prioridad de Win era enterarse de lo que sabía Silvia Durán. A las seis de la tarde del sábado 23 de noviembre, Luis Echeverría llamó a Win. Durán, su esposo y cinco personas más habían sido arrestados en casa de su cuñado. Echeverría venía de ver a López Mateos, cuyas instrucciones sobre la prisionera habían sido tan simples como brutales: "Procedan e interroguen con fuerza".

Esa noche, a las 7:15, Win informó a Clark Anderson, el agregado legal del FBI, sobre el arresto y lo enteró del deseo de la CIA para mantener todo en secreto. También informó al embajador Mann, que quedó "muy complacido". El embajador pensaba que los soviéticos eran demasiado sofisticados para estar involucrados, pero consideraba a los cubanos "suficientemente estúpidos" para contratar a Oswald.

Más tarde esa noche, Echeverría hizo una visita personal para informar de los resultados del interrogatorio a Durán. Ella había sido "muy cooperativa", dijo. Había dado una declaración por escrito. Mencionó dos visitas de Oswald el viernes 27 de septiembre. Dijo que Oswald le había mostrado un pasaporte de los Estados Unidos que indicaba una larga estancia en la Unión Soviética. Le había dicho que era un comunista y admirador de Castro, y quería una visa de tránsito para ir a Cuba y luego a la Unión Soviética. Ella le dijo que podía expedirle la visa sólo después de que los soviéticos le expidieran una para su destino final. Cuando Oswald volvió, le dijo que los soviéticos habían aprobado su solicitud, lo que resultó una mentira. Él había llamado a la embajada soviética y allá le dijeron que la aprobación tomaría meses. Oswald se molestó y se marchó. "Nunca volvió a llamar", les dijo a sus interrogadores. Este recuento coincide con la historia de las transcripciones de vigilancia, con una excepción. Las cintas indicaban que una mujer del consulado cubano había llamado a la embajada soviética el sábado 28 de septiembre, y puso a un norteamericano al teléfono, quien hablaba un ruso casi incomprensible. La voz femenina fue identificada como la de Durán, la masculina, como la de Oswald. *Pero si Oswald no regresó después del viernes, ¿quién hizo la llamada del sábado del consulado cubano a la embajada soviética?* Cuatro décadas después, esa pregunta sigue sin respuesta.

Ya tarde, el chofer llevó a Win a casa. Janet y los niños miraban la cobertura continua de la tragedia en el televisor blanco y negro en la estancia de la planta baja. Win besó a su esposa, abrazó a los niños, se sirvió un Jack Daniels con *ginger ale,* y se sentó en el sillón rojo de piel. Cuando llegó la hora de dormir, los niños dieron las buenas noches. Michael Scott no tiene un recuerdo específico de lo que dijo su padre, pero está seguro de que no reveló que había sabido del mundialmente famoso Lee Harvey Oswald unas seis semanas antes.

"UNA OPERACIÓN TRANSPARENTE"

Cuando se abrieron las mandíbulas de las enormes puertas de hierro de la cochera en Reforma 2035 el domingo 24 de noviembre por la mañana y el auto negro de Win emergió, el jefe de estación de la Ciudad de México se dirigía hacia un parteaguas en la historia del siglo xx. Fue un momento en que los hombres poderosos de los Estados Unidos de América decidirían entre la guerra y la paz. Mientras el Mercury avanzaba por la principal avenida de la capital mexicana en el tráfico ligero del domingo, el hombre en el asiento trasero hizo el cálculo del contraespionaje.

¿Quién era Lee Harvey Oswald? ¿Había fallado la estación de Win en detectar alguna señal de que el hombre que llamó a las embajadas soviética y cubana seis semanas antes fuera un agente comunista? ¿Una amenaza para el presidente? ¿Era un hombre trastornado? ¿El agente de alguien? ¿O un agente doble? ¿Y por qué lo mataría alguien? Ése era el nuevo dato sorprendente al que Win debía enfrentarse: el izquierdista del que había escrito un cable seis semanas antes, el hombre cuya presencia en el consulado cubano él había elegido no reportar, el hombre que aparentemente había matado a Kennedy, ahora estaba tan muerto como el presidente.

Win y Janet y los niños habían pasado toda la mañana viendo televisión en la cama, hablando y mirando las crudas y majestuosas imágenes en la pantalla. Los líderes mundiales se reunían en Washington. El ataúd del presidente yacería en capilla ardiente en el Capitolio de los Estados Unidos. Se reunían multitudes solemnes. Hombres y mujeres lloraban abiertamente. Locutores de voz grave proporcionaban un flujo continuo de detalles repetitivos. De vuelta en Dallas, Oswald iba a ser transferido a otra prisión. Las cámaras fueron de Washington a un estacionamiento mientras Oswald, esposado, era conducido por una falange de robustos detectives. Un hombre con traje salió de entre la multitud, apuntó una pistola al vientre de Oswald y le disparó. Perplejo ante la visión, Michael y sus hermanos miraron el caos, los gritos, los hombres revolcándose en el suelo del estacionamiento. Se miraban unos a otros y hablaban de su incredulidad. Le había disparado. Escucharon el nombre de Jack Ruby. El tipo que mató al presidente estaba muerto. Era tan increíble. Win salió de inmediato a la embajada. Tan pronto arribó, Tom Mann le dijo a Win que pensaba que el asesinato de Kennedy llevaría a los Estados Unidos a invadir Cuba.

En Washington, el presidente Johnson temía que el asesinato condujera a la guerra. Trece meses antes, Johnson había observado cuando todos los generales y una mayoría de los consejeros de seguridad nacional recomendaron a Kennedy una invasión durante la crisis de los misiles. Sólo el decidido liderazgo de Kennedy había desviado el consenso de las armas hacia una solución pacífica. Johnson no quería verse en situación similar. Habló con Hoover la mañana anterior sobre la posibilidad de un impostor en la Ciudad de México. Podía estar ante un truco sucio de los comunistas o una provocación de la derecha entre los que odiaban a Kennedy por el fiasco de la Bahía de Cochinos. Más que nada, necesitaba respuestas sobre los contactos de Oswald con los comunistas en la Ciudad de México. Necesitaba que la agencia le proporcionara la historia. Necesitaba que Win diera resultados. Esa mañana, Johnson pasó una hora con John McCone, quien le presentó las investigaciones preliminares de Win, tal como las había escrito John Whitten, el jefe de la oficina de México. Oswald no sólo había visitado la embajada soviética, dijo McCone al presidente. También había ido al consulado cubano. La estación ahora creía que la voz en la cinta era de Oswald. "La búsqueda de datos sobre Oswald el 22 de noviembre dio con material de operaciones técnicas, que demostró que quien hablaba había sido Oswald", escribió Whitten. "Nuestro experto en monitoreo dice que la voz es idéntica a la del primero de octubre, que se sabe pertenece a Oswald." En otras palabras, la CIA había escuchado la cinta de Oswald el primero de octubre y un "experto en monitoreo" las había comparado. La identidad de este experto nunca se reveló. Es posible que el experto no existiera, que Whitten simplemente reportara lo que le dijo Win u otra persona. El comentario de Whitten fue la tercera referencia de un alto funcionario de la CIA o el FBI en menos de 48 horas sobre la existencia de las cintas de Oswald. Win y Dave Phillips insistían en que dichas grabaciones no existían, pero John Whitten, J. Edgar Hoover y Gordon Shanklin pensaban que sí. Anne Goodpasture diría después lo mismo, bajo juramento.

Win fue a la oficina del embajador, donde Mann y Manuel Tello, el secretario de Relaciones Exteriores, tenían una reunión. Ahí estaba Clark Anderson, el agregado legal, junto con el jefe adjunto de la estación, Alan White. Win comentó lo último que le había dicho Luis Echeverría sobre Silvia Durán. Ella había sido "muy cooperativa" con las autoridades mexicanas, dijo, sin mencionar que la habían golpeado. Ella dijo días después a un colega de la embajada que tenía moretones en ambos brazos por las sacudidas que le dieron sus interrogadores. Las autoridades mexicanas la habían aporreado una y otra vez con una pregunta. ¿Se había acostado con Oswald? ¿Tuvo relaciones sexuales con él? Ella lo negó. Esa línea de cuestionamiento era importante por dos razones. Primera, los oficiales de la CIA en la Ciudad de México habían comentado la posibilidad de obtener información de Durán al llevarla a la cama con un estadounidense, y porque cuatro años después Durán admitiría a una amiga cercana que se vio con Oswald mientras estuvo en la Ciudad de México, pero que ella no tuvo nada que ver con sus planes para matar a Kennedy, una historia que Win Scott consideraba verdadera. De acuerdo con Echeverría, Durán negó haberse acostado con Oswald.

El soso pero eficiente agregado legal del FBI, Clark Anderson, informó lo que había averiguado el FBI sobre el presunto asesino. Oswald había pedido un rifle del mismo tipo que el utilizado para matar al presidente a Klein, una empresa de ventas por correo en Chicago. Había utilizado el nombre "Alek Hidell" para pedir el arma, un nombre que también apareció en la propaganda del Comité de Juego Limpio para Cuba hallada en su habitación. El FBI todavía no sabía si Hidell existía o era un alias. Win ordenó una búsqueda de "Alek Hidell". Nada.

Win envió un cable al cuartel general con un resumen de la reunión de la que recién había salido. Aseguró al cuartel general que no debía preocuparse de que le achacaran a los Estados

Unidos el arresto de Durán. Echeverría dijo que Durán había hablado libremente sobre las visitas de Oswald. No sabía dónde se estaba quedando éste en México. Tenía la impresión de que Oswald tenía o creía que tenía algunos arreglos en Washington donde podría obtener la visa soviética sin llegar a visitar la embajada soviética. Ella dijo que era simplemente "un camarada que no podía vivir cómodamente bajo los rigores del capitalismo y deseaba regresar al hogar espiritual en la URSS". Echeverría dijo que Durán y su marido serían puestos en libertad, pero los mantendrían bajo vigilancia.

Win avisó al cuartel general que pediría que volvieran a interrogar a Durán, si así lo deseaba el mismo. También dijo que tenía las transcripciones de todas las llamadas aparentemente vinculadas a Oswald, pero ninguna grabación. "Lamento que las cintas de este periodo ya se hayan borrado", repitió.

Win vio la situación a través del lente del contraespionaje, que era muy diferente de una perspectiva judicial. Para el FBI, las siguientes preguntas eran relevantes: ¿Acaso Oswald, un tirador promedio de los marines, se las arregló para soltar una metralla de disparos precisos con un rifle desde la ventana de un sexto piso, dándole a Kennedy de lleno en el cuello a cincuenta metros, al gobernador Connally en el hombro y —preparar, apuntar, respirar, oprimir el gatillo— reventar el costado del cráneo del presidente, matándolo casi instantáneamente? Y, si Oswald había logrado esa nada despreciable hazaña de precisión, ¿por qué lo había hecho? ¿O acaso Oswald y su propio asesino, Jack Ruby, habían jalado del gatillo por un mero placer psicótico? Como oficial entrenado en contraespionaje, Win se hubiera enfocado en una pregunta más estrecha: ¿Era Oswald un agente comunista? Win estaba seguro de que las filiaciones políticas de Oswald habían tenido un papel en ello. Oswald había vivido en la Unión Soviética. Había repartido volantes del Comité de Juego Limpio para Cuba. Win llegaría a rechazar la idea de que Oswald actuó solo, concluyendo que era una persona de inteligencia superior al promedio y no un "loco solitario". Desde su punto de vista en los días después de que John F. Kennedy fuera asesinado, la cuestión del control comunista se volvió la sustancia de los contactos de Oswald con Durán y Kostikov en las embajadas cubana y soviética. Durán dijo que la comunicación de Oswald con el consulado cubano fue mínima y de rutina. Él también se había contactado con Kostikov, pero la gente de Win no tenía modo de hablar con él. La posibilidad de que Oswald fuera un agente comunista no podía descartarse con tal evidencia.

¿O fue Oswald lo que dijo que era? "Soy un chivo expiatorio", gritó el acusado de asesinato a los reporteros en el cuartel general de la policía de Dallas la noche antes de que lo mataran. Castro sugirió que Oswald podía ser un "títere" en una provocación contrarrevolucionaria. Win rechazó la idea, sobre todo porque los comunistas cubanos la adoptaron de inmediato, de acuerdo con una transcripción que le enviaron a Win.

"Todo es un complot", dijo alguien no identificado que llamó a la embajada cubana. "Esos tipos quieren hacer que parezca" que Oswald era "un comunista que simpatizaba con Cuba, etcétera, etcétera. Sin duda estuvo una vez en la Unión Soviética. Se sometió a sí mismo a un juego sucio [allá]... Es obvio que tenían que liquidarlo para que no hablara." El oficial cubano en la línea estuvo de acuerdo. A Oswald lo habían matado "precisamente para que no hablara. El trabajo [de hallar al asesino de Kennedy] se ha vuelto más difícil". El diplomático cubano dijo que estaba "muy preocupado" por la situación internacional.

También lo estaba Lyndon Johnson. El nuevo presidente sabía que sólo una respuesta tranquilizaría a una nación de luto, sorprendida e intrigada por los dos homicidios en Dallas, y detendría las presiones para ir a la guerra: que Oswald no tenía cómplices de ningún tipo. J. Edgar Hoover había llegado a la misma conclusión. Alrededor de las dieciséis horas del 24 de noviembre, Hoover habló con Walter Jenkins, uno de los asistentes de Johnson, quien escribió un memorando sobre la conversación. Citó a Hoover diciendo: "Lo que más nos preocupa a mí y al señor Katzenbach, es tener algo listo para que puedan convencer al público de que Oswald es el verdadero asesino".

Katzenbach, el subprocurador de justicia, que contaba con la confianza de Johnson, explicó el propósito de Johnson y Hoover en un memorando al secretario de prensa Bill Moyers al día siguiente. "Es importante que todos los hechos que rodean el asesinato del presidente Kennedy se hagan públicos de manera tal que convenzan a la gente en los Estados Unidos y el extranjero de que se han dicho todos los datos y ahora mismo debe hacerse una declaración para tal efecto", escribió. "El público debe aceptar que Oswald fue el asesino, que no tenía confederados que estén aún huyendo, y que la evidencia es tal que se le hubiese condenado en un juicio. La especulación sobre la motivación de Oswald deberá evitarse, y habremos de tener bases para rebatir la idea de que esto fue una conspiración comunista o (como dice la prensa de la Cortina de Hierro) una conspiración de la derecha para culpar a los comunistas. Desafortunadamente", agregó Katzenbach, "los evidencia contra Oswald parece muy ingenua, muy obvia (marxista, Cuba, esposa rusa, etc.)."

Pero cuando la orden de evitar hablar sobre la motivación de Oswald fluía desde la cima del gobierno hacia abajo, la estación de la Ciudad de México ofreció una historia sensacional sobre los vínculos cubanos de Oswald que exigía una investigación. Al día siguiente, 25 de noviembre, un joven nicaragüense llamado Gilberto Alvarado apareció para decir que había visto a Oswald recoger dinero en la embajada cubana en septiembre. Cuando Dave Phillips avaló la historia de Alvarado, Win la pasó al cuartel general, que a su vez la pasó a la Casa Blanca. El presidente Johnson, temiendo que empujaban a Estados Unidos hacia la guerra, redobló los esfuerzos para controlar la investigación del asesinato de John F. Kennedy.

El importante, aunque invisible papel de Phillips en promover la historia de Alvarado continuó con sus misteriosas actividades de promover de manera encubierta una política más agresiva de los Estados Unidos hacia Cuba en 1962 y 1963. Como el ataque del DRE en el hotel de La Habana y la noticia de los "misiles en cuevas", la mano oculta de Phillips promovió la historia de Alvarado. Dio como resultado una mayor presión pública sobre el hombre en la Casa Blanca para que tomara acciones más agresivas contra Castro. La historia de Alvarado fracasó cuando Johnson utilizó astutamente el temor a la guerra para forjar la creación de la Comisión Warren. Win navegó en la crisis tomando el desinterés de Washington en los cómplices de Oswald. Confió en sus amigos mexicanos para que obligaran a Alvarado a desdecirse. Win salió indemne. No así su relación con Phillips.

De las muchas falsedades que dijo David Phillips sobre su propio papel en la historia del asesinato de Kennedy, pocas fueron tan curiosas o reveladoras como su versión de la historia de Gilberto Alvarado. En su memoria, *El turno nocturno*, Phillips dijo que quería refutar "al enjambre de escépticos que había hallado una profesión lucrativa engañando audiencias y escribiendo ridículos libros con explicaciones descabelladas" del asesinato del presidente. Dijo que los críticos de la Comisión Warren "combinaban la verdad con lo falso para dar con teorías de conspiración sobre la 'conexión entre la Ciudad de México' y Oswald".

Una historia que se malinterpretó, dijo, fue la de Gilberto Alvarado. Phillips dijo que quería dejarla en claro.

"Luego de que el presidente Kennedy fuera asesinado, alguien entró en la embajada de los Estados Unidos en la Ciudad de México", escribió Phillips. "Era un joven nicaragüense que dijo que había estado en la embajada cubana cuando Oswald la visitó, y que vio a un pelirrojo pagarle a Oswald 6,500 dólares, un pago por adelantado presuntamente por su rol como pistolero para matar a Kennedy." Phillips dijo que le sorprendió enterarse, vía cable de la estación de la CIA en Nicaragua, que el servicio de inteligencia nicaragüense había identificado a Alvarado como un importante comunista. Asignaron a Phillips y a un colega para interrogarlo. "Pronto resultó evidente que estaba mintiendo, y no lo hacía muy bien", escribió Phillips.

Los documentos de la CIA desclasificados en años recientes muestran que la versión de Phillips de la historia de Alvarado estaba torcida, en el mejor de los casos. Es cierto que Alvarado había contado la historia de un negro pelirrojo que supuestamente dio a Oswald 6,500 dólares, y sí, eventualmente Alvarado fue desacreditado. Pero Phillips había distorsionado el resto de la historia, incluyendo su propio papel en ella. En un mundo éticamente menos flexible del que habitaba Phillips, uno diría que él dijo una serie de mentiras desfachatadas.

La historia comenzó la tarde del lunes 25 de noviembre, cuando Alvarado, un nicaragüense de veintitrés años, llamó a la embajada de los Estados Unidos y dijo que tenía información importante sobre Oswald. A la mañana siguiente, Alan White, jefe adjunto de la estación, y otro oficial de la CIA recogieron a Alvarado, lo llevaron a un lugar al azar en el extremo sur de la Ciudad de México y escucharon su historia. Alvarado explicó que pertenecía a un grupo de izquierdistas enviados a México por el Frente de Liberación Nacional (FLN), un grupo de guerrilla estilo Castro en Nicaragua. El FLN le pidió que obtuviera la ciudadanía mexicana y fuera a Cuba, donde lo entrenarían en sabotaje. Durante una visita a la embajada cubana, dijo que escuchó a un norteamericano —un hombre que ahora reconoció como Oswald— hablando con un negro pelirrojo. Oswald dijo algo sobre ser suficientemente hombre para matar a alguien. Dijo que vio una cantidad de dinero que cambió de manos. Alvarado dijo que había telefoneado a la embajada algunas veces para reportar su sospecha de que alguien importante sería asesinado en los Estados Unidos. Al fin le dijeron: "No nos hagas perder el tiempo. Estamos trabajando, no jugando". Ahora Kennedy estaba muerto, quizás a manos del hombre que él vio. Alvarado dijo que se sentía indignado por el asesinato de Kennedy y que estaba ochenta por ciento seguro de que era un complot comunista. Los hombres de la CIA escucharon pero no lo cuestionaron con detalle. Le dijeron que si necesitaban hablar de nuevo con él, recibiría una llamada de "Rodolfo Gabaldón."

La pregunta de si el castrista Oswald tenía cómplices cubanos era de obvio interés para Win. Al mismo tiempo que Alvarado contaba su historia, Win leía la transcripción de una conversación tomada esa mañana en una de las líneas de la embajada cubana cubierta por el LIENVOY. Al embajador cubano en México, Joaquín Hernández Armas, había llamado a Osvaldo Dorticós, el pelele presidente del gobierno de Castro a las 9:40 a.m. Hablaron sobre el interrogatorio a Durán. Dorticós quería saber si las autoridades mexicanas le habían preguntado a Durán cualquier cosa sobre "dinero". Hernández Armas dijo que los mexicanos querían saber si ella "conocía" a Oswald en el sentido de haber tenido "relaciones íntimas" con él. Ella lo negó. Comenzaba a correrse el chisme de que a Durán la habían interrogado sobre si durmió con Oswald.

Al comenzar la tarde el jefe adjunto de la estación, Alan White, había regresado a la embajada. Se reunió con Win y Tom Mann en la oficina del embajador. Le relató la historia de Alvarado sobre Oswald y el negro pelirrojo. Mann recordó la cinta del presidente cubano. La preocupación de Dorticós por el asunto del dinero tendía a corroborar la autenticidad de la historia de Alvarado. Los tres hombres hablaron sobre cómo podrían investigar más a fondo. Mann pensó que deberían arrestar a Silvia Durán y confrontarla con la historia de Alvarado. Le pidió a Win que hiciera llegar su recomendación al director de la CIA, John McCone, al director del FBI, J. Edgar Hoover, y al secretario de Estado, Dean Rusk. Esto resultó revelador en dos sentidos. En una crisis, el jefe de estación de la CIA, no el embajador, era el canal principal hacia los líderes del gobierno estadounidense; y la "cuestión de la responsabilidad cubana", que Karamessines mencionó el sábado, se mantuvo viva con la historia de Alvarado el lunes.

"A Durán debería decírsele que como la única persona no cubana viva que conocía toda la historia, estaba exactamente en la misma posición que Oswald antes de que lo asesinaran", escribió Mann en su mensaje. "Su única posibilidad de sobre-vivir es soltar la historia completa y cooperar totalmente. Creo que se va a quebrar cuando la enfrentemos a los detalles... A los mexicanos habrá que pedirles que hagan lo que sea" para quebrarla, dijo. Mann también le dijo a Win que quería que asignaran otro oficial del FBI a su oficina para ayudar en la investigación.

Win titubeó. Intuía que Washington no deseaba saber mucho sobre Oswald. Le pareció que Mann estaba presionando dema-siado. Y sin duda no quería que un oficial del FBI anduviese co-rriendo por la embajada con la tarea de investigar el desempeño de la estación con respecto a Oswald. Pero técnicamente Mann era su jefe, así que no podía objetar abiertamente. En cambio, fue de vuelta a su oficina para enterar a Dick Helms que Mann solicitaba ayuda. Dijo que pasaba "esta información sólo porque indica que el embajador siente que no están informando bien sobre aspectos de estos casos en los Estados Unidos". Helms res-pondió que a él tampoco le gustaba la idea.

En cuanto a Alvarado, Win quería corroborar él mismo la historia. Envió un cable a Langley pidiendo sus antecedentes. El cuartel general respondió: "es un conocido informante del servicio de inteligencia nicaragüense". De hecho, Alvarado era muy amigo del hombre que servía como enlace de Nicaragua con la estación de la CIA en Managua.

Esa tarde, los monitores del LIENVOY tomaron otra llamada del presidente Dorticós en Cuba a la embajada. De nuevo, la transcripción le llegó a Win. De nuevo, Dorticós quería saber si Durán había hablado de dinero. ¿Sería verdadera la historia de Alvarado? ¿Le habían pagado a Oswald en la embajada cubana? Win quería que cuestionaran a Alvarado con más detalle, y que-ría que lo hiciera Dave Phillips. De inmediato, éste llamó a Al-varado y acordó encontrarlo en una casa de seguridad, donde hablaron hasta las dos de la madrugada.

Phillips, de acuerdo con su propio recuento contemporáneo del interrogatorio de la noche del 26 de noviembre de 1963, escuchó con atención la historia de Alvarado. El nicaragüense recreó la conversación y la escena en que se pasaba el dinero en la embajada cubana. Dijo que el negro había roto la cinta de papel de un fajo de un centímetro de grosor de billetes norte-americanos, y contó 1,500 para gastos extra y 5,000 como "adelanto". Según recordaba, el encuentro tuvo lugar alrededor del mediodía del 18 de septiembre. En su cable sobre la reunión, Phillips escribió que había pedido a Alvarado que mirara las fotos de no menos de diecisiete empleados de la embajada cubana y le preguntó por cada uno. Alvarado no conocía sus nombres, informó Phillips, pero dio "descripciones parciales como tareas, altura, color de piel, condición de los dientes, disposición, acento, etc., cosas no discernibles en las fotos". Lejos de cuestionar la veracidad de Alvarado, Phillips implicó en su reporte que tenía conocimientos verificables del personal de la embajada cubana. Phillips describió a Alvarado como "muy cooperativo, mostrando algunos signos de temer por su seguridad". Al final de la entrevista, le dio 600 pesos para que pudiera reubicarse en otro hotel, indicando que pensaba que requería protección y que su historia merecía mayor atención.

El embajador Mann continuó presionando a Washington. Quería arrestar de nuevo a Durán y confrontarla con la historia de Alvarado. Win continuó evasivo. Dick Helms dijo que pensaba que esa historia requería más investigación. El subdirector dijo que la agencia de inteligencia nicaragüense insistía que se habían deshecho de Alvarado como informante en agosto. Y el FBI había entrevistado a la casera de Oswald, quien dijo que Oswald estuvo en Nueva Orleans el 18 de septiembre, poniendo en duda la afirmación de Alvarado de que había visto ese día a Oswald en la Ciudad de México.

Luego vino una sorpresa. Luis Echeverría llamó a Win con la noticia de que su gente había vuelto a arrestar a Silvia Durán porque intentó salir de México hacia Cuba. Win armó unas preguntas que quería hacer durante el interrogatorio pero, atento a la sensibilidad de los mexicanos, dijo que la decisión de retenerla o soltarla era sólo de ellos. Cuando Win informó sobre la detención de Durán a Mann, el embajador exigió acción. Dueño de una considerable confianza en sí mismo, Mann presionó contra la postura lenta de sus colegas. Escribió otro memorando para que Win lo enviara a McCone, Hoover y Rusk, enfatizando los eventos de las últimas veinticuatro horas. No mencionó el nombre de Phillips, pero apuntó que la CIA había quedado "impresionada con Alvarado, quien se ha ofrecido como testigo… No habrán pasado por alto que la riqueza de detalles que Alvarado da sobre eventos y personalidades es sorprendente".

"Washington debe considerar urgentemente la factibilidad de solicitar a las autoridades mexicanas que arresten para interrogar a: Eusebio Azcue, Alfredo Mirabal y Luisa Calderón", dijo. Los primeros dos nombres eran de funcionarios consulares, mientras que Calderón era una secretaria del consulado. De acuerdo con la lectura de Mann de los acuerdos diplomáticos México-Estados Unidos, "todos parecen estar sujetos a arresto, si la ley mexicana define su evidente conspiración con Oswald como un crimen, no como un delito menor. Muy pronto, podrían enviar a todos de vuelta a La Habana para eliminar cualquier posibilidad de que el gobierno mexicano pueda utilizarlos como testigos… Si bien entiendo la enorme dificultad de estas instrucciones, me siento obligado a señalar de nuevo que la rapidez es esencial".

Win quedó menos impresionado con la historia de Alvarado que Phillips. Envió un cable al cuartel para decir que el relato del joven nicaragüense sólo demostraba "que ha estado en la embajada cubana y conoce a algunos de los empleados de vista, nombre o ambos. Nada más". Win sugirió la "posibilidad externa" de que la historia de Alvarado pudiese ser una táctica del régimen derechista de Somoza en Nicaragua para conseguir apoyo para la invasión de Cuba.

Para ahora, a Win le resultaba claro el mensaje tácito que emanaba de la Casa Blanca, aunque no a Mann. La especulación sobre los motivos de Oswald debía detenerse, no buscarse. El usualmente astuto embajador no supo captar el guiño cuando la CIA, el Departamento de Estado y el FBI desviaron su propuesta de confrontar a Durán con la historia de Alvarado. En cambio, continuó presionando para que se tomaran acciones más agresivas. Poco después del mediodía del siguiente día, 28 de noviembre, envió un telegrama a Rusk y a su principal asistente, Alexis Johnson, otra vez para pedir instrucciones. Dijo que se le debía decir de inmediato a los mexicanos si Washington quería que continuaran con la investigación de los contactos de Oswald con el consulado cubano. ¿Qué tenía que decir si los mexicanos querían soltar a Durán, pero vigilándola de cerca? ¿Y qué con Alvarado? ¿Debían entregarlo a los mexicanos? ¿Enviarlo a los Estados Unidos? ¿O poligrafiarlo en México?

Helms contestó que pasaría las sugerencias, pero advirtió a Mann que no esperara una respuesta inmediata. Dijo que el FBI tenía la batuta en la investigación del asesinato en Washington. J. Edgar Hoover no tenía el menor interés en las ideas de Mann. De hecho, Hoover se burló de Mann por tratar de "hacerle al Sherlock Holmes". Helms le dijo a Win que Mann "está presionando más de la cuenta y podría crear una agitación con los cubanos que podría tener repercusiones serias". Helms dijo que había solicitado al Departamento de Estado que le enviara un mensaje a Mann "con la intención de darle una mejor perspectiva de todo el problema. Esperamos que esto ayude a reducir la presión que tienes".

Win navegaba sobre complicadas corrientes políticas. El activismo de Oswald a nombre del Comité de Juego Limpio para Cuba, oficialmente identificada como una organización "subversiva", hizo surgir la posibilidad de que pudiese haber tenido conspiradores castristas. Sin embargo, desde Hoover en el FBI, hasta Helms en la CIA, y Katzenbach en el Departamento de Justicia, los altos funcionarios de los Estados Unidos intentaban desviar el esfuerzo de Mann para investigar la posibilidad de la participación de Cuba y no hicieron ningún esfuerzo por entrevistar a Durán.

La negativa de buscar una pista obvia que pudiese conectar a Oswald con el odiado Castro era casi estrafalaria. Helms sentía la necesidad de frenar al personal de Angleton en el manejo de la investigación de Oswald. Consultó con Birch O'Neal, jefe del

SIG. Decidieron que el FBI debía tomar la decisión de quién interrogaría a Alvarado. Sam Papich, el vínculo del FBI con la agencia, no quería esa papa caliente. Contestó que la decisión debía tomarla la CIA, ya que Alvarado era un agente "bajo el control" de la agencia. Fue otro golpe a la afirmación posterior de Phillips, de que Alvarado era un comunista mentiroso. De hecho, el FBI identificó a Alvarado como agente de la CIA.

Finalmente, Hoover terminó con este torpe baile al decidir que Win debía entregarlo a los mexicanos. Al mismo tiempo, envió a un excelente agente llamado Larry Keenan a la Ciudad de México para sepultar los intentos de Mann para investigar. Keenan, recién llegado de una misión en París, hablaba buen español. Le dijeron que daría ayuda al embajador, pero los asistentes de Hoover lo prepararon para que entregara el mensaje de que el FBI había concluido que Oswald actuó solo.

A las 2:30 de la tarde del 28 de noviembre, Win entregó la decisión de Washington. Llamó a Echeverría y explicó que el gobierno de los Estados Unidos quería que los mexicanos interrogaran a Alvarado. Echeverría expresó su gratitud. Dijo que Fernando Gutiérrez Barrios, subdirector de la Dirección Federal de Seguridad, el equivalente mexicano del FBI, se encargaría del interrogatorio. Gutiérrez Barrios era un agente pagado de Win en el programa LITEMPO. Win le pidió que mantuviera informado a su colega, George Munro, encargado de asuntos de LITEMPO, sobre todo lo que averiguaran. Washington esperó los resultados de las pesquisas de Win con impaciencia apenas disimulada. Cuando Win llegó a la oficina en la mañana del 29 de noviembre, había un cable del incansable John Whitten, el cual decía: "Por favor manténganos enterados sobre el estado de los interrogatorios a Silvia Durán, Alvarado y otros implicados tan pronto como reciba la información". El atento Birch O'Neal pidió al FBI que lo mantuviera al tanto.

En la Casa Blanca, el presidente Johnson se reunió con sus consejeros de seguridad para discutir los últimos reportes de la Ciudad de México. Con el secretario de Estado Rusk a su lado, llamó a Mike Mansfield, líder de la mayoría en el senado, un congresista aliado clave, a las once de esa mañana para hablar sobre "varias investigaciones" que "podían tener implicaciones muy peligrosas". Dijo que él y Rusk acordaron que debía haber una "comisión de alto nivel" que investigara el asesinato de Kennedy.

Iba tomando efecto la decisión de Johnson y Hoover de que sería mejor para todos los involucrados si se hallaba que Oswald era un pistolero solitario. En la Ciudad de México, Win fue a una reunión en la oficina de Tom Mann con David Phillips y Larry Keenan, el mensajero que Hoover envió de Washington. El agregado legal del FBI, Clark Anderson, presentó al visitante con el embajador, pero no con los hombres de la CIA. "Sentí que no estaba recibiendo la total cooperación del agregado legal", mencionó secamente Keenan.

El embajador Mann abrió la junta con una predicción de guerra. "Los misiles van a volar", declaró. Expresó su idea de que los miembros de la Dirección General de Inteligencia (DGI) de Castro estaban involucrados en el asesinato de Kennedy, tal vez con la complicidad soviética. El gobierno de los Estados Unidos estaba en una cuenta regresiva para invadir Cuba, dijo. Sus colegas no estaban tan emocionados. Anderson expresó dudas de que los líderes soviéticos y la KGB, conocidos por su profesionalismo y rígida cadena de mando, estuvieran involucrados. Win dijo que estaba de acuerdo con Anderson.

Cuando llegó el turno de Keenan, arrojó la bomba de Washington. Le dijo a Mann que Hoover ya había concluido que el asesino acusado era "un dedicado comunista" que actuó por su cuenta, agregando la afirmación de Hoover de que Lyndon Johnson y Bobby Kennedy compartían esta opinión. Tratando de endulzar el trago amargo, Keenan agregó que estaba dispuesto a ayudar a la investigación de Mann. En ese entonces, Keenan dijo que no le había parecido bien el modo como lo utilizaron. "Clark Anderson trabajaba para Mann. No podía decirle que Hoover no quería investigar. Mann quería la ayuda del FBI con la investigación de la CIA. Fue mi tarea hacerlo que desistiera de su solicitud, [decirle] que no íbamos a investigar ninguna posible participación de Cuba. Creo que Mann se sintió muy reprendido."

Sin duda quedó desconcertado. Respondió que conocía a Lyndon Johnson desde hacía mucho tiempo y estaba preparado para aceptar la conclusión de Hoover. Pero nunca la creyó. Años después, Mann expresaría su sorpresa ante la orden de cesar la investigación de los contactos de Oswald con cubanos incluso antes de que se determinara la veracidad de Alvarado. "No había llegado a ninguna conclusión" sobre los contactos y las motivaciones de Oswald, dijo Mann al escritor Dick Russell, "y por eso me sorprendió tanto. Fue la única ocasión en que me ocurrió: 'No queremos saber nada más del caso, y dile al gobierno mexicano que no haga nada más al respecto, [nada de] investigar, simplemente queremos echarle tierra al asunto'".

"No creo que los Estados Unidos fueran muy abiertos con respecto a Oswald", dijo el embajador retirado. El cese por parte de Washington de sus esfuerzos por investigar los vínculos de Oswald con Cuba, dijo Mann, fue "la experiencia más extraña de mi vida".

Muy extraña. ¿Por qué los altos funcionarios del gobierno de los Estados Unidos, todos los cuales profesaban detestar a Fidel Castro y muchos de los cuales tenían planeadas conspiraciones para asesinarlo, se rehusaron a investigar los contactos entre su gobierno y el hombre que acababa de matar al presidente con un disparo a la cabeza? ¿Por qué no querían investigar la promisoria posibilidad que el castrista Oswald fuese parte de un complot comunista, en especial cuando apenas estaban cuestionando a Gilberto Alvarado, a quien avalaba David Phillips, el jefe de operaciones cubanas en México?

Obviamente, parte de la razón era que Lyndon Johnson pensó que la historia de Alvarado, encima de la del periodo de Oswald en la Unión Soviética y su apoyo público a Castro, podía forzarlo a declarar la guerra a Cuba o a la Unión Soviética. Los temores de Johnson aumentaron cuando Win entregó ese día una actualización de los eventos en la Ciudad de México. Gutiérrez Barrios había salido de la sala de interrogatorios como a las 11:30 de la mañana para informar que Gilberto Alvarado insistía en su historia del negro pelirrojo que daba dinero a Oswald. Enfrentado al hecho de que Oswald estaba en Nueva Orleans el 18 de septiembre, Alvarado dijo que la fecha pudo ser septiembre 28. Gutiérrez Barrios dijo a Win que pensaba que Alvarado podía estar confundido con las fechas, pero decía la verdad, y prometió tratarlo con más dureza. Win envió las ambiguas noticias a Washington y al FBI. Hoover había frenado las investigaciones de Mann, pero aún no podía descartar la historia de Alvarado, no con Phillips avalándola.

Cuando el presidente Johnson llamó al director del FBI a la 1:40 de la tarde, Hoover dijo que su reporte sobre la culpabilidad de Oswald se retrasaría.

"Este asunto en México nos está dando muchos problemas", dijo Hoover al presidente. "Ahora la policía mexicana arrestó de nuevo a esta mujer, Durán, quien es miembro de la embajada cubana y la retendrá por dos o tres días más. Y la vamos a enfrentar con el informante original [Alvarado] —que vio el paso del dinero, eso dice— y también vamos a hacerle una prueba con detector de mentiras. Entretanto, por supuesto, Castro no para de carcajearse."

El líder cubano había dado otro discurso afirmando que el asesinato era seguramente obra de "sectores de ultra derecha y ultra reaccionarios" de la sociedad estadounidense.

Eso, seguramente, fue otra razón por la que los funcionarios norteamericanos se acobardaron a la hora de investigar los vínculos cubanos de Oswald, en especial sus contactos con agentes anticastristas. Los hombres con el poder en Washington sabían muy bien que una conspiración castrista no era el único escenario viable de lo que había ocurrido en Dallas. No era sólo que hubieran matado a Oswald mientras estaba en custodia policiaca. No era sólo eso, como mencionó Nicholas Katzenbach, los hechos del pasado comunista de Oswald parecían "muy fáciles, muy obvios". Una investigación de una posible conspiración castrista requeriría investigar a los contactos de Oswald con las fuerzas anticastristas en Nueva Orleans y Miami, y la mayoría de ellos tenía lazos financieros y personales con la CIA.

Bobby y Jackie Kennedy sabían, aunque no lo supiera el público estadounidense, que era muy viable la acusación que hacía Castro de que el asesinato había sido una provocación de los enemigos derechistas de Kennedy. De hecho, el hermano menor del presidente ultimado y su viuda sospechaban que a John F. Kennedy lo habían emboscado conspiradores nacionales. Ese mismo día, el 29 de noviembre, un artista amigo de Jackie, llamado William Walton, salió de Washington a Moscú en un viaje previamente programado. Llevó un mensaje de Bobby y Jackie para un diplomático ruso, Georgi Bolshakov, quien el año anterior había trabajado como enlace por debajo de la mesa entre la Casa Blanca de Kennedy y el Kremlin durante la crisis de los misiles. Walton se reunió con Bolshakov poco después de llegar a Moscú. Según Bolshakov, quien contó los eventos a los historiadores Aleksandr Fursenko y Tim Naftali, Walton dijo que el hermano y la viuda del presidente querían que los líderes soviéticos supieran que "pese a los vínculos de Oswald con el mundo comunista, los Kennedy creían que opositores estadounidenses habían ultimado al presidente".

Bobby Kennedy sabía mejor que nadie que la política hacia Cuba de su hermano había cultivado una intensa rabia entre los exiliados, así como resentimiento de funcionarios de la CIA como Sam Halpern, Bill Harvey y Howard Hunt. Sabía que la provocación se consideraba una legítima herramienta política en la causa contra Castro. En la Operación Northwoods, el Estado Mayor Conjunto había contemplado montar violentas operaciones de engaño en suelo estadounidense para obtener el respaldo del público para una invasión de los Estados Unidos a Cuba. Hasta Dick Helms había temido instintivamente que agentes de la CIA hubiesen estado ese día en Dallas.

Helms y Hoover no compartían las sospechas de Bobby, pero sabían que la información sobre Oswald que habían recolectado el FBI y la CIA en los tres meses anteriores al asesinato era mucho más amplia de lo que podía imaginarse el sorprendido y apesadumbrado público norteamericano. No podían investigar la posibilidad de que agentes de Castro hubiesen ayudado a Oswald sin investigar a su propia gente en la Ciudad de México, Miami y Nueva Orleans. El problema no era teórico. Si la CIA y el FBI querían averiguar sobre la visita de Oswald al consulado cubano en la Ciudad de México, tendrían que examinar las operaciones de vigilancia de Win Scott y Dave Phillips. Tendrían que examinar las acciones del personal del AMSPELL en Nueva Orleans y lo que George Joannides sabía sobre ellos. Había muchas razones para que los jefes de Washington arrastraran los pies. En cuanto al presidente Johnson, no sabía si la historia de Alvarado era cierta o una falsedad deliberada. Poco importaba. Cualquier posibilidad sólo envalentonaría a quienes querían utilizar el asesinato de Kennedy como un grito de guerra para invadir Cuba, una posibilidad que le causaba profundo temor. Esa tarde, Johnson recibió al presidente de la Suprema Corte, Earl Warren, en el Despacho Oval. Warren acababa de pasar un par de horas esquivando a los asistentes de Johnson, que le pedían que fungiera como líder de un comité presidencial que coordinaría las diversas investigaciones del Congreso. Warren insistió en que no sería adecuado. Johnson no perdió el tiempo en formalidades. Le dijo a Warren que debía encabezar la comisión. Mencionó que las distintas investigaciones del Congreso dejarían al público más exaltado y confundido que nunca. Warren intentó objetar, diciendo que un juez de la Suprema Corte en funciones no debería involucrarse en investigaciones externas. Johnson lo paró en seco.

"Deja te leo un informe", dijo. Sacó un memorando en el que Alvarado describía que a Oswald le había pagado la embajada cubana en la Ciudad de México. La historia, dijo Johnson, nos puede llevar a la guerra, una guerra que podría matar a cuarenta millones de personas. Invocó una imagen de nubes de hongo sobre Estados Unidos. Sólo una comisión presidencial podría eliminar el peligro. "Tú fuiste un soldado en la Primera Guerra Mundial, pero eso no es nada si se compara con lo que puedes hacer por tu país en este momento de dificultad", dijo

Johnson con la voz temblorosa. "Cuando el presidente de los Estados Unidos dice que eres el único hombre que puede hacerse cargo de la situación, no vas a decir que no, ¿verdad?" Warren, según contó él mismo, tenía lágrimas en los ojos.

"Señor presidente, si la situación es así de grave, mis opiniones personales no cuentan. Lo haré."

Johnson se había impuesto con un despliegue maestro de jiujitsu político. Había utilizado las afirmaciones de Alvarado, que aumentarían la presión para que tomara acción militar contra Cuba, para forzar al principal estadista liberal norteamericano a encabezar una investigación cuyo propósito era tanto prevenir una guerra como dar con la verdad.

En la Ciudad de México, a Win le perturbó que Fernando Gutiérrez Barrios no pudiera refutar la historia de Alvarado. En la mañana del 29 de noviembre, el policía mexicano dijo a Win que había hablado con el joven nicaragüense durante una hora en la mañana, y tres horas más por la tarde. Tras la primera sesión, el mexicano dijo que pensó que la historia de Alvarado era una "mentira fantástica", pero no pudo torcerlo en la segunda sesión. Su conclusión preliminar fue que "o Alvarado está diciendo esencialmente la verdad o es el mejor mentiroso que he conocido en muchos años, y vaya que he conocido a algunos de los mejores". Gutiérrez Barrios dijo que se "inclinaba" a creer que Alvarado decía la verdad en general, pero que estaba hecho bolas con la fecha específica en que vio a Oswald. El tratante de Alvarado del servicio de inteligencia nicaragüense llegó de Managua. Se reunió con Gutiérrez Barrios en el hotel donde retenían a Alvarado. Describió a Alvarado como "75 por ciento exacto" en sus reportes. Había proporcionado buena información sobre comunistas en el pasado, pero tenía tendencia a "irse por su cuenta" en ocasiones y era imposible de controlar. Los interrogatorios continuaron y se pusieron más duros. A las 10:30 de la mañana siguiente, Gutiérrez Barrios llamó a Win para decirle que Alvarado se había retractado y firmó una declaración en la que aceptaba que la historia de haber visto a Oswald en la embajada cubana era "completamente falsa". No había visto ningún dinero cambiar de manos. No había llamado a la embajada de los Estados Unidos para advertir que alguien podía ser asesinado. Dijo que su motivo fue intentar que los Estados Unidos tomaran acción militar contra Castro, a quien odiaba.

Win envió las noticias al cuartel general. Todos se sintieron aliviados. Helms pidió a Win que expresara su agradecimiento a Gutiérrez Barrios. También pidió a Win que "certificara por cable cómo se obtuvo la confesión. ¿Qué amenazas, promesas, incentivos y tácticas utilizó LITEMPO-4 [Gutiérrez Barrios]? ¿Maltrataron físicamente a Alvarado?".

Pocos días después Alvarado volvió a su versión original. Dijo a su tratante nicaragüense que había confesado sólo porque los mexicanos lo "maltrataron mentalmente", lo habían amenazado con colgarlo de los testículos. Expresó su resentimiento contra la embajada de los Estados Unidos por haberlo entregado a los mexicanos luego de que él se ofreció a ayudar. Pero cuando fue un especialista en polígrafo de la agencia a la Ciudad de México pocos días después, descubrió que las afirmaciones de Alvarado sobre Oswald eran engañosas. Alvarado se retractó de nuevo.

Dave Phillips concluyó su desorientador recuento sobre Alvarado con una curiosa observación. "Tengo la teoría, casi la convicción", escribió Phillips en sus memorias "que a este hombre [Alvarado] lo despacharon a la Ciudad de México los hermanos Somoza, los autoritarios gobernantes pro yanquis de Nicaragua, en lo que ellos consideraron una acción encubierta para influir al gobierno estadounidense a que se lanzara contra Cuba. De ser así, fue un buen intento, pero una operación transparente".

De hecho, Phillips supo desde el principio que Alvarado había trabajado como informante de la CIA. Incluso el FBI dijo que estaba bajo control de la CIA. El embuste impreso de Phillips sugería una explicación alterna: que todo el tiempo supo que Alvarado intentaba provocar, dar un testimonio que crearía una atmósfera política más propicia para una invasión de los Estados Unidos a Cuba. Los resultados sin duda beneficiaban la agenda de Phillips. La falsa historia de Alvarado servía para desarrollar e impulsar las que generaron Phillips y otros agentes en los tres meses previos. Primero vino el bombardeo publicitario del AMSPELL contra las tretas de Oswald en Nueva Orleans. Luego vino la vigilancia del LIEMPTY/LIENVOY de sus visitas al consulado cubano. Luego llegó la historia de Alvarado sobre el dinero que recibió Oswald. Los tres reportes tendían a corroborar la insinuación que originalmente hizo el portavoz del AMSPELL poco después de la muerte de Kennedy: que Oswald y Castro eran los "presuntos asesinos".

Ciertamente no hay pruebas de que Phillips fuese el autor intelectual de estos eventos, pero la evidencia circunstancial es poderosa. Tres reportes de la CIA demuestran con certeza que Alvarado era informante de ésta en la primavera de 1963. La agencia de inteligencia nicaragüense que lo contrató era creación y cliente de la CIA. Phillips se especializaba en diseñar operaciones de guerra psicológica para confundir o engañar al enemigo comunista. Tan sólo forzar a Castro a llegar a los titulares para negar que Oswald hubiese tomado dinero en la embajada cubana lo hubiera dejado aislado en la opinión norteamericana y mundial, y tal vez habría promovido la política de los Estados Unidos para derrocar su gobierno, algo que Phillips y la mayoría de sus colegas consideraban imprescindible.

A medida que surgían los datos a través de los años, Michael Scott les dio vuelta en la cabeza, pero no llegó a conclusiones firmes sobre lo que estaba ocurriendo. Más que revolver teorías de conspiración, se preguntó qué hubiese dicho su padre de haber vivido lo suficiente para enfrentar un interrogatorio sobre la "operación transparente" de Gilberto Alvarado.

"Comparto esa culpa"

El 22 de noviembre ayudó a Win Scott a convertirse en una leyenda en los anales de la CIA. El manejo del asesinato en la estación de la Ciudad de México y sus consecuencias mejoró la reputación de por sí buena de Win en los altos mandos del gobierno de los Estados Unidos. El asesinato de Kennedy había expuesto el triste estado del Servicio Secreto, la policía de Dallas y el FBI, todos los cuales incumplieron con su deber de proteger al presidente. En contraste, el desempeño de la estación de la Ciudad de México, aunque no perfecto, fue motivo de inmediato orgullo dentro de la agencia. Pocos sabían que Win había ayudado a perpetrar una amplia variedad de tapaderas para las operaciones de la CIA en torno a Oswald, que, cuando salieron a la luz en los años siguientes, enmarañarían a la agencia en sospechas de conspiración.

El 16 de diciembre, el jefe de la división del hemisferio occidental, J. C. King, agradeció a Win por la ayuda de la estación en la investigación del asesinato, elogiando "el sobresaliente desempeño de los principales agentes de la Ciudad de México y la velocidad, precisión y percepción con que se enviaron los datos. Tus datos del LIENVOY, las declaraciones de Silvia Durán y tus análisis fueron factores relevantes en la aclaración del caso, para borrar el ominoso espectro del respaldo extranjero". Win guardó una copia del elogio de King en la caja fuerte de su oficina, junto con otras cintas y documentos a los que daba especial valor.

La elección de palabras de King reflejaba las prioridades de Washington en las semanas posteriores al asesinato. El "borrar" la posibilidad de participación extranjera estaba en la cima de la lista de prioridades. Para Jim Angleton, la prioridad era incluso más específica: asegurar que la Comisión Warren conociera el mínimo absoluto del ángulo cubano de la historia de Oswald y el modo en que la CIA lo había manejado. El primer paso de Angleton fue marginar a John Whitten, jefe del departamento de México y Centroamérica, a quien Dick Helms había pedido que revisara todo el expediente de la agencia sobre Oswald. Brillante y autoritario, Whitten tenía un historial de éxito en investigaciones complejas de contraespionaje. Con un equipo de treinta personas trabajando hasta dieciocho horas diarias, leyó cada reporte relacionado con Oswald, sin importar cuán ridículo o trivial fuera. A medida que recopilaba sus descubrimientos, crecía la molestia de Angleton.

"En la primera etapa, el señor Angleton no fue capaz de influir en el curso de la investigación, lo cual le causaba gran amargura", dijo Whitten en testimonio secreto y jurado en 1978. "Estaba muy amargado porque me confiaron a mí la investigación, no a él. Angleton me aisló tan pronto como pudo."

Whitten pronto descubrió que sus superiores lo echaron fuera, al igual que a Win, del circuito de Oswald. A principios de diciembre de 1963, asistió a una reunión en el Departamento de Justicia y salió asombrado por lo que no se le había dicho. "Me enteré de una inmensidad de antecedentes de Oswald que aparentemente conocía el FBI desde la investigación inicial y no me los habían comunicado", dijo. "Me enteré de que el FBI poseía material estilo diario que Oswald tenía en su poder y se halló después del asesinato. Me enteré de que Oswald era el hombre que había disparado contra el general Edwin Walker, dos hechos claves en el caso."

"Nada de esto nos habían pasado", dijo Whitten, y especificó la información que le habían negado. "La participación de Oswald en el movimiento pro castrista en los Estados Unidos no se nos entregó [se refiere a él y su equipo] en las primeras semanas de la investigación." Whitten nunca recibió los reportes del FBI sobre Oswald en Dallas y Nueva Orleans, nada de los archivos del AMSPELL sobre el DRE. Todo lo que Whitten sabía sobre los encuentros de Oswald con los estudiantes cubanos en Nueva Orleans vino del *Washington Post*. Cuando Whitten se quejó con Helms en una reunión en la Nochebuena de 1963, el subdirector lo relevó de toda responsabilidad sobre John F. Kennedy en el acto. "Helms quería que se encargara de la investigación alguien que estuviera colaborando con el FBI", dijo Whitten sin rodeos. "Yo no, Angleton sí."

Cuando Angleton se convirtió en el enlace de la agencia con la Comisión Warren, se aseguró de que sus investigadores nunca vieran un papel clave: el memorando de John Whitten del 23 de noviembre sobre la orden de Tom Karamessines a Win para que no procurara el arresto de Silvia Durán y así se conservara la "libertad de maniobra de los Estados Unidos".

Whitten había expresado sus objeciones. Cuando Lee Rankin, abogado general de la comisión, pidió a la CIA en febrero de 1964 los cables que resumían el incidente, Angleton se atrincheró. Ray Rocca, su asistente, dijo a Helms: "A menos que opines lo contrario, Jim preferiría dejar a la comisión fuera de este asunto". La comisión nunca recibió los cables.

Win no tuvo problemas en interpretar las mareas burocráticas. Con más experiencia y amistades más cercanas en la cima que Whitten, entendió que la investigación de Oswald sería limitada, no a fondo. Sabía que Angleton estaría interesado en el pasado soviético de Oswald, pero no compartiría con nadie lo que había averiguado. Sabía que Dulles, convocado de su retiro para que trabajara con la Comisión Warren, no permitiría que personas externas pusieran en duda las operaciones. Sabía que a Hoover y al FBI no les interesaba hurgar en los vínculos de Oswald con Cuba, lo cual demostraron al bloquear la investigación del embajador Mann.

Así que cuando los tres abogados de la Comisión Warren llegaron a la capital mexicana en abril de 1964, Win estaba preparado con una versión que a la vez era cierta y falsa. El más veterano de los visitantes se presentó como Bill Coleman. Era un abogado de 42 años de un despacho legal de Filadelfia con un título de leyes de Harvard, una escribanía con la Suprema Corte en su currículum y la piel oscura de un afroamericano. La postura política de Win, dijo Anne Goodpasture, era "a la derecha de George Wallace", el gobernador populista de Alabama que encabezaba la segregación racial. Pero si Win se sentía incómodo con Coleman, no mostró ninguna señal. W. David Slawson tomaba notas; era otro egresado de Harvard. Howard P. Willens, un abogado asistente, escuchaba.

Win sabía cómo manejar a los equipos de comisiones en busca de datos desde sus días de estrechar manos con los generales Doolittle y Clark en los años cincuenta. "Entiendo que están autorizados para recibir material ultrasecreto", comenzó.

"Voy a confiar en que no revelarán a nadie fuera de la comisión y su personal inmediato sin antes tener la autorización de mis superiores en Washington." Todos asintieron y aceptaron.

La historia había comenzado en septiembre, dijo Win, "cuando tuvimos información de que Oswald había aparecido en las embajadas rusa y cubana". Dos meses antes, Dick Helms había dicho a la comisión que la CIA en México se había enterado de los contactos de Oswald con la embajada cubana sólo después de la muerte de Kennedy. Fue la tapadera para evitar que el público se enterara de que la CIA vigilaba misiones extranjeras y diplomáticas. Sirvió para evitar que revisaran las operaciones de David Phillips específicamente con el consulado cubano. También sirvió para tapar el hecho de que el contraespionaje —el taller de Angleton— mantenía más que un interés de rutina en Oswald entre 1959 y 1963. Win sabía la posición que debía tomarse para el consumo público. Ahora, sin embargo, a puerta cerrada con interlocutores de confianza, prefería decir la verdad: la estación supo desde el principio que Oswald había estado en contacto con los cubanos cuando estuvo en la Ciudad de México.

Win sacó las transcripciones de las conversaciones telefónicas de Oswald y las hojas de contacto de las tomas fotográficas de los puestos de observación fuera de las embajadas. Los comentarios de Win "revelaron de inmediato cuán incorrecta era nuestra información previa sobre los contactos de Oswald", escribiría Slawson. "La distorsión y omisiones a las que había estado sujeta nuestra información habían entrado en algún lugar de Washington porque la información de la CIA que nos mostró Scott era muy clara en todos los puntos cruciales."

Tal vez muy clara, pero no necesariamente exacta. ¿En las fotografías, Oswald entraba o salía de una o ambas embajadas? Coleman quería saber.

No, dijo Win. La cobertura fotográfica se limitaba a las horas con luz de los días de entre semana por falta de fondos y porque no se habían desarrollado medios técnicos adecuados para tomar fotografías de noche. Era una evasiva. La fotografía nocturna no era un tema porque Oswald nunca visitó las oficinas soviéticas o cubanas en la noche. La falta de fondos era una tontería. El propio reporte de Win mostraba que la operación LIE-RODE se había ampliado, no reducido, en septiembre de 1963. Al menos una cámara, y tal vez dos, habían funcionado en el puesto de observación de la calle Francisco Márquez en los días de las visitas de Oswald. Y los mismos Stanley Watson y Joe Piccolo de la CIA, como se mencionó antes, recuerdan haber visto fotos de Oswald que se tomaron ahí.

Coleman le hizo a Win la pregunta que todo el mundo quería que se respondiera: "¿Crees que haya una conspiración detrás de Oswald?".

"En mi opinión profesional, probablemente no hubo una conspiración extranjera conectada con México", dijo Win con cautela.

¿Qué hay de la carta que escribió Oswald a la embajada soviética en Washington diez días antes del asesinato de Kennedy?, preguntaron a Win. Era una carta fechada el 9 de noviembre de 1963, de Oswald a la embajada soviética en Washington. En ella, él contó a los soviéticos sobre su visita a la Ciudad de México, solicitaba una visa y mencionaba sus contactos con el "camarada Kostin", tal vez una referencia a Kostikov, el hombre de la KGB. La habían abierto y leído en Washington mientras Kennedy seguía vivo. ¿No abría la carta la posibilidad de que Oswald tuviese ayuda de los soviéticos?, preguntó Coleman.

"Nunca he visto esa carta", dijo Win. A Slawson le pareció curioso y relevante que la agencia en Washington ni siquiera le hubiese mencionado la carta a Win, la cual tenía que ver directamente con la visita de Oswald a la Ciudad de México.

Luego estaba el asunto de Silvia Durán, la asistente consular mexicana con la que Oswald había tratado en la misión cubana. Win les contó mucho sobre ella a sus visitantes. Durán había sido desde hacía tiempo un blanco, dijo, porque la vigilancia mostraba que se había involucrado románticamente con el embajador. "Una mexicana picante", dijo alguien cuando Win mostró una foto de la mujer. Bromas a un lado, los abogados de la comisión insistieron en corroborar la historia de Durán sobre las visitas de Oswald al consulado. Querían la certeza de que no hubiese solidez en la historia de Alvarado. Y estaban especialmente interesados en lo que Durán dijo sobre la apariencia física de Oswald. Win dijo que pensó que Luis Echeverría, el siempre dispuesto subsecretario de Gobernación, podría organizar una reunión con Durán. Llevó a sus tres visitantes a la oficina de Echeverría.

Echeverría sugirió que entrevistaran a Durán y cualquier otro testigo en un restaurante o cafetería. Los norteamericanos dijeron que preferían un ambiente más formal para un asunto tan importante. Tras una charla y cortesías que no llevaron a ningún lado, Echeverría se retiró a una comida con la reina Juliana de Holanda. Los abogados de la comisión regresaron a la embajada, donde se reunieron en la oficina de Win con la sensación de que los habían mandado a volar, si bien de manera muy cortés. La oficina de Echeverría envió una copia de la declaración firmada de Silvia Durán, en español, sobre la visita de Oswald. La CIA proporcionó una traducción al inglés. Los abogados se fueron a casa. Durán, una testigo clave, nunca fue entrevistada por la Comisión Warren, y algunas preguntas básicas quedaron sin responder.

Por ejemplo, ¿cuántas veces habló Oswald con Durán? Slawson había hecho una cronología de todas las llamadas grabadas, incluyendo las de Oswald. Hubo tres llamadas al consulado cubano, tras su arribo el viernes 27 de septiembre. Hubo dos llamadas el sábado 28 de septiembre. En una de éstas, una mujer que se identificó como Durán llamó a la embajada soviética y puso en la línea a un hombre que preguntó por su solicitud de visa. Durán había dicho a los mexicanos que Oswald había visitado el consulado dos veces el viernes y que nunca había regresado. La duda era si Durán había ayudado a Oswald para llamar a los soviéticos el sábado —como indicaba la transcripción de la CIA— o no lo había hecho, como aseguraba Durán. Ella comentó que el sábado era su día libre. Si Durán negaba haber visto a Oswald el sábado, ¿ocultaba una relación entre el asesino acusado y los cubanos?

David Phillips prefería enturbiar la duda, no responderla. Phillips era responsable de la traducción que hizo la CIA de la declaración de Durán, según Anne Goodpasture. En esa traducción, la negativa directa de Durán de haber visto a Oswald después del viernes 27 de septiembre "No volvió a llamar" se tradujo como "no recuerda si Oswald le llamó o no al número del consulado el sábado". ¿Acaso Phillips, cuyas acciones y vínculos hacen surgir dudas en tantas áreas del caso de John F. Kennedy, deliberadamente buscó que se hiciera una mala traducción de la declaración de Durán?

Los cambios se dieron en un punto crucial y difícilmente fueron accidentales. Phillips dominaba el español. E incluso si alguien más hubiese hecho la traducción, él era el responsable del contenido. ¿Acaso Phillips habría apoyado un intento por parte de Durán para minimizar sus relaciones con Oswald? Parece improbable. Ella era una izquierdista de corazón y simpatizante de Castro, no el tipo de persona que el jefe de operaciones de la CIA contra Castro en el hemisferio occidental estuviese inclinado a mimar. Si Durán decía la verdad cuando dijo que Oswald no visitó el consulado cubano el sábado 28 de septiembre, entonces la CIA y Phillips —como jefe de vigilancia sobre Cuba— tendrían un gran problema.

El problema era la voz en la cinta de vigilancia. No era de Oswald. Uno de los traductores de la CIA, Boris Tarasoff, había comentado que la voz del sábado 28 de septiembre era la misma que la que escuchó el martes primero de octubre, conversación en la cual la persona en la línea dijo que se llamaba "Oswald." Tarasoff también dijo que quien llamó el sábado hablaba un ruso "terrible, apenas reconocible". De hecho, Oswald hablaba ruso bastante bien. Si la observación de Tarasoff era correcta y también el testimonio original de Durán de que Oswald nunca volvió al consulado cubano luego del viernes 27 de septiembre, entonces Lee Harvey Oswald no hizo ninguna llamada el sábado 28 de septiembre, ni el martes primero de octubre. Alguien más hizo la llamada del martes primero de octubre y dijo: "Me llamo Lee Oswald". Eso sería congruente con el reporte inicial de J. Edgar Hoover al presidente Johnson sobre la información de la CIA sobre Oswald en la Ciudad de México: que "Ni la imagen ni la cinta corresponden a la voz o a la apariencia de este hombre".

Pero la discrepancia obliga a preguntar quién, si no Oswald, había usado su nombre. ¿Y por qué? Como se dijo antes, Phillips y sus hombres habían orquestado una operación de suplantación de identidad en torno a un visitante a la embajada cubana en julio de 1963. Si Phillips cambió un punto crucial en el testimonio de Silvia Durán, estaba retirando una contradicción de los datos, una que, de otro modo, los abogados de la comisión Warren hubiesen insistido en investigar. Con el mismo tiro también evitaba cualquier pista sobre la posibilidad de que Oswald hubiese sido suplantado.

Sin embargo, dicho subterfugio no se le puede achacar sólo a Phillips. El mismo Win no le había reportado al cuartel general que Oswald había visitado el consulado cubano. Anne Goodpasture dijo que el cuartel general "no tenía necesidad de saberlo". Una explicación viable para la serie de engaños que montaron Win y David Phillips sobre el tema de la presencia de Oswald en el consulado es que se estaban mostrando discretos con respecto a una operación autorizada y compartimentalizada de la CIA cuya fuente y métodos estaban obligados a proteger, sobre todo tras los terribles sucesos del 22 de noviembre.

La idea de que David Phillips o Angleton y su equipo de contraespionaje manejaran una bien controlada operación que involucrara a Oswald en las semanas anteriores al asesinato de Kennedy se ha vuelto más viable entre más documentos salen a la luz pública. El mismo Phillips fomentó ese escenario más tarde en su vida. Además de dos memorias, Phillips también escribió novelas de espionaje. Cuando murió en 1987, dejó el esquema de una novela sobre la estación de la Ciudad de México en 1963 titulada *El legado del* AMLASH. Los personajes principales se basaban explícitamente en Win Scott, James Angleton y el propio

David Phillips. El papel del personaje de Phillips en los eventos de 1963 se describe así:

> Fui uno de los dos tratantes que se hizo cargo de Lee Harvey Oswald. Tras trabajar para establecer sus *bona fides* marxistas, le encargamos la misión de matar a Fidel Castro en Cuba. Yo le ayudé cuando vino a la Ciudad de México para obtener una visa, y cuando regresó a Dallas para esperarla, lo vi dos veces. Revisamos muchas veces el plan: en La Habana Oswald iba a asesinar a Castro con un rifle de francotirador desde la ventana del piso superior de un edificio en la ruta por donde Castro circulaba con frecuencia en un jeep abierto. No estoy seguro de si Oswald era un doble agente o un loco y no sé por qué mató a Kennedy. Pero sí sé que utilizó precisamente el plan que habíamos diseñado contra Castro. Por eso la CIA no anticipó el asesinato del presidente, pero fue responsable de él. Comparto esa culpa.

El esquema de una novela no se puede tomar como prueba de nada, salvo lo que estaba en la imaginación de Phillips, pero resulta sugerente. *La CIA no anticipó el asesinato del presidente, pero fue responsable de él. Comparto esa culpa.* Phillips no era alguien que impugnara a la agencia sólo para ganarse un dinero. Tras su jubilación, fundó la Asociación de Ex Oficiales de Inteligencia y ejerció como su jefe y portavoz, defendiendo hábilmente a la CIA de sus críticos sin mucha compensación. Siempre insistió en que sus novelas de espionaje eran realistas y denunció a los que buscaban capitalizar los escenarios de conspiración sobre John F. Kennedy. El esquema de la novela sugiere que la idea de que un funcionario de la CIA como él mismo reclutara a un confabulador como Oswald en una conspiración para matar a Castro no le parecería muy improbable a Phillips o muy injusta para que la agencia la auspiciara bajo su propio nombre.

Además, el escenario en el esquema de la novela se ajusta a los hechos en al menos un modo verificable. Phillips había ayudado a "establecer los *bona fides* marxistas de Oswald" a través de su protegido del DRE en el programa AMSPELL. El bombardeo publicitario del DRE contra Oswald en Nueva Orleans en agosto de 1963 generó la mayor parte de la evidencia utilizada después para identificar al presunto asesino como "castrista". ¿Acaso Phillips, en la vida real, se sentía culpable por esos contactos? De ser así, no dejó otro rastro al respecto. Phillips murió antes de comenzar a escribir *El legado del* AMLASH.

Win Scott nunca habló mal de David Phillips, pero su relación cambió tras el asesinato del presidente Kennedy. En su evaluación del trabajo de Phillips en 1963, Win no repitió su juicio del año anterior de que su colega era "el mejor oficial de acciones encubiertas que había conocido". Calificó a Phillips con elogios de rutina pero degradó la calificación de su desempeño en dos de tres categorías. Sólo en acciones encubiertas Win pensó que Phillips había alcanzado el desempeño del año anterior. La supervisión de operaciones de vigilancia sobre objetivos cubanos por parte de Phillips ya no mereció la máxima calificación de "sobresaliente". En cambio, Win le dio la segunda calificación de "bueno". El hecho de que un presunto asesino presidencial con contactos cubanos hubiese pasado por las operaciones de Phillips sin ser notado, al menos en los canales oficiales de información, era un asunto de evaluación del desempeño, sin importar cuán benignamente se vea. El reclutamiento y manejo de "personal de inteligencia extranjera y contraespionaje" también recibió una calificación más baja porque él inicialmente abogó por la credibilidad de Gustavo Alvarado, cuya historia sobre Oswald al recibir dinero en la embajada cubana resultó ser falsa. Win sabía que las acciones de su colega en relación con el caso Oswald eran cuestionables, y así lo dijo de la manera más discreta posible.

Pese a su relativamente desfavorable evaluación, Phillips fue promovido. En 1965, Helms lo nombró el nuevo jefe de estación en República Dominicana. Pero algo, tal vez el asunto de Oswald, se atravesó entre Win y David. Tras la partida de Phillips en la primavera de 1965, Win no se mantuvo en contacto con él. Win permaneció en la Ciudad de México, mientras crecía su influencia y reputación. No obstante, su problema con Oswald no desapareció. Estaba lejos de desaparecer.

UNA ADVERTENCIA ANÓNIMA

El reporte de la Comisión Warren sobre el asesinato de Kennedy publicado a finales de septiembre de 1964 encontró que Oswald, solo y sin ayuda, había matado al presidente por razones que sólo él conocía. En privado, los miembros de la comisión estuvieron profundamente divididos respecto a la interpretación de la evidencia de las balas. El abogado de la comisión, Arlen Specter, aseguró que Oswald, desde una ventana en el sexto piso del Book Depository, había disparado un primer tiro que atravesó el cuello del presidente y dio en el gobernador Connally, causando siete heridas no fatales, y un segundo tiro, que dio a Kennedy en la cabeza. Si esto no fuera cierto —si tres o más balas habían causado las heridas de los dos hombres— entonces tendría que haber un segundo tirador. Tres comisionados —Richard Russel, senador de Georgia; John Sherman Cooper, senador de Kentucky; y Hale Boggs, congresista de Luisiana— tenían serias dudas sobre la evidencia de las balas. Russel quería incluir un disenso en la versión publicada del reporte, pero Warren lo sacó del acta. El mismo presidente Johnson dijo a Russell en privado que no creía en lo que se reportó sobre las balas.

En México, Win Scott no creía que el caso estuviese cerrado. Un par de días tras la publicación del Informe Warren, supo que una amiga de su mujer, llamada Elena Garro, aseguraba haber visto a Oswald y a otros dos estadounidenses en una fiesta que organizó la embajada cubana en septiembre de 1963. Garro, casada con Octavio Paz, el poeta que ganaría el Premio Nobel, era una excelente escritora. Describió a Oswald y sus compañeros como "chicos beatnik" que se la pasaron conversando entre ellos mismos. Una semana después, Win escuchó casi la misma historia a June Cobb, una informante de la CIA que también era amiga de Garro. Luego Garro contó la historia a un funcionario político en la embajada, agregando más detalles. Cuando vio la fotografía de Oswald en noviembre 22, ella y su hija recordaron que era el hombre que habían visto en la fiesta pocos meses antes. Garro explicó que Silvia Durán, cuyo marido era su primo, la había invitado a la fiesta. Dijo que también a ella le habían contado que Durán se había acostado con Oswald. Cuando mataron a Kennedy, Garro fue a la embajada cubana y gritó: "¡Asesinos!" y de inmediato se la llevó un funcionario de seguridad mexicana, quien le dijo que no hablara sobre lo que sabía.

Win sabía muy bien que cuando los mexicanos cuestionaron por primera vez a Durán tras el asesinato de Kennedy, se enfocaron en la pregunta de si se había acostado con Oswald. Ahora una testigo confiable, una mujer que asistía a las cenas de Win y Janet, decía lo mismo. Win envió el resumen de la historia a Washington. Al no recibir respuesta, hizo lo burocráticamente prudente: escribió un memorando para el archivo.

En Washington, Dick Helms y Jim Angleton recibieron un golpe en octubre de 1964 cuando Mary Meyer, artista y ex esposa de un veterano funcionario de la CIA, fue asesinada en el paseo del canal C&O en Georgetown. Angleton había sido buen amigo de ella. Admiraba su pensamiento libre, incluso mientras tuvo un romance con el presidente Kennedy. Él sabía que ella llevaba un diario, y sabía de su potencial para un chantaje. Meyer confiaba en Angleton y dijo a un amigo que si algo le pasaba, ella quería que él tuviese el diario. Angleton no correría ningún riesgo. Al día siguiente de su muerte, Ben Bradlee, editor del *Washington Post*, casado con su hermana, fue a casa de Mary a buscar el diario. Dijo que se topó con Angleton, que llevaba una caja de herramientas y lucía como alguien que intentara robar la casa; tenía la cara colorada, pero se llevó el diario, el cual leyó y no destruyó. Angleton, comentó un periodista, era un coleccionista de secretos que estaba "bien colocado para manipular el flujo de información de la CIA sobre Kennedy y el asesinato".

El tema de la muerte de Kennedy flotaba en el mundo de Win. Bobby Kennedy visitó la Ciudad de México en noviembre de 1964 para inaugurar un proyecto habitacional dedicado a su hermano muerto y para reunirse con líderes laborales. No se reunió con Win ni hizo preguntas sobre la visita de Oswald a México. Agentes de seguridad a cargo de la DFS siguieron todos sus movimientos. Cuestionado por un periodista mexicano sobre si estaba de acuerdo con el Informe de la Comisión Warren, Robert dijo que creía en su veracidad, "hasta donde llegó la investigación", una discreta opinión que habló de sus dudas privadas de que la investigación hubiese llegado muy lejos.

Cuando Elena Garro continuó contando que vio a Oswald en una fiesta, Win reaccionó con escepticismo. "Qué gran imaginación tiene", garrapateó al margen de un memorando de 1965 sobre su historia. "¿Deberíamos enviarlo al cuartel general?" Stanley Watson, el nuevo asistente de Win, dijo que sí. Win convirtió en su deber recortar cualquier artículo sobre el asesinato de Kennedy en el *Mexico News,* un periódico local en inglés. Para finales de 1966, tenía artículos sobre tres libros que criticaban a la Comisión Warren. Los autores recorrían el espectro político, desde el abogado izquierdista Mark Lane hasta el columnista de derecha William F. Buckley, la gente solicitaba que se reabriera la investigación.

En la primavera de 1967, la historia de John F. Kennedy alcanzó un nuevo crescendo cuando el fiscal general de Nueva Orleans, Jim Garrison, anunció que investigaría la posibilidad de que Oswald hubiese sido parte de una conspiración criminal originaria de Nueva Orleans. Win comenzaba a estresarse. El 3 de marzo de 1967, Robert S. Allen y Paul Scott, reporteros del *México News* informaron de la existencia de un "un informe aún secreto de la CIA sobre las actividades de Oswald en septiembre de 1963" con fecha del 11 de octubre de 1963, y que podía dar nuevos indicios sobre el viaje a México del asesino acusado. Win envió un cable a Washington inmediatamente para decir que la nota tal vez se refería al cable de octubre 10 al cuartel general sobre Oswald que arribó a la estación el 11 de octubre. Win recomendó que no se desclasificara el cable para los periodistas porque podría "estropear el LIENVOY y dar pie a críticas" contra la agencia. Diez días después de enviar este cable, Win comenzó a tener dolores de pecho e ingresó en un hospital con alta presión sanguínea. La vida de un espía no promueve la buena salud ni la longevidad.

Las gotas de información fresca sobre el caso Oswald continuaron. Óscar Contreras, un reportero de prensa de la ciudad costera de Tampico, dijo a un funcionario consular de los Estados Unidos que en septiembre de 1963, tuvo un encuentro con Oswald. En ese entonces, Contreras asistía a la principal universidad de México y pertenecía a un grupo de estudiantes de izquierda. Dijo que Oswald los había abordado a él y a un grupo de amigos y les dijo que intentaba ir a Cuba y que la embajada cubana le había negado la visa. ¿Podían ayudarle? Los mexicanos no confiaron en el gringo y no le ayudaron, pero pasaron el día con él. La estación no sabía nada de dichos contactos. Win le pidió a George Munro, el agente de su mayor confianza, que confirmara este relato, una señal de cuán en serio lo tomaba.

Win recibió una nueva revelación sobre Silvia Durán. Una fiable fuente mexicana para la CIA —nombre clave LIRING-3— había hecho amistad con Silvia y su mujer en esos años. Silvia había aceptado ante LIRING-3 que sí salió con Oswald cuando estuvo en la Ciudad de México. "Conoció a Oswald cuando solicitó una visa y salió con él varias veces porque le gustó desde el principio", informó la fuente. "Aceptó que tuvo relaciones sexuales con él, pero insistió en que no tenía idea de sus planes." Tras la muerte de Kennedy, Durán dijo que "la interrogaron intensamente [las autoridades mexicanas] y golpearon hasta que aceptó haber tenido una relación con Oswald".

Win no dudó del informe. La confesión de Durán era consistente con lo que la estación sabía de su vida amorosa y la historia que la razonable, si bien emocional, Elena Garro había contado durante años. "Que Silvia Durán haya tenido relaciones sexuales en varias ocasiones con Oswald... tal vez es una novedad pero agrega poco al caso de Oswald", escribió Win al cuartel general. Su tono displicente ocultaba el hecho de que él debía preocuparse porque él y la estación tal vez no captaron algo importante sobre Oswald. Sabía que no debía hacer muchas preguntas.

David Phillips también tuvo un problema en la primavera de 1967. Poco después de volver de la República Dominicana, Phillips fue promovido a jefe del Grupo de Operaciones Cubanas, el último vestigio burocrático de la guerra secreta de la CIA contra Castro. "En la primera reunión nos dijo: 'Vamos a pelar a Castro como una cebolla, hoja por hoja, hasta que no quede nada'", relató un colega. El problema de Phillips era que uno de los ex oficiales de la agencia de Miami había escrito un memorando en el que recordaba que algunos de los jóvenes cubanos favoritos de Phillips en el DRE tenían un "ánimo" contra el presidente Kennedy y recomendó que los descartaran.

Con las dudas que surgieron sobre el asesinato de John F. Kennedy en el interior de la CIA, Dick Helms se puso a la defensiva. Menos de un año antes, lo habían promovido de subdirector de la CIA hasta la mera cima, director de Inteligencia Central. El teniente de la naval que Win había conocido veinte años antes ahora se sentaba en la vieja silla de Allen Dulles, lo cual le parecía bien a Win. Un columnista de Washington describió a Helms como "el más prudente profesional en el juego del espionaje". En sus raras apariciones en Capitol Hill, Helms hablaba con certeras generalidades mientras chupaba un sempiterno cigarrillo. En privado, pensaba que los críticos de la Comisión Warren eran una amenaza para la CIA.

El primero de abril de 1967, Helms lanzó una campaña secreta para desacreditar a los críticos de la Comisión Warren. Aprobó que a todas las estaciones de la CIA en el mundo se enviara un despacho escrito por Bill Broe, el jefe de la división hemisferio occidental. El despacho declaraba que las críticas al Informe Warren "son asunto de preocupación para el gobierno de los Estados Unidos, incluyendo nuestra organización... Los miembros de la Comisión Warren se eligieron naturalmente por su integridad, experiencia y jerarquía… los intentos por impugnar su rectitud y sabiduría tienden a poner en duda todo el liderazgo de la sociedad estadounidense." Además, "las teorías de conspiración han lanzado con frecuencia sospechas sobre nuestra organización, por ejemplo, al alegar falsamente que Lee Harvey Oswald trabajaba para nosotros". El despacho venía con no menos de nueve documentos para ayudar a "enfrentar y desacreditar las afirmaciones de los teóricos de conspiraciones" con el público y los periodistas.

Win absorbió las órdenes del cuartel general, pero no abandonó sus propias sospechas de conspiración. Un incidente que se clavó en la mente de Win fue la historia de un avión cubano que esperó en la pista del aeropuerto de la Ciudad de México la noche del 22 de noviembre. Durante la visita de Lyndon B. Johnson en abril de 1966 a la Ciudad de México, Win y Marty Underwood, el hombre de avanzada, habían hablado sobre el asesinato de Kennedy. Win le dijo a Underwood que había pedido a las autoridades de Dallas que revisaran el vuelo. "Siempre me pregunté quién era el ocupante, si estaba armado y si lo había enviado Castro como observador. Como tú sabes, hubo muchos rumores del asesinato esa semana en Texas." Nada surgió del reporte.

En junio de 1967, un jerarca del cuartel general pidió a Win que fuese prudente al hablar de Oswald, incluso en conversaciones privadas. El mensaje llegó de un colega —un alto funcionario— con el nombre clave de "Thomas Lund". A juzgar por el tono, conocía personalmente a Win. Pero no estuvo dispuesto a usar su nombre verdadero.

"Querido Willard", escribió este corresponsal, refiriendo el nombre que Win utilizaba en las comunicaciones de la CIA. "Como bien sabes, la investigación Garrison del asesinato de Kennedy ha generado una ristra de espectaculares acusaciones y cargos, algunos contra la CIA."

"En esta situación entenderás, por supuesto, que es esencial que todos seamos particularmente cuidadosos para evitar hacer cualquier tipo de declaración o dar alguna indicación de opinión o hecho a personas no autorizadas. A este respecto, hemos recibido de una valiosa fuente dos páginas de una carta (anexo A) casi seguramente escrita por LIOSAGE en su despacho doméstico donde informa sobre comentarios que asegura que tú hiciste."

El tono era colegial, pero la sustancia era un arma cargada. LIOSAGE era el criptónimo del viejo amigo de Win, Ferguson Dempster, el jefe de Inteligencia Británica en México, a quien Win conocía desde sus días en Londres. La "valiosa fuente" de la agencia tal vez era el programa HTLINGUAL de Angleton, que metía las narices en todo el correo internacional en busca de información relevante. Quienquiera que haya sido, "Lund" enviaba un poco sutil recordatorio de que la agencia tenía ojos y orejas en todas partes y que Win debía cerrar la boca.

"Reconocemos que tus comentarios bien pudieron haberse malinterpretado, exagerado o sacado de contexto sin importar cuán cautamente se hicieron", continuaba el autor. "Tal vez incluso el que asientas con la cabeza ante el comentario de otra persona se le puede dar una importancia indebida. No obstante, debes estar consciente de que la carta se escribió y reaccionar en consecuencia. Tras leerla deberá destruirse."

"Lund" quería que Win siguiera investigando. La historia de Óscar Contreras sobre la relación de Oswald con estudiantes de izquierda "bien podría representar la primera pista sólida sobre las actividades de Oswald en México... el asunto merece tu atención personal con los mejores recursos a tu mando". Sonaba como una orden.

La carta de "Lund" fue un punto de quiebre para Win. Marcó el momento en que comprendió que la historia oficial de Oswald en México ya no era creíble. Revelaba cuán poca confianza los jefes de la CIA tenían en la historia de que Oswald había pasado por México atrayendo sólo interés de "rutina" por parte de la agencia. Si hubiese sido la verdad, "Lund" no habría tenido nada de que preocuparse. Parecía que los altos jerarcas de la CIA sabían que la versión del Informe Warren sobre las actividades de

Oswald en México no era certera, y les preocupaba que Win supiera que no era certera, y lo estaba comentando en privado. Win tomó medidas para protegerse a sí mismo. Echó una copia de la carta de "Lund" en su caja fuerte privada, junto con las cintas de Oswald y, quizás, las fotos de vigilancia de Oswald.

La historia del asesinato de John F. Kennedy se estaba volviendo una pesadilla recurrente, tanto para Win como para la agencia. Presentaba una amenaza espeluznante y latente a su reputación y la legitimidad de la agencia. Win ordenó una revisión del expediente de Oswald. Al margen de la carta de "Lund" escribió una nota para Anne Goodpasture: "Sugiero que hagamos un análisis completo del expediente de Oswald y señalemos al cuartel general (y al gobierno mexicano) toda la gente que asegura haber estado con Oswald ese día, comenzando con lo que sabemos".

Goodpasture fue a trabajar. En los siguientes meses, leyó todos los documentos sobre Oswald en la estación, compilando un resumen cronológico de toda la información importante. Eventualmente, el documento alcanzó las 133 páginas tamaño oficio, cada una cubierta con resúmenes a espacio sencillo de cables, despachos, memorandos, reportes y notas periodísticas sobre él, junto con los nombres de la operación, como LIENVOY, y las identidades de fuentes valiosas, como los LITEMPO, los confidentes de Win en la cima del gobierno. Para febrero de 1968, Goodpasture había revisado cada trozo de papel significativo sobre Oswald o el asesinato de Kennedy que Win había archivado en los últimos cuatro años y medio. Mientras leía y escribía, sus propias dudas sobre la Comisión Warren crecían. Ella notó todas las pistas interesantes que nunca se habían seguido, todas las preguntas obvias que nunca se formularon.

"La Comisión Warren no hizo un trabajo investigativo adecuado", comentó ella al margen. "Es difícil creer que la comisión haya dado un buen servicio al público. En vez de terminar con los rumores, montaron el escenario para una nueva y más seria era de especulación."

La cronología de Goodpasture del expediente de Oswald confirmó las dimensiones del problema de John F. Kennedy que enfrentaba el servicio clandestino a finales de los sesenta, en especial los guerreros anticastristas y los agentes de contraespionaje de Angleton. Dick Helms intentaba apuntalar la Comisión Warren montando una ofensiva propagandística contra sus críticos, pero las dudas sobre la versión del asesino solitario habían contagiado incluso a los más leales a la CIA como Anne Goodpasture. En cuanto a Win, estaba cansado de todo el asunto. Si la historia del encuentro Oswald-Durán era cierta —y Win creía que lo era—, la estación había fallado al no enterarse de que el presunto asesino de Kennedy tenía una amante en la embajada cubana. Win se sintió en una celda burocrática que no le agradaba. Sus superiores le ordenaban que dijera que el Informe Warren estaba completo y era fidedigno, mientras tenía que hacerse cargo de una proliferación de pistas que indicaban todo lo contrario.

Durante mucho tiempo, Win suprimió sus dudas. Mantener secretos era su trabajo, y como jefe de estación se le consideraba uno de los mejores del mundo.

Espías en ascenso: Win descansa con James Jesus Angleton, futuro jefe de contraespionaje de la CIA en Roma, probablemente en 1946 o 1947.

El amigo de Win: Raymond G. Leddy, visto aquí en Suiza en 1941, trabajó en el FBI, la CIA, el Departamento de Defensa y el Departamento de Estado. Cuando su esposa Janet lo dejó y se casó con Win, terminó la amistad con su ex colega.

Tapadera: Identificación de Win Scott del Departamento de Estado expedida en julio de 1956, cuando lo nombraron jefe de la estación de la CIA en la Ciudad de México.

Papá: Win con su hijo Michael de catorce meses en la Ciudad de México en diciembre de 1956.

Colegas: Win, atrás a la derecha, y Ray Leddy, al frente en la izquierda, con un grupo de empleados de la embajada en una visita al presidente mexicano Adolfo López Mateos en enero de 1960.

Tragedia: Paula Murray Scott, la segunda esposa de Win, murió en circunstancias misteriosas en la Ciudad de México en septiembre de 1962.

Contactos: Win presenta a su tercera esposa, la ex Janet Leddy, al presidente mexicano Adolfo López Mateos en su boda el 20 de diciembre de 1962.

Sociable: Win presenta al presidente López Mateos (centro) con el jefe de operaciones cubanas David Phillips y su esposa, Helen, en su boda en diciembre de 1962. (Helen Phillips)

Lugar de trabajo: Exterior de la embajada de los Estados Unidos en la Ciudad de México con recuadro de la oficina de Win.

Hombre misterioso: Un hombre no identificado, fotografiado al salir de la embajada soviética el primero de octubre de 1963, a quien Win erróneamente identificó como Lee Harvey Oswald en las horas posteriores al asesinato del presidente John F. Kennedy. El hombre nunca fue identificado. (Archivo John F. Kennedy Lancer)

Retrato: Win Scott en la cima de su poder en mayo de 1966.

Guerrero frío: David Phillips, actor aficionado y especialista en guerra psicológica, muestra sus trofeos del Navy League, un club para oficiales militares y funcionarios del gobierno de Estados Unidos en la Ciudad de México. Phillips admitió bajo juramento que la estación de la Ciudad de México manejó la visita de Oswald de manera "poco profesional". (Helen Phillips)

Cinta de Oswald: En una entrevista en 2005 en Dallas, la largo tiempo asistente de Win, Anne Goodpasture, dijo que ella le dio a él una cinta de vigilancia con la voz de Oswald. La cinta nunca se compartió con los investigadores del caso John F. Kennedy.

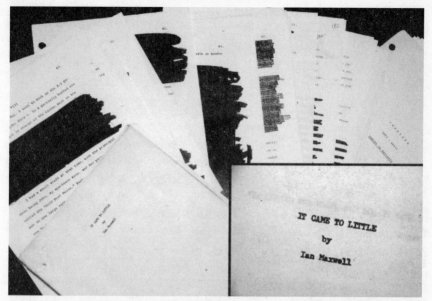

Censurado: Tras la muerte de Win Scott, el jefe de contraespionaje James Angleton fue a la Ciudad de México e incautó sus memorias inéditas, que cuestionaban un resultado clave de la Comisión Warren sobre Lee Harvey Oswald. Décadas después, buena parte de las memorias continúan siendo ultrasecretas.

Futuro presidente: En enero de 1949 Win y su futura esposa, Paula Murray, conocieron al actor Ronald Reagan en la plaza de Trafalgar en Londres, donde Reagan filmaba una película.

Jefe de espías: Allen Dulles, director de la CIA de 1953 a 1961, fue amigo,
mentor e ídolo de Win.

Amigo: Adolfo López Mateos, presidente
de México de 1958 a 1964, era conocido
como LITENSOR en los cables de Scott.

Gran amigo: Gustavo Díaz Ordaz, el intran-
sigente presidente mexicano de 1964 a
1970, conocido como LITEMPO-2.

Presidente: John F. Kennedy autografió esta foto para Michael Scott, de siete años, durante su visita triunfal a México en junio de 1962.

Medalla: En 1969 Dick Helms, director de la CIA, otorgó a Win Scott la Medalla de Inteligencia Distinguida, uno de los más altos honores de la agencia.

LOS COMPADRES

A lo largo de los años sesenta, las victorias de Win brillaron sin darle crédito en los encabezados del *Excélsior,* el *New York Times* e incontables periódicos. Dentro de la agencia se le conocía como "Willard Curtis" y hablaban de él con admiración. Su capitanía en la estación de la Ciudad de México demostraba casi a diario cómo los pequeños avances podían convertirse en grandes victorias para los políticos de los Estados Unidos. Sus éxitos complacían a presidentes. Sus fracasos eran indetectables.

Win entregaba victorias propagandísticas, junto con espionaje. En junio de 1964, la estación se enteró de que Juana, la hermana de Fidel Castro, quería salir de Cuba. La exfiltraron de Cuba y llevaron a México, donde la ocultaron en el rancho de George Munro en Cuernavaca. De acuerdo con alguien que estuvo ahí, la esposaron a una cama para que la cuestionaran a placer sobre lo que sabía del líder cubano y lo que diría sobre él en caso de que le preguntaran. Cuando Win estuvo convencido de la confiabilidad de Juana, la soltaron. Llegó a los encabezados al denunciar las acciones comunistas de su hermano.

Win trabajó incansablemente con Anne Goodpasture a su lado. Ella vio cómo Win mantenía el poder en sus manos al marginar a todos y cada uno de los jefes adjuntos de estación que trabajaron con él. "Win nunca confiaba en nadie", dijo Goodpasture en una extraña crítica a su difunto jefe. "Los jefes adjuntos tenían un puesto que apenas estaba en el nombre, porque Win estaba ahí todo el tiempo." Ella dijo que él sabía lo que el cuartel general quería escuchar. "Tenía inclinación a exagerar, y en retrospectiva, sentí que tal vez no quería alejarse porque averiguarían que estaba exagerando las cosas. Hubo muchas ocasiones en las que cambió los datos. Alguien mencionaba una multitud de quinientas personas en el periódico; él le agregaba otro cero."

Era prácticamente intocable. Con la partida de Tom Mann a Washington a finales de 1963, Win enfrentó un reto con su reemplazo, un diplomático de carrera llamado Fulton Freeman, quien quería hacerse cargo de todos los contactos con el presidente mexicano, como lo determina el protocolo diplomático. Win se rehusó. Un joven funcionario de la CIA, Philip Agee, escuchó que el pleito Scott-Freeman llegó hasta la Casa Blanca. Las expectativas de Freeman "de significativas relaciones diplomáticas con Díaz Ordaz chocaron con la preferencia del presidente para tratar con Scott", escribió Agee en sus memorias. Freeman quedó relegado a contactos de protocolo con el presidente y hubo de gastar sus talentos diplomáticos con el secretario de Relaciones Exteriores, que en el esquema mexicano tiene poco poder.

El cuartel general no podía estar más feliz con Win. Su viejo amigo J. C. King, se había retirado como jefe de división del hemisferio occidental en 1964 y fue reemplazado por Bill Broe, otro viejo amigo. Broe había conocido a Win veinte años antes, cuando ambos trabajaban en la oficina del FBI en Cleveland durante la Segunda Guerra Mundial. Como nuevo jefe de Win, Broe quedó impresionado. "Era un funcionario excepcional", dijo en una entrevista. "Era una estación fuerte. La tenía bien lubricada." Y estaba conectado con la cima. "Tenía una excelente relación con Dick Helms, de eso no hay duda", dijo Broe. "Laboral y personal."

Los inspectores de la agencia describieron la estación, que ahora tenía cincuenta empleados y un presupuesto acreditado de 50 millones de dólares, como "clásica". Entre abril de 1963 y junio de 1964, la estación había provisto no menos de 615 reportes al cuartel general, dijeron. Win podía ordenar vigilancia móvil sobre cualquier objetivo en la Ciudad de México, una operación llamada LIFEAT. La Ciudad de México era, sin duda, la mejor fuente de información de la agencia sobre gente que viajaba a Cuba. Sus agentes tenían cubierta y penetrada la embajada cubana, e incluso aseguraban tener un micrófono oculto en el sillón de la oficina del embajador.

"Era un hombre meticuloso, un afanador", dijo un joven funcionario de la estación. "Quería asegurarse de que las cosas se hicieran bien. No quería sorpresas. Pero si tenías iniciativa y él pensaba que iba de acuerdo con lo que quería hacer, estaba detrás de ti al cien por ciento."

LITEMPO continuó funcionando sin problemas, asegurando casi una total armonía de intereses entre los gobiernos mexicano y estadounidense. El presidente López Mateos había ungido al secretario de Gobernación, Gustavo Díaz Ordaz, como su sucesor. Era amigo de Win y también agente pagado, conocido como LITEMPO-2. En julio de 1964, Díaz Ordaz recibió 88 por ciento de los votos y asumió la presidencia. En cuanto a los deseos de los Estados Unidos, Win aseguró a sus superiores que el nuevo presidente mexicano "actuaría en la mayoría de los casos como se le solicitara". Díaz Ordaz sin duda cooperaría con las solicitudes de la CIA con acciones contra extranjeros como "acoso simple, interrogatorios policiacos, 'perder' los papeles del individuo para expulsarlo por carecer de documentos, tal vez encarcelar a alguien con cargos fabricados por un breve periodo antes de expulsarlo. Podría haber otros refinamientos que se resolverían cuando se presentara el caso".

Win bromeaba con su familia sobre cuán receptivo era Díaz Ordaz. En la mesa del comedor, mencionó una discusión en la oficina del presidente sobre un asunto de trabajo en el que Díaz Ordaz habló tan rápido que Win no alcanzó a entender. "Párese, párese", dijo Win. Díaz Ordaz, sentado tras su escritorio, de pronto se puso de pie. Win se desconcertó. "¿Qué ocurre?", preguntó. "Creo que me dijiste 'párese'", dijo Díaz Ordaz.

La influencia de Win en el gobierno mexicano se extendió más allá de la presidencia. Tenía en su nómina catorce agentes LITEMPO en los altos mandos del mismo gobierno. Cuando Díaz Ordaz se acomodó en la presidencia, Luis Echeverría, LITEMPO-8, se hizo cargo de la Secretaría de Gobernación. Otro viejo amigo, Fernando Gutiérrez Barrios, LITEMPO-4, se había vuelto el hombre fuerte de la Dirección Federal de Seguridad. Había revitalizado la DFS al crear lo que Anne Goodpasture describió como "la apariencia de una auténtica agencia investigadora no partisana". Los líderes mexicanos, dijo Ferguson Dempster, el jefe de espías británicos en la Ciudad de México, específicamente apreciaban el reporte diario de "enemigos de la nación" que Win entregaba a Díaz Ordaz. Agee dijo que el "resumen diario de inteligencia" incluía secciones sobre actividades de organizaciones revolucionarias mexicanas que ayudaron a las fuerzas de seguridad mexicanas "planeando redadas, arrestos y otras acciones represivas".

Win fomentó el naciente interés de Michael en la fotografía al regalarle una cámara súper 8 y pidiendo a Anne Goodpasture que le mostrara el cuarto oscuro de la estación. Goodpasture le tomó cariño al niño, ahora de diez años, y le enseñó a revelar fotografías. Para Michael, el proceso estaba imbuido con la magia y misterio del empleo de su padre con "el clan". En el fulgor de las luces rojas del cuarto oscuro, vio que las imágenes se materializaban en el papel blanco y brillante, fotografías del mundo salían a la luz. La fascinación vitalicia de Michael por los filmes nació en el laboratorio fotográfico de la CIA.

En 1967, Win y Janet cambiaron a la familia a una nueva casa ubicada en Río Escondido 16, en un callejón sin salida al oeste de la Ciudad de México; la casa nueva era estilo americano de ladrillo con entrepiso, acera frontal y muros cubiertos de hiedra. Janet decoró las habitaciones con muebles europeos y artesanías. En los fines de semana, Win llevaba a Michael al Club de Golf Chapultepec y le enseñó a cuadrar los hombros y hacer el *swing*. Los fines de semana, la familia iba al rancho de George Munro en Cuernavaca o a Las Brisas, el ostentoso hotel en Acapulco propiedad del amigo de Win, Carlos Trouyet. Había sólo ocasionales vislumbres sobre la naturaleza del trabajo de Win. Una Navidad, después de que la familia había abierto los regalos, alguien descubrió un último regalo para Win de un alto funcionario del gobierno mexicano. Win lo abrió y se vio con una pistola en la mano en presencia de sus hijos.

Para mediados de los años sesenta, Win era en efecto el segundo hombre más poderoso en México, superado apenas por

Díaz Ordaz. Pensaba que México estaba en excelentes condiciones. Las grúas de construcción se veían por todo el contaminado horizonte. Se habían construido 220 kilómetros de avenidas y libramientos desde su llegada a la ciudad una década antes. El presidente López Mateos alardeaba de haber inaugurado veintiocho escuelas y quince mercados municipales entre 1958 y 1964. Díaz Ordaz buscó hacer más obra pública porque México sería sede de los Juegos Olímpicos en 1968. Y los beneficiados serían mexicanos ordinarios. El enorme proyecto habitacional de Tlatelolco en el corazón de la ciudad estaba próximo a ser terminado. Consistía en catorce edificios de departamentos, de cuatro a veinte pisos de altura, que albergarían a cerca de 70,000 personas. Esta ciudad dentro de la ciudad incluía centros comerciales, iglesias, escuelas, parques recreativos y la Plaza de las Tres Culturas, que celebraba la mezcla de culturas indígena, española y del México moderno.

En la primavera de 1966, el presidente Johnson pensó que las condiciones estaban a modo para repetir la exitosa visita de Kennedy a México en junio de 1962. Decidió hacer la visita programada con su esposa y Dean Rusk, el secretario de Estado. Enviaron a un hombre de avanzada, Marty Underwood, para que preparara la gran bienvenida. Cuando el embajador Freeman resultó inútil, Underwood se reunió con Win, quien proporcionó lo que deseaba la Casa Blanca. El jefe de estación hizo arreglos para que el hombre de avanzada se viera con nada menos que Luis Echeverría, secretario de Gobernación.

"En los siguientes treinta o cuarenta minutos discutimos la importancia del viaje, no sólo para mi presidente, sino para el suyo", escribió Underwood en un memorando. "Le comenté que 'el mundo estaría viendo' que el futuro de nuestros países estaba en juego… Él volteó hacia su intérprete y dijo: 'Pregúntale qué quiere'. Le dije que dos millones de personas y todo el brillo y glamur de una fiesta. Volteó alrededor y abrió un gabinete con seis teléfonos. Comenzó a oprimir botones y tras unos diez minutos dijo al intérprete que me dijera que 'no me preocupara'. Yo le dije que suministraríamos globos, confeti, banderas y demás."

Johnson y su séquito arribaron pocos días después y recibieron una entusiasta bienvenida. El PRI les había ordenado a los trabajadores que se presentaran. Los sindicatos oficiales acarrearon obreros de las fábricas locales y trenes trajeron campesinos de los alrededores. La muchedumbre fue abundante y amistosa. La caravana fue aclamada, voló el confeti, y los asistentes de Johnson aseguraron a los reporteros que esa recepción igualaba la de John F. Kennedy. Pero mayormente era una farsa. Al mismo tiempo habían surgido protestas por toda la ciudad. Unos doscientos estudiantes de la UNAM se reunieron frente al popular monumento de Benito Juárez, gritando "Que Johnson se vaya de México, Johnson asesino, que los gringos se salgan de Vietnam". Otro grupo quemó banderas estadounidenses en público sin represalias de la normalmente brutal policía. La CIA no tuvo sino elogios para el despliegue de seguridad durante la visita de Johnson. Pero la fachada de México de un poder benigno comenzaba a mostrar señales de tensión. La oposición al presidente Díaz Ordaz crecía día con día.

Win tenía ocho años de conocerlo. Díaz Ordaz había sido testigo de su boda, lo que significaba que eran compadres, el término mexicano para los amigos tan cercanos como la familia. Win entendió cómo él veía el mundo. El presidente específicamente temía a Víctor Rico Galán, un conocido periodista de origen español. En un artículo muy leído de 1965, éste llamó a una mal lograda rebelión en Ciudad Madera "un acto de desesperación suicida", que se justificaba por años de abusos. El cambio pacífico era imposible en México, escribió Rico Galán. Win lo consideraba un apologista "prolífico y apasionado" de Castro y puso a su equipo de vigilancia móvil tras sus pasos. La DFS puso a Miguel Nazar Haro, un funcionario en ascenso que Win tenía años de conocer, a formar un dossier. Resultó fácil para los espías mexicanos y estadounidenses capturar las conversaciones del voluble periodista. Era intensa y personalmente crítico de Díaz Ordaz, pero no intentaba fomentar una revolución violenta. En palabras de Anne Goodpasture, "intentaba formar un partido político de izquierda en oposición al PRI". Win ayudó a armar un caso contra Rico Galán. En septiembre de 1966, él y veintiocho colegas fueron arrestados. Tras un juicio de pantomima, Rico Galán fue condenado y pasó los siguientes siete años en la famosa cárcel de Lecumberri.

El poder de Win era muy real, sin embargo lo había aislado de las realidades de México. Conocía a los hombres poderosos del país —Luis Echeverría, el nuevo secretario de Gobernación, era un ocasional invitado a cenar—, pero no necesariamente sabía tanto sobre la tierra que gobernaban. La Dirección de Inteligencia (DOI) de la CIA, dedicada a la investigación y el análisis, no a las operaciones secretas, entendía mejor la realidad mexicana. En 1967, analistas de la DOI advirtieron que México estaba fracasando en ciertos aspectos básicos que tal vez no percibía la élite del poder en la capital. De los 45 millones de habitantes, 40 por ciento eran campesinos sin tierra, y 35 por ciento vivía en ejidos, propiedades comunales que en el mejor de los casos eran ineficientes. El hambre, la desnutrición y la miseria empeoraban, en especial en el campo. La desesperación engendraba rebeliones violentas. Además del ataque suicida en Ciudad Madera, hubo choques entre campesinos y fuerzas de seguridad en los estados de Yucatán y Guerrero.

"La jerarquía política da una gran importancia a 'tapar' esta situación explosiva", mencionan los análisis de la DOI. El "brutalmente efectivo y políticamente astuto" Ejército mexicano se enfrenta a las rebeliones campesinas a su manera. Despachan unidades militares a donde haya disturbios. Tras publicitar una inminente "maniobra de entrenamiento, disparan contra cualquier objeto en pie hasta dejar todo en ruinas".

Para Win, en su oficina de la embajada de los Estados Unidos, la lucha era la misma guerra que venía peleando desde el final de la Segunda Guerra Mundial, la lucha contra el comunismo internacional dirigido por la Unión Soviética. Cuando una caja con rifles cayó de un camión en el corazón de la Ciudad de México, la estación rastreó el manifiesto hasta un guatemalteco que había trabajado como jefe de las fuerzas armadas de Guatemala en el gobierno de Jacobo Árbenz al principio de los años cincuenta. Con la ayuda de un diplomático cubano, el hombre embarcaba las armas a un grupo guerrillero guatemalteco que intentaba derrocar el régimen militar que instaló la CIA. Gracias al trabajo de Win, arrestaron a su patrocinador cubano y lo echaron del país.

No obstante los éxitos individuales, el desempeño de Win declinaba. Se sentía agraviado por asuntos grandes y pequeños. Los equipos de inspección de la agencia, una vez laudatorios, ahora lo fastidiaban, lo presionaban para que hallara más agentes de alto nivel entre los diversos grupos comunistas. Otro equipo de inspección cuestionó la base de su operación: el voluminoso archivo de la estación. ¿Qué pasaría si tuviesen que abandonar la embajada? ¿Cómo se desharía de documentos secretos para evitar que cayesen en manos equivocadas? El equipo estimó que tardaría aproximadamente seis días y noches de constante quema para destruir todos los documentos que Win había recolectado en esos años.

Y, aún importunando a Win, año tras año, estaban todas las dudas que surgieron de la visita de Oswald a México poco antes del asesinato de Kennedy. Deber y conciencia —que lo guiaban desde que se apuntó en la OSS veinticuatro años antes— habían comenzado a separarse a medida que revisaba la historia de Oswald. Anne Goodpasture completó su cronología del expediente de Oswald en febrero de 1968. En lo que Win lo revisaba, comenzó su plan de abandonar la agencia. Tomó su primera acción semanas después, cuando Allen y Clover Dulles fueron a México en un viaje personal. Win reservó uno de los mejores hoteles de la ciudad para sus amigos y les agendó una visita al impresionante Museo de Antropología. Él y Janet organizaron una cena para el anciano jefe de espías. Win lo llevó a unas aguas termales naturales para aliviarle la cada vez peor artritis. Win fue deferente como nunca con su septuagenario amigo. Gregory Leddy recuerda que su padrastro siempre se dirigió a Dulles como "señor director". "Nunca le llamó 'Allen' o 'señor Dulles'. Siempre fue 'señor director, sí, jefe, no, jefe, señor director'."

En privado, Win dijo a Dulles que deseaba abandonar la CIA y tomar un empleo en el sector privado. ¿Podía apuntar a Dulles como referencia? Claro, dijo Dulles. Al regresar a los Estados Unidos, envió a Win una carta de recomendación.

"A quién corresponda", comenzaba. "Considero al señor Winston Scott un hombre de capacidades únicas y desempeño sobresaliente", escribió Dulles. "He tenido oportunidad de conocer de cerca su trabajo en la última década, y puedo asegurar que ha realizado su trabajo con diligencia y resultados que van mucho más allá del deber ordinario."

En la portada, Dulles agregó una posdata: "Jim A. vino a cenar y le conté sobre lo mucho que nos ayudaste durante nuestro viaje."

Win y Jim Angleton, parece, ya no estaban en contacto. Las jóvenes estrellas del OSS habían tomado caminos separados a lo largo de los años. Win se había convertido en el barón de su parcela, el jefe de espías de la Ciudad de México. Angleton había amasado un gran poder, aunque ahora menguaba. Su búsqueda de un topo soviético paralizó la división soviética durante años hasta que los colegas dijeron que su estilo paranoico estaba dañando a la agencia. Cada vez más aislado, acumulaba resentimiento, ansiedad y —como nunca— bebía. Todo lo que Win y Angleton compartían eran recuerdos de una amistad que se había marchitado.

LA NOCHE DE TLATELOLCO

Una noche de verano de 1968, Gregory Leddy fue a cenar al centro de la Ciudad de México con su madre y su padrastro. "Cuando terminamos y caminábamos de vuelta al auto, Scottie dijo, 'Miren, hay música allá'", recordó Gregory años después. "Pasábamos por una peña. Él dijo: 'Vamos a escuchar'. Lo recuerdo porque acababa de cumplir dieciocho años y era la primera vez que salía a beber con ellos."

"Así es que nos sentamos a beber unas cervezas y alguien cantaba una canción sobre Castro, popular en ese entonces. El coro decía: *'Fidel, Fidel, ¿Qué tiene Fidel? / Que los americanos no pueden con él'*. Y Scottie se sentía bien, así que empieza a cantar. Levanta su cerveza y comienza: *'Fidel, Fidel, ¿Qué tiene Fidel? / Que los americanos no pueden con él'*".

"Mi madre dijo: 'Scottie, ¿sabes lo que están diciendo?'".

"Ah, algo sobre Fidel."

"Ella dice: 'Sí, están diciendo que tú no puedes con él'."

"Scottie dijo algo como que era sólo una canción, y ella dijo: 'Si alguien no te conociera bien y te viese cantando aquí, pensaría que eres una especie de comunista'. Scottie se echó a reír", relató Gregory.

Pero Janet no se silenció. Deseaba que su marido entendiera.

"Le hizo ver que los tipos de la CIA andaban por ahí etiquetando gente como comunistas y haciéndoles cosas terribles, y él estaba cantando lo mismo que ellos. Quería que él se diera cuenta de cuán inocente podía ser todo."

Win estaba en la cima de su poder, tal como lo notó Gregory Leddy una noche del verano de 1968. Acelerando por Reforma ya avanzada la noche, chocó el auto y terminó en una estación de policía. Llamó a su padrastro para pedir ayuda.

"A continuación, Scottie apareció en su enorme Mercury negro", recordó en una entrevista. "Tenía las placas rojas diplomáticas de las Olimpiadas, lo cual significaba que era el auto de alguien importante, y este alto norteamericano aparece con una adolescente. Scottie había traído a mi hermana, Suzanne, por alguna razón. Los policías mexicanos ven a este hombre y comienzan a pensar en su posición. ¿Ah chihuahua, quién es ése? Y Scottie le entrega al primer policía que ve un billete de cien pesos. Le da al segundo policía un billete de cien pesos. Me pregunta si estoy bien. ¿El auto está bien? Digo que estoy bien y que sólo hay que pagarle al jefe. Pero no le importó. Deambuló por la sala, estrechó la mano de todos y a todos les dio un billete de cien pesos. Al jefe le dio como cuatrocientos. Luego miró alrededor y preguntó: '¿Todos contentos?'. Ése era Scottie en su mejor momento, el estadounidense que podía hacer cualquier cosa.

Lo que Win no podía era entender las manifestaciones estudiantiles que se multiplicaban por todo México. En lo que buscaba empleo esporádicamente, Win debía mantenerse al tanto de las demostraciones sin precedentes de oposición popular al gobierno. A mediados de junio de 1968, el embajador Tony Freeman convocó a una reunión con Win y otro personal de la embajada. Francia estaba convulsionada por marchas estudiantiles tan numerosas que el gobierno había caído. Win y los otros concluyeron que eso no ocurriría en México. "El gobierno tiene diversos medios de tantear e influir en la opinión de los estudiantes", escribió Freeman en un cable sobre la reunión, "y se ha mostrado capaz y dispuesto, cuando los disturbios exceden lo que se consideran límites aceptables, a actuar de manera decisiva." Pero las manifestaciones continuaron. En sus reuniones con Díaz Ordaz, el secretario de Gobernación, Luis Echeverría, y el jefe de la DFS, Fernando Gutiérrez Barrios, Win percibió su confianza y la comunicó a Freeman, quien envió un cable a Washington para decir que había "muy poca posibilidad de que [las protestas estudiantiles] alcanzaran proporciones críticas, al menos en los años por venir".

Su enorme error se volvió evidente pocos días después, cuando decenas de miles de estudiantes se reunieron en el Zócalo, la plaza principal de la capital. La policía los encauzó con macanas. Win vio la mano del comunismo internacional. En un reporte secreto, titulado *Estudiantes montan importantes desórdenes en México*, dijo que la violencia representaba "un ejemplo clásico de la capacidad de los comunistas para convertir una manifestación pacífica en un gran disturbio". De hecho, el cristal de la Guerra Fría, por el que Win y sus aliados mexicanos veían el movimiento estudiantil, distorsionaba la realidad. Sin duda había comunistas, trotskistas y maoístas entre los líderes estudiantiles, pero no eran quienes dominaban. De hecho, el movimiento era casi la antítesis de un disciplinado partido marxista-leninista con interminables deliberaciones públicas, debates constantes y publicaciones diversas. Win leyó un estudio de la embajada de cuarenta incidentes distintos de agitación estudiantil desde 1963. Veintitrés de ellos —más de la mitad— se habían motivado por descontento educativo. Ocho se relacionaban con problemas locales. Seis se inspiraron en Cuba y Vietnam, y cuatro de ellos denunciaron el autoritarismo del sistema mexicano de control político. Y entre más violentamente se enfrentaba el gobierno a los manifestantes, más rápidamente crecía el movimiento.

En la Ciudad de México, un consejo de huelga que representaba a los estudiantes de educación superior en la capital se vio con la solidaridad y apoyo de un comité de profesores. En julio de 1968, hicieron un llamado conjunto para que se eliminaran las represivas fuerzas de seguridad, se respetara la autonomía universitaria, se indemnizara a quienes la policía había herido y se liberara a los prisioneros políticos. Por mucha influencia comunista que hubiese en el movimiento, su principal exigencia no era más radical que un mero diálogo con el gobierno.

Win fue a ver a Díaz Ordaz y lo encontró ofendido. "La oficina de la presidencia se halla en un estado de considerable agitación porque anticipan más disturbios", escribió Win a principios de agosto. "La presión sobre Díaz Ordaz para que restaure la calma es particularmente intensa por el deseo de México de proyectar una buena imagen internacionalmente" como sede de los Juegos Olímpicos. Los intereses turísticos y comerciales exigían una "acción inmediata".

Pero estaban lejos de saber qué acción debía tomar Díaz Ordaz contra un movimiento amorfo sin cuartel general, sin un líder único, sin afiliación a un partido, y con cada vez más apoyo. A medida que las manifestaciones aumentaron su frecuencia y tamaño en agosto, el gobierno se rehusó a conceder algo. "El actual punto muerto se debe a que el gobierno cree que a) ceder ante los estudiantes crearía mayores exigencias y b) ignorar la situación sin duda conducirá a mayores disturbios", escribió Win en un cable al cuartel general de la CIA.

Luego de que Díaz Ordaz anunció en su informe presidencial del primero de septiembre que cualquier agitación sería sofocada, el embajador Freeman le dijo a Washington que podía esperarse violencia. Repitió su opinión de que el gobierno "implícitamente acepta la consecuencia de que esto provocará muertes. Líderes de la agitación estudiantil están siendo arrestados… En otras palabras, la ofensiva [del gobierno] contra el desorden estudiantil se ha abierto en frentes físicos y psicológicos".

En respuesta al duro lenguaje del gobierno, los líderes estudiantiles sostuvieron lo que llamaron la marcha del silencio. A mediados de septiembre, unas 200,000 personas marcharon por la ciudad con pañuelos blancos en la boca. El único sonido fue el arrastrar de los pies. "Parecía que pisoteábamos todo el torrente de palabras de los políticos, todos sus discursos que siempre eran iguales, toda su demagogia, su retórica hueca, la andanada de palabras que ocultan los hechos, los montones de mentiras, todo lo barríamos bajo nuestros pies", dijo un líder de la huelga a la periodista Elena Poniatowska. "Era", dijo el historiador Enrique Krauze, "una época de infinita esperanza y falsas ilusiones".

El Ejército respondió movilizando 10,000 soldados para ocupar la Universidad. En el complejo habitacional de Tlatelolco, estudiantes más radicales respondieron con cocteles Molotov y piedras. Tras hablar con Echeverría y Gutiérrez Barrios, Win informó que el gobierno "no buscaba un arreglo con los estudiantes, sino poner fin a todas las acciones organizadas de los estudiantes antes de las Olimpiadas… La meta del gobierno parece ser arrestar a los elementos extremistas y retenerlos hasta después de las Olimpiadas".

El 2 de octubre, Win advirtió a Washington que la situación era volátil. "Cualquier estimación, como esta, de la viabilidad de actos intencionales diseñados para romper con el curso normal de los eventos debe tomar en cuenta la presencia de radicales y extremistas cuyo comportamiento es imposible de predecir", escribió. "Dichas personas y grupos sí existen en México." Pudo ser la voz de la intuición de Win y su considerable experiencia. Aunque más probablemente fue un aviso que le dio algún amigable LITEMPO que tenía razones para creer que el curso normal de los eventos estaba a punto de ser interrumpido con una devastadora muestra de violencia.

A las 5:00 p.m. de ese día, los estudiantes se reunieron en la Plaza de las Tres Culturas en Tlatelolco. Diezmado por los arrestos, enfrentado a un gobierno de mano dura y ante la apertura de los Juegos Olímpicos en menos de dos semanas, el movimiento luchaba para mantener la presión sobre el gobierno. Tanques rodearon la plaza, pero eso era normal en las manifestaciones, y la atmósfera no era tensa. Los soldados se sentaron en sus tanques, limpiaron sus bayonetas y miraron a la gente reunirse en torno a las bocinas, montadas en el tercer piso del edificio Chihuahua, un alto edificio de departamentos que daba a la plaza. Para cuando anocheció, entre 5,000 y 10,000 personas se habían reunido en la plaza.

Los comandantes militares en la escena recibieron órdenes de evitar que se celebrara el mitin. Se les ordenó que aislaran a los líderes, los detuvieran y condujeran a la DFS. Un selecto grupo de oficiales vestidos de civil, conocido como el Batallón Olimpia, tenía sus propias instrucciones. Debían llevar ropa de civil con un guante blanco en la mano izquierda y apostarse en las entradas del edificio Chihuahua. Cuando recibieran la señal en forma de una bengala, debían evitar a cualquiera la entrada a la plaza o la salida de ella mientras detenían a los líderes estudiantiles. Finalmente, un grupo de policías recibió órdenes de arrestar a los líderes del Consejo Nacional de Huelga.

Lo que virtualmente nadie supo hasta más de treinta años después fue que Luis Gutiérrez Oropeza, el jefe del Estado Mayor, había apostado a diez hombres con armas en el piso superior del edificio Chihuahua y les dio órdenes de disparar a la multitud. Actuaba bajo las órdenes de Díaz Ordaz, de acuerdo con un revelador reportaje publicado en 1999 en el semanario

Proceso, y escrito por Julio Scherer y Carlos Monsiváis, dos de los periodistas más prestigiados del país. Oropeza era el enlace entre Díaz Ordaz y Echeverría, según Mario Moya Palencia. Oropeza también era amigo y ocasional invitado a cenar en casa de Win Scott. Tal vez era un agente LITEMPO. No hay evidencia de que haya actuado a instancias de la CIA en octubre de 1968.

"Nadie observó de dónde salieron los primeros disparos, pero la gran mayoría de los manifestantes aseguró que los soldados, sin advertencia ni previo aviso, comenzaron a disparar", escribió Elena Poniatowska en su clásico reportaje *La noche de Tlatelolco*. "Los disparos surgían por todos lados, lo mismo de lo alto de un edificio de la Unidad Tlatelolco que de la calle donde las fuerzas militares en tanques ligeros y vehículos blindados lanzaban ráfagas de ametralladora casi ininterrumpidamente."

Una ola de gente corrió al extremo de la plaza, sólo para encontrarse con una línea de soldados. Corrieron al otro lado, a la zona de fuego libre. Era un "infernal círculo cerrado", dijo el historiador Krauze: una "operación terror". Los disparos continuaron por una hora y luego comenzaron a disminuir. Empezó a llover. Los tanques abrieron fuego. "La tormenta de balas disparadas al edificio Chihuahua se volvió tan intensa que alrededor de las siete p.m. una amplia sección del edificio se incendió", escribió el reportero Jorge Avilés de *El Universal*. "Todos los pisos, del décimo al decimotercero, estaban envueltos en llamas y muchas familias se vieron forzadas a evacuar la unidad, entre la lluvia de balas, llevando a niños en brazos y arriesgando sus vidas." Los pisos de los pasillos estaban pegostiosos con sangre. La balacera continuó como hasta las once de esa noche. Cinco mil soldados dispararon un total de quince mil balas. Dos mil personas fueron arrestadas, muchas de ellas desnudadas, golpeadas y abusadas. Las luces se extinguieron, el servicio telefónico se cortó, se prohibió que se tomaran fotografías, e incluso las ambulancias fueron desviadas.

"Los cadáveres yacían en el pavimento, en espera de que se los llevaran", recuerda un testigo. "Conté muchos y muchos desde la ventana, como 78 en total. Los apilaban ahí bajo la lluvia."

"Tal vez la visión más trágica", escribió José Luis Mejías en *El Diario de la Tarde* al día siguiente, "fueron los zapatos manchados de sangre tirados por toda la plaza, como testigos mudos de la repentina huida de sus dueños." Entre 80 y 100 personas fueron asesinadas en el transcurso de la noche.

Win envió su primer reporte cerca de la medianoche. Le metieron mano en el cuartel general y lo pasaron a la Casa Blanca, donde lo leyeron a la mañana siguiente. Algo grande había ocurrido en Tlatelolco, pero Win no sabía exactamente qué.

"Un veterano [fuente clasificada] contó ocho estudiantes muertos, seis soldados muertos, pero una dependencia de la Cruz Roja tenía 127 estudiantes y treinta soldados heridos."

"Una fuente clasificada dijo que los primeros disparos se hicieron desde el edificio Chihuahua."

Una fuente clasificada norteamericana "expresó la opinión de que esto fue un encuentro premeditado provocado por los estudiantes."

Otra fuente clasificada dijo que "la mayoría de los estudiantes presentes en la plataforma de oradores estaban armados, uno con una subametralladora… las tropas sólo respondieron al fuego de los estudiantes."

Virtualmente ninguno de estos reportes resultó verdadero. Los periódicos matutinos de la Ciudad de México dieron una aproximación más cercana de los muertos, si bien no de los perpetradores. *Excélsior* reportó 20 muertos y 75 heridos. *El Universal* tenía 29 muertos y 80 heridos. *El Día,* un periódico de izquierda, declaró: "Provocación criminal en Tlatelolco causa un terrible derramamiento de sangre". El pro gobiernista *El Nacional* dijo: "Ejército obligado a repeler agresión de francotiradores". El tabloide *El Sol* declaró: "Intrusos extranjeros pretenden dañar imagen nacional de México".

Win se quedó con la versión de una provocación de la izquierda. Su siguiente informe citaba a "observadores entrenados" que creían que los estudiantes instigaron el incidente. Díaz Ordaz dijo a un visitante norteamericano —tal vez Win— que creía que el disturbio había sido "cuidadosamente planeado".

"Muchas personas vinieron al país", se cuenta que dijo. "Las armas utilizadas eran nuevas y se les había borrado el número de serie. Los grupos comunistas castristas y chinos estaban en el centro de esto. Los comunistas soviéticos tuvieron que venir para evitar que los tildaran de gallinas."

Cuando Walt Rostow, consejero de seguridad nacional de Johnson, exigió confirmación, las respuestas de Win eran poco convincentes. ¿Acaso los estudiantes mexicanos utilizaban rifles nuevos provenientes de China con los números borrados? Win dijo que no tenía pruebas de esa afirmación.

¿Participaban individuos fuera de México en el movimiento estudiantil? Si bien la prensa mexicana continuamente recalcaba el hecho de la participación extranjera, Win comentó: "No se ha presentado evidencia concluyente a este efecto".

¿Qué organizaciones fuera del campo académico participaron en el movimiento estudiantil? No había "evidencia concluyente" de apoyo extranjero para armar a los estudiantes, respondió Win.

Wallace Stuart, un consejero de la embajada de los Estados Unidos en la Ciudad de México, diría después que la CIA había reportado quince distintas versiones, a veces totalmente contradictorias, de lo que ocurrió en Tlatelolco, "todas de 'fuentes generalmente confiables' u 'observadores entrenados' en el sitio de los hechos". Win se había vuelto tan dependiente de sus fuentes bien colocadas que no tenía medios independientes de obtener información exacta sobre un evento político de enorme importancia.

Jorge Castañeda, el historiador que habría de convertirse en secretario de Relaciones Exteriores, entrevistó a muchos mexicanos participantes en los eventos de octubre de 1968 y concluyó que Díaz Ordaz y Echeverría habían trabajado tácitamente juntos para dar un golpe decisivo sin dejar pruebas escritas sobre quién dio la orden. La masacre de Tlatelolco, escribió el historiador Sergio Aguayo, fue un "parteaguas de la historia mexicana. Acentuó la turbulencia de esos años, sirvió para concentrar el poder en los servicios de inteligencia dominados por un pequeño grupo de hombres duros y sin control". Un puñado de mexicanos se había afianzado en el poder, actuando con impunidad contra "una oposición débil, pero cada vez más beligerante y desesperada por rebelarse contra la apatía de una comunidad internacional indiferente, acaso cómplice", y Win los había ayudado en cada paso.

Una semana después de la masacre, Win escribió un agradecimiento a Echeverría por un regalo que el secretario de Gobernación le había hecho: un enorme mapa electrónico enmarcado que mostraba la hora en cada zona horaria del mundo. "El estupendo reloj que me envió es una maravilla para todos los que lo ven", escribió Win.

Tras la masacre de Tlatelolco, los agentes en la cima del gobierno mexicano, esos en los que Win tanto confiaba, le habían entregado relatos ficticios sobre una provocación de la izquierda y luego una chuchería. El titiritero se había convertido en un títere.

"El lodo de espías y villanos"

La investigación que hizo Michael sobre la historia de su padre lo condujo a descubrir nuevas dimensiones de la propia. Tras obtener los documentos de su adopción, decidió buscar a su madre biológica, Martha Scruggs. Era un ama de casa en un pueblo de Georgia, y ahora se llamaba Martha Caldwell, casada con el director de una prisión local. Michael pudo ver las circunstancias en que hubiese crecido si ella no lo hubiese dado en adopción. Se maravilló del accidente de su vida. Martha, una mujer cálida y efusiva, estuvo encantada de conocer a su hijo, y especialmente complacida de presentarlo con su otro hijo. Su nombre, dijo ella, sonriendo, era Michael Scott Caldwell. Michael estrechó la mano de su medio hermano, de algún modo contento por el parecido. Martha se había casado y él nació en 1960, cinco años después de que Michael fue dado en adopción. Lo llamó Michael, sin tener idea de que había sido el nombre que Win y Paula dieron a su primer hijo. Le dio el segundo nombre de Scott en honor del hermano de Win, Morgan Scott, cuya amabilidad le había sido de tanta ayuda en el calvario de un embarazo no deseado y el de entregar a su bebé en adopción. Así, Michael tuvo la experiencia singular de conocer a un hermano con su mismo nombre. Fue como reconocerse a sí mismo en un extraño.

En junio de 1969, Win viajó a Washington para recibir uno de los más altos honores que se conceden a un hombre de la CIA: la Medalla de Inteligencia Distinguida. Le habían retirado el puesto como jefe de estación. No hubo razón específica. El cuartel general, a través del jefe de división Bill Broe, se mantuvo firme. La rotación acostumbrada para un jefe de estación era de cuatro años. Win llevaba ahí casi trece. Sólo otro jefe de estación en la historia de la agencia se había quedado en un lugar por tanto tiempo. Win declinó la oferta de un empleo en el cuartel general. De ningún modo volvería a Washington. México era su entorno. Eligió la jubilación. "La jubilación de Win nada tuvo que ver con los eventos de octubre de 1968", dijo Broe en una entrevista años después. "Fue su larga estancia. Eso decidimos hacer, comenzar a cambiar gente. No fue porque hubiese hecho algo mal. Opinamos que no debíamos tener individuos donde mismo por tanto tiempo. Trece años es mucho tiempo."

Aunque Win albergaba algunos sentimientos de amargura cuando llegó al cuartel general, se ajustó a su estilo genial. Si no tenía algo bueno que decir, no diría nada. Asistió mucha gente. Había trabajado con muchas personas a lo largo de los años, y a la gente le agradaba lo que recordaba de él. Las secretarias y los novatos, los veteranos, todos tenían una anécdota sobre el hombre con mente de archivero, su imagen de incansable, el alcance de sus operaciones, su capacidad de digerir información. Había pocos relatos épicos, pero muchos de trabajo duro y lealtad. Pocos sabían cuán lejos había llegado desde la Alabama rural. Todos sabían lo mucho que había logrado. Win estrechó manos, sonrió, se deleitó con la admiración de sus compañeros, se sintió satisfecho. La Medalla de Inteligencia Distinguida se reservaba para los oficiales de elevados méritos que hubiesen marcado la diferencia en la historia de la agencia. Todos estaban de acuerdo en que Win la merecía.

Dick Helms presidió con un traje oscuro y su aplomo acostumbrado. Jim Angleton, encorvado y demacrado, estuvo ahí para felicitar a su viejo amigo. También Anne Goodpasture, que ahora vivía una vida menos agitada en el norte de Virginia, donde trabajaba con asuntos históricos en la oficina. Allen Dulles, tristemente, no estuvo ahí, pues había muerto seis meses antes. Jack Whitten, que nunca llegó a jefe de división, también estuvo ahí. Pronto se jubilaría, se iría a Europa, y comenzaría una vida nueva cantando en el Coro Varonil de Viena. Dave Phillips asistió; ahora era uno de los altos jerarcas de la división del hemisferio occidental. Win vio decenas de rostros familiares, evocando recuerdos de los edificios K y L junto a la Piscina Reflectante, las comidas en el Army-Navy Club, los cocteles en Georgetown y las cenas en el Seaport en Alexandria. Win se sintió bendecido, pero también distante.

Fue a la oficina de Dick Helms, donde un fotógrafo tomó una imagen de ambos estrechándose las manos. En la ceremonia, Helms leyó el discurso: "En los años formativos de nuestra agencia, Scott desarrolló y supervisó las relaciones de inteligencia con naciones aliadas de los Estados Unidos por la causa de la libertad, relaciones que permanecen como legados duraderos a su visión y a su sinceridad de propósitos".

Este guiño a la "relación especial" con la Gran Bretaña acogió la anglofilia de Win. Sabía que nunca se hubiese abierto camino en el juego de la inteligencia sin el irremplazable apoyo de sus amigos británicos: el embaucador Tommy Robertson, que lo llevó a ver a Churchill; el impresionante Kenneth Strong, que construyó la Habitación Bélica que tanto sirvió a Eisenhower en el esfuerzo final hacia la victoria; el brillante Dick White, a quien le mostró el futbol americano. Los recuerdos del engaño de Kim Philby no empañarían a esos hombres. Los logros de Win en México eran comparables, dijo Helms. "En años posteriores", continuó el discurso, "inició e hizo fructificar una alianza internacional en este hemisferio que constituye la piedra angular de logros de gran importancia. Durante una carrera que abarca más de un cuarto de siglo, el desempeño del señor Scott ha estado marcado por aptitudes e integridad excepcionales, y por el estimulante liderazgo que ha inspirado a sus allegados para dar lo mejor de sí."

Cuando los aplausos se apagaron y la ceremonia terminó, Win se sintió como un hombre que volvía a la raza humana. "Salí de mi última visita oficial al cuartel general feliz y con una sensación de libertad", escribiría más tarde. "Definitivamente decidí relajarme, hablar sobre cualquier mundo en el que me involucraría en el futuro e intentar volver a respetar a la gente y confiar en ella."

De vuelta en el escritorio de su despacho doméstico en la Ciudad de México, no tenía utilidad el espionaje. "Me sentí feliz de salir del fango de los espías y villanos", escribió, "complacido de creer que en el futuro los contactos se harían por amistad, o abiertamente por razones de negocio; y estaba muy feliz por deshacerme de la necesidad de mantener en secreto mi trabajo y mis contactos."

Entre otras cosas, Win quería ganar dinero. Siempre había actuado como si tuviera dinero, aunque no lo tenía. Ahora vio que se le venían encima las colegiaturas de los hijos y seguramente aumentarían. Quería que Michael y George fueran a un internado. Bromeaba con enviar a Michael a Eton, para que utilizara sus contactos para hacer negocios. Reclutó a Fergie Dempster, que acababa de retirarse del servicio de inteligencia británico y no soportaba dejar el soleado México por el deprimente Londres. Trajo a otro hombre de la agencia llamado Al Ulmer, a quien había conocido en sus días en La Habana, y que recientemente había trabajado como jefe de la estación de Londres. El abogado personal de Win, Bink Goodrich, puso el dinero para arrancar. Le llamó a la empresa Diversified Corporate Services, o Dicose para abreviar, y abrió una oficina a un par de cuadras de la embajada de los Estados Unidos en Reforma. "Nos establecimos como consultores para gente que quería hacer negocios en México", dijo Dempster a Michael. "A Win lo querían y admiraban." Tom Mann dijo que pensaba que Win estaba manejando "su propia organización personal de inteligencia... [Los mexicanos] querían su experiencia y conocimiento de México, en especial lo que respecta a la inteligencia."

Los contactos de Win en el gobierno mexicano generaron buenos contratos desde el principio. Díaz Ordaz y Echeverría, temiendo más revueltas estudiantiles y campesinas, se quedaron obsesionados con la habilidad del gobierno para reaccionar rápidamente. En especial codiciaban una aeronave de despegue vertical construida por los británicos, que podía despegar y aterrizar como un helicóptero. Los mexicanos no tuvieron suerte en hacer que el Ejército de los Estados Unidos aprobara la compra de la nave, así que recurrieron a Dicose. Dempster utilizó sus contactos londinenses para mediar en la venta. En un segundo trato, Dempster arregló la compra de un avión privado para Díaz Ordaz. Dicose se llevó 60,000 dólares en comisiones por tan sólo ese par de tratos.

Win se mantuvo en contacto con viejos amigos. Él y Janet organizaron una cena para el jefe de la DFS, Fernando Gutiérrez Barrios, y su mujer. Algunas personas creían que Díaz Ordaz podía ungir a Gutiérrez Barrios como su sucesor, pero Win ya sabía que Díaz Ordaz se había decidido por Luis Echeverría, el hombre que eligió no comprometerse con el movimiento estudiantil. De sus amigos en el gobierno mexicano, a Win le agradaba Gutiérrez Barrios y era al que más invitaba a su casa. Los hijos de Win notaron que su humor mejoraba. "Se notaba que estaba emocionado con el negocio", dijo Greg Leddy, su hijastro mayor. Win contrató a Michael, entonces de trece años, para trabajar como mandadero, preparando el café y sirviendo de mensajero. "Fue mi primer empleo, y me pagaban cincuenta pesos a la semana, lo cual Janet pensaba que era una exageración", recuerda Michael. Comenzaba a ver de primera mano quiénes eran los amigos de su padre.

El mapa y reloj electrónico que Luis Echeverría —largo tiempo a cargo de la Secretaría de Gobernación— le había dado a Win en octubre de 1968 pendía de la pared. El regalo del futuro presidente ya no funcionaba, pero a nadie le importaba. Lucía espectacular. Una de las secretarias era una mujer llamada Marta. Era hija de Miguel Nazar, ahora un jerarca de la DFS. Win se quejaba tibiamente de que no sabía mecanografiar, pero debía hacerle un favor a Nazar, así que se quedó. Fue una época emocionante para Michael, aprendiendo a moverse en la Ciudad de México por su cuenta. Llegaba con su padre todos los días a la oficina y con frecuencia comían juntos. Un día, cuando Win y sus asociados lo llevaron a comer, ordenaron gin tonic mientras que Michael pidió una limonada. Cuando llegaron las bebidas, Michael recibió un gin tonic. "Seguí la rutina sin decir nada", recuerda Michael. "Luego me trajeron otro y otro. Tras la comida tuve que hacer un mandado y me perdí por completo entre varias líneas de autobuses. Caminé de vuelta a la oficina como a las 6:00 p.m., cuando ya todos estaban preocupados. Para entonces ya se había corrido el chisme. Win no se había dado cuenta de que estuve bebiendo gin tonics. Pensó que eran limonadas."

Tal vez fue el éxito literario de su ex amigo Kim Philby lo que hizo a Win creer que él también podía escribir unas memorias de espía que pudieran venderse. El espía británico, que aún vivía en Moscú desde su huida en 1963, había publicado unas memorias muy vendidas, *Mi guerra silenciosa*, en 1967, en las que contaba cómo y por qué había traicionado a los servicios británicos y estadounidenses. Win había leído el libro, sin duda aliviado de que no lo mencionara. No le habrá importado el condescendiente retrato de Philby sobre los norteamericanos en Londres, pero definitivamente le desagradó el grosero retrato que Philby hizo de Bill Harvey (a quien llamaba "Bill Howard"). Por sobre todo, detestaba la sedosa defensa que hacía Philby del comunismo y su propia traición en una época cuando jóvenes crédulos norteamericanos parecían tristemente receptivos a la propaganda comunista.

Win siempre aspiró a ser un escritor de éxito, pero nunca lo logró. Sus envíos, con el seudónimo "Ian Maxwell", a revistas de detectives nunca se publicaron. *Mi amor,* su libro de poemas para Janet, fue virtualmente una autoedición. Lo mismo su fábula de infancia sureña *MacGee, MacGill y yo.* Él pensaba que podía escribir una memoria de su carrera en la CIA para ayudar a la agencia y a su país. Meditaba sobre sus últimos años en su empleo, convencido de que los contadores habían tomado la CIA, ahogando operaciones secretas efectivas con absurdas fórmulas presupuestarias y exigencias impertinentes. Quería que la gente supiera que la CIA estaba haciendo una buena lucha contra un enemigo malvado y amoral y por qué los Estados Unidos estaban perdiendo.

Recibió motivación de un nuevo amigo, John Barron, editor del *Reader's Digest* que tenía una larga y estrecha relación con la agencia. Visitaba ocasionalmente la Ciudad de México porque escribía un libro sobre la KGB con la ayuda extraoficial del cuartel general. Cuando Win compartió algunas de sus historias de espías con Barron, el editor expresó interés en ver cualquier cosa que escribiese sobre su propia carrera.

Win tenía tiempo, y la casa estaba más silenciosa que nunca. Él y Janet habían enviado a Michael y George a la Taft School en Connecticut para prepararlos para la universidad. Win se retiró a su despacho doméstico y comenzó a pulsar su máquina de escribir Smith Corona. En noviembre de 1970, Win escribió a Barron, diciendo que avanzaba. "Me tomé unos días de incapacidad para ocuparme de asuntos de mi carrera sobre los que me es permitido escribir", dijo.

Win señaló algunas revelaciones que haría. Mencionó su servicio en La Habana, su trabajo durante la guerra y después, con los británicos, incluyendo a "mi buen amigo Sir Kenneth Strong" y mis "relaciones estrechas" con el Cuartel General de Comunicaciones, la organización criptográfica británica. Dijo que podía escribir "en abundancia" sobre Kim Philby, a quien describió como "el peor traidor en la historia británica". Podía relatar "bastante" sobre las actividades de Lee Oswald "desde el momento en que llegó a México". Le dijo a Barron que quería titular el libro *Resultó muy poca cosa.* "Si somos sinceros", escribió, "el comunismo está creciendo y cada vez más se fortalece y el gobierno de los Estados Unidos cada vez se vuelve más tímido para enfrentarlo, particularmente en nuestro propio país."

Escribió para aligerar su vida, las disputas con su padre y su improbable arribo al oss. Al echar un vistazo a su vida, se enfocó más en las personas y eventos que en la política. Recordó sus encuentros con grandes hombres, como Hoover, Churchill y Dulles. Habló de los tiempos difíciles en Londres durante la guerra con una falta de discreción tal vez lubricada por el alcohol. A diferencia de Philby, él no era un polemista sofisticado ni un logrado estilista. No analizaba la amenaza comunista salvo para decir que estaba por todas partes y era mala. Escribió sobre todo para hacer una defensa de la agencia y de sí mismo, para aclarar su posición sobre Oswald, para reconciliar deber y conciencia, y para mejorar el servicio clandestino.

Revelaba su alma selectivamente. Escribió más de "Anna", la hermosa matemática judía que capturó su corazón en Edimburgo el verano de 1940, que de su primera esposa, Besse, con quien estuvo casado casi veinte años. Nunca mencionó a Beau, el hijo que había amado y con quien perdió contacto. No escribió sobre su pasión por Paula e hizo apenas una breve mención de su muerte. No mencionó a Janet ni su familia mezclada. Escribió sobre Kim Philby, Guy Burgess y Donald Mclean para restarle glamur a su traición. Bosquejó las sólidas cualidades de Bill Harvey, a quien Philby había vilipendiado en su libro precisamente porque era el oficial de inteligencia norteamericano más capaz, el primero en percibir su traición.

Cuando llegó al asesinato de Kennedy, escribió en defensa propia. Leyó las teorías y afirmaciones de gente que sabía mucho menos del tema que él, y quería aclarar ciertos hechos. Ignoró las órdenes de Dick Helms de atenerse a la Comisión Warren. En cambio, señaló la molesta y falsa declaración en la página 777 del informe de la comisión de que la visita de Oswald al consulado cubano "no se conoció sino hasta después del asesinato".

Esa línea le dolió a Win a través de los años. Pensaba que Jim Garrison era nefasto, pero Win entendía mejor que nadie que la investigación de la agencia sobre Oswald en la Ciudad de México había sido superficial. Eso quedó demostrado con la revisión del expediente de éste. Sabía que la investigación de Oswald no había detectado su relación con Silvia Durán y tal vez su asociación con otros izquierdistas. Sabía que la gente en Washington quería reabrir la investigación. Aceptar la "verdad" de la Comisión Warren implicaba que su estación había omitido algo básico e importante: un estadounidense que visitó el consulado cubano. Win sería discreto con respecto a las operaciones, pero no quería permitir que tal crítica circulara sin respuesta.

"Cada pieza de información sobre Lee Harvey Oswald", escribió, "se reportó de inmediato tras ser recibida: al embajador de los Estados Unidos, Thomas C. Mann, por memorando; al jefe del FBI en México, por memorando; y a mi cuartel general, por cable; e incluida en todos y cada uno de esos reportes estaban las conversaciones completas que tuvo Oswald, tanto con el consulado cubano, como [con la embajada] de los soviéticos." Win no mencionaría cintas ni fotografías porque eso delataría las operaciones LIERODE y LIENVOY, pero tenía en su despacho doméstico fotografías y cintas de Oswald para demostrar su argumento. Cuando éste era un desconocido, Win había respetado que el cuartel general no necesitara informar sobre la visita que hizo al consulado cubano. Tras el asesinato de Kennedy, continuó en la misma línea. Pero ahora que la gente solicitaba que se reabriera la investigación de John F. Kennedy, no fingiría ignorancia ni se mantendría defendiendo una historia que él sabía que era falsa. Tal vez otros tenían razones para ocultar la visita de Oswald al consulado cubano. Él no.

Esto no implica que Win sospechara que sus colegas estuviesen involucrados en la muerte de Kennedy. Había pasado los últimos veinticinco años en el servicio clandestino. Quería que los lectores tuviesen el beneficio de su experiencia, que le decía que a Kennedy lo mató una conspiración y que tal vez Oswald era un agente comunista. El apoyo del presunto asesino para el Comité de Juego Limpio para Cuba, su defensa de Castro en el debate radiofónico en Nueva Orleans y sus contactos en la Ciudad de México eran motivos "suficientes para causar una sospecha de participación soviética en el asesinato del presidente Kennedy", escribió. A Win le molestaba que no se le diera más importancia a esta posibilidad. "Si un conservador o miembro de un grupo conservador hubiese disparado al presidente Kennedy y se encontrara que tuvo vínculos y conversaciones con miembros de ese grupo con la intención de escapar pocas semanas antes del asesinato, ¿cuál hubiese sido la reacción de los comunistas, izquierdistas y liberales en los Estados Unidos? Creo que hubiese habido un gran clamor para abogar por la abolición del grupo conservador participante y se declararía culpables a todos los miembros de esa organización."

Los vínculos conspiradores de Oswald, argumentó, no se investigaron por la parcialidad liberal. El hecho de que embajadas comunistas trataran y aconsejaran al "asesino pocas semanas antes de que matara al presidente Kennedy se trata como un trozo irrelevante de información, que no vale la pena considerar", escribió. "Esto puede deberse al hecho de que una investigación en forma ofendería a los soviéticos, con quienes nuestros expertos en política extranjera, izquierdistas y liberales, intentan amistarse, mientras los soviéticos nos apuñalan en la espalda e insultan en la cara."

La conclusión de Win de que no se había dado una "investigación en forma" de los vínculos comunistas de Oswald estuvo bien informada. Su esfuerzo por culpar a los "expertos en política extranjera, izquierdistas y liberales" fue menos persuasiva. Después de todo, había pocos de esos herejes en la cima de la CIA. Su amigo Allen Dulles prefirió no impulsar a la Comisión Warren a revisar los vínculos cubanos de Oswald. Su amigo Jim Angleton pudo montar una profunda investigación sobre posibles fallas de contraespionaje en torno a Oswald cuando quisiera. En cambio, puso obstáculos a la Comisión Warren y consintió la sugerencia de Anatoly Golitsyn, su desertor favorito, de que los soviéticos intentaban ocultar un vínculo con Oswald. Igualmente, su estimado colega Dick Helms pudo haber ordenado una revisión profunda de los múltiples reportes sobre las actividades de Oswald en México. En cambio, ordenó a Win y otros jefes de estación que detuvieran y desacreditaran toda discusión sobre los motivos y contactos del presunto asesino.

La peculiar verdad que la fe política conservadora de Win no podía absorber era que fueron los impecables patriotas Dulles, Helms y Angleton, no los ilusos liberales, quienes bloquearon la investigación sobre los vínculos comunistas de Oswald, y fue su amigo David Phillips quien falseó el expediente. Detuvieron, esquivaron y ocultaron la investigación no porque fueran débiles ante el comunismo, no para evitar ofender a la opinión pública liberal, sino por mera autoconservación. Investigar los vínculos de Oswald requería revisar las operaciones de la agencia en torno al presunto asesino, y eso no lo podían permitir ni Helms ni Angleton. El cúmulo de documentos sobre Oswald previo al asesinato era demasiado grueso. La historia de los encuentros de éste con la red AMSPELL de Phillips, las fotos faltantes del LIERODE de su visita al consulado cubano; el desorientador cable del 10 de octubre del cuartel general; el monitoreo ilegal de la correspondencia de Oswald por parte del HTLINGUAL, además de los esfuerzos temerosos de Karamessines al día siguiente de la muerte de Kennedy para "preservar la libertad de acción de los Estados Unidos en toda la cuestión de responsabilidad cubana" y la promoción que hizo Phillips de la provocativa historia de Alvarado, todo tendía a confirmar lo que alegaba Fidel Castro, lo que Win sabía y lo que negarían rotundamente quienes apoyaban a la Comisión Warren: que una "persona de gran interés" para la CIA había matado al comandante en jefe.

La verdad es que Win escribió sus memorias para defenderse, no para complacer a sus jefes. Cuando casi terminaba el manuscrito, dedicó un capítulo entero a algo que le había resultado inesperadamente difícil: volver a la normalidad. Si no podía ser cándido en las operaciones secretas, sería honesto en cuanto al precio que pagó por ellas. Quería que los futuros funcionarios de la CIA tuviesen el beneficio de su experiencia. La profesión tenía peligros ocultos que no debían ignorarse.

"El buen oficial de inteligencia clandestina debe vivir dos vidas, durante todo su empleo-carrera", explicó. Una de esas vidas lo hace parecer un hombre normal encargado de un empleo evidente, una responsabilidad de la que puede hablar abierta y profesionalmente. La otra vida —y ésta es la primordial, primaria y principal— es una en la que se le prohíbe estrictamente hablar de su trabajo. Nunca será capaz de discutir el trabajo de su segunda vida (la clandestina) con su familia ni con nadie, excepto con colegas oficiales clandestinos que trabajen con el mismo objetivo, la misma operación o con aquellos de sus superiores que "tengan necesidad de saber" sobre su trabajo.

Tener una doble personalidad ayudaba en este tipo de vida, señaló.

Una de las tapaderas más simples y tal vez más utilizadas para esos oficiales es la del diplomático, un puesto en un establecimiento diplomático. Dicho oficial está obligado a fingir que es un diplomático normal, desempeñando ciertas tareas asignadas; mientras que su verdadero trabajo, el trabajo que cuenta para él y sus superiores, es el de procurar inteligencia secreta de una persona, instalación o grupo hostil. Creo que un buen oficial de operaciones de inteligencia clandestina debe tener cierta cantidad de tendencias esquizoides, si ha de ser feliz mientras vive su tapadera y trabaja con éxito en su campo primario.

El trabajo del oficial de contraespionaje era incluso más inquietante psicológicamente, escribió, porque el blanco era uno de sus propios colegas. "En ocasiones, a estos oficiales les asignan la tarea de proteger la seguridad de las operaciones y al personal de éstas de su propia organización; y pueden hallar personal de su propia organización actuando como traidores, o, por alguna razón menos vil, violando la seguridad. Una acción menos vil podría ser que el oficial está cansado, desgastado y comienza a beber para darse ánimos, y tal vez se vuelve parlanchín o muy laxo en cierto sentido."

El oficial de contraespionaje, dijo Win, era más proclive a volverse esquizoide que el oficial de operaciones clandestinas. "En el caso de un buen oficial activo de contraespionaje, la relación del individuo consigo mismo se vuelve seudopersonal; su verdadero yo trata a su falso yo como si su falso yo fuese otra persona."

Win había manejado decenas de agentes secretos en sus trece años en México. Conocía la patología de la profesión, y la reconocía en sí mismo. Estaba el verdadero Win Scott, que tenía familia y amigos, y el falso "Willard Curtis", que se encargaba de operaciones encubiertas con y contra villanos. Sabía por experiencia personal que podía volverse dominante el falso yo de un agente secreto. Era la naturaleza del trabajo.

"Las operaciones clandestinas tienen en común la característica de buscar información deseada o de inteligencia", explicó, "de buscar acceso y capacidad de acceso, detectar un informante potencial, agente o villano; reclutarlo tras examinarlo y evaluarlo tan profundamente como sea posible; proteger al agente y a ti mismo, al tratante; evaluar el producto obtenido; y siempre, manejar con cuidado al agente principal."

Esta manipulación requería un estudio a fondo, comentó. "Los oficiales de operaciones clandestinas de inteligencia deben ser estudiosos y estar dispuestos a pasar horas, muchas horas, en cada detalle de cada operación en la que se involucran." Tenían que tratar con gente que él delicadamente describía como "distinta a la normal". Dijo que el espía siempre "debe estar alerta frente a indicaciones de engaño, temor excesivo o incluso un inminente colapso de sus agentes."

"Por sobre todo, debe saber y comprender que casi todos los agentes son villanos, en el peor sentido de la palabra. Pero debe tratarlos como si los considerara unos caballeros." En el camino, el oficial de contraespionaje se vuelve "despersonalizado", pierde su auténtico yo por completo. El éxito, mencionó, era especialmente corrosivo. "El falso yo que se vuelve dominante, podría pensar, 'él (el verdadero yo) es muy cauto, muy temeroso, sin el suficiente arrojo'... tras algunos pocos éxitos, el oficial de contraespionaje se inclina a creer (o hace que su falso yo crea) que sus oponentes son incapaces de derrotarlo."

Describió el proceso de deterioro psicológico que había observado. "El falso yo (de contraespionaje) acaba por creer: 'Soy muy astuto para mis oponentes; nunca podrán superarme en ingenio'." Y a continuación viene el fracaso. "Este peligro de engreimiento es algo que todos los jefes de unidades de operaciones en las organizaciones de inteligencia clandestina deben cuidar. Puede destruir —y ha destruido— a muchos de los mejores oficiales de inteligencia clandestina mucho antes de que hubiesen llegado a su cima como oficiales, y mucho antes de que sus éxitos garantizaran siquiera el más leve engreimiento."

Win no mencionó nombres, pero pudo tener algunos ejemplos en mente. ¿Acaso pensaba en David Phillips, un brillante oficial de operaciones sacudido por la derrota de Bahía de Cochinos y el fracaso de todos sus ardides de guerra psicológica para "pelar a Castro como a una cebolla"?

Win escribió: "Aquellos que se vuelven engreídos y no se destruyen, se arruinan para uso futuro, frecuentemente quedan tan golpeados ante un fracaso que son inútiles, al menos temporalmente, como oficiales de operaciones clandestinas. Se dice que algunos de estos fracasos han desarrollado microcosmos dentro de sí mismos, y, como resultado de una vida tan autista, privada, independiente, no pueden utilizarse, pues, durante un tiempo, no pueden asociarse con una vida de realidad, la cual, hasta cierto punto, debe compartirse con otros."

¿Era esto una referencia a su amigo Bill Harvey, el una vez brillante oficial que se hundió en el alcoholismo? Por recomendación de un doctor, en 1966 Harvey fue llamado a Washington, donde le asignaron "tareas especiales" en las que podía trabajar a su propio ritmo y no debía mostrar la cara al público.

¿O pensaba en Angleton, el principal teórico del contraespionaje en los pasillos de la CIA, cuyo intelecto resultó poca cosa para la astucia de Philby, y cuyas teorías arcanas de las operaciones de engaño soviético perdían velozmente credibilidad? Autista no era una metáfora inapropiada para el estado mental de Angleton en 1970. Obsesionado con la posibilidad de otro Philby en las filas de la agencia, el jefe de contraespionaje se volvía cada vez más solitario con el paso de los años. Bebía en abundancia y vivía en el microcosmos de lo que llamaba el Complot Monstruoso en el cual unos casi omnipotentes liberales, socialistas y revolucionarios del tercer mundo desplegados por la KGB, así como el gobierno chino, participaban en una campaña unificada, efectiva y diabólica para que los Estados Unidos bajaran la guardia. En su vida privada e independiente, Angleton se imaginaba como la última línea de defensa contra el inminente triunfo del comunismo global. De hecho su vida familiar estaba en ruinas, sus archivos eran un desastre. Cuando al fin lo obligaron a retirarse en 1975, su sucesor consideró que la oficina estaba en "una situación desolada". Otros pudieron decir que era alarmante.

Angleton tenía expedientes sobre los asesinatos de John y Robert Kennedy, incluyendo fotografías de la autopsia de Robert, a quien había asesinado un mesero palestino en un hotel de Los Ángeles en junio de 1968. Aunque el interés de Angleton en el desertor soviético Yuri Nosenko pudiese explicar sus expedientes sobre John F. Kennedy, nadie podía explicar su interés en la causa de la muerte de Bobby Kennedy. Tanto las fotos de la autopsia de Robert como los expedientes de John F. Kennedy se destruyeron sin hacerse públicos. Incluso sus admiradores llegarían a aceptar que Angleton había agotado su utilidad y debió dejar su empleo mucho tiempo antes de que lo obligaran en diciembre de 1974.

Win no era de los que mencionan nombres. Sólo quería que otros conocieran los peligros de la profesión.

Win estaba contento de dejar atrás su falso yo y quería ayudar a otros oficiales a hacer lo mismo. Recomendó que "un oficial de contraespionaje, en particular, debería tener un periodo relativamente breve de trabajo operativo, y en el ínterin debía dársele un trabajo menos exigente, trabajo menos exigente de una vida esquizoide". Propuso una jubilación temprana para cualquier oficial de inteligencia clandestina que hubiese pasado cinco años fuera de los Estados Unidos. Ya que él tenía casi tres veces más viviendo fuera de los Estados Unidos, debió saber algo de lo que llamaba "la vida esquizoide". Habló desde la experiencia personal cuando escribió que el oficial de inteligencia inevitablemente acaba por "desconfiar de casi todos, mirar el significado oculto y los motivos de hasta los más sinceros comentarios de amigos y parientes".

No obstante, el jefe de estación jubilado estaba orgulloso de su servicio y sacrificio. Sólo deseaba haber actuado con mayor frecuencia como padre, esposo y amigo a lo largo de los años, y menos como espía. "Ahora que veo los años dedicados a las operaciones clandestinas, comprendo que me entregué por entero al trabajo y le dediqué muy poco tiempo y atención a las actividades recreativas y a la vida familiar normal", dijo, "y comprendí cabalmente que en todas esas miles de horas de trabajo y dedicación 'busqué mucho, y ya lo ven, resultó muy poca cosa' para mí y para mi país."

Win escribió esa línea en la última página de su manuscrito. Lo envió por correo inmediato.

UNA CAÍDA EN EL JARDÍN

El 30 de marzo de 1971, Janet organizó una fiesta sorpresa por el aniversario 62 de Win en Río Escondido 16. Dieciséis parejas arribaron para una cena bufet con rosbif en salsa de champiñones, gelatina de tomate, chícharos y zanahorias, y pan de maíz acompañado con abundante *pouilly-fuissé* y *chablis*. Los Scott tenían mucho que celebrar. Michael y George terminaban el décimo grado en la Taft School en Connecticut. Diversified Corporate Services hacía negocios lucrativos y Win estaba cerca de terminar la revisión de su manuscrito. A sugerencia de John Barron, cambió el título del libro de *Resultó muy poca cosa* a *Enemigo vil*, para enfatizar la perfidia comunista. La segunda mitad se había entregado a una mecanógrafa. A Janet no le interesaba el libro, pero sabía que no debía disuadir a Win de algo que deseaba. Planeaba ir a Washington a ver al mismo Dick Helms para comentar sus planes de publicación. John Horton, su sucesor como jefe de estación, le había dicho que al director no le gustaba la idea, pero Win pensó que algo podría arreglar.

En su inocencia, Win no sabía que John Barron ya había mostrado la primera versión a Helms. El director de la CIA reconoció que Win no era la respuesta norteamericana a Kim Philby. Philby era, sin importar lo que se pensara de su moral política, un consumado escritor: cuidadoso en los detalles, ingenioso en las digresiones, erudito en las referencias y astuto en la polémica. El escritor Win Scott, por desgracia, carecía de dicha fineza. Más aún, la narrativa de Win se desviaba hacia territorio peligroso. Philby fue una humillación para los británicos y un duradero ojo morado para la agencia y sobre todo para Angleton. Oswald era un asunto cerrado sobre el que le habían advertido a Win que no hablara. Su relato acerca del viaje de Oswald a México y sus especulaciones sobre una conspiración soviética detrás del asesinato de John F. Kennedy sólo podían alimentar el extendido escepticismo con respecto a la Comisión Warren y las crecientes sospechas hacia la propia agencia. Win relataba una carrera llena de eventos que cubrían toda la existencia de la agencia en sus niveles superiores. Sólo ayudaría a los soviéticos a entender y penetrar las operaciones secretas de los Estados Unidos. Además, Helms también sabía algo que Win no: Dave Phillips, el hombre en el centro de la odisea de Oswald en la Ciudad de México, había orquestado un asesinato político en Chile para la Casa Blanca menos de seis meses antes.

Helms estaba totalmente preparado para ir a la Corte y bloquear la publicación del libro de Win —ya tenía la aprobación personal del presidente Richard Nixon para bloquear otro libro de un ex funcionario de la CIA—, pero esperaba no llegar a tanto. En la primavera de 1971 Helms pidió a John Horton que sondeara a Win sobre sus planes de publicación en una charla de sobremesa. Cuando Win dejó en claro que no lo iban a disuadir de publicar el libro, Horton recomendó que Helms enviara a alguien que Win respetara para hablar con él, alguien como Jim Angleton. Pero incluso ésa era una propuesta delicada porque su amistad con Win se había enfriado. Win decidió que iría a Washington a reunirse personalmente con él para ver si se podía resolver algo.

Una tarde, él y Janet salieron a comer al Bellinghausen, uno de sus restaurantes preferidos que había comenzado como una cervecería alemana inaugurada en la primera década del siglo XX. Se localizaba al otro lado de la calle de la residencia original de la embajada de los Estados Unidos en la Ciudad de México, un adornado edificio del siglo XIX donde el presidente Kennedy se hospedó en 1962. Tras la comida, Win y Janet esperaban afuera a que el valet les trajera el auto cuando notaron que estaban derrumbando la residencia de la embajada. Sólo una esquina se había conservado. Sorprendidos, fueron hacia los escombros y preguntaron a los albañiles por qué habían demolido el edificio. El terreno se convertiría en un estacionamiento, dijo el hombre.

"¿Por qué respetaron esa esquina?", preguntó Win.

"Es la habitación donde durmió Kennedy", fue la respuesta.

En casa, Janet fue a la cama y Win salió al jardín para respirar el aire nocturno y revisar su última mejora a la casa. Se construían nuevas casas en los terrenos detrás de Río Escondido 16, y Win decidió reemplazar la malla de alambre que marcaba el límite de su propiedad con un alto muro de cemento. Trepó una escalera hasta la cima del muro. Las luces de la Ciudad de

México se esparcían en la distancia. Un guardia de seguridad se mantenía vigilante. Él y Win hablaron en español unos minutos. Cuando Win volteó para descender, pisó mal en la escalera y cayó tres metros en un matorral de rosas. Se incorporó, rasguñado y golpeado, y con cautela regresó a la casa para meterse en la cama. Cuando Janet despertó a la mañana siguiente, le asombró ver que el rostro de su marido estaba amoratado.

"Dios mío, ¿qué te ocurrió?", dijo.

"Me caí de la escalera y aterricé en las rosas", dijo.

No se sentía bien, así que pasó la mayor parte del día en cama. Hizo un viaje al hospital, donde los doctores detectaron que no había huesos rotos ni heridas graves. Le contó a Gregory la historia de que estaban derribando la residencia de la embajada de los Estados Unidos, excepto la habitación donde durmió Kennedy. El domingo por la mañana, bebió un vaso de jugo de naranja y de pronto sintió dolores de pecho.

"No puedo respirar", dijo. "Duele."

Regresó a la cama y llamaron a un doctor. El doctor lo revisó y dijo que estaba bien; explicó que el dolor pudo sentirse como un infarto, pero tal vez fue la combinación de golpes con el jugo frío, lo cual causó rigidez en los músculos del pecho y estorbó la respiración. Recomendó más descanso. Así que Win se quedó en cama leyendo todo el día. Gregory y un amigo pasaron a visitarlo.

"Hola, señor Scott, ¿cómo se siente?", preguntó el amigo. "¿Cree que vaya a sobrevivir?"

"Ah, estoy bien", los despidió con la mano.

A la mañana siguiente, Gregory fue a darle clase a su estudiante de inglés. Win tenía una reunión en la oficina con John Barron para hablar sobre el manuscrito. La madre de Janet bajó a desayunar. Janet había ido a la cocina para revisar los huevos cuando escuchó que Win gritaba de dolor. Se apresuró de vuelta a la mesa de la cocina y halló a Win desplomado en su silla.

"Supe que había fallecido", dijo Janet. "Tan pronto lo vi, lo supe."

Vino una ambulancia y también doctores, pero no pudieron resucitar a Win. Había muerto a los 62 años. Janet llamó a la embajada y dijo a John Horton que Win había fallecido. Ella comprendió que alguien debía llamar a Michael y George al internado y a John a la universidad, y alguien lo hizo. John Leddy, a su vez, llamó a su padre para decirle que llevaría a Michael y George a la Ciudad de México. "Sí, me enteré de lo de Scott", dijo Ray Leddy. Estoico hasta el final, no soltó más palabra sobre la muerte de su ex amigo.

Cuando Anne Goodpasture escuchó las noticias en Washington, fue derecho a la oficina de Jim Angleton. El jefe de contraespionaje ya estaba enterado. "Creo que tiene documentos clasificados en su casa", dijo ella. A su manera de pensar, Win no tenía derecho de guardarlos.

Helms aceptaría ante investigadores del Congreso que tal vez autorizó a Angleton a que fuese a la Ciudad de México. Dijo que estaba preocupado por el contenido de la caja fuerte de Win. Helms pudo adivinar que Win tenía cintas y fotos de Oswald. Sin duda sabía sobre sus memorias inéditas y su negativa a aceptar las conclusiones de la CIA y la Comisión Warren sobre lo que la estación sabía de los vínculos cubanos de Oswald. Sabía cuán sensibles eran Angleton y Phillips sobre ese asunto. Él mismo compartía esa sensibilidad. "Pudo haber inquietud porque tal vez Scott tenía algo en su caja fuerte que pudiera afectar el trabajo de la agencia", dijo Helms a los investigadores con despreocupación estudiada. "La agencia sólo quería confirmarlo y asegurarse de que nada por el estilo hubiese ahí."

Pronto, Jim Angleton abordó un avión hacia la Ciudad de México. Él, por sobre todo, quería enterrar para siempre la historia de Win. En el vuelo, fortalecido por la bebida, recordó a su buen amigo de los días de gloria en Londres y Washington y ensayó sus condolencias para la viuda.

EPÍLOGO

Win Scott ("Willard Curtis"): Scott está enterrado en el Panteón Americano en la Ciudad de México.

Paula Murray Scott: La segunda esposa de Win está enterrada como a cincuenta metros.

Kim Philby: El impenitente espía comunista vivió en Moscú desde 1963. Se sintió ignorado por el gobierno soviético, a quien sirvió secretamente durante diecisiete años. Murió el 11 de mayo de 1988.

Ray Leddy: El ex amigo de Win trabajó como asistente del secretario de Defensa a finales de los años sesenta. Se retiró a Carlisle, Pensilvania. Murió el 5 de marzo de 1976.

Adolfo López Mateos (LITENSOR): El ex presidente mexicano murió en la Ciudad de México el 22 de septiembre de 1969.

Gustavo Díaz Ordaz (LITEMPO-2): El estigma de la masacre de Tlatelolco evitó que Díaz Ordaz tuviese un rol en la vida pública mexicana tras el final de su mandato en 1970. Murió amargado y desilusionado el 15 de julio de 1979.

Fernando Gutiérrez Barrios (LITEMPO-4): El jefe de la Dirección Federal de Seguridad fue promovido a secretario de Gobernación a finales de los sesenta. Trabajó en el gobierno hasta 1985.

Su control del aparato de inteligencia mexicano le ganó fama como "el J. Edgar Hoover de México"; tenía información secreta incriminatoria sobre muchos de la élite política. Murió el 30 de octubre de 2000.

Luis Echeverría Álvarez (litempo-8): Como presidente de México de 1970 a 1976, fue notable su política exterior de izquierda y su derroche del gasto público. En julio de 2006, fue acusado de genocidio en conexión con la masacre de Tlatelolco de 1968. Los cargos se desecharon, se presentaron de nuevo y se desecharon. Vive en la Ciudad de México.

James Angleton: El jefe del Grupo de Contraespionaje fue obligado a renunciar en diciembre de 1974 cuando se reveló que había supervisado el programa htlingual que abrió el correo de cientos de miles de ciudadanos norteamericanos. En ese tiempo dijo sobre el asesinato del presidente Kennedy: "Una mansión tiene muchas habitaciones y muchas cosas estaban ocurriendo... No tengo conocimiento de quién mató a John". Nunca explicó ese comentario, haciendo que la autora Nina Burleigh escribiera: "La historia debe ponderar si simplemente consentía su gusto por la metáfora o implicaba el conocimiento de una conspiración". La personalidad única de Angleton, su muy meditado análisis sobre la amenaza soviética y su amargo declive alcohólico han generado libros, novelas y al menos dos películas. Murió el 12 de mayo de 1987.

David Phillips ("Caballero"): Tras ascender hasta convertirse en el jefe de la división latinoamericana de la cia en 1974, Phillips se retiró y fundó la Asociación de Ex Oficiales de Inteligencia para combatir a los críticos de la cia en el Congreso y en los medios. Tomó acciones legales contra los escritores que afirmaron o implicaron que él estuvo involucrado en el asesinato de Kennedy, pero al final no negó que hubiese habido una conspiración. Como se mencionó antes, Phillips le dijo a un investigador de John F. Kennedy en 1985 que "mi teoría final sobre el asesinato es que hubo una conspiración, y seguramente incluyó a funcionarios de inteligencia norteamericanos". Phillips murió de cáncer en Washington el 7 de julio de 1988. Cuando le preguntaron a su amigo y colega Howard Hunt en 2004 sobre la posibilidad de que Phillips hubiese estado involucrado en una conspiración contra John F. Kennedy, Hunt respondió: "Sin comentarios".

Richard Helms ("Caballero Fletcher"): El presidente Richard Nixon le pidió su renuncia en enero de 1973. Helms continuó siendo una presencia en la escena política y social de Washington hasta su muerte en octubre 2002. En su autobiografía publicada póstumamente, escribió: "Nunca he visto algo, no importa cuán imaginativo o descabellado, que cambie de algún modo mi convicción de que Lee Harvey Oswald asesinó a Kennedy, y que no hubo conspiradores".

George Leddy: El hermanastro de Michael es un activista político en Los Ángeles. Con un doctorado en Política de Desarrollo y Ecología, George dice que Win fue "un funcionario en un sistema de represión e impunidad. También fue un excelente padre".

Gregory Leddy: El hijo mayor de Ray Leddy es un ejecutivo de relaciones públicas.

Janet Graham Scott: La viuda de Win vive en Europa.

Allen "Beau" Terry: El hijo del primer matrimonio de Win Scott es banquero en Birmingham, Alabama.

Michael Scott: Como cineasta que vive en Los Ángeles, Michael halló su propia historia en la de su padre. Disfrutó al conocer las rutinas y métodos de hombres en el campo de batalla del complejo mundo de intrigas y espionaje de la Guerra Fría, incluso cuando no le fue tan fácil aceptar el lado sombrío de los secretos de su padre, en especial porque implicaban trucos sucios, traiciones personales, asesinos y criminales de guerra, entre otros. Sintió el orgullo de hijo al defender a su padre de la idea de un funcionario de la agencia de que Win "estaba en decadencia" a la hora de su muerte. Por el contrario, dice que su padre era un hombre rejuvenecido en el momento del accidente que le quitó la vida. En cuanto al papel de Win en los eventos que condujeron al asesinato del presidente Kennedy, concluyó que los documentos disponibles muestran que su padre ayudó a encubrir una especie de operación autorizada por la CIA que tenía que ver con Lee Harvey Oswald en la Ciudad de México en septiembre de 1963, una operación que la agencia nunca ha reconocido. Dondequiera que recaiga la responsabilidad final, Michael concluyó que su padre tuvo un papel principal, si bien involuntario, en la falla de inteligencia de la CIA que culminó en la tragedia de Dallas. Esta conclusión no disminuyó su amor o admiración por el hombre que se fue tan pronto de su vida. "Debe ser juzgado", dijo Michael, "en el contexto de la época en que vivió."

Las cintas de Oswald: Un funcionario de la CIA llamado Paul Hartman las vio a mediados de los setenta. "Era tal vez un paquete de cintas. Nunca abrí el paquete porque no había necesidad", dijo Hartman en testimonio secreto jurado en 1978. "Era un paquete de siete a diez centímetros de ancho. Parecía una de esas cajas de cintas de bobina abierta. Me las enviaron, casi seguro, de la sucursal mexicana… alguien limpió una caja fuerte y me las envió para ponerlas en el archivo".

Las cintas tal vez se destruyeron en enero de 1987, pocos meses después de que Michael Scott hiciera uso de la Ley de Libertad de Información (FOIA) para solicitar el manuscrito de su padre. Mark Zaid, abogado de Michael, en un litigio relacionado con su solicitud, señala una orden de destrucción de la CIA, fechada en enero 23, 1986, contra materiales tomados de la casa de Win Scott. Los artículos a ser destruidos incluían material "no generalmente procesado en el sistema central relativo a investigación operativa [incluyendo] actividades de naturaleza importante o a aquellos que fueron blancos transitorios de oportunidad", de acuerdo con la orden. Ese lenguaje indirecto, dice el abogado Zaid, tal vez se refiera a las cintas de vigilancia que archivó Paul Hartman y tal vez a las fotos de Oswald que aseguraron haber visto los oficiales de la CIA Stanley Watson y Joe Piccolo. Las cintas y fotografías "no se procesaban generalmente en el archivo central de la CIA". Eran resultado de "investigación operativa". Y se relacionaban con "actividades importantes" y "blancos transitorios". En resumen, la CIA halló evidencia material relacionada con el asesinato de Kennedy en el despacho doméstico de Win Scott, ocultó esa evidencia de todas las investigaciones oficiales en el transcurso de veinticuatro años y luego, cuando Michael Scott comenzó a preguntar por las pertenencias de su padre, la destruyó.

Resultó muy poca cosa (*Enemigo vil*)**:** Las únicas copias completas del manuscrito de 220 páginas de Win Scott permanecen en manos de la CIA. Unas 120 páginas se liberaron al público. Mediante los términos de un arreglo legal que gestionó Mark Zaid, a Michael Scott se le permitió conocer más sobre su padre. Tras 35 años de haberse escrito, casi la mitad de la historia de la vida de Win Scott sigue siendo secreto de Estado.

AGRADECIMIENTOS

La persistencia, creatividad y candor de Michael Scott al investigar la historia de la vida de su padre hicieron posible este libro. Él hizo una impresionante cantidad de indagaciones aún antes de que nos conociéramos. Le agradezco haberme confiado la historia. Si hay errores en la información aquí presentada, son únicamente míos.

La idea original de escribir un artículo sobre los esfuerzos de Michael para recuperar las memorias de su padre provino de su abogado, Mark Zaid, hace más de una década. Mark también tuvo una participación clave en conseguir la publicación de este libro y ha sido generoso al compartir sus archivos de la demanda de Michael contra la CIA.

Doy las gracias a toda la gente que se tomó el tiempo de hablar conmigo, en especial a Anne Goodpasture, Helen Phillips, Tony Lanuza y al difunto Peter Jessup, cuyas historias y buen humor echo de menos. Mi tía, Lorna Morley, me motivó desde el principio con sus relatos sobre su estancia en la CIA.

Estoy en deuda con el Archivo de Seguridad Nacional en Washington, D.C., pues fue ahí donde aprendí la verdadera forma en que trabaja el sistema de seguridad nacional. Scott Armstrong, Tom Blanton y Peter Kornbluh son mis profesores. Kate Doyle me dio sucintos consejos sobre México y consiguió que se publicara una versión del capítulo 21 en el semanario mexicano *Proceso* en octubre de 2006.

El interés y apoyo de Francesca Jessup me ayudó a sostenerme en la larga aventura. La confianza mostrada por David

Talbot fue una fuente de inspiración. Tony Summers me proveyó una sugerencia clave y mucho más. Las sugerencias y el entusiasmo de Jorge Castañeda fueron una bendición, al igual que el espontáneo apoyo de Gerald Posner. Steve Mufson y Ken Silverstein nunca dudaron de la misión. Nesti Arene mantuvo la computadora trabajando. Elias Demetracopoulous me dio sabios consejos.

Paul Hoch, el decano de los investigadores sobre John F. Kennedy, me hizo pertinentes comentarios sobre la primera versión del manuscrito. Peter Dale Scott ofreció interpretaciones provocativas que pusieron a prueba mi pensamiento. Frank Snepp y Michael Kurtz ofrecieron comentarios profundos que hicieron de la segunda versión algo muy superior a la primera. Mientras escribía este libro, tuve la suerte de conocer al sagaz Malcolm Blunt, cuyo pasatiempo de examinar los informes sobre el asesinato de John F. Kennedy me proveyó de incontables documentos que no hubiese hallado de otro modo. Rex Bradford, el genio detrás de Maryferrell.org, el mejor archivo en línea con documentos de John F. Kennedy, me hizo comentarios sobre las primeras versiones de estos capítulos y respondió muchas preguntas complicadas sin titubeos ni errores.

Margot Williams, investigadora extraordinaria, me ayudó a encontrar personas y documentos perdidos desde hacía mucho tiempo. Dick Russell me facilitó varias entrevistas con gente que ya murió. Jan Earwood, el primo de Michael, me proporcionó sus fotografías de los primeros años de Win. Los capítulos que incluyen la inteligencia británica se nutrieron con los comentarios vía correo electrónico de Nigel West. Larry Keenan compartió sus recuerdos y un capítulo de su propio manuscrito; y Larry Hancock, ideas y documentos sobre David Phillips. Gus Russo me ayudó a dar con un documento clave.

Quiero agradecer a los archivistas que me ayudaron a navegar las complejas colecciones de documentos para encontrar el material que buscaba. En los Archivos Nacionales en College Park, Larry McDonald me llevó de la mano a través de los registros de la Oficina de Servicios Estratégicos. Esperanza de Varona facilitó mi investigación en la Colección del Pasado Cubano en la Biblioteca Richter de la Universidad de Miami. Jennifer Cuddeback hizo que fuera productiva mi breve visita a la Biblioteca Lyndon B. Johnson en Austin. Leigh Golden me ayudó con la Colección Norman Holmes Pearson de la Biblioteca Beinecke en Yale. David Linke hizo una búsqueda gratuita de los Documentos Allen Dulles en la Biblioteca Seely Mudd en Princeton.

Mis hijos, Diego y Anthony, mostraron paciencia heroica con mis diversas excusas para pasar demasiado tiempo ante el teclado. Mi esposa, Teresa, hizo posible este libro al nunca permitirme perder de vista el verdadero objetivo: la historia de Michael Scott sobre su padre necesitaba contarse.

NOTAS

Abreviaturas utilizadas en las notas

AARB: Junta de Revisión de los Documentos del Asesinato

GD: Declaración de Anne Goodpasture

HMMW: despacho de la CIA

ICTL: *Resultó muy poca cosa*, memorias inéditas de Win Scott escritas en 1970

MBOP: *México Biografía del Poder*, de Enrique Krauze

Cronología MCJFK: Resumen cronológico del expediente de Win Scott sobre John F. Kennedy

MCSHE: Extractos de la historia de la estación de la Ciudad de México

NSAMP: Proyecto México del Archivo de Seguridad Nacional

PRÓLOGO: ABRIL 28, 1971

Este capítulo se basa en los registros del Compendio de Documentos sobre el Asesinato de John F. Kennedy y entrevistas. La discusión entre Jim Angleton y Janet Scott se basa en el testimonio poco confiable de Angleton a los investigadores del Congreso, dos cables que escribió John Horton, que estuvo presente, y relatos de Janet Scott a sus hijos. El diálogo recreado, informado por estas fuentes, se apoya en el cable de Horton, tanto en su lenguaje como en su exposición.

Por ejemplo: Horton escribió que Angleton "recomendó [a Janet] que no leyera el manuscrito, dado que comenta de manera muy abierta asuntos íntimos de su anterior matrimonio".

Yo recreé así la conversación:

Angleton: "Janet, tú no quieres leer lo que Win escribió".

Janet: "¿Por qué no?".

Angleton: "Comenta de manera muy abierta asuntos íntimos de su primer matrimonio".

Otro ejemplo: John Horton escribió en su cable sobre Janet Scott: "Parecía horrorizada con la idea de publicar manuscrito diciendo que comprendía cuando [su marido] le dijo sobre visita a director [es decir, Dick Helms, director de la CIA] algo andaba mal. Ella también preguntó [a Angleton] sobre los motivos de su esposo para eso".

Yo recreé el diálogo así:

Janet Scott: "Sabía que algo andaba mal cuando me dijo que iría a ver a Helms. ¿Por qué crees que lo escribió?".

Angleton recordó que Janet Scott abrió la conversación preguntando: "¿Por qué tardaron tanto en venir?". Janet Scott contó a otros que Win le pidió que tecleara el manuscrito sobre su sensación de que Angleton la había intimidado, o acaso amenazado, y sobre su antipatía hacia él. El pensamiento que le atribuí: "Scottie hubiese muerto sólo de ver a Jim Angleton en su casa", se basa en un comentario que me hizo durante una entrevista telefónica. David Phillips fue quien dijo que Angleton parecía un hombre al que se le hubiera agotado el ectoplasma. Ver *The Night Watch: 25 Years of Peculiar Service*, 239. La licencia literaria que me tomé es fiel al texto.

Ver Comité Selecto de la Cámara sobre Asesinatos, Entrevista de James Angleton, octubre 5, 1978, 125-129, HSCA/Testimonio Clasificado de Seguridad 180-10110-1006. Cables de John Horton: Despacho, DIR a C/WH3, abril 29, 1971, 8 pp.; y Despacho, Confidencial, a DIR, mayo 3, 1971. Estos dos cables que escribió Horton, jefe de estación de la Ciudad de México en 1971, los entregó la CIA a Mark Zaid, abogado de Michael Scott. También utilicé las notas de Michael Scott sobre una conversación con Janet Scott, octubre 1, 1995; y mi entrevista telefónica con Janet Scott, marzo 13, 1996. El testimonio de Angleton no es totalmente confiable porque dice que el manuscrito de Win era de ficción y no incluía un capítulo sobre Oswald. El único manuscrito sobreviviente es obviamente de no ficción y sí tiene un capítulo sobre Oswald.

Todas las citas de Michael Scott, George Leddy y Gregory Leddy: Entrevistas realizadas en 2006.

"La agencia había tomado posesión": El material de Zaid contiene tarjetas indizadas sobre el contenido del material que se llevaron de casa de Scott. El material también se describe en "Memorando de B. Hugh Tovar, Jefe, Grupo de Contraespionaje a Jefe, Enlace y Supervisión Control, PCS: Anexo: Inventario de los Registros Jefe de Estación de la Ciudad de México, mayo 5, 1977".

"Janet me pidió algo urgente": John Horton hizo otro relato de la visita de Angleton a la Ciudad de México. En un memorando para el archivo, escrito en febrero 25, 1992, Horton afirmó que había recibido una llamada telefónica de Mark Zaid en la que preguntó por la visita de Angleton. Horton se negó a hablar con él, pero sí registró algunos recuerdos del evento.

Horton envió el memorando a la CIA, que más tarde lo liberó la Junta de Revisión de Documentos del Asesinato (ARRB). El memorando de Horton ahora se encuentra con el material de la ARRB en el Compendio de Documentos sobre el Asesinato de John F. Kennedy.

"ya le andaba": Cable de Horton cable, abril 29, 1971.

"un vil conocimiento de la agencia": Memorando de Horton, febrero 25, 1992.

Horton estaba "sorprendido": Memorando de Horton, febrero 25, 1992.

Cintas de Oswald: "HSCA Testimonio Clasificado de Seguridad de Melbourne Paul Hartman", octubre 10, 1978, 29, Archivo del Comité Selecto de la Cámara sobre Asesinatos, Compendio de Documentos del Asesinato de John F. Kennedy, Archivos Nacionales (en adelante JFK/HSCA), Número de registro 180-10110-10003. Hartman declaró que vio cajas de cintas etiquetadas "Oswald" que se habían enviado de una caja fuerte que se vació en la Ciudad de México. Dijo que no escuchó las cintas. Agradezco a Gus Russo por haberme puesto al tanto del testimonio de Hartman.

ESCAPE DE ESCATAWPA

Este capítulo se basa en entrevistas con Michael Scott, Ruth Grammar (hermana de Win Scott), y John y Gregory Leddy. Se apoya en unas breves memorias que Ruth Grammar escribió sobre su juventud, así como en las memorias inéditas de Win Scott, *Resultó muy poca cosa*, y en su recuento ficticio de la infancia en Alabama, *MacGee, MacGill y yo*, escrita en 1967 con el seudónimo "Ian Maxwell." El capítulo también toma información de *Office of Strategic Services: America's First Intelligence Agency*, de Michael Warner; *Gentleman Spy*, de Peter Grose; *The Old Boys: The American Elite y the Origins of the CIA*, de Burton Hersh; y *Cloak and Gown: Scholars in the Secret War 1939-1961*, de Robin Winks.

Tiene información de los archivos microfilmados de la Oficina de Servicios Estratégicos de los Archivos Nacionales en College Park, Maryland, particularmente el Diario de Guerra de la OSS, Historia X-2 (en adelante Archivos OSS e Historia X-2).

También se consultaron porciones desclasificadas del expediente del FBI sobre Win Scott, cortesía de Mark Zaid.

Win y Dulles se conocen pocas semanas después de la guerra: El primer registro del encuentro de estos hombres se halla en la agenda de bolsillo de Scott en junio 1945 (en adelante agenda WMS).

Antecedentes familiares de Dulles: Leonard Mosely, *Dulles: A Biography of Eleanor, Allen y John Foster Dulles y Their Family Network*, 13-38.

Sobre un viaje familiar a Washington: Michael Scott, entrevista, febrero 9, 2006.

Antecedentes familiares de Scott: Vienen de unas memorias de 19 páginas que escribió Ruth Grammar para sus hijos en 1990, y de entrevista telefónica con Grammar, octubre 27, 2005.

Relato ficticio de Win sobre infancia en Alabama: *MacGee, MacGill and Me.*

"Winston insistió a mi padre": Grammar, entrevista.

"Tenía los ojos más brillantes": *Resultó muy poca cosa,* inédito (en adelante *ICTL*), 6.

"señorito... fracaso sobreeducado": *ICTL,* 10-13.

"Nos pidieron que alineáramos las sillas con cuidado": *ICTL,* 17.

"Leddy era elegante y correcto": Entrevistas con John y Gregory Leddy.

Anécdota de Hemingway: *ICTL,* 53.

Win se retiró al bar del hotel Wardman Park: *ICTL,* 55.

La solicitud de la OSS: De Declaración de Historial Personal, Oficina de Servicios Estratégicos, Winston Mckinley Scott, enero 13, 1944, archivo de Michael Scott.

Historia del SIS británico: Warner, *Office of Strategic Services.*

Winfield Scott en México: Enrique Krauze, *México Biography of Power: A History of Modern Mexico,* 143-146 (en adelante *MBOP*).

Win escuchó conferencias británicas y estadounidenses sobre la naturaleza del espionaje: *ICTL,* 68-70.

En junio de 1944, Win se fue a la guerra: Diario de Guerra de la OSS, Historia X-2, OSS Londres, M1623, vol. 6 Biografías, Scott, Winston M.

"un pequeño clan con tan buena reputación": Warner, *Office of Strategic Services,* 29-30; Hersh, *The Old Boys,* 106-108.

Win conoce a Winston Churchill: *ICTL,* 67.

LOS APRENDICES DE TITIRITEROS

Este capítulo se basa en *Resultó muy poca cosa (ICTL);* en sus agendas de bolsillo que se hallan en poder de Michael Scott; en la correspondencia de Win Scott con Paula Murray y otros, en poder de Michael Scott; en los Archivos OSS y su Historia X-2; y en los Archivos Norman Holmes Pearson de la biblioteca Beinecke, universidad de Yale (en adelante NHP).

El retrato de James Angleton se basa en Robin W. Winks, *Cloak and Gown;* Burton Hersh, *The Old Boys;* Tom Mangold, *Cold Warrior: James Jesus Angleton; The CIA's Master Spy Hunter;* Kim Philby, *My Silent War: The Autobiography of a*

Spy; y Verne W. Newton, *The Cambridge Spies: The Untold Story of Maclean, Philby y Burgess in America.*

El retrato de Paula Murray proviene de la correspondencia de Scott y una carta que escribió la hermana de Paula, Terry Duffy de Dublín, en respuesta a mis preguntas. Los detalles de la vida en Londres se basan en Maureen Waller, *London 1945: Life in the Debris of War.*

"Formaban una pareja atractiva": La descripción física de WMS proviene del Diario de Guerra de la OSS, Historia X-2, OSS Londres, carrete de microfilme M1623, vol. 6 Biografías, Scott, Winston M.; los antecedentes de Paula Murray provienen de la entrevista con Terry Duffy y de una carta de Loomis L. Colcord, asistente de Bienestar Infantil, a la señorita Anne Whinery, supervisora de la Sección de Reportes de Adopción, Departamento de Bienestar e Instituciones, ciudad de Alexandria, diciembre 8, 1955, 5 pp.

"Nunca me recuperaré": Carta, WMS a PM, septiembre 4, 1945.

"se hizo espía al siguiente": Diario de Guerra de la OSS, Historia X-2, OSS Londres, M1623, vol. 6 Biografías, Scott, Winston M.; Archivos OSS RM 1623, carrete 10, vol. 2, "julio, agosto, septiembre de 1944, Londres cuartel general", 117-118.

"Tenía acceso a todo ULTRA": Cleveland Cram, entrevista, mayo 1996.

"Aquí hubo un campo en el que la OSS": Warner, *Office of Strategic Services,* 29.

"Prospectos presentes y futuros": Archivos OSS, RM 124, archivos administrativos del director en Washington. Memorando: "Prospectos presentes y futuros de los movimientos clandestinos de resistencia en Alemania", sin fecha.

Un nuevo tipo de misil alemán, llamado el V-2: Waller, *London 1945,* 14.

"Las condiciones de trabajo eran terribles": Archivos OSS, carrete 124, Archivos Administrativos del Director en Washington. Memorando: A: General William J. Donovan De: James R. Murphy, octubre 1944.

"Win y su equipo trabajaban"; Hadley el "milagroso carroñero": *ITCL,* 65-66.

"El trabajo de Win era esencial": Archivos OSS, caja 161, memorando, "Recomendación para otorgar Medalla de Estrella de Bronce", julio 20, 1945.

Angleton como la estrella de la OSS: Winks, *Cloak and Gown,* 328, 349-350.

Oficina y departamento de Angleton: Mangold, *Cold Warrior,* 41; Winks, *Cloak and Gown,* 341.

Angleton identificado y convertido en blanco: Archivos OSS, RM 1623, carrete 10, vol. 2, julio, agosto, septiembre 1944, Londres cuartel general, 123-125.

Descripción que hace Hersh de Angleton: *The Old Boys,* 178-182.

Pearson como asistente de Jimmy Murphy: La historia de Pearson se cuenta con detalle en *Cloak y Gown,* 247-321.

"Estos documentos contenían": Archivos OSS RM 1623, carrete 10, vol. 2, julio, agosto, septiembre 1944, Londres cuartel general, 123-125.

Cicely Angleton como "brillante y vivaz": Son adjetivos de Wink en *Cloak and Gown*, 348.

Cicely se preguntó por su matrimonio: Mangold, *Cold Warrior*, 43-44.

"se ha visto al contraespionaje": Las ideas de Pearson sobre el espionaje se encuentran en una conferencia sin fecha titulada "Counter-Intelligence Double Agents in Neutral Countries," documentos Pearson, caja 1, "materiales OSS", NHP.

"Paula venía de una familia exitosa": Carta de Terry Duffy.

"Camino solo": Carta de WMS a PM, agosto 27, 1945.

Diferencias entre unidades de SCI estadounidenses y británicas: Archivos OSS, Londres. Oficina X-2, RG 226, entrada 119, caja 20, carpeta 142.

El invierno de 1945: Waller, *London 1945*, 55-57.

En enero de 1945, Eisenhower pidió: Archivos OSS, RG 226, entrada 190B, registros que relatan una historia de resistencia, caja 31, archivo "Habitación Bélica de Winston Scott".

"habilidosas negociaciones personales": Archivos OSS, 57-102, caja 161, 631/31/63/01, memorando "Recomendación para otorgar Medalla de Estrella de Bronce", julio 20, 1945.

Dulles "consideró la posibilidad de un retiro nazi": Lo que Win llamó "el *réduit*", Burton Hersh llama "el reducto". *The Old Boys*, 119-136.

El reporte "del *réduit* alpino": Archivos OSS, oficina del X-2 en Londres, RG 226, entrada 119, caja 15, carpeta 115, reporte, "El *réduit* alpino".

"Winston cumple nueve meses": WMS 1945, agenda de bolsillo.

"sensación de vértigo": Waller, *London 1945*, 69.

Win fue formalmente promovido: Archivos OSS, oficina del X-2 en Londres, RG 226, entrada 119, caja 15, carpeta 109, orden núm. 46, mayo 7, 1945.

La gran noticia del día: Waller, *London 1945*, 282, 287.

"Dios los bendiga": El texto del discurso de Churchill se encuentra en el sitio web de la Sociedad Churchill: http://www.churchill-society-london.org.uk/YrVictry.html

"Pearson se trepó a un león de piedra": Winks, *Cloak and Gown*, 251.

SU AMIGO PHILBY

Este capítulo se basa en la correspondencia de Win Scott y Paula Murray, apuntada como Correspondencia Scott (SC); los documentos de Norman Holmes Pearson (NHP) en la biblioteca Beinecke de la Universidad de Yale; y en los archivos OSS en los Archivos Nacionales, College Park, Maryland.

Tiene información de la autobiografía de Philby, *My Silent War;* Phillip Knightley, *The Master Spy: The Story of Kim Philby;* Anthony Cave Brown, *Treason in the Blood: H. St. John Philby, Kim Philby, and the Spy Case of the Century;* Verne W. Newton, *Cambridge Spies;* y Tom Mangold, *Cold Warrior.*

Para la evolución de la OSS en la CIA, me apoyé en John Ranelagh, *The Agency: The Rise and Decline of the CIA;* y R. Harris Smith, OSS: *The Secret History of America's First Central Intelligence Agency.* Para la perspectiva británica, consulté: Richard Aldrich, *The Hidden Hand: British, American y Cold War Secret Intelligence;* Hugh Trevor-Roper, *The Philby Affair;* Nigel West, *The Circus:* MI5 *Operations 1945-1972;* Tom Bower, *Red Web;* y Maureen Waller, *London, 1945.*

Éxito de "Ojalá hubiera sabido": Carta de WMS a Paula Murray, agosto 27, 1945, archivo de Michael Scott. La letra en inglés se encuentra en el sitio Lyrics World Web: http://ntl.matrix.com.br/pfilho/html/top40/index.html

Estrella de Bronce de Win: Memorando "Recomendación para reconocimientos, Ira H. Parson a Norman H. Pearson", OSS, RG 226/147/archivo de las oficinas de Nueva York y Londres, caja 3, carpeta 48.

"el equivalente profesional de su contraparte británica": Memorando de William H. Jackson a Gen. Donovan: "Examen de la oficina X-2", junio 21, 1945, archivos OSS, carrete 124, archivos administrativos del director en Washington.

Visita y cena de Donovan en el Claridge's y reunión con Dulles: Agenda WMS, junio 9, 24, y 28, 1945.

"A principios de julio, Paula Murray le dijo": Carta de WMS a PM, julio 5, 1945.

"Querida Puggy, recuerda": Carta de WMS a PM, agosto 20, 1945.

"Nunca me sentí tan azotado": Carta de WMS a PM, agosto 21, 1945.

"El tiempo que pasé contigo fue maravilloso": Carta de WMS a PM, septiembre 13, 1945.

"El más sobresaliente espía": Knightley, *The Master Spy,* 1.

Win se dirigió al cuartel general: OSS, RG226, entrada 190B, registros que relatan una historia de resistencia, caja 31, carpeta "Winston Scott—Habitación Bélica", minutas de una reunión, septiembre 21, 1945, a las 3:00 p.m., en la sala de juntas en St. James.

"un grupo evidentemente desconcertado": Philby, *My Silent War,* 74.

"Win seguía en la fila para sucederlo [a Pearson] como jefe": Memorando, octubre 24, 1945, archivos OSS, carrete 124, archivos administrativos del director en Washington.

Win dice que quiere llevar a Paula a Latinoamérica: Carta de WMS a PM, noviembre 7, 1945.

"Estaba tan encaprichado con Paula": Cleveland Cram, entrevista, mayo 1996.

Reunión de Angleton con su esposa: Mangold, *Cold Warrior,* 43.

Pearson informa sobre más responsabilidades para la oficina de Philby: Memorando, A: Saint, Washington, De: Saint, Londres (Puritan), "Cambios en el SIS británico", diciembre 12, 1945.

Win como "semidiós": Tom Polgar, entrevista, enero 26, 2007.

"muchos eran refugiados de Europa Oriental,": Cram, entrevista, mayo 1996.

"Mientras comían, le preguntó a Win": Las comidas con Philby están apuntadas en la agenda de bolsillo de WMS en marzo 28, abril 12 y abril 16, 1946.

Philby habla de "ciertos materiales": Memorando de WMS a coronel William W. Quinn, abril 30, 1946; documentos Pearson, caja núm. 1, materiales OSS, carpeta "Organización".

"Estado de la estación de Londres": Memorando de WMS a coronel William W. Quinn, abril 30, 1946.

"¿Cómo puedes ser tan cruel?": Carta de WMS a PM, abril 30, 1946.

"ocasional carta llena de chismes" de Pearson: WMS cartas, pássim.

Besse Tate Scott llega: Agenda WMS, julio 10, 1946.

"Mi querida Pug": Carta de WMS a PM, julio 17, 1946.

Las reuniones de Win con Phillby se volvieron más frecuentes: WMS, agenda 1946. En octubre y noviembre 1946, Win registró dos comidas con Philby, dos compromisos nocturnos adonde los acompañaron sus esposas y una cita en casa de los Philby para que Beau jugara. La naturaleza de la colaboración entre Estados Unidos y la Gran Bretaña en ese entonces, proviene de Aldrich, *The Hidden Hand*, 83.

Philby "pronto requeriría un cambio de escenario": Philby, *My Silent War*, 129.

"En una reunión matutina con Philby": Agenda WMS, diciembre 6, 1946.

"Ahora que lo pienso": Carta de WMS a PM, diciembre 24, 1946.

"Este encuentro pudo ser el punto": Anthony Cave Brown, *Treason in the Blood*, 360.

Despedidas a Philby: Agenda WMS, enero 8, 11, 21, 1947; archivo de Michael Scott, enero 19, 1947; Philby relata el evento en *My Silent War*, 129-131.

Carta de Leddy a Scott: enero 31, 1947.

ESPÍAS EN ASCENSO

Este capítulo se basa sobre todo en la correspondencia y agendas de Win, y en Kim Philby, *My Silent War*. También se apoya en Robin Winks, *Cloak and Gown;* John Early Haynes y Harvey Klehr, *Venona: Decoding Soviet Espionage in America;* Verne W. Newton, *Cambridge Spies;* Christopher Andrew, *The Sword and the Shield: The Mitrokin Archive and the Secret History of the* KGB; David Martin, *Wilderness of Mirrors: How the Byzantine Intrigues of the Secret War between the* CIA *and the* KGB *Seduced and Devoured Key Agents James Jesus Angleton and William King Harvey;* John Ranelagh, *The Agency;* Mark Riebling, *Wedge: The Secret War between the* FBI *and the* CIA; Edward J. Epstein, *Deception: The Invisible War between the* KGB *and the* CIA; y Richard Helms, *A Look over My Shoulder: A Life in the Central Intelligence Agency.* Rechacé el exagerado análisis en S. J. Hamrick, *Deceiving the Deceivers,* pero tiene detalles relevantes que no se hallan en ninguna otra fuente. La cronología de eventos institucionales se apoya en Richard Aldrich, *Hidden Hand* y Anne Karalekas, *History of the Central Intelligence Agency.*

Llamado de la estación de Londres en diciembre 1949: Carta, WMS a PM, diciembre 3, 1949.

Angleton sobre Plantilla A: Mangold, *Cold Warrior,* 49.

La rivalidad OSO-OPC: *History of the Central Intelligence Agency,* 31-41.

Win ayudó a Dulles en dos reportes: Cleveland Cram, entrevista; los reportes de Dulles se describen en *History of the Central Intelligence Agency,* 43-44, y Riebling, *Wedge,* 95.

Uno de los estudios surgió cuando el secretario de defensa James Forrestal propuso en febrero de 1948 que Dulles escribiera un estudio no partisano de las necesidades de inteligencia de los Estados Unidos para que se publicara tras las elecciones de 1948; Grose, *Gentleman Spy,* 297. Al mes siguiente, Dulles se reunió con Win en Londres. Agenda WMS, marzo 5, 1948.

Ray Leddy se suma a la OPC: Entrevista confidencial.

Besse lo había dejado: Carta de Besse Scott a WMS, febrero 24, 1949.

"Por favor dime que aún me amas": Carta de WMS a PM, diciembre 3, 1949.

"La amenaza soviética estaba por doquier": Brown, *Treason in the Blood,* 409.

Comandos albaneses capturados: Bower, *Red Web,* 135.

Oficinas temporales de la CIA **en el Mall:** Grose, *Gentleman Spy,* 309.

Harvey como frecuente compañero en la comida: Agenda WMS, junio 10, 11, 20, y 21, 1948.

Harvey como "todo un caso": Riebling, *Wedge,* 87.

Win saluda a los colegas olvidados: Carta de WMS a PM, enero 2, 1950.

"Eres, más que nunca, tremendamente atractivo": Carta de PM a WMS, diciembre 7, 1949.

Padre de Win moribundo: Carta de WMS a PM, diciembre 21, 1949.

Besse se volvió hostil: Carta de WMS a John D. McQueen junior, marzo 28, 1953.

Términos del acuerdo de divorcio: Carta de William R. Vance a WMS, julio 24, 1950.

Eterno arrepentimiento de Win: Carta de WMS a John D. McQueen junior, marzo 28, 1953.

"Para bien o para mal": Carta de WMS a PM, diciembre 21, 1949.

Padres de Paula creen que se está apresurando: Cartas de WMS a Paula Murray, enero 6-7, 1950.

Muerte del padre de Win: Carta de WMS a Paula Murray, enero 20, 1950.

Win y Paula se casan: Solicitud de licencia matrimonial, Distrito de Columbia, febrero 15, 1950, SC.

Celebración con los Angleton: Agenda WMS, febrero 25, 1950.

"Jefe de la división más importante": Cram, entrevista.

"Angleton meditaba por más tiempo": Winks, *Cloak and Gown*, 325-326.

Descripción de Angleton: Brown, *Treason in the Blood*, 393.

Philby y Angleton en agenda: Agenda WMS 1950.

Philby sobre "anglomanía": Philby, *My Silent War*, 150-151.

"Había pocos restaurantes en el centro de Washington": Brown, *Treason in the Blood*, 419.

Jim y Kim hablaban por teléfono "tres o cuatro veces por semana": Philby, *My Silent War*, 151.

Día de Acción de Gracias de Philby en casa de los Angleton: Mangold, *Cold Warrior*, 64.

Hillenkoetter despedido: Hersh, *The Old Boys*, 272.

Win ve a Sir Kenneth Strong: Agenda WMS, noviembre 7, 1950.

Smith trajo a Dulles: Karalekas, *History of the Central Intelligence Agency*, 38; Grose, *Gentleman Spy*, 305; Helms, *A Look over My Shoulder*, 101.

"la imagen de la figura avuncular": Phillips, *Secret Wars Diary*, 118.

Win se mantiene al tanto de VENONA vía viejos amigos británicos: Presumía de tener muchos amigos en el Cuartel General de Comunicaciones en una carta a John Barron, noviembre 25, 1970.

Philby visitó el centro de criptografía de Arlington: Haynes y Klehr, *Venona*, 51-52.

Philby comprende que HOMER es Maclean: Andrew, *The Sword and the Shield*, 157.

Los descifradores de claves reducen la lista: Newton, *Cambridge Spies*, 318.

Sobre Donald Maclean: Ver la cápsula biográfica de la BBC: http://www.bbc.co.uk/history/historic_figures/Maclean_donald.shtm

Fiesta de Philby con mucho alcohol: El incidente se basa en la documentación de inteligencia angloamericana. El relato más completo está en Newton, *Cambridge Spies*, 305-310. Ver también Riebling, *Wedge*, 103-104; Brown, *Treason in the Blood*, 426-427.

Geoff Patterson cenó con Win: Agenda WMS, viernes, abril 13, 1951. Sobre el rol de Patterson en la investigación Maclean, ver Hamrick, *Deceiving the Deceivers*, 51.

Win y Ladd: Agenda wms, abril 24, 1951.

Win y Tiltman: Agenda wms, mayo 2, 1951.

Philby se molestó: Philby, *My Silent War*, 165.

Huida de Maclean y Burgess: Brown, *Treason in the Blood,* 432; Winks, *Cloak and Gown,* 404.

Philby dice "el pájaro voló": Philby, *My Silent War*, 172.

El FBI acepta la explicación de Philby: Riebling, *Wedge,* 4-5.

Nota del *Washington Post*: *Washington Post,* junio 8, 1951, 1.

Harvey investiga a Philby: Martin, *Wilderness of Mirrors,* 60-61.

"Lo que haya escrito Harvey sobre Philby": Cram, entrevista.

El usualmente perceptivo Angleton: Philby, *My Silent War*, 181.

Win se reúne con Angleton y el general Wyman: Agenda wms, junio 11, 1951. Aparentemente hicieron planes para hablar algo más porque Win anotó en su agenda otra comida: "Tratar de localizar a Jim A. y Gen. Thayer para comer".

Sillitoe llega a Washington: Hamrick, *Deceiving the Deceivers,* 127.

Harvey memorando a Wyman: Martin, *Wilderness of Mirrors,* 56.

Angleton no envió su memorando sino hasta una semana después: Ranelagh, *The Agency,* 153; Martin, *Wilderness of Mirrors,* 56.

Clare Petty acerca de las opiniones de Harvey y Angleton sobre Philby: Mangold, *Cold Warrior,* 65-69.

Cram sobre la opinión de Angleton: Brown, *Treason in the Blood,* 563.

Easton llega a Washington: Agenda wms, julio 12, 15, 16 y 18, 1951.

"aunque resultó claro qué era lo que sospechaban": Brown, *Treason in the Blood,* 441.

"más de 20,000 páginas": Andrew, *The Sword and the Shield,* 160.

MacArthur acusó a Philby: Andrew, *The Sword and the Shield,* 160.

Angleton golpeado por la traición de Philby: Mangold, *Cold Warrior,* 65-69.

"se clavó en lo más profundo del ser de Jim": Helms, *A Look over My Shoulder,* 278.

Win sobre la traición de Philby: Carta de wms a John Barron, noviembre 25, 1970.

OPERACIÓN ÉXITO

Este capítulo se basa principalmente en las notas de conversaciones que Michael tuvo con Morgan Scott, el hermano menor de su padre; en los recuerdos de George Leddy; en la agenda de escritorio de Win; en la correspondencia y entrevistas con amigos y familia; en material hallado en el Archivo David Atlee Phillips (en adelante DAPP); y en *Foreign Relations of the United States, 1952-1954, Guatemala* (en adelante *FRUS, Guatemala*), publicado en 2003, y un volumen anterior, menos completo, en la serie *FRUS, 1952-1954*, vol. 4, *The American Republics* (compilación Guatemala) (en adelante *FRUS, vol. 4*).

El recuento más completo de la Operación Éxito lo hace Piero Gleijeses en *Shattered Hope: The Guatemalan Revolution and the United States, 1944-1954*. También son informativos Stephen Schlesinger y Stephen Kinzer, *Bitter Fruit: The Story of the American Coup in Guatemala*, edición aumentada; y Richard H. Immerman, *The CIA in Guatemala: The Foreign Policy of Intervention*. La perspectiva de la CIA viene de dos libros de E. Howard Hunt, *Give Us This Day: The Inside Story of the CIA and Bahía de Cochinos Invasion by One of Its Key Organizers* y *Undercover: Memoirs of an American Secret Agent;* dos libros de David Phillips, *The Night Watch* y *Secret Wars Diary: My Adventures in Combat, Espionage Operations and Covert Action;* y las memorias póstumas de Richard Helms, *A Look over My Shoulder*. También resultaron útiles Evan Thomas, *The Very Best Men, Four Who Dared: The Early Years of the CIA;* y Thomas Powers, *The Man Who Kept the Secrets*.

El trabajo de Ray Leddy en el Departamento de Estado y su papel en la Operación Éxito se encuentran en *FRUS, Guatemala* y *FRUS, vol. 4*, disponibles en línea en http://www.state.gov/r/pa/ho/frus/ike. Una vasta reunión de documentos de la CIA sobre Guatemala se halla en CIA's Electronic Reading Room, Guatemala documents (en adelante CIA ERR Guatemala), en línea en www.foia.ucia.gov/guatemala.asp. De especial interés resulta un reporte de 238 páginas, "Project PBSUCCESS", noviembre 16, 1954, que da a la operación un seguimiento diario, desde su concepción hasta su finalización.

Ray Leddy y Win se reúnen: Agenda WMS, noviembre 11, 15, 1951.

Rol de Leddy en la OPC y cambio a Estado: Entrevista confidencial.

Ray y Janet compran una casa en el condado de Montgomery: Entrevistas con la familia Leddy.

Casa de Scott "con gusto perfecto": Carta de Loomis L. Colcord, asistente de Bienestar Infantil, a la señorita Anne Whinery, supervisora de la Sección de Reportes de Adopción, Departamento de Bienestar e Instituciones, ciudad de Alexandria, diciembre 8, 1955, 5 pp.

Fiestas para Menzies, White y otros británicos: Agenda WMS, octubre 11, 25, 1954; Nigel West, entrevista.

Frecuentaban la casa de los Dulles: Agenda WMS, mayo 31, 1951, mayo 14, 1952, julio 17, 1952, mayo 1, 1954, octubre 11, 1954. Win registró tres cocteles en casa de Frank y Polly Wisner: Agenda WMS, junio 4, 1952, abril 28, 1954, marzo 15, 1955.

Win en el Seaport Inn y el Arena Stage: Agenda WMS, octubre 10, 1954, febrero 14, 1955, junio 25, 1955.

"**Harvey usó sus contactos**": Agenda WMS, junio 4, 1952.

Póquer con Angleton: Agenda WMS, agosto 6, 1954.

Estilo de Angleton para apostar: Entrevista confidencial.

Angleton le agradaba a mujeres y niños: Burleigh, *A Very Private Woman: The Private Life and Unsolved Murder of Presidential Mistress Mary Meyer,* 125-128.

"**la época dorada**" **de la** CIA: Grose, *Gentleman Spy,* 350.

Escaso de dinero... condiciones para ver a Beau: Carta de WMS a John D. McQueen junior, marzo 28, 1953.

Amenaza de Besse Tate: Archivo de Michael Scott.

Paula no podía embarazarse: Morgan Scott, entrevista con Michael Scott.

Los británicos y franceses cuestionan el "retroceso"; "Los servicios secretos británicos y estadounidenses estaban cada vez más reñidos y en el suelo": Aldrich, *Hidden Hand,* 323.

Dulles entierra reporte sobre emigrantes: Grose, *Gentleman Spy,* 348.

Dulles crea el puesto de inspector general; Win se convierte en inspector general: Agenda WMS, abril 1953; Cram, entrevista; Karalekas, *History of the Central Intelligence Agency,* 46.

Los polacos ponen el WIN **en evidencia:** Bagley, *Spy Wars, Moles, Mysteries and Deadly Games,* 122; Grose, *Gentleman Spy,* 355; *New York Times,* diciembre 20, 1953, 1.

Win escribe el postmortem del WIN **para Dulles:** Agenda WMS, febrero 2, 18, 20, 24, 1953.

En cuestión de horas, la Junta de Estrategia Psicológica convoca a una junta: Se notificó al Departamento de Estado sobre la expropiación vía telegrama desde Guatemala a las 6:00 p.m. en agosto 12. Ver *FRUS, Guatemala,* doc. 39, telegrama de la embajada en Guatemala, agosto 12, 1953. La junta de Estrategia Psicológica expidió su autorización en una "junta informal" el mismo día. Ver *FRUS, Guatemala,* doc. 40. Una nota de Frank Wisner en el memorando menciona la "prioridad operativa extremadamente alta".

Smith sobre "no tuviese tratos directos": *FRUS, Guatemala,* doc. 40.

"**Checoslovaquia en reversa**": *FRUS, Guatemala,* doc. 40. El texto completo del documento del Departamento de Estado se encuentra en *FRUS, vol. 4,* doc. 17, documento preliminar preparado en la Oficina de Asuntos Interamericanos, agosto 19, 1953.

El único de acuerdo era Ray Leddy: *FRUS, Guatemala,* doc. 49, memorando del jefe de la división del hemisferio occidental al subdirector de Planes de la CIA (Wisner), septiembre 10, 1953.

"**un hombre que sabía enconcharse**": Gleijeses, *Shattered Hope,* 245.

"**improbable que los comunistas obtuvieran un control directo**": *FRUS, Guatemala,* doc. 34, carta del embajador en Guatemala (Schoenfeld) al asistente especial de inteligencia del Departamento de Estado (Armstrong), febrero 13, 1953.

J. C. King sobre el "sustancial apoyo popular" a Árbenz: FRUS, *Guatemala*, doc. 51, "Memorando para archivo", septiembre 11, 1953.

La Operación Éxito costó 3 millones de dólares: FRUS, *Guatemala*, doc. 287.

Dulles sobre Guatemala como "operación de alta prioridad": FRUS, *Guatemala*, doc. 66, reporte, noviembre 16, 1953.

Hunt sobre el "teatralmente apuesto" Phillips: Hunt, *Give Us This Day*, 26.

Biografía de David Phillips: Helen Phillips, entrevista; manuscrito inédito, "Popcorn in the Andes", por David Phillips, DAPP; Phillips, *Night Watch*, 3-29.

Helms señaló los puntos débiles o se ausentó: Hersh, *The Old Boys*, 344.

Armas tenía poco apoyo: Gleijeses, *Shattered Hope*, 248; Thomas, *Very Best Men*, 109-126.

Reunión de Win con Tracey Barnes y J. C. King: Agenda WMS, marzo 19, 1953, octubre 28, 1953. Win se reunió con King, Wisner y Helms, diciembre 28, 1953.

"pistoleros entrenados" y "líderes nacionales piensan": Memorando para el archivo, marzo 9, 1954, FRUS, *Guatemala*, doc. 113.

"lista de eliminación": FRUS, *Guatemala*, doc. 119, "Memorando de C/ [título no desclasficado], CIA, para todos los oficiales, marzo 31, 1954. Más tarde, la agencia aseguró que no se realizó ningún asesinato. Ver CIA ERR *Guatemala*, CIA y *Propuestas de Asesinato en Guatemala, 1952-1954, Análisis de Historia de la CIA*, por Gerald K. Haynes, junio 1995, 6-10. En 1979, la agencia informó a la Casa Blanca que había rastreado los nombres de 174 comunistas guatemaltecos incluidos en las diversas listas de eliminación. "En ningún caso resultó que alguno de ellos muriera como resultado de la rebelión en Guatemala." Ver CIA ERR *Guatemala*, carta al honorable Thomas Farmer (Casa Blanca). Re: Proyecto PBSUCCESS, octubre 15, 1979. El independiente Archivo de Seguridad Nacional hace notar que la agencia borró los nombres de los individuos señalados de la versión pública del reporte de Haynes, "haciendo imposible verificar que ninguno de ellos fue asesinado durante el golpe o posteriormente".

Win sobre "una idea perfectamente factible": CIA ERR *Guatemala*, PBSUCCESS: notas diarias RE embarques de armas a Guatemala, 7 abril 1954 a 29 junio 1954, 11-12, 37-38.

"deshacernos de este apestoso": Robe, *Eisenhower and Latin America: The Foreign Policy of Anti-Communism*, 58.

Phillips y Voz de la Liberación: Thomas, *Very Best Men*, 107-126; Phillips, *Night Watch*, 44-47.

"La intranquilidad se convirtió en histeria": Tim Weiner, *Legacy of Ashes: The History of the CIA*, 99.

Win y Ray se reúnen en el hotel Roger Smith: Agenda WMS, junio 17, 1954.

Castillo Armas lee el texto de Phillips: Immerman, *CIA in Guatemala*, 164-168; Phillips, *Night Watch*, 48.

"grupos armados de nuestro movimiento de liberación están avanzando": *FRUS, Guatemala,* doc. 202, nota editorial.

Agentes secretos estadounidenses trataron de persuadir a los jefes militares que se rebelaran contra Árbenz: *FRUS, Guatemala,* doc. 217, telegrama de la Agencia Central de Inteligencia de la estación de la CIA en Guatemala, junio 21, 1954. Ver también Michael Warner, "Lessons Unlearned: The CIA's Internal Probe of the Bahía de Cochinos Affair", *Studies in Intelligence* 42 (Invierno 1998-1999).

Sobre la ejecución de la Operación Éxito: *FRUS, Guatemala,* doc. 287, memorando de William Robertson, julio 8, 1954.

"aplastado por lo que su limitada imaginación": Gleijeses, *Shattered Hope,* 325; ver también Grose, *Gentleman Spy,* 382; Thomas, *Very Best Men,* 122; Phillips, *Night Watch,* 48; Immerman, *CIA in Guatemala,* 167-168; y Hersh, *The Old Boys,* 351.

Operación Guatemala dirigida desde el sótano de los Leddy: Gregory Leddy, entrevista.

Cita de la Medalla de Inteligencia Dinguida de Phillips: "Recomendación de Reconocimiento: Phillips David Atlee", sin fecha, CIA/JFK 104-10128-10119.

Win come con Angleton: Agenda WMS, junio 28, 1954.

Comentarios de George Leddy: Entrevista.

UNA VIDA NUEVA

Este capítulo se basa en mis entrevistas con Michael Scott y las entrevistas de Michael con Morgan Scott, Martha Caldwell y Michael Caldwell; en entrevistas con George y Gregory Leddy; y en las agendas de escritorio de Win Scott para los años 1954, 1955 y 1956.

Perspectiva adicional proviene de David M. Barrett, *The CIA and Congress: The Untold Story from Truman to Kennedy.*

Ruth Grammar se pone en contacto con Michael: Michael Scott, entrevista.

"Tuvo como seis al hilo": Morgan Scott, entrevista.

Eisenhower crea los comités Doolittle y Clark: Barrett, *The CIA and Congress*, 195. Ver también carta de Eisenhower, Dwight D., secreta, a James Harold Doolittle, julio 26, 1954, en *The Papers of Dwight David Eisenhower*, ed. L. Galambos, doc. 993, www.eisenhowermemorial.org/presidential-papers/first-term/documents/993.cfm

Necesidad de compartimentalizar: Riebling, *Wedge*, 60.

Win informa a Doolittle: Agenda WMS, julio 13, 14 y 26, 1954. También informó al comité Doolittle en agosto 10, 12 y 17, 1954.

Win se reúne con el comité Clark: noviembre 3, 4, 29; diciembre 4, 9, 1954.

Comentario de Doolittle sobre "una vasta y creciente organización": Weiner, *Legacy of Ashes*, 108.

Doolittle sobre "trato justo": Weiner, *Legacy of Ashes*, 109; Martin, *Wilderness of Mirrors*, 60-61.

Reporte Lovett-Bruce: El contenido del reporte Lovett-Bruce, aún clasificado tras cincuenta años, aparece en dos libros: Weiner, *Legacy of Ashes*, 133-135, y Grose, *Gentleman Spy*, 445-448. Yo tomé citas de ambos.

Viajes a Rehoboth: Agenda WMS, agosto 7-8, 21-22, 1954.

Paula regresó a Irlanda: Agenda WMS, noviembre 15, 1954.

Nota de Win para enviar flores a Paula: Agenda WMS, noviembre 15, 1954.

Reunión con Deirdre, padre Moffat: Agenda WMS, noviembre 24, 1954.

Cena y tragos con Harvey: Agenda WMS, noviembre 17, 23, 1954.

Angleton promovido a jefe de CI: Mangold, *Cold Warrior*, 50.

"Intensificación de los esfuerzos de contraespionaje de la CIA": Mangold, *Cold Warrior*, 51.

"Harvey atendía el llamado a la gloria": Martin, *Wilderness of Mirrors*, 63.

Última visita de Beau: Agenda WMS, junio 18-20, 1954; cronograma de Michael Scott.

Visita de los Leddy: Agenda WMS, abril 28, 1955.

Nacimiento y arribo de Michael: Carta de Loomis L. Colcord, asistente de Bienestar Infantil, a la señorita Anne Whinery, supervisora de la Sección de Reportes de Adopción, Departamento de Bienestar e Instituciones, ciudad de Alexandria, diciembre 8, 1955, 5 pp.

Win programa operación de tiroides: De las notas desclasificadas de Michael Scott en su visita a la CIA, abril 4, 1998.

Sexto aniversario de Win y Paula: Agenda WMS, febrero 15, 1956.

Win se reúne con Dulles: Agenda WMS, febrero 16, 1956. Win escribió: "Ver a Sr. Dulles re: Mex."

EL PROCÓNSUL ESTADOUNIDENSE

Este capítulo se basa sobre todo en porciones de información desclasificada de la *Historia de la estación de la Ciudad de México*, escrita por Anne Goodpasture a principios de los años setenta; la declaración en dos partes que Goodpasture hizo ante la Junta de Revisión de los Documentos del Asesinato en diciembre 1995 y abril 1998; y mi entrevista con Goodpasture en mayo 2-3, 2005. También se apoya en entrevistas con Michael Scott y con Eugenia Francis, cuya madre fue buena amiga de Paula Scott. Toma información del retrato que Philip Agee hace de Win en *Inside the Company: CIA Diary*. Entrevisté a Mel Proctor, un funcionario jubilado del Departamento de Estado que en ese entonces trabajó en la Ciudad de México. También entrevisté a otros tres funcionarios jubilados del Departamento de Estado; dos de la CIA; y un asociado del funcionario de la estación, George Munro, todos los cuales conocieron a Win Scott en la Ciudad de México. He respetado su petición de permanecer en el anonimato.

Los nombres de los agentes de la red LITEMPO son todavía información clasificada. Sin embargo, sus identidades pueden determinarse de dos maneras: 1) examinando evidencia interna y 2) comparando documentos contemporáneos de distintas fuentes. La identificación de agentes LITEMPO se describe con más detalle en las notas.

La información sobre la presidencia, sociedad y servicios de seguridad en México provienen de Enrique Krauze, *Mexico Biography of Power* (MBOP); Sergio Aguayo Quezada, *La Charola: Una historia de los servicios de inteligencia en México;* Jorge Castañeda, *Compañero: The Life and Death of Che Guevara;* y Norman Caulfield, *Mexican Workers and the State: From the Pofiriato to NAFTA*.

Historia de la estación de la Ciudad de México, de Goodpasture: Las porciones desclasificadas, tituladas "Historia de la estación de la Ciudad de México, fragmentos" (en adelante MCSHE), se encuentran en los Archivos Nacionales, Compendio de Documentos del Asesinato de John F. Kennedy, Russ Holmes, JFK/CIA RIF 104-10414-10124.

Excelencia de Goodpasture en "sobres y estampillas": Reporte de Aptitudes, Anne L. Goodpasture, noviembre 20, 1958, JFK/CIA RIF 104-10193-10084. En la categoría número 5, "sobres y estampillas", Scott le dio un 6, lo cual denotaba que desempeñaba "esta tarea de manera sobresaliente como pocos individuos con puestos similares". Ver también la declaración de Goodpasture a la Junta de Revisión de los Documentos del Asesinato, diciembre 16, 1995, 14 (en adelante GD, parte I. La declaración de abril 1998 es GD, parte II).

Julia McWilliams alias Julia Child: Goodpasture, entrevista, mayo 2-3, 2005.

Phillips sobre Angleton como oráculo de Delfos: *Night Watch*, 189.

"un rostro cincelado, cadavérico": Riebling, *Wedge*, 136-137.

El Grupo de Contraespionaje tenía 96 profesionales, 75 empleados de oficina: Las estadísticas vienen de un estudio de once volúmenes del ejercicio de Angleton como jefe de contraespionaje, escrito por Cleveland Cram a finales de los años setenta. El estudio nunca se ha desclasificado, pero ciertas porciones, incluyendo estas estadísticas, se citan en un memorando de enero 15, 1997, preparado por la Junta de Revisión de los Documentos del Asesinato, que tuvo acceso al estudio completo: "Temas ARRB-CIA: Win Scott", 20 pp., JFK/CIA RIF 104-10332-10015.

Angleton tenía un trabajo para Goodpasture: GD, parte I, 10-11, 37.

"Poco después de mi arribo... Capté de inmediato": GD, parte I, 56.

Memoria de Goodpasture: Dan Hardway y Edwin Lopez, *Oswald, the CIA and Mexico City: The Lopez-Hardway Report* (también llamado el *"López Report"*) *2003 release,* 49 (en adelante *LHR*). Aparece una cita de Alan White, asistente de Win, diciendo que Goodpasture tenía una "maravillosa memoria".

Golf de Paula: Eugenia Francis, entrevista; funcionario jubilado de la CIA, entrevista.

Win y Paula enamorados del bebé: Carta de Richard W. Copeland, comisionado de Bienestar Público, a Hon. Paul E. Brown, sin fecha.

Win insiste en que la estación ocupe el piso dieciocho: Mel Proctor, entrevista.

Howard Hunt en la Ciudad de México: MCSHE, 7; Hunt, *Undercover,* 96-97.

Hunt se une a la Operación Éxito: Hunt, *Undercover,* 183; Phillips, *Night Watch,* 33-37.

Dulles le da un aumento de sueldo: MCSHE, 24. El puesto de jefe de estación se reclasificó como GS-17 en la nómina del Servicio Civil, lo cual ordenaba un aumento de sueldo.

Historia de Winfield Scott: Krauze, *MBOP,* 143-144.

Win tuvo juicio para bromear con su nombre: Michael Scott y Ruth Grammar, entrevistas. Michael dijo que su padre coleccionó objetos de Winfield Scott pero no tenía evidencia para sugerir un parentesco. Ruth Grammar, la hermana de Win, dijo que recordaba una ocasión cuando le preguntaron a su madre si había nombrado a su hijo mayor en honor de Winfield Scott y ella respondió que no.

Sobre el público y gobierno mexicano en lo años cincuenta: Introducción de Octavio Paz a *Massacre in Mexico,* edición en inglés del libro de Elena Poniatowska, *La noche de Tlatelolco.* Paz escribió que "para 1950, los grupos que mantenían las riendas del poder en la esfera económica y política —incluyendo a la mayoría de técnicos e intelectuales— comenzaron a tener cierto sentido de autocomplacencia ante los avances logrados desde la consolidación del régimen postrevolucionario: estabilidad política, impresionantes proyectos de obras públicas, el nacimiento de una considerable clase media.

De hecho, el PRI había cooptado la revolución mediante una oligarquía financiera de lazos íntimos con corporaciones norteamericanas".

Guillermo Gonzalez Camarena, inventor de la televisión a colores: Archivo General de la Nación, *México: Un siglo en imágenes, 1900-2000*, 233.

El México progresista y el campo: Krauze, *MBOP*, 604.

Vigilancia sobre comunistas de los Estados Unidos en la Ciudad de México: GD, parte I, 23-24.

La DFS arresta a Fidel Castro: Daniel James, *Che Guevara: A Biography*, 86-87; Castañeda, *Compañero*, 90. Castañeda escribe: "Aunque existen varias referencias atribuidas a Guevara y de historiadores cubanos sobre el papel de los servicios estadounidenses en el dispositivo de arresto y, luego, en los interrogatorios de los detenidos, todo indica que se trató de una diligencia mexicano-cubana. Y más bien benévola". Gutiérrez Barrios, quien hizo el arresto, dijo: "No siento que los estadounidenses hayan presionado... Ellos nunca estuvieron presentes, y lo sé porque yo tenía el control, en especial en la Secretaría de Gobernación." Otro recuento del arresto de Castro puede hallarse en Robert E. Quirk, *Fidel Castro*.

Castro tenía la tarjeta de visita de Leonov: Castañeda, *Compañero*, 89; Thomas J. Patterson, *Contesting Castro: The United States and the Triumph of the Cuban Revolution*, 32.

Nikolai Leonov y la KGB: La información proviene de una traducción de "On the Front Lines in Mexico City", un capítulo de las memorias de Leonov publicadas en ruso y que Elena Sharpova tradujo para este libro (en adelante Capítulo de Leonov).

Castro parte hacia Cuba: Castañeda, *Compañero*, 98.

Rol de Leonov en embajada soviética, visiones de México: Capítulo de Leonov.

Dulles quería un "programa acelerado": MCSHE, 24.

Win choca con el embajador Robert Hill: Entrevista confidencial con un empleado de la embajada, MCSHE, 448-449; compra de casas, MCSHE, 28.

Win rastreó solicitantes de visa e invitados a fiestas: MCSHE, 449. Goodpasture escribió: "Hubo un marcado aumento en los servicios que desempeñaba la estación para todas las áreas de la embajada después de 1956. Esto incluyó un rastreo de nombres de solicitantes de visa, personas en la lista de invitados del embajador y solicitantes de empleo. El jefe de estación tomó una parte activa en las juntas de trabajo en la embajada e informaba a los periodistas y congresistas que nos visitaban".

Win renueva la sala de archivo de la estación: GD, parte I, 48.

"Leía todo": GD, parte I, 56.

Letra manuscrita de Win: GD, parte I, 56.

"Se notaba en su oficina": Entrevista confidencial.

Win se encargaba él mismo de las operaciones: GD, parte I, 13; Goodpasture entrevista, mayo 2-3, 2005.

La estación como "la mejor equipada y más efectiva": Testimonio de John Scelso [John Whitten] al Comité Church, mayo 7, 1976, 48, JFK/HSCA, testimonio clasificado, 180-10131-10330.

"Hill nunca aprendió dos palabras de español": Entrevista confidencial.

"demasiadas cosas... 'la verdadera embajada'": Entrevista confidencial.

El momento exacto en que llegó Win: MCSHE, 381-382, 409.

"Era un hombre de aspecto distinguido": Entrevista confidencial.

LITEMPO como "una relación productiva y efectiva": MCSHE, 381-382.

Win elige a George Munro: Entrevista confidencial; MCSHE, 420.

Biografía de Munro y sus relaciones con Win: Entrevista confidencial.

Díaz Ordaz elige a Emilio Bolaños: Entrevista confidencial; MCSHE, 420.

Presupuesto LITEMPO: MCSHE, 420.

López Mateos como ingenioso y bien parecido: Krauze, *MBOP*, 628-630.

"La libertad es fructífera sólo cuando viene acompañada del orden": "Muere Adolfo López Mateos, presidente de México de 1958 a 1964," *New York Times*, septiembre 23, de 1969, 47.

Andanzas amorosas de López Mateos: Krauze, *MBOP*, 628.

Díaz Ordaz como abogado laborioso y hogareño: Krauze, *MBOP*, 673.

Relato sobre autos para novias: Agee, *Inside the Company: CIA Diary*, 275.

LITEMPO "pagaba demasiado": Whitten lo escribió en la evaluación de Goodpasture de 1964, marzo 4, de 1964.

La victoria de Castro una revelación religiosa: Krauze, *MBOP*, 651-652.

La oficialidad de los Estados Unidos preocupada por la "inestabilidad": Caufield, *Mexican Workers and the State*, 107.

Suman 38 huelgas solidarias: Caufield, *Mexican Workers and the State*, 116-117.

Díaz Ordaz entra en acción: Krauze, *MBOP*, 632-635.

"gravedad del desafío explica el severo castigo": Caufield, *Mexican Workers and the State*, 116-118.

Leddy se sintió opacado por Win: Entrevista confidencial, funcionario jubilado del Departamento de Estado.

López Mateos quería un equilibrio razonable: Krauze, *MBOP*, 652.

"montón de tecnología": MCSHE, 34.

Treinta líneas telefónicas intervenidas: Memorando de Anne Goodpasture a John Leader, antecedentes de activos de apoyo para la estación México, febrero 10, 1977.

Espionaje telefónico a Lázaro Cárdenas: Despacho de Win Scott a jefe de División WH, reporte mensual operativo de proyecto LIENVOY, agosto 23, 1963. "Las siguientes líneas se cubrieron durante el mes de julio... 10-29-69

Movimiento de Liberacion Nacional." El MLN era la organización política de Cárdenas.

Goodpasture entrega transcripciones a Win: MCSHE, 34, 410.

Díaz Ordaz como LITEMPO-2: Despacho de Scott a jefe de División WH, reporte operativo, octubre 1-31, 1963, noviembre 7, 1963, JFK/CIA RIF 104-10211-10102. Scott escribió: "A finales de octubre de 1963, se sabía bien que LITEMPO-2 sería el candidato del PRI [en la elección presidencial de 1964]". Díaz Ordaz fue el candidato del PRI en 1964; por lo tanto, Díaz Ordaz era LITEMPO-2.

"Cuando había represión campesina, estudiantil o electoral": Krauze, *MBOP*, 673-674.

Gutiérrez Barrios como LITEMPO-4: La identidad de Gutiérrez Barrios como LITEMPO-4 se confirma al comparar dos documentos. En junio de 1964, Gutiérrez Barrios firmó una declaración jurada al gobierno de los Estados Unidos asegurando que había interrogado a Silvia Durán, una mexicana que tuvo contacto con el presunto asesino presidencial Lee Harvey Oswald en septiembre de 1963. Tres meses después, Win apuntó en un cable al cuartel general que el funcionario mexicano conocido como LITEMPO-4 había interrogado a Durán. Por lo tanto, Gutiérrez Barrios y LITEMPO-4 eran una y la misma persona.

La declaración firmada de Gutiérrez Barrios se halla en el expediente 1154 de la Comisión Warren, nota del secretario de Relaciones Exteriores de México, junio 9, 1964, Anexo 7.

El cable de Win sobre LITEMPO-4 se enlista en la página 83 de una detallada cronología de los expedientes de la estación de la Ciudad de México sobre el asesinato de John F. Kennedy, compilada por Anne Goodpasture en 1968, bajo la dirección de Win Scott. Este documento completo y confiable se mencionará en adelante como la Cronología MCJFK. La anotación de Goodpasture dice: "Jefe de estación confirmó con LITEMPO-4, quien personalmente participó en el interrogatorio de DURÁN re OSWALD". La cronología se halla en el Boletín JFK/ARRB1996, 104-10014-10046.

Luis Echeverría como LITEMPO-8: La Cronología MCJFK asegura que tres miembros de la Comisión Warren visitaron a un funcionario mexicano identificado como LITEMPO-8 a las 11:30 de la mañana del 10 de abril de 1964, como parte de su investigación del asesinato del presidente Kennedy. El resumen incluye varios puntos de la conversación, como la necesidad de que los estadounidenses dirijan sus preguntas por escrito al secretario de Relaciones Exteriores. Otro informe sobre esa visita, escrito por David Slawson, uno de los investigadores Warren, declara que visitaron al subsecretario de Gobernación Luis Echeverría a las 11:30 de la mañana del 10 de abril. Slawson registró los mismos temas de conversación anotados en la Cronología MCJFK. Por lo tanto, LITEMPO-8 y Echeverría eran la misma persona. Ver Cronología MCJFK 73, JFK/CIA RIF 104-10013-10004; y "Memorando para el archivo sobre viaje a la Ciudad de México", de W. David Slawson, abril 22, 1964, Colección Segregada CIA, JFK/CIA RIF 104-10086-10254.

"Me gusta este tipo. Envíelo de nuevo": Entrevista con Miguel Nazar Haro, febrero 2006.

"Tenía muy buena actitud"; Paula estaba triste: Eugenia Francis, entrevista.

Michael choca auto: Michael Scott, entrevista, febrero 2006.

AMCIGAR

Este capítulo se basa en los fragmentos desclasificados de la historia de la estación de la Ciudad de México (MCSHE), escrita por Anne Goodpasture en 1971. La historia del programa AMCIGAR se encuentra en los despachos regulares entre la estación de la Ciudad de México, conocidos como MEXI DESPACHOS, y los comunicados de la oficina del subdirector, DIR, que forman parte del material de Win Scott en el Compendio de Documentos del Asesinato de John F. Kennedy en los Archivos Nacionales. También se apoya en una declaración de David Phillips en 1983 en conexión con su demanda contra Donald Freed, autor de libros de conspiraciones de John F. Kennedy.

También fue útil la perspectiva del gobierno cubano proporcionada por Fabián Escalante, ex jefe de contraespionaje cubano, en *Proyecto Cuba: Operaciones encubiertas de la CIA.*

Castro se encuentra con Nixon; "Las dictaduras son una mancha vergonzosa": Franklin, *Cuba and the United States,* 20.

Dulles trae a Eisenhower un plan para derrocar a Castro: Hersh, *The Old Boys,* 428; Phillips, *Night Watch,* 87.

Win se entera del concepto en una conferencia de jefes de la estación del hemisferio occidental: MCSHE, 228. La conferencia se realizó en Panamá, mayo 23-28, 1960. Cuando Scott regresó a México, el objetivo cubano se convirtió en la prioridad de la estación, desplegando en ello "a todos los agentes".

El modelo fue Guatemala 1954: Immerman, *The CIA in Guatemala,* 187-197. Dave Phillips llamó a la Operación Zapata "el escenario Guatemala"; *Night Watch,* 86.

Árbenz bebiendo en la Ciudad de México: Thomas, *Very Best Men,* 12.

El elenco de oficiales de la Operación Éxito involucrados en la Operación Zapata: Phillips, *Night Watch,* 88; Thomas, *Very Best Men,* 242; Weiner, *Legacy of Ashes,* 156.

Dave Phillips tomó las mismas responsabilidades para la causa de los exiliados cubanos: Phillips, *Night Watch,* 88.

Informe de Ray Leddy y Subcomité de Seguridad Interna del Senado: Hugh Thomas, *The Cuban Revolution,* 453.

El plan requería que los líderes políticos del exilio cubano se establecieran en San José, Costa Rica: Escalante, *Secret War,* 50.

Los estadounidenses decidieron que los AMCIGAR debían establecerse en la Ciudad de México: Cable, Droller a MEXI, julio 25, 1961, 104-10171-101224. Este y otros cables citados en el presente capítulo provienen de MEXI DESPACHOS en RG 233, Colección Segregada de la CIA del Compendio de Documentos del Asesinato de John F. Kennedy, caja 89, carrete 46, carpeta 8.

Win consultó con López Mateos y Díaz Ordaz, quienes dijeron que no tenían objeción siempre y cuando los cubanos no violaran leyes mexicanas: Win resumió la historia de los AMCIGAR en México en un cable, MEXI a Director, septiembre 4, 1960.

Win enteró a Washington: Cable de MEXI a director, septiembre 4, 1960.

Hunt pensó que Win había prometido una alfombra roja: Hunt, *Give Us This Day*, 40-50.

Phillips como el más experimentado en el equipo Zapata, un maestro en asuntos latinoamericanos: Declaración de David A. Phillips, marzo 25, 1983, *Phillips v. Freed*, 223.

Phillips sobre "nuestra desafortunada suposición": Una copia del discurso se anexó al memorando, jefe, División de Seguridad del Personal a jefe en funciones, División de Actividad de Empleo, asunto: Phillips, David Atlee: marzo 15, 1956.

Phillips en Cuba, 1958-1959: Phillips, *Night Watch*, 76-83.

Tapadera de una empresa de relaciones públicas en la calle Humboldt: Phillips, *Night Watch*, 77. Phillips también publicaba un boletín para empresarios norteamericanos, una copia del cual se reproduce en Jon Elliston, *Psy-War on Cuba: The Declassified History of U.S. Anti-Castro Propaganda*, 201.

Phillips conoce al *Che* Guevara en una cafetería de La Habana: Phillips, *Night Watch*, 80-81.

Hunt había ido por una conferencia de jefes de estación en 1956: Hunt, *Undercover*, 80-90.

Hunt regresó por poco tiempo a principios de 1960: Phillips, *Night Watch*, 88.

Hunt a Phillips sobre "unas cuantas mulatas": Phillips, *Night Watch*, 88.

Hunt sobre políticos exiliados cubanos como de "ideas superficiales y oportunistas": Hunt, *Give Us This Day*, 81.

Dulles dijo a Eisenhower que no había "un verdadero líder", les llamó "primas donnas": Newman, *Oswald and the CIA*, 200.

Carlos Todd, editor del *Times of La Habana*, intuyó que Phillips era de la CIA: Cable de director a: Habana, reporte de seguridad de Phillips, agosto 31, 1959.

Los AMCIGAR se quejan con Hunt por tener que ir a la Ciudad de México: Cable de Droller a MEXI, julio 25, 1961, 104-10171-101224. En el cable, Hunt reporta que se reunió con el Comité Ejecutivo de FRD. "Aceptaron solicitar visas y mudarse a México a más tardar el 15 de agosto de 1960."

Phillips decidió sacar el mejor provecho: El puesto de Phillips se denominaba jefe del Hemisferio Occidental 4, una oficina de propaganda identificada en cables como C/wh/4/Prop. Sus ideas se hallan en un memorando con fecha de agosto de 1960, 104-10171-10223.

Los cubanos establecieron un enlace de radio con sus aliados en Cuba: Cable de mexi a director, agosto 19, 1960, 104-10171-10216.

La dfs captó la señal del transmisor y actuó: En un cable de agosto 27, 1960, Hunt, identificado con el nombre clave de twicker, escribió que el hecho de que la dfs conociera el plan de compra "intranquilizó" al líder del exilio Tony Varona. Hunt dijo que informaría a Varona que ni un dólar de los Estados Unidos podía gastarse en un "esfuerzo unilateral" fuera del marco de amcigar. Cable de twicker a director, agosto 27, 1960, 104-10171-10209.

Los cubanos se quejaron con Hunt sobre la indiferencia mexicana: Cable de mexi a Director, septiembre 4, 1960, 104-10171-10169.

Los mexicanos intensificaron la presión: Hunt, *Give Us This Day,* 55.

"Cuartel general debe entender que los miembros de amcigar están tomando en cuenta todos y cada uno de los factores": Cable de twicker a director, agosto 26, 1960, 104-10171-10190.

Todas las solicitudes para entrar al país se enviaron a Gobernación: Cable de mexi a director, septiembre 4, 1960, 104-10171-10169.

Win sobre "largas esperas y pagos ilegales": Win cita mexi despachos en rg 233, Colección Segregada de la cia caja 89, carrete 46, carpeta 8, 2 de 4.

Se prohibe a los cubanos abordar vuelos comerciales: Gobernación dijo a un informante de la cia que el gobierno mexicano había dado por terminada toda inmigración cubana sin importar si ya se habían aprobado las visas. Cable de twicker a director, agosto 27, 1960, 104-10171-10185.

Artime impresiona a Hunt: Hunt, *Give Us This Day,* 27-30.

Artime bombardea a sus amigos de la cia: Hunt informó que Artime llamó cuatro veces desde Detroit porque no tenía visa. Cable de twicker a director, agosto 31, 1960.

El presidente le aseguró a Win que quería cooperar: Cable de mexi a director, septiembre 4, 1960, 104-10171-10169.

Win enumera media docena de violaciones de seguridad: Cable de mexi a director, septiembre 4, 1960, 104-10171-10169. Win también escribió, "mexi está de acuerdo con cuartel general [sobre] transferencia [de] amcigar [a] Miami".

"Mientras volábamos sobre el golfo": Hunt, *Give Us This Day,* 58.

Cierto procedimiento de cinco pasos: De mexi despachos, carpeta 8, 2 de 4, rg 233 Colección Segregada de la cia, caja 89, carrete 46.

Subsecretario Luis Echeverría se encargaría de los detalles: De mexi despachos, carpeta 8, 2 de 4, rg 233 Colección Segregada de la cia, caja 89, carrete 46.

"Se estableció un canal especial en noviembre de 1960": De MEXI DES-PACHOS, carpeta 8, 2 de 4, RG 233 Colección Segregada de la CIA caja 89, carrete 46.

Reunión entre Dulles y López Mateos: memorando, [título retenido] junta, enero 14, 1961, John F. Kennedy-MISC 104-10310-10001, 7 pp.

Operación Zapata resultó un perfecto fracaso: Se ha escrito mucho sobre Bahía de Cochinos. Yo me apoyé en Haynes Johnson, *The Bay of Pigs;* el reporte del inspector general de la CIA de octubre de 1961, como se publicó en *Bay of Pigs Declassified*, Peter Kornbluh, editor; y Don Bohning, *The Castro Obsession*, 31-67. Especialmente revelador de la reacción interna de la CIA, son Phillips, *The Night Watch*, y Hunt, *Give Us This Day*.

No hubo insurrección de estudiantes: Entrevistas con ex líderes del DRE, Isidro Borja, Manuel Salvat y Luis Fernández Rocha.

Artime reconoció que la CIA planeaba y dirigía la invasión: Franklin, *Cuba and the United States*, 42.

Allen Dulles culpó a la falta de carácter en la Casa Blanca: Phillips, *Secret Wars Diary*, 167.

Bissell culpó a los "compromisos políticos"; rabia de Kirkpatrick: Kornbluh, *Bay of Pigs Declassified*, 13.

Helms culpó a las limitaciones del plan: Helms, *A Look over My Shoulder*, 186.

Phillips bebía en abundancia: Phillips mismo cuenta la historia en *Night Watch*, 109-110.

"Los chanchullos secretos no pueden hacer lo que hacen los ejércitos": Phillips, *Night Watch*, 109-110.

Munro odiaba intensamente a Kennedy: Entrevista confidencial.

EL ESPÍA POETA

"La sensual consecuencia/De cuanto dices y haces compensa": Todos los poemas citados en este capítulo provienen de *My Love*, de "Ian Maxwell."

John F. Kennedy dijo a sus asistentes que quería "partir la agencia en mil pedazos": Citado en Taylor Branch y George Crile, "The Kennedy Vendetta", en *Harper's*, agosto 1975, 50.

Kennedy firmó tres memorandos de seguridad nacional: John Prados, *The Presidents' Secret Wars: CIA and Pentagon Covert Operations since World War II*, 209.

Kennedy rechazó una propuesta del Departamento de Estado: Kornbluh, *Bay of Pigs Declassified*, 15.

"un interregno ocupado con intermitencias de cambios abruptos": Helms, *A Look over My Shoulder*, 190.

Desayunos de Win con López Mateos: Fergie Dempster, entrevista; Brian Bell, entrevista; Anne Goodpasture, entrevista.

Bell recuerda lo que dijo Mann: Brian Bell, carta al editor, *Washington Post,* marzo 28, 1996.

Dulles sobre el acceso a López Mateos: Cable de director a MEXI "para Scott de Dulles", agosto 28, 1961, JFK/CIA RIF 104-10183-10106.

Angleton busca un contraespionaje modelo en México: MCSHE, 59.

Win desconfiaba de agentes que operaran de manera independiente en sus dominios: MCSHE, 355.

"Eran como dos boxeadores en el cuadrilátero": Entrevista confidencial.

Establecimiento de HTLINGUAL; mil cartas abiertas por mes; "niega rotundamente": Extractos de Historia del CI, JFK/CIA RIF 104-10301-1001 (en adelante Extractos de Historia del CI).

Angleton tenía archivos especiales con notas de prensa sobre comunicaciones interceptadas de funcionarios electos: Extracto de Historia del CI.

Relación de John F. Kennedy con Mary Meyer: Burleigh, *A Very Private Woman,* 195.

Historia de Angleton sobre Mary Meyer, John F. Kennedy y LSD: Burleigh, *A Very Private Woman,* 212.

Angleton conocía la relación entre John F. Kennedy y Mary Meyer: *A Very Private Woman,* 196.

Vívidos recuerdos de Michael sobre Paula: Michael Scott, entrevista.

A sugerencia de Morgan, el hermano de Win, Paula viajó a Atlanta: Morgan Scott, entrevista; notas desclasificadas de Michael Scott tras leer el manuscrito de *Resultó muy poca cosa* en el cuartel general de la CIA, abril 4, 1998.

Win "siempre vestía un traje oscuro": Goodpasture, entrevista, mayo 2, 2005.

La estación era "agresiva y bien administrada": MCSHE, 39.

Mann quería conocer la posición de López Mateos con respecto a la reforma agraria: Memorando para el archivo: "Visita con LI [redactado]", 21 de noviembre de 1961, CIA/JFK 104-10183-10103, y MEXI-DIR, noviembre 21, 1961; "A solicitud del embajador Mann", CIA/JFK, 104-10183-10104.

Castro acababa de expropiar 28,000 hectáreas de empresas azucareras de los Estados Unidos: Franklin, *Cuba and the United States,* 24.

Win escoltó a Mann a Los Pinos: MEXI-DIR, "Jefe de estación llevó a embajador Mann a reunión privada", diciembre 4, 1961.

El embajador aceptó no decir a sus superiores: MEXI-DIR, "Jefe de estación llevó a embajador Mann a reunión privada", diciembre 4, 1961.

Helms ordenó que se hiciera algo en Cuba: Helms, *A Look over My Shoulder,* 198.

Janet Leddy deja a su marido: Gregory Leddy, entrevista.

"Enfrentó todos sus retos": John Leddy, entrevista telefónica y por correo electrónico, julio 29, 2006.

México se abstiene en la OEA en el voto sobre Cuba: Franklin, *Cuba and the United States*, 48.

Kennedy trae a Lansdale para que se dedique a Cuba; Helms escéptico: Helms, *A Look over My Shoulder*, 198-201.

Helms trabaja para Bobby Kennedy: Helms, *A Look over My Shoulder*, 165-185.

LIMOTOR generó un flujo constante de reportes: Despacho, jefe de estación Ciudad de México a jefe, División WH, LIMOTOR informe de avance enero-julio de 1963, octubre 30, 1963, JFK/CIA RIF 104-10211-10070.

Grupo de estudiantes LIEVICT: Despacho, jefe de estación de la Ciudad de México a jefe, División WH, reporte de situación LIEVICT para mayo y junio de 1963, octubre 17, 1963, JFK/CIA RIF 104-10092-10089.

LILISP: Despacho, jefe de estación de la Ciudad de México a jefe, División WH, KUWOLFLILISP, octubre 14, 1963, JFK/CIA RIF 104-10092-10069.

LITAINT: Cable a jefe KURIOT, de jefe de estación, Ciudad de México, asunto "Reporte mensual operativo, 1-30 Sept. de 1963", CIA/JFK RIF 104-10211-010445. David Phillips escribió sobre poner bombas fétidas en el consulado cubano en la primera versión de sus memorias "The Night Watch", el cual envió a la agencia para una revisión previa a la publicación. Se le pidió que quitara ese pasaje y lo hizo. Memorando de George T. Kalaris a DDO, asunto: "The Night Watch, por David A. Phillips", junio 23, 1976, CIA/JFK RIF 104-10105-10118.

Phillips realizaba trece proyectos de propaganda: Reporte de evaluación de Phillips, junio 5, 1962, JFK/CIA RIF 101-10194-10031.

"Es inteligente, imaginativo": Reporte de evaluación de Phillips, junio 5, 1962, JFK/CIA RIF 101-10194-10031.

"Creo que confiaba en mí": Testimonio de Phillips al Comité Selecto de la Cámara sobre Asesinatos, abril 25, 1978, 30.

Phillips impresionado con la memoria de Win: Phillips, *Night Watch*, 116-117.

CABALLERO

Desórdenes en el campo: *New York Times*, junio 10, 1962.

Prónóstico Especial de Inteligencia Nacional: SNIE, 81-62, "Condiciones de seguridad en México", junio 13, 1962, 1-4, Archivo Nacional de Seguridad, Pronósticos Nacionales de Ingeligencia, caja 8, carpeta 81, México, Biblioteca LBJ.

"Diversas fuerzas de la vida oficial, económica y religiosa de México": *New York Times*, junio 23, 1962.

Arribo de Kennedy el 29 de junio: *New York Times,* junio 30, 1962, 1.

Un gran éxito para ambos presidentes: *New York Times,* julio 1, 1962, 1.

"Nunca lo escuché quejarse de su empleo": David Groves, entrevista.

"Fuerte, brioso y filosófico": Phillips, *Secret Wars Diary,* 213. Phillips pensaba que su colega Richard Welch, a quien asesinó un sombrío grupo terrorista griego, encarnaba estas cualidades.

"Le llevó mucho tiempo sobreponerse": Helen Phillips, entrevista.

Habló de disparar armas: Ver novela de Phillips, *The Carlos Contract: A Novel of International Terrorism.*

"Señora, usted no tiene idea de lo que hago en mi trabajo": Esto me lo dijo una mujer que solicitó anonimato.

"un tipo con buena imaginación": Entrevista confidencial.

Phillips como "caballero": Hunt, *Give Us This Day,* 26; Phillips, *Night Watch,* 88.

Phillips conoce a John F. Kennedy: Phillips, *Night Watch,* 122-123; Helen Phillips, entrevistas.

"una tarea bastante útil": Sin clasificar, Tom Mann a Dave Phillips, agosto 9, 1962.

El DRE llamó su atención por primera vez en febrero de 1960: Phillips, *Night Watch,* 93; Elliston, *Psy-War in Cuba,* 201. Fabián Escalante, funcionario de contraespionaje de la Dirección General de Inteligencia de Cuba, dijo en una entrevista en 1995 que la DGI tenía un informe confiable que ubicaba a dos miembros fundadores del DRE, Manuel Salvat y Chilo Borja, en la oficina de Phillips en La Habana junto con Antonio Veciana en este periodo. Ex miembros del DRE no recuerdan dicha reunión, pero no niegan que Phillips apoyaba sus acciones. Ver "Actas de juntas entre funcionarios cubanos e historiadores de John F. Kennedy", hotel Nassau Beach, diciembre 7-9, 1995, 43-44; entrevistas with Isidro Borja y Manuel Salvat.

Visita de Mikoyan a La Habana: Alberto Müller, entrevista.

Líderes del DRE huyen a Miami: La historia del DRE aparece en un panfleto que publicó el grupo en el verano de 1962 titulado: *Los que se rebelan y los que se rinden,* Crozier, entrevista, octubre 1, 1997; HSCA, entrevista con Ross Crozier, enero 13, 1978, 3-5.

Líderes del DRE impresionaron a Phillips y Hunt: Phillips, *Night Watch,* 93; Hunt, *Give Us This Day,* 85; Howard Hunt, entrevista, noviembre 25, 1996.

Müller en Sierra Maestra: Müller entrevista.

El DRE plantó bombas que interrupieron el discurso de Castro en la universidad: "Not Afraid to Die", en *Time,* septiembre 7, 1962.

El DRE incendió El Encanto: "Not Afraid to Die," en *Time,* septiembre 7, 1962.

Programa del DRE en Radio Swan: "Not Afraid to Die," en *Time,* septiembre 7, 1962; Elliston, *Psy-War on Cuba,* 59.

El fiasco de Bahía de Cochinos devastó la red del DRE **en Cuba:** *Los que se rebelan y los que se rinden.*

La CIA **"concibió, financió y controló" al** DRE**:** La cita proviene del memorando de la CIA, Garrison y el asesinato de Kennedy, junio 1, 1967, según se cita en Newman, *Oswald and the* CIA, 325.

El DRE **tenía muchos seguidores:** "Manual Contra/Revolucionario" de la CIA enviado a la Casa Blanca de Kennedy en octubre 10, 1962, estimaba que más de 3,000 personas estaban inscritas en el DRE, el mayor de los siete grupos del exilio.

El DRE **como "instrumento de la política estadounidense":** Paul D. Bethel, *The Losers: The Definitive Report, by an Eyewitness, of the Communist Conquest of Cuba and the Soviet Penetration in Latin America,* 340.

Phillips visitaba Miami con frecuencia: HSCA, entrevista de Doug Gupton, agosto 22, 1978. "Gupton" era un seudónimo de William Kent, según Phillips.

Crozier se hizo cargo del AMSPELL**:** Crozier, entrevista, septiembre 21, 1997.

"Había un interés mutuo": HSCA, entrevista de Doug Gupton.

El DRE **podía guardar un secreto:** Crozier entrevista, septiembre 21, 1997.

"La nueva generación": Entrevista con Néstor Sánchez, diciembre 19, 1997.

Bill Harvey estaba ocupado: Reeves, *Presidente Kennedy,* 335.

No fue fácil armar el movimiento de resistencia: Helms, *A Look over My Shoulder,* 209-210.

"algunas de las acciones del fiscal general bordeaban la traición": Martin, *Wilderness of Mirrors,* 137.

Shackley cita a Harvey diciendo: "Necesito autoridad": Bayard Stockton, *Flawed Patriot: The Rise and Fall of cia Legend Bill Harvey,* 127.

Rocha aparece en escena: Rocha, entrevista.

A pocos les importaba desmotivar a los patriotas cubanos: Crozier, entrevista; Néstor Sánchez, entrevista; Sam Halpern, entrevista.

El DRE **dio un golpe:** "Grupo de Exilio Bombardea Suburbio de La Habana en Ataque por Mar", en *New York Times,* agosto 26, 1962, 1; "Área de la Habana Bombardeada; Acusación de Castro de Ayuda Estadounidense en Ataque Es Rechazada", en *Washington Post,* agosto 26, 1962. También "Estudiantes Explican Bombardeo en Cuba", en *New York Times,* agosto 26, 1962, 28; "¡Exclusiva! Cómo los Estudiantes Bombardearon La Habana", en *New York Journal,* agosto, 30, 1962; "Sin Temor a Morir", en *Time,* septiembre 7, 1962; entrevistas con Manuel Salvat, José Basulto, Isidro Borja y José Antonio Lanuza.

CIA **utiliza la agencia de relaciones públicas de Lem Jones:** Phillips, *Night Watch,* 101.

"consultado telefónicamente con miembros de su equipo en Washington": "Área de la Habana Bombardeada; Acusación de Castro de Ayuda Estadounidense en Ataque Es Rechazada", en *Washington Post,* agosto 26, 1962.

"un ataque espontáneo" en cual no tuvo parte ni conocimiento previo el gobierno de los Estados Unidos: Citado en "Grupo de Exilio Bombardea Suburbio de La Habana en Ataque por Mar", en *New York Times,* agosto 26, 1962, 1.

CIA **da mensualmente 51,000 dólares al** DRE: Memorando para: Sr. Sterling Cottrell, pagos financieros que realiza la Agencia Central de Inteligencia a organizaciones de exilio cubanas, abril de 1963, Biblioteca John F. Kennedy, Archivos Nacionales de Seguridad, caja 52 "Cuba—Asuntos—Inteligencia".

Helms censura a Bobby Kennedy sobre Cuba: *Foreign Relations of the United States, 1961-1963,* vol. 11, *Cuban Missile Crisis and Aftermath* (en adelante *FRUS, vol. 11*), doc. núm. 19, Helms, memorando para el archivo, octubre 16, 1962.

OSCURIDAD

Este capítulo se basa en entrevistas con Michael Scott, Anne Goodpasture, un funcionario retirado del Departamento de Estado que solicitó anonimato, y Eugenia Francis. La información sobre la muerte de Paula proviene de la carta escrita por Terry Duffy, hermana de ella. También hago citas de las transcripciones de entrevistas con Cleveland Cram y Clare Petty que realizó Dick Russell para su libro *The Man Who Knew Too Much.*

"a la derecha de George Wallace": Goodpasture, entrevista, mayo 2, 2005.

Deirdre podía ver que su hermana no estaba bien de salud: "Paula Scott (Murray, de soltera), recuerdos y reflexiones de su hermana Terry Duffy", diciembre 30, 2006 (en adelante Duffy Carta).

Jugaba golf con Anne Goodpasture: Goodpasture, entrevista.

Fiesta del cumpleaños siete de Michael: Scott, entrevista.

Goodpasture se entera de la muerte de Paula: Goodpasture, entrevista.

Acta de defunción: Obtenida en el Archivo General de la Nación en la Ciudad de México, febrero 2006.

"Win no era él mismo": Entrevista confidencial con un funcionario retirado del Departamento de Estado.

Clare Petty sobre la historia de Win: Petty, entrevista con Dick Russell, julio 4, 1992.

Cram sobre la historia del agente doble: Cleveland Cram, entrevista con Dick Russell, junio 3, 1992.

A través de los años, Michael obtuvo otros detalles de las amistades de Paula: Entrevistas confidenciales.

"Mi opinión es que Paula se suicidó": Entrevista confidencial.

Hermana se entera de la muerte de Paula: Duffy Carta.

Boda en Las Lomas

Anne Goodpasture vio a un hombre "muy angustiado": Goodpasture, entrevista, mayo 2, 2005.

"con un abultado portafolios": Phillips, *Night Watch*, 116.

"era arrogante": Mel Proctor, entrevista, marzo 1996.

Tom Mann quería saber qué posición tomaría López Mateos: Krauze, *MBOP*, 674.

El presidente Kennedy presidió un equipo de consejeros profundamente divididos: Aleksandr Fursenko y Timothy Naftali, *One Hell of a Gamble*, 216-290; Laurence Chang y Peter Kornbluh, eds., *The Cuban Missile Crisis of 1962: A National Security Archive Documents Reader*.

Kennedy dijo que no podría resistir mucho tiempo más: Fursenko y Naftali, *One Hell of a Gamble*, 285; Chang y Kornbluh, *Cuban Missile Crisis of 1962*, 378.

Carta de Kruschev a Kennedy: *FRUS*, vol. 11, doc. 102, "Mensaje del primer ministro Kruschev al presidente Kennedy", octubre 28, 1962.

Basulto pagó trescientos dólares por el cañón: Basulto, entrevista.

"Exiliados Dicen que Hay Misiles Ocultos en Cuevas Cubanas": en *Washington Star*, noviembre 5, 1962, 1 p.

"Nos caíamos bien y cenábamos juntos": Declaración de Phillips en *Phillips v. Donald Freed*, marzo 25, 1983, 88 y 258-259.

"Eran buenos amigos": Entrevista telefónica con Maria O'Leary, septiembre 2006.

La nota del *Star* irritó al presidente Kennedy: *FRUS*, vol. 11, doc. 154, resumen del acta de la vigésimo primera Reunión del Comité Ejecutivo del Consejo Nacional de Seguridad, noviembre 6, 1962.

Kennedy estalló: *FRUS*, vol. 11, doc. 170, resumen del acta de la vigésimo cuarta Reunión del Comité Ejecutivo del Consejo Nacional de Seguridad, noviembre 12, 1962.

Helms critica a los líderes del DRE: Memorando para el archivo, "Conversación del Sr. Helms con Luis Fernández Rocha y José Maria Lasa del DRE con respecto a la relación de su organización con la agencia", noviembre 13, 1962, 7 pp.

"Este nuevo hombre podrá acudir a mí": Memorando para el archivo, "Conversación del Sr. Helms con Luis Fernández Rocha y José María Lasa del DRE respecto a la relación de su organización con la agencia", noviembre 13, 1962.

Joannides trabajaba como jefe adjunto de guerra psicológica: Evaluación de desempeño, George E. Joannides, abril 1, 1963-marzo 31, 1964, hallado en "Cinco informes de desempeño de Joannides George", CIA/JFK RIF 104-10304-1000 (en adelante informes de desempeño de Joannides).

Se presentó como "Howard": Entrevistas con Luis Fernández Rocha, Tony Lanuza y Juan Manuel Salvat.

Planes de boda de Win: Pablo Deutz, entrevista, noviembre 2006.

"Dañó la reputación de Win": William Pryce, entrevista.

"era uno de los funcionarios más competentes": Brian Bell, entrevista.

"Comehombres": Entrevista confidencial.

Leddy contrató a Eddie Hidalgo: Gregory Leddy, entrevista.

"Es más fácil que me saques de México a que saques a Win Scott de México": Mel Proctor, entrevista.

Mann temía que el conflicto entre Win y Ray acabara en una "explosión": Carta de Thomas C. Mann a John Ordway, jefe, División de Operaciones de Personal, Departamento de Estado, septiembre 30, 1963, archivos cronológicos de Mann (correspondencia), documentos de Thomas C. Mann, Colección Texas, Universidad de Baylor.

Mann se negó a ir: Bill Pryce, entrevista.

"Teníamos personal del Servicio Secreto a montones": Deutz, entrevista.

"La reunión fue relativamente pequeña": Deutz, entrevista.

"Enlace de Janet Graham y Winston MacKinley Scott": en *Excélsior,* diciembre 24, 1962, sección B.

"Recuerda, la ley estaba del lado de Ray": Pryce, entrevista.

Navidad en Cuernavaca: Michael Scott, Gregory Leddy, entrevistas.

"PUDIMOS TENER UN *SIETE DÍAS DE MAYO*"

Win entró en la oficina de Dave Phillips: Phillips, *Night Watch,* 126-134.

Familias Phillips y Scott: Helen Phillips, entrevista.

"el más extraordinario oficial de acciones encubiertas": Reporte de evaluación de Phillips, mayo 26, 1963, JFK/CIA RIF 101-10194-10030.

"una estrecha amistad": Goodpasture entrevista, mayo 2-3, 2005.

John F. Kennedy sobre "desatar" a los exiliados: "'Desatar' Exiliados No Es una Solución al Problema de Cuba, Dice Kennedy", en *Washington Post,* abril 25, 1963.

FitzGerald se reúne con Phillips: Phillips, *Night Watch,* 125.

Charola de plata para FitzGerald: Anne Goodpasture, entrevista.

Phillips sobre "astuta premonición" de McCone": Phillips, *Night Watch*, 125.

Helms como hombre de avanzada en Cuba: Helms, *A Look over My Shoulder*, 198.

"Se sintió un verdadero James Bond": Helen Phillips, entrevista.

Phillips describe su misión en México: Phillips, *Night Watch*, 125.

Phillips recibe transcripciones del LIENVOY: GD, parte I, 61.

Operación de suplantación de identidad con Eldon Hensen: Cable respecto a estadounidense no identificado que telefoneaba a la embajada de Cuba, julio 19, 1963, JFK/CIA RIF 104-10014-10044. Ver también comentarios de Newman en *Oswald and the CIA*, 262-263.

Phillips se describe como un "consultor" en operaciones de propaganda contra Castro: Declaración de Phillips, *Hunt v. Weberman*, septiembre 30, 1980, 40.

Segunda derrota: Enrique Ros, un historiador cubano solidario con los exiliados de Miami, tituló su libro sobre 1961-1962, *De Girón a la crisis de los cohetes: la segunda derrota*.

Operación Northwoods: Los documentos clave se encuentran en "Northwoods", una compilación de documentos de 197 páginas del Estado Mayor Conjunto. JCS/JFK 202-100002-10104. Las citas de James Bamford viene de *Body of Secrets: Anatomy of the Ultra-Secret National Security Agency*, 87-90.

Lemnitzer presionó para que se consideraran "planes para crear un pretexto plausible para el uso de la fuerza", y John F. Kennedy respondió: "No estamos discutiendo el uso de la fuerza militar": Memorando para el archivo, Gral. Brig. Edwin Lansdale, asunto: Reunión con el presidente, marzo 16, 1962, Dept. Norteamericano del Ejército, documentos Califano, Ejército, CIA/JFK 198-10004-10020.

"inherente y extremadamente riesgoso en nuestro sistema democrático": Bamford, *Body of Secrets*, 89.

Toma forma la política de John F. Kennedy hacia Cuba: FRUS, vol. 11, docs. 333, 334, 335, 346, y 348. El 346 es un documento de la CIA, con fecha de junio 8, 1963, que perfila el nuevo programa para Cuba. El 348, un memorando de junio 19 documenta la aprobación que Kennedy dio a la nueva política de "grupos autónomos".

Helms duda sobre Kennedy y Cuba: Helms, *A Look over My Shoulder*, 203.

Helms reanuda el contacto con Rolando Cubela: Senado de los Estados Unidos, *Alleged Assassination Plots Involving Foreign Leaders: An Interim Report of the Select Committee a Study Government Operations with Respect to Intelligence Activities*, 88-89, 174-180; Thomas, *Very Best Men*, 299-301. En sus memorias póstumas, Helms repite su poco creíble afirmación de que AMLASH no se reclutó para un plan de asesinato; *A Look over My Shoulder*, 229-231.

La gente de Win había reclutado a Cubela en 1961: Información y antecedentes de Rolando, abril 13, 1966 (informe de antecedentes de Cubela), Colección Segregada de la CIA, JFK/CIA RIF 104-10101-10010.

Helms volvió a contactar a Cubela en 1963: Informe de antecedentes de Cubela. Helms minimizó la relación de la agencia con Cubela al decir, inexactamente, que el interés de la CIA en Cubela había comenzado "a mediados de octubre de 1963". De hecho, luego de que la agencia lo hubiese reclutado por primera vez dos años antes e intentara reclutarlo de nuevo en agosto de 1962, el asistente de Helms, Néstor Sánchez se reunió con él en Brasil y Francia en septiembre de 1963. El recuento de Helms enturbió una historia más extensa que nunca quiso tratar a la ligera.

Cubela era un consumado pistolero: Informe de antecedentes de Cubela. Ver también George Crile III, "El Acertijo de AMLASH", en *Washington Post,* mayo 2, 1976.

Aliados cubanos de Bobby: Lamar Waldron, con Thom Hartmann, *Ultimate Sacrifice: John and Robert Kennedy, the Plan for a Coup in Cuba and the Murder of John F. Kennedy,* 153-173. El argumento central de *Ultimate Sacrifice,* de que el programa AMWORLD era un plan secreto para un golpe de Estado en Cuba en diciembre de 1963, que involucraba a un alto funcionario cubano, Juan Almeida, y al *Che* Guevera, y que fue anticipado por una conspiración de la mafia, es una conjetura. La idea de que Guevara estuviese involucrado en maquinaciones de la CIA contra el gobierno de Castro es indefendible. La afirmación sobre una conspiración de la mafia no está respaldada por la evidencia que presentan los autores. No obstante, el libro incluye nueva y útil información sobre los aliados cubanos de Robert F. Kennedy y la amplitud de los planes del Pentágono a finales de 1963 para invadir Cuba.

AMWORLD: Todas las citas del despacho: "AMWORLD: Antecedentes del programa, apoyo operativo, requerimientos y procedimientos", junio 28, 1963.

Phillips se encargaba de los asuntos de AMWORLD en México: Memorando a jefe de estación, Ciudad de México, Re: "Casa de Seguridad", HMMW12052, octubre 31, 1963.

Win intensificó la vigilancia de los cubanos: MCSHE, 42.

Win contrató cuatro secretarias más: MCSHE, 42.

LIFIRE detecta los viajes de Vincent Lee, líder del Comité de Juego Limpio para Cuba: Estación de la Ciudad de México, Cronología de John F. Kennedy (Cronología MCJFK), 51, JFK/CIA RIF 104-10127-10207.

"la usual gran cantidad" de "material operativo y de personalidades": Despacho HMM23434, de RG 233 Colección Segregada de la CIA, caja 63, carrete 23, carpeta 3.

"Inteligencia positiva" e "información de seguridad": MCSHE, 439.

Prioridades en inteligencia de seguridad: MCSHE, 439.

El DRE enteró a Helms: Cable JMWAVE-DIR, febrero 22, 1963. El cable informó que un líder del DRE "reportó que el ánimo actual del AMSPELL favorece operaciones de acción del tipo del asalto a La Habana. AMSPELL siente gran necesidad de acción que busque proceder incluso si KUBARK descontinuara [borrado] apoyo financiero". El líder dijo que "pretende que esta alerta sobre ataque se ajuste al pacto de caballeros que se tiene con DCI".

Alfa 66 atacó un carguero soviético: "Exiliados Describen Dos Nuevos Ataques a Cuba", en *New York Times,* marzo 20, 1963, 2. Antonio Veciana, líder de Alfa 66, dijo después a los investigadores del Congreso que su tratante de la CIA, un hombre que conocía como "Maurice Bishop", había respaldado las acciones. Ross Crozier dijo de manera independiente a los mismos investigadores que Dave Phillips había utilizado el alias de "Maurice Bishop". Pero Phillips negó bajo juramento haber utilizado ese nombre, y Veciana, cuando al fin conoció a Phillips, dijo que él no era el hombre que se hacía llamar "Maurice Bishop". Ver Gaeton Fonzi, *The Last Investigation,* 391-396.

Bobby Kennedy tomó medidas enérgicas: Declaración del Departamento de Justicia y el de Estado, marzo 30, 1963. Ver también: "EUA pone Freno a Exiliados de Miami para Evitar Ataques en Cuba", en el *New York Times,* abril 1, 1963, 1, que dice que se le exigiría a dieciocho líderes del exilio un permiso para salir del área de Miami. Cuatro líderes del DRE estaban en la lista. Los registros del DRE en la biblioteca de la Universidad de Miami incluyen cartas del INS otorgando permisos a los líderes del DRE para viajar fuera del condado de Dade.

"abandono, traición y promesas rotas": Citado en "Rusos Salen de Cuba", en *New York Times,* abril 4, 1963, 1.

Shackley pretende reducir el financiamiento de AMSPELL: Jefe de estación JM/WAVE a jefe de Grupo de Asuntos Especiales, abril 3, 1963.

Helms lo anuló: DIR a JMWAVE, abril 4, 1963. El cuartel general repitió el asunto en un cable de abril 29, diciendo: "Relación AMSPELL-KUBARK no debe finalizar sin previa aprobación de cuartel general".

"A veces quieres actuar por tu cuenta": Néstor Sánchez, entrevista, diciembre 19, 1997.

"En vez de mantenerse firme": Hunt; *Give Us This Day,* 13-14.

Harvey visita a Rosselli: Shackley, *Spymaster,* 127.

Angleton y Harvey consintieron la desobediencia a la política de Kennedy sobre Cuba: Testimonio de Angleton ante la Comisión Rockefeller, junio 19, 1975, 65-66.

Harvey "no es un hombre frívolo": Testimonio de Angleton ante el Comité Church, febrero 6, 1976, 27-28.

"Teníamos una enorme deuda con los hombres en Miami": Angleton citado en Dick Russell, "El Reino del Terror en la Pequeña Habana", en *New Times,* octubre 29, 1976.

"Es inconcebible que el brazo de inteligencia secreta del gobierno": Comité Selecto del Senado para Estudiar Operaciones del Gobierno con Respecto a Actividades de Inteligencia (en adelante Comité Church), audiencias, vol. II, "Plan Huston", 72-73; Mangold, *Cold Warrior,* 351.

"No te involucras en operaciones encubiertas": Néstor Sánchez, entrevista.

"Tratamos con dos tipos en la Casa Blanca": Sam Halpern, entrevista, diciembre 17, 1997.

Bundy sobre "tapar el ojo al macho": *FRUS, vol. 11,* doc. 344, Minuta de la Séptima Reunión del Comité del Consejo de Seguridad Nacional, mayo 28, 1963.

"pudimos tener un *Siete días de mayo*": Halpern, entrevista.

Interés de John F. Kennedy por promover una versión fílmica de *Siete días de mayo*: David Talbot, *Brothers: The Hidden History of the Kennedy Years,* 148.

"Tras Bambalinas con Bobby": *Miami News,* julio 14, 1963.

Amistad de Phillips con Hendrix: Declaración de David A. Phillips, marzo 25, 1983, *Phillips v. Freed,* 111.

"Desarrollo de Hendrix como fuente": Cable, JMWAVE a DIR, octubre 29, 1962.

UN DESTELLO LLAMADO OSWALD

Este capítulo se basa en entrevistas con Brian Bell, G. Robert Blakey, Isidro Borja, Ross Crozier, David Groves, Dan Hardway, Sam Halpern, Bill Hood, Peter Jessup, Howard Hunt, Tony Lanuza, Ed López, Helen Phillips, Luis Fernández Rocha, Jane Roman, Manuel Salvat, Néstor Sánchez, Ted Shackley y Antonio Veciana. También entrevisté a tres funcionarios retirados del servicio exterior y dos funcionarios jubilados de la CIA. Solicitaron anonimato.

También se apoya en el capítulo sobre Oswald del manuscrito inédito de Win Scott, *It Came to Little,* por "Ian Maxwell" (*ICTL*); en Edwin López y Dan Hardway, *Oswald, the CIA and Mexico City: The López-Hardway Report (aka the "López Report"),* prólogo de Rex Bradford (*LHR*); en el Reporte del Comité Selecto de la Cámara sobre Asesinatos, junio 1978, y volúmenes adjuntos (en adelante Reporte HSCA); y en los registros del Directorio Revolucionario Estudiantil en la Colección de Patrimonio Cubano en la biblioteca Richter de la Universidad de Miami (en adelante Documentos DRE).

Biografía de Oswald: La vida del asesino acusado es una de las historias más controvertidas de la historia norteamericana. Me apoyé en versiones que han resultado más verosímiles a los académicos y el público lector, si bien a veces discrepo de sus análisis. *Oswald's Tale: An American Mystery [Oswald: Un misterio americano],* de Norman Mailer hace un excelente equilibrio entre la imparcialidad y la precisión. *Oswald and the CIA*, de John Newman, es el examen más detallado de los expedientes de la CIA sobre el presunto asesino. *Not in Your Lifetime: The Definitive Book on the John F. Kennedy Assassination*, de Anthony Summers es el argumento más persuasivo y bien documentado de una conspiración. *Oswald Talked: New Evidence in the John F. Kennedy Assassination*, de Ray LaFontaine y Mary LaFontaine, tiene el mejor retrato del entorno anticastrista en Dallas en 1963. *Case Closed: Lee Harvey Oswald and the Assassination of John F. Kennedy*, de Gerald Posners, es el mejor informe de la Comisión Warren. *Marina and Lee*, de Priscilla Johnson McMillan, está desactualizado, pero sigue siendo informativo. *Live by the Sword: The Secret War against Castro and the Death of John F. Kennedy*, de Gus Russos, es uno de los primeros libros que hurga en la masa de documentos sobre John F. Kennedy que han surgido desde finales de los noventa. *The John F. Kennedy Assassination Debates: Lone Gunman versus Conspiracy*, de Michael L. Kurtz, es un útil y actualizado libro de consulta. *Assignment Oswald*, de James P. Hosty Jr. con Thomas Hosty, provee la perspectiva de un agente del FBI en Dallas. *Oswald in New Orleans: Case of Conspiracy with the CIA*, de Harold Weisberg, es irritante, obsoleto y a veces incomprensible, pero su polémica explica los problemas que presenta la estancia de Oswald en Nueva Orleans. *Oswald's Game*, de Jean Davison, muestra a Oswald como un solitario perturbado. *A Farewell to Justice: Jim Garrison, John F. Kennedy's Assassination and the Case That Should Have Changed History*, de Joan Mellen, combina libertades en cuanto a los hechos con información nueva y creíble. Siempre que me fue posible, me apoyé en datos en los que coinciden autores de distintas interpretaciones del asesinato de John F. Kennedy.

Grupo de Contraespionaje y desertores de Estados Unidos a la Unión Soviética: Newman, *Oswald and the CIA*, 171-173.

Helms "sorprendido" por el retraso en abrir el expediente de Oswald: Declaración de Richard Helms ante el Comité Selecto de la Cámara sobre Asesinatos, septiembre 28, 1978, 90 HSCA/Colección Segregada de la CIA, 180-10147-10234.

FBI habla a Oswald tras su retorno de Rusia: Hosty, *Assignment Oswald*, 43-44.

Testigos vieron a Oswald en oficinas de Guy Banister: Summers, *Not in Your Lifetime*, 215-244; Kurtz, *John F. Kennedy Assassination Debates*, 186-187.

El DRE recibía 51,000 dólares mensuales: Memorando para: Sr. Sterling Cottrell, pagos financieros realizados por la Agencia Central de Inteligencia a organizaciones de exiliados cubanos, abril de 1963, Biblioteca John F. Kennedy, Archivos Nacionales de Seguridad, caja 52, "Cuba—Asuntos—Inteligencia".

Joannides's "excelente trabajo en... manejar" el DRE y promoción a jefe de Guerra Psicológica en Miami: Informes de desempeño de Joannides.

Oswald escribió a Vincent Lee, director ejecutivo del FPCC: Mailer, *Oswald's Tale*, 568-569.

Oswald y el DRE en Nueva Orleans: Mailer, *Oswald's Tale*, 550-662; Summers, *Not in Your Lifetime*, 215-244; Russo, *Live by the Sword*, 191-206; Posner, *Case Closed*, 121-169; LaFontaine y LaFontaine, *Oswald Talked*, 139-162; y Programa *Frontline* de PBS, "¿Quién era Lee Harvey Oswald?", noviembre 16, 1993. Transcripción núm. 1205, 29-38. El testimonio en *El Informe de la Comisión Warren*, 407-408, 419, y 728-729, es notorio por sus omisiones. En su recuento de los choques de Oswald con Bringuier, el reporte omite el nombre del Directorio Revolucionario de Estudiantes o DRE. El testimonio de Carlos Bringuier se halla en *Red Friday*. Bringuier también atestiguó ante la Comisión Warren en abril 7-8, 1964 (en adelante Testimonio Bringuier WC) y el Comité Selecto de la Cámara sobre Asesinatos, mayo 12, 1978 (en adelante Testimonio Bringuier HSCA).

Bringuier abordado por Warren DeBrueys: *New York Times*, noviembre 23, 1963; Testimonio Bringuier HSCA, 70-77.

Bringuier sospechaba que a Oswald lo había enviado el FBI o la CIA: *New York Times*, noviembre 23, 1963.

Tres miembros de la delegación del DRE detectaron a Oswald: Según los documentos DRE, eran Celso Hernández, Miguel Cruz y Carlos Quiroga.

Oswald "parecía haberlos entrampado": Martello, Comisión Warren, vol. 10, p. 61.

Bringuier escribió a Tony Lanuza: Bringuier compartió copias de sus actas originales. Las cartas también aparecen en forma editada en un número especial de la publicación mensual del DRE, *Trinchera*, "Presidente de EUA Asesinado", noviembre 23, 1963, documentos DRE.

Lanuza comentó la noticia con Fernández Rocha: Lanuza, Fernández Rocha, entrevistas.

Reuniones de Fernández Rocha con Joannides: Fernández Rocha, entrevistas.

Bringuier notificó a su amigo *Chilo* Borja: Documentos DRE.

Borja y Bringuier como amigos de la infancia: Borja, entrevista.

"Es uno de los cubanos que colaboraron conmigo contra el Comité de Juego Limpio para Cuba aquí en Nueva Orleans": Documentos DRE, Departamento Militar, Sección de Inteligencia, "Confidencial". Este archivo incluye expedientes de más de una docena de miembros del DRE, incluyendo a Celso Hernández. La nota sobre la colaboración contra el FPCC aparece al margen del expediente de Hernández.

Bringuier envió a Carlos Quiroga a visitar a Oswald: LaFontaine y LaFontaine, *Oswald Talked*, 156-157; McMillan, *Marina and Lee*, 470-472.

Quiroga entregó una resma de panfletos del FPCC: Newman, *Oswald and the CIA*, 339-341; LaFontaine y LaFontaine, *Oswald Talked*, 167.

Quiroga como informante del FBI: FBI, archivo del cuartel general sobre Oswald, 105-82555, sección 221, 77, Airtel a: SAC Nueva Orleans, de: director FBI, noviembre 14, 1964.

Quiroga se reportó con Bringuier: Testimonio de Carlos Bringuier Sr. a HSCA, 88-91, HSCA CIA RIF 280-20075-10066; Bringuier, *Red Friday*, 32-35.

Bringuier hizo pesquisas con Ed Butler: Testimonio Bringuier HSCA, 92.

Los contactos de la CIA con el INCA: Memorando para el archivo, posible animadversión del DRE hacia el presidente Kennedy, por Arthur Dooley, abril 3, 1967, JFK/CIA RIF 104-10181-10113. Ver también Mellen, *Farewell to Justice*, 68.

Butler llamó al HUAC: LaFontaine y LaFontaine, *Oswald Talked*, 159; McMillan, *Marina and Lee*, 472-473.

Stuckey llamó al FBI: Davison, *Oswald's Game*, 170.

Butler habló con Bringuier: Bringuier, *Red Friday*, 35.

Un reporte noticioso de una televisora local sobre Oswald y los cubanos en agosto 21: Mailer, *Oswald's Tale*, 550-662. La película se encuentra en la sección audiovisual del Compendio de Documentos del Asesinato de John F. Kennedy, Archivos Nacionales, College Park, Maryland.

Se desecharon los cargos contra los cubanos: *New Orleans Times-Picayune*, agosto 13, 1963.

Stuckey entrevistó a Oswald para una breve nota periodística: Posner, *Case Closed*, 159; Mailer, *Oswald's Tale*, 550-662.

Stuckey invitó a Oswald y Bringuier a debatir sobre Cuba: LaFontaine y LaFontaine, *Oswald Talked*, 158; Posner, *Case Closed*, 159.

Transcripción del programa *Latin Listening Post*: Volúmenes de la Comisión Warren, Expediente Stuckey núm. 2; Mailer, *Oswald's Tale*, 579-591.

Stuckey grabó una cinta del programa: Mailer, *Oswald's Tale*, 586.

"Los cubanos que queremos recuperar la libertad en Cuba": Bringuier, boletín de prensa, y "Carta Abierta a los Habitantes de Nueva Orleans" se hallan en los volúmenes de la Comisión Warren, expedientes Bringuier 3 y 4.

Phillips alabó a los líderes del grupo: Phillips, *Night Watch*, 93.

Phillips sobre "un grupo muy importante tanto en La Habana como en Miami": Phillips testimonio HSCA, abril 25, 1978, 76, archivo HSCA, testimonio clasificado de seguridad, HSCA/JFK RIF180-10131-10327.

Phillips recibió reportes de Crozier y Kent: Reporte HSCA, apéndice de audiencia, vol. X "Actividades y Organizaciones Anticastristas", 48-49; entrevista de "Doug Gupton," agosto 22, 1978, expediente clasificado de seguridad HSCA/JFK 180-10110-10124. Phillips reconoció que "Gupton" era William Kent y que él supervisaba a Kent y a Crozier; Phillips Testimonio HSCA, abril 25, 1978, 73-76.

"Dave Phillips se encargaba de eso": Declaración de E. Howard Hunt, HSCA, noviembre 3, 1978, parte II, 29.

Phillips pasó algún tiempo en el campamento de entrenamiento de la CIA en Nueva Orleans: Memorando para jefe, CI/R&A asunto investigación Garrison: campo de entrenamiento Belle Chasse, octubre 26, 1967, JFK/CIA RIF 104-10170-10261.

Phillips sobre DeBrueys; "Recuerdo que estuve en contacto con él": Dijo Phillips bajo juramento en una declaración de septiembre 30, 1980, en una demanda; *E. Howard Hunt Jr. vs. A. J. Weberman,* 9.

Responsabilidades de DeBrueys: Hosty, *Assignment Oswald,* 71-76.

"Eso quería la CIA": Lanuza, entrevista.

"Para eso era el dinero": Borja, entrevista.

Joannides adjudica disputa que involucra el capítulo Costa Rica del DRE: Memorando, agosto 8, 1963, archivo DRE.

AMSPELL y su misión de "acción política, propaganda, recolección de inteligencia y un aparato a lo largo del hemisferio": La frase aparece en reporte de desempeño, George Joannides, enero 1, 1963-julio 31, 1963, en "Cinco reportes de desempeño".

"Lee Harvey Oswald era un nombre totalmente desconocido": Halpern, entrevista.

June Cobb como agente de Phillips: Cobb había sido informante de la CIA desde 1960. Se le asignó el criptónimo AMUPAS/1. Ver Memorando, "Pierson, Jean", junio 6, 1960, JFK/CIA RIF 104-10174-10024. Cuando Cobb se mudó la Ciudad de México en 1961, cambió su criptónimo a LICOOKY/1. Cobb recolectó información sobre el Comité de Juego Limpio para Cuba utilizando el nombre "Clarinda E. Sharpe". Despacho, jefe de estación, Ciudad de México, a jefe de división WH, asunto: Viola June Cobb, agosto 23, 1962, JFK/CIA RIF 104-10175-10365. En octubre de 1963, Scott aprobó el uso posterior de Cobb; jefe de estación, Ciudad de México a jefe, división WH, LICOOKY/1 acción solicitada: aprobación de proceso operativo, octubre 4, 1963.

Phillips interesado en el FPCC: Newman, *Oswald and the CIA,* 241-243.

Phillips espió al capítulo del FPCC en el norte de Virginia: Newman, *Oswald and the cia,* 241.

Phillips preguntó a McCord sobre informes al FBI: Newman, *Oswald and the CIA,* 243.

Joannides no habló del AMSPELL al HSCA: Tomé la historia de Joannides como vínculo del HSCA en Jefferson Morley, "Revelación: 1963", *Miami New Times,* abril 21, 2001.

El vacío de diecisiete meses: Cuando la Junta de Revisión de Documentos sobre John F. Kennedy pidió a la CIA cuentas por los reportes faltantes del avance mensual en enero de 1998, el funcionario de la CIA, Barry Harrelson, respondió que la agencia no tenía relación con el DRE en 1963. "Durante el periodo en cuestión, surgieron profundas diferencias políticas entre el DRE y la agencia... Estas diferencias provocaron que la agencia redujera el nivel de financiamiento para el DRE. También cambió al oficial designado para tratar con el DRE. Luego, por ese tiempo, se suspendieron los reportes. Es probable que ambos eventos estén ligados y que los informes en forma de reportes mensuales simplemente se detuvieron".

Esta declaración es casi totalmente inexacta. Las supuestas "profundas diferencias" entre la CIA y el DRE no evitaron que George Joannides proveyera al cuartel general del grupo en Miami con 25,000 dólares al mes durante casi todo 1963. La reducción en los fondos de la CIA para el AMSPELL no ocurrió hasta noviembre 15, 1963, una semana antes de que mataran a Kennedy. Sin embargo, los reportes mensuales faltan para todo 1963. Por lo tanto, los dos eventos —corte de financiamiento y término de reportes de la CIA— no estaban ligados, como aseguró Harrelson. Por el contrario, el DRE/AMSPELL recibió completo financiamiento de la CIA por casi un año, un periodo para el que no existen reportes mensuales.

Ver "Memorando para T. Jeremy Gunn, ARRB", de: J. Barry Harrelson, asunto; reportes operativos mensuales del DRE, enero 20, 1998.

Joannides recibe la Medalla de Inteligencia: Relación Morley Vaughn, 148, presentada por la CIA, noviembre 15, 2005, en *Morley v. cia,* Juzgado Federal de Distrito, Washington, D.C., Caso 1:03-cv-02545-RJL-DAR, memorando re: Medalla de Inteligencia para Joannides, marzo 20, 1981, 102. Hasta septiembre de 2007, el memorando sobre Joannides continúa "Negado en totalidad" por parte de la CIA.

Obituario de Joannides: *Washington Post,* marzo 14, 1990, B5.

Oswald habló de secuestrar un avión y jugó con un rifle: McMillan, *Marina and Lee,* 443-447.

"Lo último que supe fue que había salido de la ciudad": Citado en "Oswald Intentó Espiar un Grupo de Exilio Anticastrista", en *Miami Herald,* noviembre 23, 1963, 1.

Oswald llega a la Ciudad de México: Posner, *Case Closed,* 181; Summers, *Not in Your Lifetime,* 261-263.

Se registra en un hotel: Cronología MCJFK, 74-75.

Comisión Warren se entera de que molestó a Win: *Informe Warren,* 777.

Win sobre viaje de Oswald: *ICTL,* 186.

Vigilancia fotográfica ampliada el día en que llegó Oswald: Despacho: a jefe KURIOT, de jefe de estación Ciudad de México, reporte mensual operativo, 1-30 sept. 1963, octubre 18, 1963, 5 pp., archivo de Russ Holmes, CIA/JFK RIF 104-10414-10371 (en adelante Reporte LIERODE septiembre 1963).

El dispositivo se accionaba con la gente que entraba y salía: Despacho: de jefe de estación a jefe KURIOT: uso del disparador VLS-2 en la base del LIERODE, noviembre 7, 1963, Colección Segretada HSCA.

Stanley Watson sobre la foto de Oswald: *LHR,* 97.

Piccolo vio fotos de Oswald: *LHR,* 102-103.

Oswald "era sólo otro destello": Phillips, *Night Watch,* 139.

"Sí, había cobertura fotográfica de la embajada cubana": Phillips, Testimonio HSCA, noviembre 28, 1976, 67.

Win dijo a Washington que una segunda cámara con disparador automático se instaló el día del arribo de Oswald: Reporte LIERODE, septiembre 1963.

"El problema subyacente", de acuerdo con el abogado general de la CIA, Scott Breckinridge: Memorando para el archivo, "Manuscrito de ex jefe de estación, Ciudad de México", octubre 6, 1978, JFK/CIA RIF 104-10126-10012.

Explicación de Durán sobre la visa de tránsito: Las transcripciones de las conversaciones interceptadas pueden hallarse en un memorando para el archivo, intercepciones de las embajadas soviética y cubana en la Ciudad de México, de David W. Slawson, abril 21, 1964, JFK/CIA RIF 104-100054-100227 (en adelante intercepciones de las embajadas soviética y cubana).

Goodpasture sobre la diaria entrega de transcripciones del LIENVOY: GD, parte I, 94-95.

Funcionarios de la CIA "calientes" por la transcripción de Oswald: "CIA Ocultó Detalles sobre el Reporte de Oswald", en *Washington Post,* noviembre 26, 1976, A1 (en adelante CIA Ocultó Detalles, WP).

"¿Es posible identificarlo?": *LHR,* 125.

Cronología de llamadas de Oswald: Intercepciones de las embajadas soviética y cubana; *LHR,* 117.

Actividades de Kostikov en México: Un documento de la CIA identificaba a Kostikov como hablante de español, nacido en 1933, y que arribó a la Ciudad de México como vicecónsul en septiembre de 1961. Memorando, Valeriy Vladimorovich Kostikov, CIA/JFK RIF 104-10050-10151. En diciembre de 1963, Dick Helms pidió a Win el expediente de personalidad sobre Kostikov, diciendo que había "poco en el expediente del cuartel general sobre Kostikov". Citado en Cronología MCJFK, 55.

La llamada de Oswald se identificó como "urgente" y se envió en cuestión de quince minutos: *LHR,* 126.

"Estoy segura de que la llamada de Oswald nos llegó por la línea soviética": Memorando, "Antecedentes sobre informantes de apoyo de la estación México", de Anne Goodpasture para John Leader, grupo IG, febrero 10, 1977, 9-10, JFK/CIA RIF 104-10050-10005.

El duplicado de la cinta ingresó en el archivo: Goodpasture, entrevista, mayo 2, 2005.

Tarasoff relacionó la llamada de Oswald del primero de octubre a los soviéticos con la de septiembre 29: *LHR,* 85.

"ruso terrible, apenas reconocible": Intercepciones de las embajadas soviética y cubana.

Versiones inconsistentes de Phillips: Se encuentran en *Night Watch,* 139; en "Detalles Retenidos por la CIA", WP, noviembre 26, 1976; en testimonio

HSCA de Phillips, noviembre 27, 1976; y testimonio HSCA de Phillips, abril 25, 1978.

Sprague describe a Phillips como resbaloso: Phillips, testimonio HSCA, nov. 27, 1976, 92.

Phillips dijo que "exageró" su participación: Phillips, testimonio HSCA, abril 25, 1978, 59.

Mea culpa de Phillips: "Luego de que todo terminó": Testimonio HSCA de Phillips, noviembre 27, 1976, 105.

Crozier dijo al HSCA que Phillips utilizó el nombre "Maurice Bishop": Memorando, "Addendum a memorando de enero 16, 1978 re CROZIER, entrevista," feb. 4, 1978, HSCA/CIA 180-10077-10021. "Cuando se le preguntó por los nombres, Crozier dijo que creía, pero no estaba seguro, que Bishop era el nombre que utilizó David Phillips." Dos días después, el HSCA contactó de nuevo a Crozier. "Entonces Crozier dijo estar casi seguro de que David Phillips había usado el nombre Maurice Bishop."

Historia de Antonio Veciana: Fonzi, *Last Investigation,* 126-139; Summers, *Not in Your Lifetime,* 250-253; Veciana, entrevista, febrero 2007.

La visita de Oswald a los cubanos "aumentaba la importancia": Testimonio HSCA de Phillips, noviembre 27, 1976, 88-89.

Goodpasture sobre el duplicado y cómo Win lo escamoteó: Goodpasture, entrevista, mayo 2-3, 2005; GD, parte I, 147.

Goodpasture busca foto de Oswald: HSCA entrevista de Anne Goodpasture, noviembre 20, 1978, sesión vespertina, 4-5.

Phillips sobre el bosquejo de "Craig" sobre el cable de Oswald: Phillips, *Night Watch,* 139-140.

Phillips admite que aprobó el cable: Testimonio HSCA de Phillips, noviembre 27, 1976, 64. Hay controversia sobre si Phillips estaba en la Ciudad de México cuando firmó el cable. Dos registros de la CIA establecen el paradero de Phillips en ese momento. Cable DIR-WAVE, "Llegada de David Phillips", octubre 4, 1963, JFK/CIA RIF 104-10100-10134, informó a la estación de Miami que Phillips "arribará el 7 de octubre... para una consulta de dos días". Un cable, DIR-MEXI, Re: Mexi visita TDY, octubre 9, 1963, JFK/CIA RIF 104-10100-10160, no indicaba el paradero de Phillips, pero se lamentaba porque la "apretada agenda" de Phillips "en el cuartel general" había evitado la discusión de una operación no identificada. Estos dos registros sugieren que Phillips estuvo en México hasta el 4 de octubre, luego fue al cuartel general en Langley, luego a Miami, y volvió a México en octubre 9, 1963. Ver también Newman, *Oswald and the CIA,* 373. Por lo tanto, Phillips pudo haber firmado un bosquejo de pesquisa sobre Oswald en la Ciudad de México en octubre 2, 3 o 4.

Cable sobre Oswald de octubre 8, 1963: Cable de MEXI a DIR, octubre 9, 1963, Colección Segregada CIA HSCA, JFK/CIA RIF 104-10052-10062. El cable se envió de México el 8 de octubre, pero arribó a la oficina de la CIA el 9 de octubre.

"¿Tiene alguna explicación sobre por qué se omitió eso?": Entrevista Phillips HSCA, noviembre 27, 1976, 73.

"una grave omisión": Entrevista Phillips HSCA, noviembre 27, 1976, 97.

"Nadie se atrevería a tomar esa decisión sin que Win Scott la conociera y la aprobara": Phillips, entrevista HSCA, noviembre 27, 1976, 97-98.

Fuera de la jugada

Recuerdos de Michael Scott sobre las peleas de los perros: Carta al autor, septiembre 25, 2005.

Biografía de Karamessines: Lawrence Stern, *The Wrong Horse: The Politics of Intervention and the Failure of American Diplomacy,* 44. Entrevista con Elias Demetracopoulous, periodista griego retirado que conoció a Karamessines.

Win conoció a Karamessines: Comieron juntos en abril 20, 1950, según la agenda de Win.

Karamessines pasó lo que el cuartel general pretendía saber sobre Lee Oswald... "tuvieron un claro efecto de maduración": Cable DIR a MEXI, octubre 10, 1963, en MEXI DESPACHOS, Colección Segregada de la CIA, caja 90, carrete 46 (en adelante DIR 74830).

Rol de Bustos en la redacción del cable de octubre 10: *LHR,* 155, en el que Bustos se identifica con el seudónimo "Elsie Scaleti".

Mission del SIG: Extractos de historia del CI.

Birch O'Neal como jefe de CI/SIG: Extractos de Historia del CI.

O'Neal como jefe de estación de Guatemala: *CIA in Guatemala,* 134; GD, parte I, 34.

Swenson sobre el rol del SAS/CI: HSCA, Notas de investigador, agosto 21, 1978, Colección Segregada JFK/CIA, 180-10143-10157.

Karamessines sobre el cable de octubre 10: Testimonio de Thomas Karamessines al Comité Selecto del Senado para Estudiar Operaciones Gubernamentales con Respecto a Actividades de Inteligencia, abril 14, 1976, 4-5, JFK-SSCSGO RIF 157-10014-10002.

Whitten sobre el cable de octubre 10: Declaración de John Scelso, 40-43, Testimonio Clasificado de Seguridad HSCA, mayo 18, 1978, JFK/CIA RIF 180-10131-10330 (en adelante Testimonio Whitten HSCA). "Scelso" era el seudónimo de Whitten. Charlotte Bustos sugirió que Karamessines fuera informado porque la inusual biografía de Oswald merecía escrutarse desde los altos mandos. "Era un modo de informarle y llamar la atención de los niveles altos", dijo. Ver *LHR,* 155.

Entrevista a Jane Roman: John Newman y yo entrevistamos a Jane Roman en su casa en noviembre 2, 1995. Los dos documentos del FBI que comentamos eran el reporte de septiembre 10, 1963, del agente del FBI en Dallas, James Hosty, quien monitoreaba los movimientos de Oswald para el buró, y un memorando de septiembre 24, 1963, del buró en el que se resumían las recientes actividades políticas de Oswald, incluyendo su arresto en relación con un altercado con el DRE en Nueva Orleans. Las hojas de circulación de la CIA sobre los reportes del FBI se reproducen en Newman, *Oswald and the CIA*, 501-503. La cinta de la entrevista a Roman está disponible en el Compendio de Documentos del Asesinato de John F. Kennedy, College Park, Maryland. Todas las citas de esta transcripción de la cinta las preparó el autor.

Hood sobre el cable de octubre 10, 1963; "Nada veo sospechoso en esto": Hood, entrevista, enero 2007.

Goodpasture explicó: "nunca se identificó al que llamó de la embajada cubana": Goodpasture hizo su observación en el resumen cronológico del expediente de la estación sobre Oswald. Cronología MCJFK, 88.

Ray Rocca dice: "hubo alguien ahí que quería ir a Cuba": Declaración de Raymond G. Rocca, julio 18, 1978, 83, JFK/HSCA/Testimonio Clasificado de Seguridad, 180-10110-10004.

En octubre 16, 1963, Win envió un memorando: De Winston Scott al embajador, "Lee Oswald/Contacto con embajada soviética, 10/16/63", JFK/CIA RIF 104-10195-10400. En su declaración jurada de 1998 a la Junta de Revisión de los Documentos del Asesinato, se le preguntó a Goodpasture: "¿Sería una suposición razonable que para cuando existía el memorando de octubre 16 alguien hubiese vuelto a examinar las intercepciones del 28?" Ella respondió: "Pensaría que sí". GD, parte I, 130.

"Información sobre Oswald que tal vez debió reportarse": Cuando el ARRB le preguntó a Goodpasture si la información sobre la visita de Oswald al consulado cubano debió enviarse al cuartel general, ella dijo: "Sí". GD, parte I, 130.

Win pidió al cuartel general que enviaran foto de Oswald: Cable: intento de esposa de Oswald para volver a los EUA, octubre 16, 1963, MEXI DESPACHOS.

Roman escribe, "La enviaremos a nuestro representante": Mensaje clasificado A: Departamento de la Naval, de: CIA, asunto: Lee Harvey Oswald, octubre 23, 1963, JFK/HSCA Segregated Collection 104-10067-10069.

"Se rehusaron a enviarnos una fotografía": GD, parte II, 9-10.

Win sobre "contacto de un angloparlante con la embajada soviética": MEXI DESPACHOS, "Reporte Operativo Mensual de Proyecto LIENVOY", noviembre 7, 1963.

"Las operaciones de CI se conducían con frecuencia": Karalekas, *History of the Central Intelligence Agency*, 47.

**"Angleton se veía a sí mismo más como jefe de una entidad operativa";
expedientes de Angleton sobre John F. Kennedy destruidos:** Extractos de historia del CI.

"En el mejor de los casos, no fue profesional": Phillips, entrevista HSCA, noviembre 27, 1976, 96.

Phillips sobre las posibilidades de conspiración contra John F. Kennedy: Phillips, *Night Watch*, 142.

Phillips sobre conspiraciones de funcionarios de inteligencia estadounidenses: Summers, *Not in Your Lifetime*, 371-372.

"EL EFECTO FUE ELÉCTRICO"

Win y los niños se apilaron en el auto: Entrevistas con Michael Scott, George Leddy, Gregory Leddy.

Win leyó un reporte sobre negocios extranjeros en Cuba: MEXI DESPACHOS, HMMA 22524, noviembre 22, 1963, carpeta 9, 2 de 2.

Empacó la credencial militar: MEXI DESPACHOS, HMMA 22527, noviembre 22, 1963, carpeta 9, 2 de 2.

Phillips espera noticias de un hombre llamado Tony Sforza: Cable respecto a un ex filtrado marítimo, JMWAVE-DIR, JFK/CIA RIF 104-10075-10179.

Sforza como "Henry Sloman": En el ejemplar de diciembre 1982 del *Atlantic*, el periodista Seymour Hersh escribió: "Su tapadera era impecable: sus allegados lo consideraban un jugador profesional y un contrabandista de alto riesgo que se hallaba directamente ligado a la mafia. Cuando Sloman se retiró, en 1975, había estado en el cuartel general de la CIA en Washington menos de doce veces en su carrera, ocasionalmente reuniéndose con funcionarios de alto nivel en domingo para evitar la posibilidad de que lo vieran otros agentes de la CIA. Era una leyenda dentro de la agencia: se hablaba mucho de su participación en "operaciones húmedas" (aquellas que implicaban derramamiento de sangre). Helms lo conocía bien y le otorgó al menos dos medallas por sus hazañas encubiertas, las cuales incluían otras operaciones sobre todo en el sudeste de Asia que, dice Sloman, se montaron expresamente por órdenes de [el Secretario de Estado Henry] Kissinger". Su participación con David Phillips en el asesinato del general René Schneider se detalla en Peter Kornbluh, ed., *The Pinochet File: A Declassified Dossier on Atrocity and Accountability*, 21-23, 74-76.

Oswald arribó con un paquete que dijo que contenía cortineros: Posner, *Case Closed*, 224.

Se decía que Texas era un lugar poco hospitalario: Russo, *Live by the Sword*, 292-293, captura la prevaleciente hostilidad bajo la cálida recepción.

"Dios mío, me dieron", gritó Kennedy: *Informe Warren*, 50.

"Dios mío... ¡nos van a matar a todos!": "El Testigo," en *Texas Monthly*, noviembre 2003, 120.

Bala da en la banqueta: *Informe Warren*, 111-116. Posner, *Case Closed*, 324-325, asegura que las heridas a un espectador, James Teague, las causaron los fragmentos de un tiro que dio en la limosina, no un tiro errado.

Bill Newman yacía en el pasto: Entrevista con Bill Newman, noviembre 2006.

Sobre la reacción de espectadores: Sobre este asunto controvertido me apoyé en las declaraciones de testigos compliada por el profesor John McAdams de la Universidad de Marquette, un escéptico de la conspiración. Concluye que 53.8 por ciento de los testigos dijeron que los tiros vinieron del Book Depository y 33.7 por ciento del área de estacionamiento, con 4.8 por ciento que dice que los tiros llegaron de distintas direcciones y 7.7 por ciento que indican otras ubicaciones. La compilación, aunque no es definitiva. Muestra cuán común fue la impresión de que los disparos venían de distintas direcciones. La compilación y un útil estudio sobre los testimonios de testigos se encuentran en el sitio web de McAdams: http://mcadams.posc.mu.edu/shots.htm

Un policía y un supervisor ven a Oswald en el segundo piso de la cafetería: McMillan, *Marina and Lee*, 531-532.

Huida de Oswald: Posner, *Case Closed*, 273-285.

"Creo que era la hora de comer": GD, parte I, 26.

"El efecto... fue eléctrico": Reporte, "Estancia de Oswald en México", diciembre13,1963, 5, JFK/CIA RIF 104-10004-10199.

Jane Roman había leído reportes sobre Oswald desde 1959: Newman, *Oswald and the CIA*, 20-21. Newman hace notar que la Oficina de Enlace de Contraespionaje, conocida como CI/LI, recibió los reportes iniciales sobre la deserción de Oswald en 1959 y que Roman, el jefe de esa oficina, "probablemente" los leyó.

Egerter controlaba el acceso al expediente de Oswald: Paul Hartman, oficial de la CIA, dijo que "cualquiera que quisiera tener acceso a ese expediente debía obtener primero autorización de Betty Egerter o de la persona y sección que lo restringían"; Melbourne Paul Hartman, Testimonio HSCA, octubre 10, 1978, 11, Testimonio Clasificado de Seguridad, HSCA CIA RIF 180-10110-10003 (en adelante Testimonio Hartman HSCA).

"¿Sabes? Hay un expediente 201": Testimonio Hartman HSCA, 47.

"Mi primera reacción fue": GD, parte I, 98-99; GD, parte II, 26.

"Es el hombre sobre el que enviamos el cable": Phillips, *Night Watch*, 40.

"Dijo que tenía que consultar con Washington": Lanuza, entrevista.

Oswald vivió en casa del ministro extranjero soviético: Cable DIR-JMWAVE, noviembre 22, 1963, DIR 66782. Una fuente no identificada informó "que el delegado del AMSPELL tuvo un debate radiofónico con Lee H. Oswald del

Comité de Juego Limpio para Cuba un día de agosto de 1963. Según los ex-pedientes de AMSPELL, Oswald es un ex marine que viajó a Moscú [en 19]59 y entregó pasaporte a consulado estadounidense presuntamente vivió casa ministro sov[iético] dos meses".

"Uno de los nuestros lo hizo": Haynes Johnson, "Cita con la Ruina en la Bahía de Cochinos", *Washington Post,* abril 17, 1981. Johnson estaba entrevistando a Williams en el hotel. Johnson daría más tarde un recuento de la conversación que sugería que Bobby Kennedy había pronunciado esa frase. David Talbot reentrevistó a Johnson, quien dijo que su primer recuento fue correcto. Ver Talbot, *Brothers: The Hidden History of the Kennedy Administration,* 9-11, 412.

"Asegúrate de que ninguno de los nuestros haya estado en Dallas": Helms, entrevista con Richard Schlesinger, corresponsal de noticieros CBS, febrero 1992.

"Creo que traje una cinta": GD, parte I, 147.

Win llamó a J. C. King en Washington: Carta de Win Scott a J. C. King "relativo al permiso para darle al agregado legal copias de fotografías de cierta persona", 22 de noviembre de 1963, JFK/CIA RIF 104-10015-10310 (en adelante Scott Carta a King).

"Pensé que no debía enviarse": Goodpasture, entrevista.

Win envió un cable a Washington para decir que tenía las fotos: MEXI DESPACHOS, HMMA 22533, "Lee Oswald".

Win pidió al cuartel general una foto de Oswald: Scott, Carta a King.

Tom Mann decidió que era importante enviar de inmediato las fotos a Dallas: Scott, Carta a King.

Agente del FBI parte de la Ciudad de México a las 10:00 p.m. Cronología MCJFK, 4-5. Rudd dijo al Comité Church que no recordaba haber estado consciente de que existiera una cinta de Oswald; Comité Church, memorando, A: Senadores Schweiker y Hart, de: equipo, re: referencias a la inspección que hizo el FBI a las cintas de Oswald, octubre 1, 1963, conversación de la Ciudad de México, marzo 5, 1975, John F. Kennedy/SScia 157-10014-10168, 3 (en adelante Memorando a Senadores Schweiker y Hart).

"Dentro encontrarás fotos de una persona que conoces": Scott, Carta a King.

Win envió un cable para decir que las fotos del hombre que se creía que era Oswald ya iban de camino a Dallas: Cable, MEXI 7019, noviembre 22, 1963.

Washington era una ciudad aturdida: George Lardner, "La Gente Luce Confundida, Perdida Mientras Deambula bajo la Lluvia", *Washington Post,* noviembre 24, 1963.

"Marxista Castrista de Fort Worth Acusado en el Asesinato de Kennedy": En *Washington Post,* noviembre 23, 1963, A1.

Aparición de Oswald en programa de radio: "Sospechoso Oswald Negó en Ago. 21 Ser Comunista", en *Washington Post*, noviembre 23, 1962, 12.

"Enemigo de Castro Detalla Plan de Infiltración": En *Washington Post*, noviembre 23, 1963, 12.

Reunión de Johnson con McCone: Memorando para el archivo: "Discusión con el Presidente Johnson", noviembre 25, 1963, John McCone Memorandos, "Reuniones con el Presidente", caja 1, expedientes 23 nov. 1963-27 dic. 1963, Documentos LBJ. LBJ pasó sólo quince minutos con McCone, según Max Holland, *The Kennedy Assassination Tapes: The Casa Blanca Conversations of Lyndon B. Johnson Regarding the Assassination, the Warren Commission and the Aftermath*, 68-69.

Elusivos reportes de LBJ sobre un ex asistente: Holland, *Kennedy Assassination Tapes*, 56.

LBJ ante la perspectiva de que Kennedy lo echara: Holland, *Kennedy Assassination Tapes*, 55.

"¿Has averiguado más sobre la visita a la embajada soviética en México en septiembre?": Holland, *Kennedy Assassination Tapes*, 72.

"Puesto que los agentes de Dallas que escucharon la cinta de la conversación presuntamente de Oswald": Citado en memorando a senadores Schweiker y Hart, 3. En la página 4 del memorando, el comité informó que Shanklin no podía explicar el comentario de Belmont.

Memorando sobre la vida de Oswald en peligro: Riebling, *Wedge*, 202.

La división de la rusia soviética revisó sus expedientes sobre Valeriy Kostikov: Memorando para el subdirector de Planes; de: jefe interino de división RS: contacto de Lee Oswald con un miembro del departamento de asesinato de la KGB soviética, noviembre 23, 1963.

McCone volvió a la Casa Blanca: McCone enteró a LBJ sobre: "la información recibida de la Ciudad de México", memorando para el archivo: "Discusión con presidente Johnson", noviembre 25, 1963, memorandos de John McCone, "Reuniones con el Presidente", caja 1, archivo 23 nov. 1963-27 dic. 1963, documento 2, documentos LBJ.

Todos los viajes de Kostikov se habían reportado previamente: Cable, MEXI 7024, respecto a viaje de Kostikov fuera de México, noviembre 23, 1963. 2 pp., JFK/CIA RIF 104-10015-10125.

Birch O'Neal sopesó la sugerencia de "revisar todas las cintas LIENVOY y transcripciones desde septiembre 27": El propio cable identifica al Grupo de Contraespionaje como la fuente de la solicitud. O'Neal se especifica como el autor en Cronología MCJFK, 6, citando DIR 84886.

Phillips dijo que las cintas se habían borrado: Memorando a senadores Schweiker y Hart, 3.

Win envió tres de las transcripciones a Washington: Cronología MCJFK, 6-7.

"interés sustancial" de la estación en Durán: Testimonio HSCA de Phillips, noviembre 27, 1976, 8.

Relación de Durán con Lechuga: Win Scott mencionó la relación a los miembros de la Comisión Warren que lo visitaron en abril de 1964. Memorando para el archivo sobre viaje a la Ciudad de México, de W. David Slawson, abril 22, 1964, 22-23, Colección Segregada de la CIA, JFK/CIA RIF 104-10086-10254 (en adelante Reporte Slawson). Ver también Newman, *Oswald and the CIA*, 279-282.

"un gringo rubio de ojos azules": *LHR*, 199.

Nota de Win a Echeverría: Memorando: Silvia Durán, noviembre 23, 1963, JFK/CIA RIF 104-10195-10358.

Win pidió a Díaz Ordaz que agentes de Gobernación arrestaran a Silvia Durán: Cronología MCJFK, 6-7.

Win llamó a Díaz Ordaz: Cronología MCJFK, 8.

López Mateos sabía de la llamada de septiembre 28: Cable, MEXI-DIR "Echeverría dijo a jefe de estación que Durán fue muy cooperativa", JFK/CIA RIF 104-10195-10318.

Whitten llamó por una línea no segura: Memorando para el Archivo, C/WH/3, noviembre 23, 1963, JFK/CIA RIF 104-10015-10059 (en adelante Whitten Memorando para el Archivo).

Arresto de Durán como "asunto extremadamente grave": Cable: Arresto de Silvia Durán, DIR 84916, noviembre 23, 1963, JFK/CIA RIF 104-10015-10118.

Karamessines se aventuró a decir: "los cubanos fueron responsables": Senado de los EUA, *Final Report of the Select Committee a Study Government Operations with Respect a Intelligence Activities*, 25.

Whitten objetó la orden de Karamessines: Whitten, memorando para el archivo.

Whitten a Comité Church sobre Karamessines y "estaba en el aire": Testimonio de "John Scelso" a Comité Church, mayo 7, 1976, 5, JFK/SSCIA 157-100014-10083 (en adelante Testimonio Church al Comité Whitten).

"Entonces no estábamos tan seguros de que Oswald no fuera un agente cubano": "John Scelso", entrevista, Testimonio Whitten HSCA, 141-142.

"vago recuerdo" de Angleton: Testimonio de James J. Angleton a Comité Selecto del Senado en Inteligencia, febrero 6, 1976, 53, JFK/SSCIA 157-10014-10003.

El DRE quería endilgar a Cuba la responsabilidad de la muerte de Kennedy: Entrevistas con ex líderes del DRE.

El *New York Times* citó a Bringuier: Peter Kihss, "Vida del Sospechoso Ha Sido Extraña", en *New York Times*, noviembre 23, 1963.

El *Miami News* reportó: Mary Louise Wilkinson, "Sospechoso Oswald Es Conocido Aquí", en *Miami News*, noviembre 23, 1963, 1.

La publicación del DRE **sobre "Los Presuntos Asesinos":** Archivos DRE.

Castro sobre muerte de Kennedy como "malas noticias": Jean Daniel, "Cuando Castro Escuchó las Noticias", en *New Republic*, diciembre 7, 1963.

"¿Qué hay detrás del asesinato de Kennedy?": Castro hizo la pregunta en un discurso en noviembre 23. El discurso se publicó en la edición de *Política*, el semanario mexicano, en diciembre 1, 1963, bajo el título "Cuba Ante el Asesinato de Kennedy". Una versión en inglés aparece en E. Martin Schotz, *History Will Not Absolve Us: Orwellian Control, Public Denial and the Murder of President Kennedy*, 53-86.

"¡Qué curioso!... Dicen que es un castrista": Schotz, *History Will Not Absolve Us*, 80.

"Podía ser un agente de la CIA **o del** FBI**":** Schotz, *History Will Not Absolve Us*, 80.

Echeverría se reportó con Win... "Interrogar con fuerza": Cronología MCJFK, 9.

Win informó a Mann, quien quedó "muy complacido": MEXI 7046.

Echeverría visitó la oficina de Win para informar sobre Durán: MEXI 7046. La declaración de Durán se envió a Washington en MEXI 7105. Se cita en *LHR*, 190.

Janet y los niños miraban la televisión: Gregory Leddy y Michael Scott, entrevistas.

"UNA OPERACIÓN TRANSPARENTE"

Este capítulo se apoya en los archivos de la Biblioteca Lyndon B. Johnson; la Cronología MCJFK, un resumen de 133 páginas del contenido del expediente del asesinato de John F. Kennedy en la estación de la Ciudad de México; y en las invaluables *Kennedy Assassination Tapes*, de Max Holland.

También aprovecha una entrevista telefónica con Larry Keenan, ex agente del FBI, que también compartió unas memorias inéditas de los eventos de 1963.

Johnson temía que hubiese guerra: Holland, *Kennedy Assassination Tapes*, 69.

Johnson pasó una hora con McCone: Memorando para el archivo: "Discusión con el Presidente Johnson", noviembre 25, 1963, John McCone, memorandos, reuniones con el presidente, caja 1, carpeta 23 Nov. 1963-27 dic. 1963, documento 2, documentos LBJ. También citado en Holland, *Kennedy Assassination Tapes*, 82.

"La búsqueda de datos sobre Oswald en noviembre 22": De: "Resumen de Información Relevante sobre Lee Harvey OSWALD a las 0700 24 noviembre de 1963", JFK/CIA RIF 104-10015-10359.

Win se reúne con Mann y Manuel Tello: Cable, MEXI-DIR, Oswald pidió Rifle, noviembre 24, 1964, JFK/CIA RIF 104-10015-10081.

Durán lo negó: Durán dijo públicamente que no la habían maltratado. Pero a amigos cercanos les habló sobre moretones en los brazos y les dijo que la habían sacudido violentamente. Por ejemplo, en diciembre 2, 1963, un amigo norteamericano llamó a Luisa Calderón, una empleada de la embajada cubana. "Está bien", le dijo Calderón, "sólo unos moretones en los brazos cuando se los tomaron con fuerza." Citado en Cronología MCJFK, 39.

Win llegó a creer en la relación Oswald-Durán: Cable, MEXI-DIR, asunto: Cuba, Operación [redactado], junio 18, 1967. "Que Silvia Durán haya tenido relaciones sexuales en varias ocasiones con Oswald cuando el último estaba en la Ciudad de México tal vez sea una novedad pero agrega poco al caso de Oswald", escribió Scott. La documentación de la supuesta relación Oswald-Durán se resume en Newman, *Oswald and the CIA*, 377-391.

Anderson informó lo que había averiguado el FBI sobre el asesino acusado: Cronología MCJFK, 13.

Win ordenó rastrear a "Alek Hidell": Cronología MCJFK, 18.

Al cuartel general no le preocupaba que el arresto de Durán se atribuyera a los Estados Unidos: Cronología MCJFK, 13-14.

"Soy un chivo expiatorio": Summers, *Not in Your Lifetime*, 44. Los argumentos contra una conspiración en Posner, *Cased Closed*, Mailer, *Oswald's Tale*, y McMillan, *Marina and Lee* no mencionan que Oswald haya dicho que era un "chivo expiatorio".

"Es un complot": Cronología MCJFK, 11.

Hoover habla con Walter Jenkins: Comité Church, libro V, 33.

Memorando de Katzenbach a Moyers: Reporte HSCA, vol. 3, 567.

Phillips busca refutar al "enjambre de escépticos": Phillips, *Night Watch*, 140.

Llamadas de Alvarado: Cronología MCJFK, 19.

Oficiales de la CIA recogen a Alvarado: Cronología MCJFK, 36.

Win leyó la transcripción de LIENVOY sobre la llamada telefónica Armas-Dorticós: Cable, DIR 85177 a FBI, WH (McGeorge Bundy) y DOS (U. Alexis Johnson), basado en MEXI 7068; Cronología MCJFK, 21.

Crecientes sospechas de Mann: Cronología MCJFK, 22-23, citando MEXI 7072.

"el embajador siente que no están informado bien sobre aspectos de estos casos": Cronología MCJFK, 23.

Cuartel general sobre Alvarado: CIA-Casa Blanca, FBI, Dept. de Estado, "Confirmación Biográfica sobre Gilberto Alvarado", noviembre 26, 1963, DIR 85089, JFK/CIA RIF 104-10015-10157. La CIA informó que Alvarado "es un conocido nicaragüense comunista clandestino que también es un informante del Servicio de Seguridad nicaragüense; esta dependencia ha proporcionado a la CIA reportes durante más de un año".

Win quería que Phillips interrogara a Alvarado: Cronología MCJFK, 23.

Alvarado mentía, "y no lo hacía muy bien": Phillips, *Night Watch*, 142.

Phillips pidió a Alvarado que observara diecisiete fotografías de vigilancia: Cable, "Entrevista Alvarado noche posterior 26 nov", MEXI 7098, Russ Holmes Work File, JFK/CIA RIF 104-10434-10094.

"Descripciones parciales como obligaciones, altura, color de piel": MEXI 7098.

Phillips escuchó el relato de Alvarado: MEXI 7069, México 7098.

Mann quería arrestar otra vez a Durán: Cable, CIA a FBI, Casa Blanca, asunto, "Sugerencias del embajador Mann" (DIR 85195), noviembre 27, 1963, JFK/CIA RIF 104-10015-10162.

Helms respondió que la historia de Alvarado debía investigarse: Cronología MCJFK, 26, citando DIR 85198. Helms reitera sus dudas al día siguiente, noviembre 28. Ver Cronología MCJFK, 34, citando DIR 85616.

Echeverría llamó a Win para hablar del arresto de Durán: Cable: Attn: Knight y Galbond, MEXI-DIR, "Embajador Mann, principales acontecimientos de las últimas 24 horas", noviembre 27, 1963 (MEXI 7104), JFK/CIA RIF 104-10247-10410. También en Cronología MCJFK, 28-29.

Mann exigió acción: Cronología MCJFK, 28-29, citando MEXI 7104.

Win estaba menos impresionado que Phillips con la historia de Alvarado: Cronología MCJFK, 29, citando MEXI 7107.

Helms dijo a Mann que no esperara una respuesta inmediata: Cronología MCJFK, 31-32.

Win quería entregar a Alvarado a los mexicanos: Cronología MCJFK, 34, citando MEXI 7113.

Helms consultó con Birch O'Neal... El FBI dijo que Alvarado era un agente "bajo el control" de la agencia: Memorando, "Lee Harvey Oswald", noviembre 29, 1963, JFK/CIA RIF 104-10054-10279.

Whitten solicita que "nos mantengan informados": Cronología MCJFK 36, citando DIR 85672.

Johnson se reúne con sus principales consejeros para discutir los últimos reportes de la Ciudad de México; llama a Mansfield: Holland, *Kennedy Assassination Tapes*, 119-122.

Hoover envía a Keenan, quien se reúne con Win y Mann: Keenan describe la reunión en un manuscrito inédito, el cual compartió conmigo, y en una entrevista, julio 5, 2005.

Mann sobre "la experiencia más extraña de mi vida": Tom Mann, entrevista con Dick Russell, julio 5, 1992, cortesía de Dick Russell.

Gutiérrez Barrios salió del interrogatorio a Alvarado a las 11:30 de la mañana: Cronología MCJFK, 37, citando MEXI 7127.

Hoover dice: "Este asunto en México nos está dando muchos problemas": Holland, *Kennedy Assassination Tapes*, 138.

Mensaje de Bobby y Jackie Kennedy a soviéticos sobre "opositores estadounidenses": Fursenko y Naftali, *One Hell of a Gamble*, 344-345.

Johnson persuade a Warren para que encabece la investigación; Warren tiene lágrimas en los ojos: Holland, *Kennedy Assassination Tapes*, 160, citando memorias de Warren.

Gutiérrez Barrios sobre la "mentira fantástica" de Alvarado y "el mejor mentiroso con el que he hablado": Cronología MCJFK, 38, citando MEXI 7156.

Llega el tratante de Alvarado del servicio nicaragüense de inteligencia; Gutiérrez Barrios llama a Win para decir que Alvarado se había retractado: Cronología MCJFK, 39, citando MEXI 7168.

Alvarado dejó claro en su primera conversación que odiaba a Castro: Cable, MEXI-DIR, entrevista de Alvarado, noviembre 26, 1963 (MEXI 7069) JFK/CIA RIF 104-10195-10213. El oficial coordinador responsable del cable era "Michael Choaden", uno de los muchos seudónimos de Phillips.

Alvarado volvió a su historia original: Cronología MCJFK, 49, citando MEXI 7289.

"Tengo una teoría, casi una convicción... una operación transparente": Phillips, *Night Watch*, 142.

Tres reportes de la CIA de la primavera de 1963 demuestran que Alvarado era un informante: Ver Reporte de Información de Campo, "Actividades revolucionarias del Frente de Liberación Nacional en Honduras y Nicaragua", febrero 22, 1963; HSCA CIA Colección Segregada (microfilme), JFK/CIA RIF 104-10162-1289; portada del reporte "Re: Gilberto Alvarado Ugarte", marzo 18, 1963, HSCA Colección Segregada de la CIA, JFK/CIA RIF 104-10069-10225. Mientras que el agregado del FBI en Nicaragua expresó "serias dudas" sobre la confiabilidad de Alvarado, la CIA informó que su agente en el servicio de inteligencia nicaragüense "tiene muy buena opinión de esta fuente". Dos meses después, ese agente pasó otro reporte de Alvarado. Reporte de campo, actividades del Frente de Liberación Nacional en Costa Rica y Nicaragua, mayo 16, 1963, HSCA Colección Segregada de la CIA (microfilme), JFK/CIA RIF 104-10162-10287.

"Comparto esa culpa"

Elogio de J. C. King a Win: Despacho: "Quisiéramos tomarnos un tiempo...", de jefe de división hemisferio occidental a: jefe de estación, Ciudad de México, diciembre 17, 1963, JFK/CIA RIF 104-10127-10172.

Win puso la carta en su caja fuerte: Memorando para jefe de enlace y supervisión, de B. Hugh Tovar, "Inventario de la Ciudad de México, archivo de jefe de estación", mayo 5, 1977.

Whitten, brillante aunque autoritario: Para un perfil de Whitten, quien tuvo una exitosa segunda carrera como cantante de coro en Europa, ver Jefferson Morley, "El Buen Espía", en *Washington Monthly*, diciembre 2003.

Whitten y su equipo de treinta hombres: Testimonio Whitten HSCA, 132.

"Angleton no fue capaz de influir... la investigación": Testimonio de John Scelso ante el Comité Church, mayo 7, 1976, 48 (en adelante Testimonio de Whitten ante el Comité Church). "Scelso" era el seudónimo de Whitten.

"Me enteré de una inmensidad de datos esenciales": Testimonio Whitten ante el Comité Church, 10. Whitten contó la misma historia ante el HSCA en 1978. Whitten Testimonio HSCA, 113-114.

Whitten y la reunión de Nochebuena: Memorando para jefe de contraespionaje, jefe de división SR, asunto: "Inexactitudes y errores en redacción de Reporte GPFLOOR", diciembre 24, 1963, CIA/JFK RIF 104-10019-10020.

"Helms quería que condujera la investigación alguien que estuviera colaborando con el FBI": Testimonio Church al Comité Whitten, 65.

"Jim preferiría dejar a la comisión fuera de este asunto": De Rock a Dick, asunto "Aquí tenemos un problema para que ustedes decidan", marzo 5, 1964, HSCA Segregated Collection, JFK/CIA RIF 104-10423-10190. Whitten no era un teórico de conspiraciones. Siempre dijo que creía que Oswald actuó solo. Pero tembién opinaba que el manejo que Helms hizo de la investigación del asesinato de John F. Kennedy era "moralmente condenable". Atestiguó que J. C. King le había dicho que Angleton bloqueó las pesquisas sobre las operaciones de lavado de dinero en Las Vegas para proteger a sus informantes de la mafia; Testimonio Church al Comité Whitten, 40-41.

"Entiendo que están autorizados para recibir material ultrasecreto": Reporte Slawson, 22-23.

Dos meses antes, Helms había dicho a la comisión: De Richard Helms a Lee Rankin, asunto: "Información de la CIA sobre actividad de Lee Harvey Oswald en la Ciudad de México 28 septiembre-3 octubre de 1963", enero 31, 1964, HSCA CIA Colección Segregada, JFK/CIA RIF 104-10087-10166.

Los comentarios de Win "revelaron de inmediato cuán incorrecta era nuestra información previa": Reporte Slawson, 24.

Reporte LIERODE: Despacho: a jefe KURIOT, de jefe de estación Ciudad de México, reporte mensual operativo, 1-30 sept. de 1963, octubre 18, 1963, 5 pp., carpeta de trabajo de Russ Holmes, CIA/JFK RIF 104-10414-10371 (en adelante Reporte LIERODE septiembre 1963).

"En mi opinión profesional, probablemente no hubo una conspiración extranjera": Reporte Slawson, 26.

A Win no se le mostró la carta de Oswald a la embajada soviética: Reporte Slawson, 26.

"Una mexicana picante": Reporte Slawson, 19.

Miembros de la Comisión Warren con Echeverría: Reporte Slawson, 35-39.

Slawson hizo una cronología de los telefonemas de Oswald: Reporte Slawson, 45.

Phillips, responsable de la traducción de la CIA: En 1978, Goodpasture dijo a los investigadores del Congreso: "Creo que Dave Phillips pidió a alguien que hiciera la traducción". HSCA, entrevista de Anne Goodpasture, noviembre 20, 1978, 12.

Cambió la historia de Durán: La traducción al inglés entregada a la Comisión Warren se convirtió en el expediente 2120 de la comisión. La diferencia entre la versión en español de la declaración de Durán de noviembre 27, 1963, y CE2120 se hace notar en *LHR*, 190. "La negativa directa de Durán 'No volvió a llamar', se tradujo como 'no recuerda si Oswald le llamó o no al número del consulado'". Los autores de *LHR* mencionan que sin el cambio, "las conclusiones de la Comisión Warren no hubiesen parecido tan firmes".

"El legado del AMLASH**":** Anthony y Robbyn Summers, "Los Fantasmas de Noviembre", en *Vanity Fair,* noviembre 1993. El abogado James Lesar de Washington, quien representó a Summers en el litigio con Phillips tenía una copia de sus notas sobre "El Legado del AMLASH".

Win evalúa a Phillips: Evaluación de desempeño, David A. Phillips, agosto 31, 1964, JFK/CIA RIF 104-10194-1002.

UNA ADVERTENCIA ANÓNIMA

A tres miembros de la Comisión Warren no les convence la historia de una sola bala: Kurtz, *John F. Kennedy Assassination Debates,* 22.

Dudas de Russell se omiten del texto: Kurtz, *John F. Kennedy Assassination Debates,* 22.

Win recibe reporte sobre Elena Garro: Cronología MCJFK, 87. La cadena de comunicación era complicada. Garro le dijo a una amiga, Eunice Odio, quien le dijo a un informante de la agencia conocido en los expedientes como TICHBORN, quien le pasó el dato a Jim Flannery, el jefe de acción encubierta de la estación. Flannery le dijo a Win.

Win escucha la historia de June Cobb: Cronología MCJFK, 94.

Historia de Garro: El tráfico de cables de la CIA sobre el asunto se resume en la Cronología MCJFK, 87-94. Ver también Newman, *Oswald and the CIA,* 377-391.

Angleton obtiene el diario de Mary Meyers: Burleigh, *A Very Private Woman,* 244-251.

Recuento de Ben Bradlee: Bradlee, *A Good Life,* 265-271.

Comentarios de Bobby Kennedy sobre el Informe Warren: Memorando, Direccion Federal de Seguridad, secretario de Gobernación, noviembre 16, 1964. En el original en español, el pasaje dice: "Sobre el Informe Warren, dijo que estaba de acuerdo y creía en la veracidad del mismo, hasta donde fue posible realizar la investigación". Proviene de un paquete de documentos proporcionado por el Archivo General de la Nación.

Sospechas de Bobby Kennedy en 1964: Las dudas privadas de Bobby sobre el Informe Warren durante este tiempo se detallan en Tallbot, *Brothers,* 299-308.

Historia de Elena Garro: MEXI 5621 citado en Cronología MCJFK, 92. El agregado legal del FBI, Clark Anderson, dijo que las afirmaciones de Garro "no tenían sustento"; Cronología MCJFK, 95. Garro respondió que un oficial de la seguridad mexicana la había retenido contra su voluntad durante una semana porque había hablado sobre la relación Oswald-Durán el día después del asesinato. Le dijo a Anderson que revisara el registro del Hotel Vermont, donde aseguró que la habían retenido. En octubre 13, 1967, Anderson informó a Scott que Elena Garro, "ama de casa de San Luis Potosí", se había registrado en el Hotel Vermont en noviembre 23, 1963, salió en noviembre 24, se registró de nuevo en noviembre 25, salió en noviembre 27, se registró de nuevo en noviembre 28, y salió en noviembre 30. Cronología MCJFK, 98. Así que al menos parte de su historia parecía verdadera.

"Qué imaginación tiene": Cronología MCJFK, 92 citando "Nota a Stan W. de jefe de estación."

Win recortó artículos sobre el asesinato de Kennedy: Los artículos se citan en la cronología de la estación de la Ciudad de México. El artículo de Buckley se cita en Cronología MCJFK, 98.

Win envió un cable al cuartel general sobre la nota del 3 de marzo sobre "reporte aún secreto de la CIA": Cronología MCJFK, 105. Helms estuvo de acuerdo con Win en que el cable debía permanecer clasificado. No se desclasificaría por completo sino hasta finales de los años noventa.

Win tenía alta presión arterial: Notas desclasificadas sobre la visita de Michael Scott a la CIA, abril 4, 1998.

Historia de Óscar Contreras: Carta oficial, informal y confidencial, citada en Cronología MCJFK, 114.

Revelación de LIRING sobre Silvia Durán: Cronología MCJFK, 116, citando HMMA 32243.

"Que Silvia Durán haya tenido relaciones sexuales en varias ocasiones con Oswald... tal vez sea una novedad pero agrega poco al caso de Oswald": HMMA 32243, citado en MCJFK Chronology, 116, citando HMMA 32243. Para ampliación de este episodio, ver *LHR, 196*; Newman, *Oswald and the CIA,* 379-386.

"Vamos a pelar a Castro como una cebolla": Tom Polgar entrevista, febrero 2006.

Memorando sobre "animadversión" cubana hacia Kennedy: Memorando para el Archivo, "Posible animadversión del DRE hacia el presidente Kennedy", marzo 8, 1967, JFK/CIA RIF 104-10181-10117. El memorando lo escribió Calvin Thomas, un oficial de operaciones que había trabajado con el DRE en 1963. Aseguró que las afirmaciones de Garrison de que los exiliados anticastristas estaban tras el asesinato de Kennedy traían a la mente una preocupación que él tuvo en noviembre de 1963. Los líderes del DRE, escribió, habían mostrado "disgusto y amargura porque el presidente Kennedy no había buscado una más enérgica 'liberación' de Cuba. Si esta animadversión, que podía discernirse en señales ocasionales de rabia u odio o desmotivación, pudo traducirse en un deseo de venganza, es algo que deben saber mejor los oficiales que trataron con este grupo después del verano de 1963".

El memorando de Thomas se reenvió al Grupo de Operaciones Cubanas de Phillips. Un empleado del COG revisó los archivos de la oficina y halló una carta, fechada en enero de 1963, que informaba al Fiscal General Bobby Kennedy del apoyo de la agencia a la propaganda del DRE y las actividades de recolección de inteligencia junto con la advertencia de que "el DRE no es un grupo bajo el control completo de la agencia" y advirtiendo que sus miembros podrían "llevar a cabo aisladas operaciones paramilitares sin previa notificación". Este recordatorio de que los antagonistas de Oswald en el DRE tenían un historial de acciones violentas no autorizadas era poco tranquilizador en el contexto del asesinato de Kennedy. Cuando el memorando de Thomas finalmente llamó la atención de Phillips, él rechazó su "información adecuada e imparcialidad". Se convocó a otros dos oficiales relacionados con las operaciones de la CIA en Nueva Orleans, y ellos también rechazaron la inquietud de Thomas. En su memorando original, Thomas había sugerido específicamente hablar con el oficial que había manejado los contactos con el DRE "tras el verano de 1963". Se trataba de George Joannides, el hombre de Dick Helms en Miami. Sus opiniones sobre el DRE y Oswald quedaron sin registrarse.

Despacho de Helms sobre los críticos de la Comisión Warren: "Respuesta a las críticas del Informe Warren", abril 1, 1967, archivo de trabajo de Russ Holmes, JFK/CIA RIF 104-10406-10110. El autor del despacho se identifica como "Jefe de WOVIEW"; WO/VIEW era el nombre clave de la división del hemisferio occidental. Bill Broe era el jefe de división, pero las ideas son claramente de Helms.

Win habló con Marty Underwood sobre el incidente del avión cubano de noviembre 22, 1963: Carta, Marty Underwood a David H. Marwell, Junta de Revisión de Documentos del Asesinato de John F. Kennedy, agosto 25, 1997, cortesía de Gus Russo.

Carta de "Lund": Carta, "Thomas Lund" a "Willard Curtis", junio 14, 1967, Michael Scott, archivos FOIA. Mary Ferrel, investigadora de John F. Kennedy, especuló que "Lund" fuera Karamessines. El tono familiar de la carta, la discreción con que se dirigió, y el acceso a inteligencia sobre LIO-SAGE dan cabida a esa suposición. "Lund" tenía que ser un personaje de muy alto rango que conocía a Win desde hacía mucho tiempo y tenía acceso a la información más importante.

Win sugiere que se revise el expediente de Oswald: Carta de: Thomas W. Lund a Willard, "Carta con referencia al material que revisa la Comisión Warren sobre Lee Harvey Oswald", julio 5, 1967, HSCA Colección Segregada de la CIA, JFK/CIA RIF 104-10147-10376.

Win retuvo una copia: La carta de "Lund" apareció en al material que Angleton y John Horton se llevaron de casa de Win en abril de 1971. Memorando para jefe de enlace y monitoreo, de B. Hugh Tovar, "Inventario de documentos del jefe de estación de la Ciudad de México", mayo 5, 1977.

Cronología de 133 páginas de Goodpasture: En una entrevista de 2005 a Goodpasture, ella dijo que no recordaba haber preparado el documento. El asistente de Angleton, Ray Rocca, dijo bajo juramento que Goodpasture era la autora del "maravilloso" documento. Declaración de Raymond G. Rocca, julio 17, 1978, HSCA Testimonio Clasificado de Seguridad, John F. Kennedy HSCA 180-10110-10004.

"La Comisión Warren no hizo un trabajo de investigación adecuado": Cronología MCJFK, 97.

LOS COMPADRES

Deserción de Juana Castro: MCSHE, 46; entrevista confidencial.

"Win nunca confiaba en nadie": Goodpasture entrevista, mayo 2-3, 2005.

Freeman intentó controlar los contactos presidenciales y fue rechazado: Según Goodpasture, Mann llamó a Freeman a Washington para tener "una conversación privada", tras lo cual se desechó el asunto; MCSHE, 451. Escuché que las reuniones de Win con Díaz Ordaz terminaron sólo cuando Win Scott recibió amenazas de muerte. No pude confirmar la historia. Pese a la disputa, Win y Freeman continuaron siendo amigos personales y profesionales.

Agee escuchó que las "expectativas" de Freeman chocaron con la preferencia del presidente para tratar con Scott: Agee, *Inside the Company,* 525.

Los inspectores de la agencia consideraron que la estación era "clásica": MCSHE, 47, 401. Entre los comentarios: "Amplia capacidad de apoyo, que se concentraba en la comunidad cubana, incluyendo, una operación de papelera y basura, reclutamiento de personal de la embajada de Cuba, intervención de cada línea telefónica de la embajada de Cuba y la residencia oficial mediante el LIFEAT O LIENVOY; cobertura fotográfica de las entradas de la embajada cubana (LIONION [un nombre nuevo para lo que había sido LIERODE]); lista completa de pasajeros del LIFIRE de todos los vuelos de llegada y salida por parte de las 45 líneas internacionales que hacen conexiones diarias en la Ciudad de México, entregada tres veces a la semana empacadas en valijas".

"Era un hombre meticuloso, un afanador": Entrevista confidencial.

Díaz Ordaz "actuaría en la mayoría de los casos como se le solicitara": Despacho, "Operativo/LITEMPO-2 Solicitud de datos sobre terroristas en tránsito por México", octubre 25, 1963, JFK/CIA RIF 104-10516-10061.

Relato de Win de cuando Díaz Ordaz se paró: Entrevistas familiares.

Echeverría y Gutiérrez Barrios promovidos: Aguayo Quezada, *La Charola,* 300.

Goodpasture sobre Gutiérrez Barrios y la DFS: MCSHE, 38.

Reporte diario de Win al presidente mexicano: Ferguson Dempster, entrevista con Michael Scott; Agee, *Inside the Company,* 526.

La vida en casa era buena: Entrevistas con Michael Scott, Gregory Leddy y George Leddy.

Modernización de la Ciudad de México: Paul Kennedy, "Grandes Obras Son Grandes Noticias en la Ciudad de México", en *New York Times,* junio 13, 1965, 51.

Win hace una cita para que Underwood se reúna con Luis Echeverría: Underwood describió a Win como "una de las personas políticamente más inteligentes que he conocido". El recuento de Underwood se halla en las notas fechadas de abril 21, 1966, que entregó a la Junta de Revisión de Documentos del Asesinato de John F. Kennedy. Cortesía de Gus Russo.

Johnson recibió una entusiasta bienvenida: Henry Giniger, "Johnson Arriba a la Ciudad de México y Recibe Entusiasta Bienvanida", en *New York Times,* abril 15, 1966, 1.

Manifestaciones antiyanquis: Airgram, Fulton Freeman a Dept. de Estado, abril 15, 1966, "Visita de presidente y señora Johnson y delegación a México", Archivo de Seguridad National, Correspondencia especial de jefe de Estado, México, correspondencia presidencial, caja 38, parte II [2 of 2], documento 15, adjunto 5, p. 1.

Nada sino elogios para el despliegue de seguridad que hizo la agencia: MC-SHE, 443.

Arresto y condena de Galán: MCSHE, 233; Aguayo Quezada, *La Charola,* 131.

Win considera a Galán "prolífico y ardiente" apologista de Castro: Cronología MCJFK, 95.

Galán intenta formar un nuevo partido político: MCSHE, 233.

El rol de Miguel Nazar: En una entrevista en febrero 2006, Nazar describió su relación de trabajo cercana y amistad con Win entre 1960 y 1971. Nazar tal vez era el agente pagado conocido como LITEMPO-12 en los cables de la CIA. Nazar fue una figura clave en una sombría unidad de seguridad llamada C-47, de acuerdo con el relato que hace Sergio Aguayo sobre el arresto de Galán. Aguayo Quezada, *La Charola,* 128. Goodpasture escribió sobre el arresto de Galán y el rol del C-47 en su historia de la estación, con énfasis en el rol del funcionario mexicano conocido como LITEMPO-12; MCSHE, 422-423, de la historia de la estación de la Ciudad de México, de Goodpasture. El parecido de ambos relatos es una fuerte evidencia de que Nazar era LITEMPO-12.

De los 45 millones de habitantes de México, el 40 por ciento eran campesinos sin tierra: Reporte sobre México del director de inteligencia: "Los problemas del progreso", archivo de Seguridad Nacional, Archivo de País, México, caja 60, cable de México, vol. III 3/67-11/67, carpeta 2, doc. 37, Biblioteca Lyndon B. Johnson.

Incidente de rifles guatemaltecos: Cable de información de inteligencia de la CIA, septiembre 27, 1966, Archivo de Seguridad Nacional, memorandos Bowdler, carpeta 5, doc. 34.

Los inspectores quieren reportes de más alto nivel sobre los comunistas: MCSHE, 444.

Seis días y noches para destruir todos los documentos: MCSHE, 56-56.

Dulles visita México en marzo de 1968: Carta de WMS a Allen Dulles, marzo 14, 1968, Departamento de Libros Raros y Colecciones Especiales, Biblioteca de la Universidad de Princeton. Los arreglos de la cena se encuentran en la bitácora de fiestas que llevaba Janet Scott.

"Era 'Sí, señor director, no, señor director'": Gregory Leddy, entrevista.

Carta de recomendación de Dulles para Win: Carta de Allen Dulles a Win Scott, abril 21, 1968, y Departamento de Libros Raros y Colecciones Especiales, Universidad de Princeton.

LA NOCHE DE TLATELOLCO

Este capítulo se apoya en documentos del gobierno de los Estados Unidos que obtuvo el Proyecto México del Archivo de Seguridad Nacional. Los documentos están disponibles en la página web del archivo: http://www.gwu. edu/~nsarchiv/mexico/ (en adelante NSAMP).

Win canta canción sobre Castro y va a estación de policía: Gregory Leddy, entrevista.

Freeman convoca una reunión para discutir las protestas estudiantiles y los reportes sobre "diversos medios de controlar e influir en la opinión de los estudiantes": NSAMP: Embajada de EUA en México, telegrama confidencial, junio 14, 1968, Archivos Nacionales, RG 59, 1967-69, Pol 13-2 Mex, caja 2341.

Freeman sobre "muy poca posibilidad de que [las protestas estudiantiles] alcanzaran proporciones críticas": Aguayo Quezada, *La Charola*, 133, citando cable de Freeman cable, Estado 186094, julio 23, Pol 13-2 Mex. Archivos Nacionales.

Manifestación en el Zócalo como "un ejemplo clásico de la capacidad de los comunistas para convertir una manifestación pacífica en un gran distur-

bio": Resumen de inteligencia secreta, "Estudiantes montan importantes desórdenes en México", agosto 2, 1968, NSAMP.

Diversidad del movimiento estudiantil: Krauze, *MBOP*, 700-705.

Estudio de la embajada sobre cuarenta incidentes de disturbios estudiantiles: Airgram, "Análisis de disturbios estudiantiles en México en años recientes", agosto 23, 1968, embajada de los EUA en México, uso oficial limitado, Archivos Nacionales, grupo 59, 1967-69 Pol 13-2 Mex, caja 2340.

Win dice: "La oficina de la presidencia está en un estado de considerable agitación": CIA, cable confidencial de información de inteligencia, agosto 8, 1968, NSAMP.

Win sobre "el actual punto muerto": Análisis de inteligencia ultrasecreta de la CIA, "Gobierno mexicano en un dilema por la crisis estudiantil", agosto 23, 1968, NSAMP.

"cualquier agitación sería sofocada": Telegrama secreto, "Después del informe presidencial", septiembre 1, 1968, embajada de los EUA en México, Archivos Nacionales, RG 59, 1967-69 Pol 13-2 Mex, caja 2340; resumen de inteligencia secreta, "Gobierno mexicano detiene movimiento estudiantil", CIA, septiembre 6, 1968, NSAMP.

"Parecía que pisoteábamos todo el torrente de palabras de los políticos": Poniatowska, *Massacre in Mexico,* 53-54.

"Época de infinita esperanza y falsas ilusiones": Krauze, *MBOP*, 735.

Tropas ingresan a las universidades: Memorando de Rostow al presidente, septiembre 19, 1968, Archivo de Seguridad Nacional, Archivo de País, México, caja 60, México, memos y misc., vol. IV 1/68-10/68, carpeta 7, docs. 65 y 66, Biblioteca Lyndon B. Johnson. También Aguayo Quezada, *La Charola,* 135.

Gobierno "no quiere poner la solución en riesgo": Telegrama secreto, "Gobierno mexicano continúa con medidas enérgicas", septiembre 27, 1968, Embajada de los EUA en México, Archivos Nacionales, RG 59, 1967-69 Pol 13-2 Mex, caja 2340.

"Cualquier estimación, como ésta… debe tomar en cuenta la presencia de radicales y extremistas": Cable confidencial de información de inteligencia, "Evaluación de la situación: capacidad de los estudiantes para causar problemas en las Olimpiadas", estación de la CIA en México, octubre 2, 1968, NSAMP.

Marcha en la Plaza de las Tres Culturas: Poniatowska, *Massacre in Mexico,* 202-208; Aguayo Quezada, *La Charola,* 135-148.

Luis Gutiérrez Oropeza… había apostado diez hombres armados en el piso superior del edificio Chihuahua y les dio órdenes de disparar: Krauze, *MBOP*, 719-720.

Oropeza era el enlace entre Díaz Ordaz y Echeverría: Jorge Castañeda, *Perpetuating Power: How Mexican Presidents Were Chosen,* 17.

"Nadie observó de dónde salieron los primeros disparos": Poniatowska, *Massacre in México*, 203.

Krauze sobre una "operación de terror": Krauze, *MBOP*, 719-720.

El tiroteo duró más de una hora: Krauze, *MBOP*, 719-720.

"La tormenta de balas disparadas al edificio Chihuahua": Poniatowska, *Massacre in Mexico*, 235.

"Los cadáveres yacían en el pavimento": Poniatowska, *Massacre in Mexico*, 209.

Notas de periódicos: Poniatowska, *Massacre in Mexico*, 200-201.

Win entregó su primer reporte alrededor de la medianoche: Cable de la CIA a la Casa Blanca, octubre 3, 1968, recibido a las 10:04 a.m., "Situación Ciudad de México Sitrep a las 0000 horas tiempo local", Archivo de Seguridad Nacional, Archivo de País, México, caja 60, México, memos y misc., vol. IV 1/68-10/68, carpeta 7, docs. 69 y 70, Biblioteca Lyndon B. Johnson.

Win cita "observadores entrenados": Cable confidencial de información de inteligencia, Ciudad de México, estación de la CIA, octubre 4, 1968, NSAMP.

Reporte del FBI sobre estudiantes trotskistas: Cable del FBI al presidente, "Actividades procomunistas de estudiantes en México", octubre 5, 1968, 16:58, Archivo de Seguridad Nacional, Archivo de País, México, caja 60, México, memos y misc., vol. IV 1/68-10/68, carpeta 7, doc. 71d, Biblioteca Lyndon B. Johnson.

Díaz Ordaz dijo que el disturbio había sido "cuidadosamente planeado": Cable del FBI al presidente, "Actividades procomunistas de estudiantes en México", octubre 5, 1968, 16:58, Archivo de Seguridad Nacional, Archivo de País, México, caja 60, México, memos y misc., vol. IV 1/68-10/68, carpeta 7, doc. 71d, Biblioteca Lyndon B. Johnson.

Díaz Ordaz y Echeverría habían trabajado tácitamente juntos: Castañeda, *Perpetuating Power*, 11.

Preguntas de Rostow para Win: Sam Lewis, memorando para Walt Rostow, "Disturbios mexicanos", octubre 9, 1968, Archivo de Seguridad Nacional, Archivo de País, México, caja 60, México, memos y misc., vol. IV 1/68-10/68, carpeta 7, docs. 74 y 74a, Biblioteca Lyndon B. Johnson.

Wallace Stuart sobre distintas versiones de lo que ocurrió en Tlatelolco: Carta confidencial, "Embajada informando durante disturbios estudiantiles", octubre 18, 1968, Embajada de los EUA en México, NSAMP.

Tlatelolco "acentuó la turbulencia de esos años": Aguayo Quezada, *La Charola*, 132.

Nota de Win a Echeverría: Carta de Win Scott a Luis Echeverría, Archivo General de la Nación, galería 2, caja 2928.

"El lodo de espías y villanos"

Asistentes a la ceremonia: Anne Goodpasture, entrevista.

"El retiro de Win nada tuvo que ver con los eventos de octubre de 1968": Broe, entrevista. Septiembre 6, 2005.

Helms lee la cita: Broe, entrevista.

"En los años formativos de nuestra agencia": Reporte de la Junta de Reconocimientos de Honor y Mérito, mayo 6, 1969.

"Salí... feliz y con una sensación de libertad": *ICTL,* 221.

"Me sentí feliz de salir del fango de los espías y villanos": *ICTL,* 220.

Reclutó a Fergie Dempster: Dempster, entrevista con Michael Scott, mayo 5, 1987.

"A Win lo querían y admiraban": Dempster, entrevista con Dick Russell, julio 5, 1992.

Tom Mann pensó que Win manejaba "su propia organización de inteligencia": Mann, entrevista con Dick Russell, junio 1990.

Dicose obtuvo comisiones por 60,000 dólares: Dempster, entrevista con Michael Scott, mayo 5, 1987.

Cena para Gutiérrez Barrios: enero 20, 1970, Libro de cenas, recuerdos de familia Scott.

"Se notaba que estaba emocionado con el negocio": Gregory Leddy, entrevista.

"Fue mi primer empleo, y me pagaban cincuenta pesos a la semana": Michael Scott, entrevista.

Win reflexionaba en que los contadores habían tomado la CIA: *ICTL,* 213.

"Me tomé unos días de incapacidad para ocuparme de asuntos de mi carrera": Carta de WMS a John Barron, noviembre 25, 1970, Archivo de Michael Scott.

"Si un conservador o un miembro de un grupo conservador hubiese matado al presidente Kennedy": *ICTL,* 192.

"El buen oficial de inteligencia clandestina debe vivir dos vidas": Esta y todas las siguientes citas provienen de *ICTL,* 207-212.

Alcoholismo de Harvey y "asignaciones especiales": Stockton, *Flawed Patriot,* 241.

O pensaba Win en Angleton: Angleton, que aseguraba haber leído "muy profundamente" el manuscrito de Win, dijo a los investigadores del Congreso que Win "hacía muchas observaciones del mundo del espionaje y de mí en particular". Comité Selecto de la Cámara sobre Asesinatos, entrevista a James Angleton, octubre 5, 1978, 117, HSCA/Testimonio Clasificado de Seguridad 180-10110-1006. El nombre de Angleton no aparece en las porciones desclasificadas del manuscrito.

"**Situación desolada**" **en la oficina de Angleton; Angleton poseía documentos sobre John F. Kennedy y fotografías de la autopsia de Bobby:** Extractos de historia del CI.

Los admiradores de Angleton pensaban que ya había perdido su utilidad: Dick Helms lo dijo en *A Look over My Shoulder,* 284. También Ted Shackley en *Spymaster: My Life in the cia,* 36.

Envío del manuscrito: Carta, carta nocturna, diciembre 9, 1970 de WMS a John Barron, archivo legal de Scott.

UNA CAÍDA EN EL JARDÍN

Janet organizó una fiesta por el cumpleaños 62 de Win: Bitácora de cenas de la familia Scott.

Win planeaba ver a Helms para hablar sobre sus planes de publicación: Notas de la conversación de Michael Scott con su madre, abril 13, 1995.

Helms se prepara para ir a la Corte: En sus memorias, el presidente Richard Nixon dice que Helms le dijo en 1971 que planeaba una disputa legal contra dos funcionarios de la CIA que estaban escribiendo un libro. Nixon dijo que apoyaría tal acción. Helms no se pudo referir a Win, pues Win no trabajaba con un coautor y porque Nixon fechó la conversación en algún momento después de junio de 1971, época en la que Win ya estaba muerto. Pero si Helms planeaba dicha acción contra los autores, es razonable concluir que habría tomado la misma acción contra Win. Ver Richard Nixon, *RN: The Memoirs of Richard Nixon,* 640.

Barron dio un borrador a la CIA: John Horton lo dijo en correspondencia con la Junta de Revisión de los Documentos del Asesinato en 1994, ahora se halla en la Compilación de Documentos del Asesinato de John F. Kennedy. "Barron, el popularizador de temas de inteligencia, entregó al cuartel general un manuscrito que le había dado Scott... Scott nada había dicho sobre esto a la agencia."

Phillips acababa de orquestar un asesinato político: El importante papel de David Phillips en el asesinato del general René Schneider en octubre 1970 se detalla en Peter Kornbluh, *Pinochet File,* 1-78. El recuento de Kornbluh contradice definitivamente la versión de Phillips y la agencia de que la Casa Blanca había "cancelado" la idea de secuestrar a Schneider una semana antes del evento y que la CIA quedó sacudida y sorprendida cuando sus aliados locales procedieron con el plan que esperaban que condujera a un golpe militar. Los documentos recién desclasificados muestran que pocas semanas después del asesinato de Schneider, la plana mayor de la CIA expresó su preocupación porque un chileno involucrado en el asesinato tenía un "registro detallado de sus actividades" con la agencia. "De hecho, la CIA pagó para silenciar a los directamente responsables del asesinato de Schneider, y luego ocultó ese pago durante treinta años", escribió Kornbluh. Phillips dijo a los investigadores que pensaba que la sugerencia de matar a Schneider era una "vaga idea" (Testimonio de Phillips, julio 31, 1975, 34, JFK SSCIA RIF 157-1002-10165). No obstante, él armó un equipo de "bandera falsa" (Testimonio de Phillips, 43) que, a su vez, abordó a oficiales militares chilenos que se oponían a la decisión de Schneider de dejar que el izquierdista presidente electo, Salvador Allende, tomara posesión (Testimonio de Phillips, 29). Phillips explicó que su equipo "abarcó todas las posibilidades, habló con gente, dijo lo que se podía hacer y buscó el apoyo de la gente...". Phillips ofreció a un grupo de conspiradores 50,000 dólares y armas "limpias" para llevar a cabo el plan de secuestrar a Schneider (Testimonio de Phillips, 30). Con la aprobación de Karamessines, los agentes de Phillips entregaron armas a los conspiradores (Testimonio de Phillips, 41). Emboscaron el auto de Schneider y él fue asesinado (Kornbluh, *Pinochet File*, 28). Helms arregló pronto la entrega de 35,000 dólares a los secuaces de la CIA. Phillips elogió a su equipo por "el excelente trabajo de llevar a los chilenos a un punto donde una solución militar es hoy al menos una opción para ellos". No hubo golpe militar y Allende tomó posesión sin incidentes (Kornbluh, *Pinochet File*, 34-35).

Caída de Win en el jardín: Gregory Leddy, entrevista.

Reacción de Ray Leddy: John Leddy, entrevista.

"Creo que tiene documentos clasificados en su casa"... no tenía derecho: HSCA entrevista de Anne Goodpasture, 23-24.

"Tal vez Scott tenía en su caja fuerte algo que pudiera afectar el trabajo de la agencia": HSCA, entrevista de Richard McGarrah Helms, agosto 9, 1978, 45-46.

EPÍLOGO

Kim Philby: *The Master Spy*, 248-256.

Ray Leddy: *Washington Post*, marzo 10, 1976.

López Mateos: "Muere Adolfo López Mateos, presidente de México de 1958 a 1964", *New York Times*, septiembre 23, 1969, 47.

Díaz Ordaz: "Muere Díaz Ordaz, Ex Presidente de México que Sofocó los Disturbios Estudiantiles", en *New York Times*, julio 16, 1979, D7; John C. Fredriksen, "Díaz Ordaz, Gustavo", *Biographical Dictionary of Modern World Leaders: 1992 to the Present* (Nueva York: Archivo de Datos, 2003).

Gutiérrez Barrios: "Fernando Gutiérrez, 73, Jefe de la Policía Secreta en México", en *New York Times*, noviembre 1, 2000, B14.

Se retiran y vuelven a presentar los cargos contra Luis Echeverría: "Juzgado de México Restablece Cargos contra Ex Presidente", *Washington Post*, noviembre 30, 2006, A15.

Angleton sobre John F. Kennedy: Burleigh, *A Very Private Woman*, 296.

Angleton en retiro: Mangold, *Cold Warrior*, 317.

Phillips fundó la Asociation de Ex Oficiales de Inteligencia: Phillips, *Night Watch*, 285.

Comentario de Phillips a Kevin Walsh: Summers, *Not in Your Lifetime*, 372.

Muerte de Phillips: "David Atlee Phillips Muere a los 65 Años; Ex Agente Era Defensor de la CIA", en *New York Times*, julio 10, 1988, 24.

Comentario de Hunt sobre Phillips y John F. Kennedy: A. L. Bardach, "E. Howard Habla", Slate, octubre 6, 2004, http://www.slate.com/id/2107718/

Helms obligado a retirarse en enero de 1973: Helms cuenta su versión en *A Look over My Shoulder*, 412-413.

"Nunca he visto algo... que cambie de algún modo mi convicción de que Lee Harvey Oswald asesinó a Kennedy": Helms, *A Look over My Shoulder*, 229.

Hartman sobre las cintas de Oswald: HSCA Testimonio Clasificado de Seguridad de Melbourne Paul Hartman, octubre 10, 1978, 29.

Orden de destrucción: "ARRB-CIA: Win Scott", Mark Zaid, entrevista, julio 2007.

BIBLIOGRAFÍA

Fuentes de archivos

Achivo General de la Nación (AGN), México, D.F., galerías 2, 7.

Departamento de Libros Raros y Colecciones Especiales, Biblioteca de la Universidad de Princeton.

Compendio de Documentos del Asesinato de John F. Kennedy, Archivos Nacionales, College Park, Maryland.

Biblioteca Lyndon Baines Johnson, Universidad de Texas, Austin.

Documentos Thomas C. Mann, Colección Texas, Universidad de Baylor.

Fundación Mary Ferrell: www. Maryferrell.org.

Documentos Norman Holmes Pearson (NHP), Colección de Literatura Estadounidense en Yale, Biblioteca Beinecke de Libros y Manuscritos Raros, Universidad de Yale.

Documentos David Atlee Phillips (DAPP), Biblioteca del Congreso.

Expedientes del Directorio Revolucionario Estudiantil (DRE), Colección de Patrimonio Cubano, Biblioteca Richter, Universidad de Miami.

Expedientes de la Oficina de Servicios Estratégicos (OSS), Archivos Nacionales, College Park, Maryland.

Archivo de Michael Scott (SC).

Reportes gubernamentales

Reporte de la Comisión Presidencial sobre el Asesinato del Presidente Kennedy (Informe Warren).

Cámara Baja de los Estados Unidos. *Reporte del Comité Selecto sobre Asesinatos.* 95 Legislatura, 2a Ses. Reporte núm. 95-1828 (Reporte HSCA), Washington, D.C.: Imprenta del Gobierno, 1979.

Senado de los EUA. *Reporte Final del Comité Selecto para Estudiar Operaciones Gubernamentales con Respecto a Actividades de Inteligencia.* 94 Legislatura,

2a Ses. Reporte núm. 94-755 (Comité Church), Washington, D.C.: Imprenta del Gobierno, 1976.

Libros

Agee, Philip, *Inside the Company: cia Diary,* Nueva York: Stone Hill Publishing, 1975.

Aguayo Quezada, Sergio, *La Charola: Una historia de los servicios de inteligencia en México,* México, D.F.: Editorial Grijalbo, 2001.

Aldrich, Richard, *The Hidden Hand: British, American and Cold War Secret Intelligence,* Londres: Overlook Press, 2002.

Andrew, Christopher, *The Sword and the Shield: The Mitrokin Archive and the Secret History of the* kgb, Nueva York: Basic Books, 1999.

Archivo General de la Nación, *México: Un Siglo en Imágenes, 1900-2000,* México, D.F.: Dirección de Publicaciones y de Difusión, 1999.

Bagley, Tennent H., *Spy Wars: Moles, Mysteries and Deadly Games,* New Haven, ct: Yale University Press, 2007.

Bamford, James, *Body of Secrets: Anatomy of the Ultra-Secret National Security Agency,* Nueva York: Doubleday, 2001.

Barrett, David M., *The cia and Congress: The Untold Story from Truman to Kennedy.* Lawrence: University Press of Kansas, 2005.

Bethel, Paul D., *The Losers: The Definitive Report, by an Eyewitness, of the Communist Conquest of Cuba and the Soviet Penetration in Latin America,* New Rochelle, NY: Arlington House, 1969.

Bohning, Don, *The Castro Obsession: U.S. Covert Operations against Cuba 1959-1965,* Washington, D.C.: Potomac Books, 2005.

Bower, Tom, *Red Web,* Londres: Arrow Books, 1993.

Bringuier, Carlos, *Red Friday,* Chicago: Chas. Hallbert and Company, 1969.

Brown, Anthony Cave, *Treason in the Blood: H. St. John Philby, Kim Philby, and the Spy Case of the Century,* Boston: Houghton Mifflin, 1994.

Burleigh, Nina, *A Very Private Woman: The Life and Unsolved Murder of Presidential Mistress Mary Meyer,* Nueva York: Bantam Books, 1998.

Castañeda, Jorge, *Compañero: The Life and Death of Che Guevara,* Nueva York: Knopf, 1997.

———, *Perpetuating Power: How Mexican Presidents Were Chosen,* Nueva York: New Press, 2000.

Caufield, Norman, *Mexican Workers and the State: From the Pofiriato to* nafta, Fort Worth: Texas Christian University Press, 1998.

Chang, Laurence y Peter Kornbluh (eds.), *The Cuban Missile Crisis 1962: A National Security Archive Documents Reader*, Nueva York: New Press, 1992.

Corn, David, *Blond Ghost: Ted Shackley and the CIA's Crusades*, Nueva York: Simon and Schuster, 1994.

Davison, Jean, *Oswald's Game*, Nueva York: Norton, 1983.

Elliston, Jon (ed.), *Psy-War on Cuba: The Declassified History of U.S. Anti-Castro Propaganda*, Melbourne: Ocean Press, 1999.

Epstein, Edward Jay, *Deception: The Invisible War between the KGB and the CIA*, Nueva York: Simon and Schuster, 1989.

Escalante, Fabián, *The Secret War: cia Covert Operations against Cuba 1959-62*, Melbourne: Ocean Press, 1995.

Fonzi, Gaeton, *The Last Investigation*, Nueva York: Thunder's Mouth Press, 1993.

Foreign Relations of the United States of America, 1952-1954, Guatemala, Susan Holly (ed.), Washington, D.C.: Imprenta del Gobierno, 2003.

Foreign Relations of the United States of America, 1961-1963, vol. 11, *Cuban Missile Crisis and Aftermath*, Edward C. Keefer, Charles S. Sampson, y Louis J. Smith, (eds.), Washington, D.C.: Imprenta del Gobierno, 1996.

Franklin, Jane, *Cuba and the United States*, Melbourne: Ocean Press, 1997.

Fursenko, Aleksandr y Timothy Naftali, *"One Hell of a Gamble": Kruschev, Castro and Kennedy, 1958-1964*, Nueva York: Norton, 1999.

Gleijeses, Piero. *Shattered Hope: The Guatemalan Revolution and the United States, 1944-1954*. Princeton, NJ: Princeton University Press, 1992.

Grose, Peter, *Gentleman Spy*, Boston: Houghton Mifflin, 1994.

Hamrick, S. J., *Deceiving the Deceivers*, New Haven, CT: Yale University Press, 2004.

Hardway, Dan y Edwin López, *Oswald, the CIA and Mexico City: The López-Hardway Report (aka the "López Report") 2003*, Introd. de Rex Bradford, Ipswich, MA: Mary Ferrell Foundation Press, 2006.

Haynes, John Early y Harvey Klehr, *Venona: Decoding Soviet Espionage in America*, New Haven, CT: Yale University Press, 1999.

Helms, Richard, con William Hood, *A Look over My Shoulder: A Life in the Central Intelligence Agency*, Nueva York: Random House, 2003.

Hersh, Burton, *The Old Boys: The American Elite and the Origins of the CIA*, Nueva York: Scribner's, 1992.

Holland, Max, *The Kennedy Assassination Tapes: The White House Conversations of Lyndon B. Johnson Regarding the Assassination, the Warren Comission and the Aftermath*, Nueva York: Knopf, 2004.

Hosty, James P. con Thomas Hosty, *Assignment Oswald*, Nueva York: Arcade, 1996.

Hunt, E. Howard, *Give Us This Day: The Inside Story of the cia and Bay of Pigs Invasion by One of Its Key Organizers*, New Rochelle, NY: Arlington House, 1973.

————, *Undercover: Memoirs of an American Secret Agent*, Nueva York: Putnam's, 1978.

Immerman, Richard H, *The CIA in Guatemala: The Foreign Policy of Intervention*, Austin: University of Texas Press, 1982.

James, Daniel, *Che Guevara: A Biography*, Nueva York: Stein and Day, 1969.

Karalekas, Anne, *The History of the Central Intelligence Agency*, Laguna Park, CA: Aegean Park Press, 1977.

Knightley, Phillip, *The Master Spy: The Story of Kim Philby*, Nueva York: Knopf, 1989.

Kornbluh, Peter, *Bay of Pigs Declassified: The Secret CIA Report on the Invasion of Cuba*, Nueva York: New Press, 1998.

————, *The Pinochet File: A Declassified Dossier on Atrocity and Accountability*, Nueva York: New Press, 2003.

Krauze, Enrique, *Mexico Biography of Power: A History of Modern México 1810-1996*, Trad. de Hank Heifetz, Nueva York: Harper Perennial, 1998.

Kurtz, Michael L., *The John F. Kennedy Assassination Debates: Lone Gunman versus Conspiracy*, Lawrence, Kansas: University Press of Kansas, 2006.

LaFontaine, Ray y Mary LaFontaine, *Oswald Talked: New Evidence in the John F. Kennedy Assassination*, Gretna, LA: Pelican, 1995.

Mailer, Norman, *Oswald's Tale: An American Mystery*, Nueva York: Random House, 1995.

Mangold, Tom, *Cold Warrior: James Jesus Angleton; The CIA's Master Spy Hunter*, Nueva York: Simon and Schuster, 1991.

Martin, David, *Wilderness of Mirrors: How the Byzantine Intrigues of the Secret War between the cia and the KGB Seduced and Devoured Key Agents James Jesus Angleton and William King Harvey*, Nueva York: Harper and Row, 1980.

Maxwell, Ian, *MacGee, MacGill and Me*, Philadelphia: Dorrance, 1968.

————, *My Love*, Philadelphia: Dorrance, 1962.

McMillan, Priscilla Johnson, *Marina and Lee*, Nueva York: Harper and Row, 1977.

Mellen, Joan. *A Farewell to Justice: Jim Garrison, John F. Kennedy's Assassination and the Case That Should Have Changed History*, Washington, D.C.: Potomac Books, 2005.

Mosley, Leonard, *Dulles: A Biography of Eleanor, Allen and John Foster Dulles and Their Family Network*, Nueva York: Dial Press, 1978.

Newman, John, *Oswald and the CIA*, Nueva York: Carrol and Graf, 1995.

Newton, Verne W., *The Cambridge Spies: The Untold Story of Maclean, Philby and Burgess in America*, Nueva York: Madison Books, 1991.

Nixon, Richard, *RN: The Memoirs of Richard Nixon*, Nueva York: Touchstone, 1990.

Patterson, Thomas J., *Contesting Castro: The United States and the Triumph of the Cuban Revolution*, Nueva York: Oxford University Press, 1994.

Philby, Kim, *My Silent War: The Autobiography of a Spy*, Nueva York: Modern Library, 2002.

Phillips, David Atlee, *The Carlos Contract: A Novel of International Terrorism*, Nueva York: Macmillan, 1978.

————, *The Night Watch: 25 Years of Peculiar Service*, Nueva York: Atheneum, 1977.

————, *Secret Wars Diary: My Adventures in Combat, Espionage Operations and Covert Action*, Bethesda, MD: Stone Trail Press, 1989.

Poniatowska, Elena, *Massacre in Mexico*, Trad. de Helen R. Lane, Introd. de Octavio Paz. Columbia: University of Missouri Press, 1992.

Posner, Gerald, *Case Closed: Lee Harvey Oswald and the Assassination of John F. Kennedy*, Nueva York: Random House, 1993.

Powers, Thomas, *The Man Who Kept the Secrets*, Nueva York: Pocket Books, 1979.

Prados, John, *The Presidents' Secret Wars: CIA and Pentagon Covert Operations since World War II*, Nueva York: Morrow, 1986.

Quirk, Robert, *Fidel Castro*, Nueva York: Norton, 1993.

Ranelagh, John, *The Agency: The Rise and Decline of the cia*, Nueva York: Simon and Schuster, 1986.

Reeves, Richard, *President Kennedy: Profile of Power*, Nueva York: Touchstone, 1993.

Riebling, Mark, *Wedge: The Secret War between the FBI and the CIA*, Nueva York: Knopf, 1994.

Robe, Stephen G., *Eisenhower and Latin America: The Foreign Policy of Anti-Communism*, Raleigh: University of North Carolina Press, 1998.

Ros, Enrique, *De Girón a la Crisis de los Cohetes: La Segunda Derrota*, Miami: Universal Editions, 1997.

Russo, Gus, *Live by the Sword: The Secret War against Castro and the Death of John F. Kennedy*, Baltimore: Bancroft Press, 1998.

Schlesinger, Arthur, *Robert Kennedy and His Times*, Nueva York: Ballantine Books, 1978.

Schlesinger, Stephen y Stephen Kinzer, *Bitter Fruit: The Story of the American Coup in Guatemala*, ed. Aumentada, Cambridge: Universidad de Harvard, Centro de Estudios Latinoamericanos David Rockefeller, 1999.

Schotz, E. Martin, *History Will Not Absolve Us: Orwellian Control, Public Denial and the Murder of President Kennedy*, Brookline, MA: Kurtz, Ulmer and DeLucia, 1996.

Shackley, Ted, *Spymaster: My Life in the CIA*, Dulles, VA: Potomac Books, 2005.

Smith, Joseph B., *Portrait of a Cold Warrior: Second Thoughts of a Top CIA Spy*, Nueva York: Putnam's, 1976.

Smith, R. Harris, OSS: *The Secret History of America's First Central Intelligence Agency*, Berkeley: University of California Press, 1972.

Stern, Laurence, *The Wrong Horse: The Politics of Intervention and the Failure of American Diplomacy*, Nueva York: Times Books, 1977.

Stockton, Bayard, *Flawed Patriot: The Rise and Fall of CIA Legend Bill Harvey*, Dulles: Potomac Books, 2006.

Suárez, Andrés, *Cuba: Castroism and Communism 1959-1966*, Cambridge: MIT Press, 1967.

Summers, Anthony, *Not in Your Lifetime: The Definitive Book on the John F. Kennedy Assassination*, Nueva York: Marlowe, 1998.

Thomas, Evan, *The Very Best Men, Four Who Dared: The Early Years of the CIA*, Nueva York: Simon and Schuster, 1995.

Thomas, Hugh, *The Cuban Revolution*, Nueva York: Da Capo Press, 1998.

Trevor-Roper, Hugh, *The Philby Affair*, Londres: William Kimber, 1968.

Waldron, Lamar con Thom Hartmann, *Ultimate Sacrifice: John and Robert Kennedy, the Plan for a Coup in Cuba and the Murder of John F. Kennedy*, ed. de bolsillo actualizada, Nueva York: Carroll and Graf, 2006.

Waller, Maureen, *London 1945: Life in the Debris of War*, Nueva York: St. Martin's Press, 2005.

Warner, Michael, *Office of Strategic Services: America's First Intelligence Agency*. Washington, D.C.: Imprenta del Gobierno, s.f.

Weiner, Tim, *Legacy of Ashes: The History of the CIA*, Nueva York: Doubleday, 2007.

Weisberg, Harold, *Oswald in New Orleans: Case of Conspiracy with the CIA*, Nueva York: Canyon Books, 1967.

West, Nigel, *The Circus: MI5 Operations 1945-1972*, Nueva York: Stein and Day, 1984.

Winks, Robin W., *Cloak and Gown: Scholars in the Secret War 1939-1961*, Nueva York: Morrow, 1987.

ÍNDICE ANALÍTICO

Angleton, Hugh, 49

Angleton, James Jesus, 15, 49, 332, 392, 397, 460

Anita (matemática judía), 35, 36

Árbenz, Jacobo, 25, 97, 143, 349

Archivo de Seguridad Nacional, 385, 389, 402, 448, 449, 450, 451

Archivo General de la Nación, 185, 407, 418, 445, 451, 458

Arte del espionaje, El [*Craft of Intelligence, The*] (Dulles), 264

Artime, Manuel, 148, 153, 180, 218, 227, 412

Asociación de Ex Oficiales de Inteligencia, 321, 380

Avilés, Jorge, 356

Azcue, Eusebio, 302

Bahía de Cochinos, 143, 153, 155, 157, 164, 167, 169, 170, 173, 178, 181, 195, 211, 213, 216, 218, 224, 225, 226, 235, 238, 292, 372, 400, 403, 413, 417, 436

Balliet, Bette, 47

Bamford, James, 214, 215, 421

Banister, Guy, 232, 425

Barnes, Tracey, 99, 101, 143, 402

Barron, John, 365, 375, 377, 398, 399, 452, 453

Basílica de Guadalupe (Kennedy en), 172

Basulto, José, 194, 417

Batallón Olimpia, 355

Batista, Fulgencio, 125, 128, 132, 145, 178, 218

Bell, Brian, 157, 197, 414, 420, 424

Belmont, Clyde, 282, 437

Benadum, Jeremy K., 131

Bessemer, 33, 139

Bethel, Paul, 179

Biblioteca del Congreso, 206, 457

Biblioteca Richter (Universidad de Miami), DRE en, 238, 387, 424, 457

Bishop, Maurice, 253, 423, 431

Bissell, Richard, 154, 413

Blakey, G. Robert, 424

Blenheim Palace, 43

Bletchley Park, 42

Boggs, Hale, 323

Bolaños, Emilio, 131, 152, 408

Bolshakov, Georgi, 308

Borja, Isidro *Chilo*, 234, 235, 238, 239, 413, 416, 417, 424, 426, 428

Bradlee, Ben, 93, 324, 444

Bradlee, Tony, 93

Breckinridge, Scott, 246, 247, 430

Bringuier, Carlos, 233, 234, 235, 236, 237, 239, 242, 281, 287, 288, 426, 427, 438, 458

Broe, Bill, 327, 343, 360, 446, 452

Brown, Anthony Cave, 81, 395, 396

Bruce, David K., 112, 146

Buckley, William F., 325

Bundy, McGeorge, 226, 440

Burgess, Guy, 84, 86, 366

Burleigh, Nina, 380, 458

Buró de Contraespionaje, 54

Buró Federal de Investigaciones (FBI), 34, 35, 36,37,38, 39, 42, 66, 67, 77, 82, 84, 85, 87, 97, 101, 120, 122, 130, 131, 182, 212, 223, 231, 232, 233, 234, 238, 240, 243, 254, 256, 262, 264, 265, 266, 272, 277, 279, 280, 281, 282, 288, 289, 292, 293, 294, 299, 300, 301, 302, 303, 304, 305, 307, 308, 309, 311, 313, 314, 315, 332, 343, 367, 391, 397, 399, 425, 426, 427, 428, 433,